Hans Sarkowicz / Alf Mentzer

Literatur in Nazi-Deutschland

EUROPA VERLAG

Hans Sarkowicz / Alf Mentzer

Literatur in Nazi-Deutschland

Ein biografisches Lexikon

Europa Verlag
Hamburg · Wien

Die Deutsche Bibliothek – CIP-Einheitsaufnahme
Ein Titelsatz für diese Publikation ist bei
Der Deutschen Bibliothek erhältlich

Erstausgabe

Lektorat: Aenne Glienke
Umschlaggestaltung: Kathrin Steigerwald, Hamburg
Foto: AKG, Berlin
Innengestaltung: H & G Herstellung, Hamburg
Druck und Bindung: Wiener Verlag, Himberg bei Wien
ISBN 3-203-82025-0

Informationen über unser Programm erhalten Sie beim
Europa Verlag, Neuer Wall 10, 20354 Hamburg
oder unter www.europaverlag.de

Vorwort

»Dichtung im Dritten Reich?« hieß 1996 der provokante Titel einer Untersuchung über Autoren der NS-Zeit. Sollte es das tatsächlich gegeben haben? Dichtung, wirkliche, große Literatur in unmittelbarer Nachbarschaft von Auschwitz? Unvorstellbar. Nach landläufiger und weitverbreiteter Meinung ist unter den wachsamen Augen von Joseph Goebbels nur Propagandaliteratur entstanden: Führergedichte, Kampflieder der ›Bewegung‹, Thingspiele zur geistigen Erbauung, rassistische Blut-und-Boden-Epen und natürlich kriegsverherrlichende Historien. Und die Autoren? Sie schrieben seit 1933 und hörten selbstverständlich 1945 auf. Eine weitergehende Beschäftigung mit ihnen und ihren Machwerken ist also nicht nötig. Daß einzelne Germanisten ganz anderer Meinung sind, ist über den akademischen Betrieb noch nicht hinausgedrungen. Wer käme auch schon auf die Idee, eine populäre Geschichte der Literatur im ›Dritten Reich‹ verfassen zu wollen. Schade. Es gäbe dabei einiges zu entdecken, was bisher in Spezialuntersuchungen mehr versteckt als veröffentlicht worden ist. Denn wie die NS-Herrschaft keineswegs einen isolierten Teil der deutschen Geschichte darstellt, so ist auch die Literatur dieser Zeit eng mit dem Kaiserreich, der Weimarer Republik und der Bundesrepublik verbunden. Die besonders geförderten und damit auflagenstärksten Bücher des ›Dritten Reichs‹ sind sogar überwiegend vor 1933 erstmals erschienen – und gar oft genug nach 1945 wieder mit Erfolg aufgelegt worden. Aber abgesehen von den Autoren, die sich als Teil der ›nationalsozialistischen Bewegung‹ fühlten, war das literarische Leben in Deutschland weitaus vielfältiger, als es sich in einem solchen repressiven System erwarten läßt. Nicht alle konservativen oder rechts-nationalen Schriftsteller der Weimarer Republik ließen sich in den Dienst der Partei stellen, selbst wenn sie zunächst den Erfolg der Nationalsozialisten unter Hitler begrüßt hatten. Die überschwengliche Begeisterung über die ›nationale Erhebung‹ wich oft schon bald einer sachlicheren Einschätzung, die den Rückzug ins Unpolitische oder gar Private zur Folge haben konnte. Später, nach Kriegsende, wollten sich Autoren, die sich platter NS-Propaganda enthalten hatten, unter dem Begriff ›Innere Emigration‹ subsumiert sehen. Das führte zu heftigen Diskussionen und war wenig hilfreich, weil sich ›innere‹ und ›äußere‹ Emigration nicht vergleichen ließen. Aber es hat sie tatsächlich gegeben: Schriftsteller, die den Nationalsozialismus verabscheuten, die teilweise sogar verfolgt waren und sich trotzdem nicht zur Emigration entscheiden konnten. Die Gründe, in Deutschland geblieben zu sein, waren so unterschiedlich wie die Schicksale der Menschen selbst, die zum Teil unter schwierigsten Bedingungen weitergeschrieben hatten. Werner Bergengruen, Ricarda Huch, Elisabeth Langgässer, Oskar Loerke und Erich Kästner sind nur einige von ihnen. Und daneben gab es die Debütanten, die nach 1933 die literarische Bühne betraten oder zu Erfolgen gelangten. Dazu gehört neben Alfred Andersch, Wolfgang Borchert, Günter Eich, Peter Huchel, Marie Luise Kaschnitz, Wolfgang Koeppen, Karl Krolow, Luise Rinser oder Wolfgang Weyrauch auch Max Frisch, der 1934 seinen ersten Roman nicht in der Schweiz, sondern in Deutschland veröffentlichte. Sie alle sind mit ihren Werken, ob sie es wollten oder nicht, Teil der Literatur in Nazi-Deutschland.

Wer wissen will, was zwischen 1933 und 1945 in deutschen Verlagen erschien, der muß alle Autorengruppen betrachten: vom Nazi-Barden bis zum jüdischen Schriftsteller, der seine bescheidenen Publikationsmöglichkeiten bis 1938 nutzte. Das ist so noch nicht geschehen. Das vorliegende Lexikon wagt einen ersten Versuch und stellt über 100 Autoren nebeneinander, ohne Rücksicht auf ihre heutige literarische Bedeutung. Nur so kann deutlich werden, wie vielschichtig die Strömungen in einem an sich streng reglementierten Literaturbetrieb waren. Die Form des Lexikons wurde gewählt, weil sie am besten die individuelle Betrachtung ermöglicht. Denn selbst gefeierte NS-Dichter waren nicht immer frei von ideologischen Zweifeln. Ganz abgesehen davon, daß in einer totalen Diktatur wie dem Hitlerreich niemand vor politischen Nachstellungen sicher sein konnte, zumal sich die einzelnen Kontrollinstanzen des NS-Literaturbetriebs heftig befehdeten.

Die Auswahl der Autoren ist ebenso repräsentativ wie subjektiv. Alle literarischen Genres sollen vertreten sein, wobei uns der Verzicht besonders schwergefallen ist. Leicht hätte sich das Lexikon auf 500 und mehr Namen erweitern lassen. Aber das wäre, weil nur ein begrenzter Raum zur Verfügung stand, zu Lasten der Artikellänge gegangen. Und nur ein biografisches Gerüst, gespickt mit den gängigen Einordnungsbegriffen, wollten wir nicht liefern. Damit hätte das Lexikon auch seinen wesentlichen Zweck verfehlt: nämlich ein verläßliches Nachschlagewerk zu sein, das wissenschaftliche Forschung nicht ersetzt, sondern – im besten Fall – anregt. Die Einzelbibliografien zu den Autoren und die Auswahlbibliografie erheben keinen Anspruch auf Vollständigkeit. Aufgenommen wurden die wichtigsten Bücher, Aufsätze und Dissertationen, die sich auf die NS-Zeit beziehen. Sekundärliteratur aus der NS-Zeit ist nur in wenigen und begründeten Ausnahmefällen vertreten.

Die Funktion dieses biografischen Lexikons ist eine erste und vorläufige Bestandsaufnahme, eine Übersicht über das literarische Spektrum jener Zeit in seiner ganzen Vielgestaltigkeit. Dabei werden – mitunter an ein und derselben Person – die möglichen Verhaltensformen in einem totalitären System sichtbar: Strategien der Anbiederung und Anpassung, der Kooperation, des Rückzugs und des Widerstands. Eine solche Phänomenologie der literarischen Produktion im NS-Staat muß ihren Ausgang von den Einzelfällen nehmen. Sie wird das Widerspiel von staatlichem Druck und individuellem Nachgeben am je einzelnen Beispiel verfolgen und zu beschreiben versuchen. Aber der Blick auf den jeweiligen Autor und seine literarische Biografie muß zwangsläufig weiterführende Fragen außer acht lassen. Das betrifft vor allem die Wirkungsgeschichte, den konkreten Einfluß der jeweiligen Schriften und Bücher auf das lesende Publikum, aber auch auf andere Schriftsteller und nachfolgende Generationen. Was lösten beispielsweise Dwingers *Tod in Polen*, Ettighofers *Verdun* oder Zöberleins *Glaube an Deutschland* an Emotionen aus? Millionenfach wurden sie gekauft, in Tornistern mitgeschleppt und ›verschlungen‹. Dienten Bücher wie etwa Dwingers übles antipolnisches Machwerk Soldaten und NS-Funktionären dazu, ihre Politik, in diesem Fall das brutale Vorgehen in Polen, zu rechtfertigen? Wären ohne die kriegsverherrlichenden Gedichte von Anacker, Menzel, Baumann, Schumann oder Eggers weniger Soldaten in den Tod gegangen? Trugen antisemitische Bücher, Drehbücher und Schriften von Dinter, Frenssen, Möller und anderen wesentlich dazu bei, daß die Verfolgung und Ermordung der jüdischen Bevölkerung auf keinen organisierten Widerstand stieß? Welchen Beitrag leisteten die Produzenten von idyllischer und, prima vista, unpolitischer Literatur zur Akzeptanz und zur Stabilisierung der nationalsozialistischen Herrschaft? Eröffneten die Gedichte von Eich, Lehmann oder Loerke imaginäre Fluchtwege aus einem bedrückenden politischen Alltag? Stifteten die Camouflage-Texte von Bergengruen, Andres oder Ernst Jünger ein Bewußtsein für die Möglichkeit der moralischen Aufrichtigkeit und des Widerstands gegen die Diktatur? Und nicht zuletzt: Was bedeutete es für die ersten Nachkriegsgenerationen, daß ihre literarische Sozialisation von Lehrplänen und Lesestoffen bestimmt wurde, die eindeutig die bekannten Schriftsteller aus der NS-Zeit bevorzugten? Vielleicht hatten und haben diese Autoren und ihre Bücher eine weitaus größere Wirkung, als es ihre heutige Bedeutungslosigkeit vermuten läßt. Antworten auf diese Fragen zu geben hätte den Rahmen des vorliegenden Lexikons, das vor allem biblio-biografische Fakten vermitteln will, gesprengt. Aber die Diskussion erscheint uns in gar keinem Fall überholt.

Unser Dank gilt den zahlreichen Bibliotheken und Archiven, die uns bei der Arbeit unterstützt haben, vor allem dem Bundesarchiv in Berlin und der Bibliothek des Börsenvereins des Deutschen Buchhandels. Ein besonderer Dank auch an Rainer Gülk für seine umfangreichen bibliografischen Recherchen.

Für Anregungen, Kritik und die Richtigstellung von Fehlern sind wir dankbar.

Einleitung

Erich Kästners letzter Artikel erschien am 31. Januar 1933 in der *Neuen Leipziger Zeitung*. Bis dahin war er ein berühmter Schriftsteller gewesen und ein angesehener Journalist, der für die wichtigsten Blätter der Weimarer Republik geschrieben hatte. Mit einem Tag war alles anders. Wie rasch sich die nationalsozialistische Machtübernahme auch in Literatur und Publizistik vollzog, dafür ist Kästner ein trauriges Beispiel. Der Mahner und Warner, der bissige Satiriker und erklärte Feind Hitlers war nicht mehr gefragt. Zeitschriften und Zeitungen, für die er jahrelang geschrieben hatte, existierten nicht mehr. Und die Blätter, die noch erscheinen durften, waren nicht mehr bereit, etwas von ihm zu drucken, obwohl seine Schriften erst 1935/36 offiziell verboten wurden. In die Front gegen Kästner reihten sich jetzt auch die ein, die ihn früher hofiert und ständig um neue Texte gebeten hatten. Aber die Stimmung, die gegen seine Bücher und ihn selbst gemacht wurde, genügte, um ihn weitgehend auszuschalten. Selbst die *Neue Leipziger Zeitung*, deren Mitarbeiter er zehn Jahre gewesen war, wagte Gedichte von ihm nur noch unter Pseudonym zu drucken – und auch das nur wenige Monate lang. »Es ist wie abgeschnitten«, klagte seine Sekretärin Elfriede Mechnig schon Mitte April 1933. »Ich habe nicht viel zu tun, d. h., ich mache mir Arbeit, verschicke unter Pseudonym, weil niemand in Deutschland mehr seinen Namen druckt, aber es ist im ganzen recht still« (Brief an Hermann Kesten vom 19. April 1933). Selbst Germanisten wie Heinz Kindermann, die Kästner während der Weimarer Zeit überschwenglich gelobt hatten, beeilten sich nun, die öffentliche Diskriminierung des Autors wissenschaftlich zu untermauern. Denn Kästner, so der Tenor, habe nur »Trümmerhaufen« geschaffen, »destruktive Dichtung«, die nicht mehr in die vermeintlich positive Aufbruchstimmung des ›neuen Deutschland‹ passe. So akademisch munitioniert, war es den Gegnern Kästners ein leichtes, den »negativen« Autor mit dem Bann zu belegen. Und das geschah zunächst über die Bibliotheken und den Buchhandel. Anfangs versuchte Kästner die Ereignisse zu ignorieren, glaubte an einen kurzen Spuk und hoffte auf eine breite Gegenbewegung. Was er, wie viele andere, unterschätzte, war die organisatorische Stärke der NSDAP. Bereits nach dem Reichstagsbrand vom 27. Februar 1933, aus dem die Nationalsozialisten sofort politisches Kapital schlugen, setzte der blutige Terror gegen Andersdenkende ein. Mit der Reichstagswahl vom 5. März schien dann die Position der neuen Regierung endgültig gefestigt. Wer konnte und den Mut dazu aufbrachte, verließ Deutschland. Die Familie Mann, Bertolt Brecht, Anna Seghers, Arnold Zweig... die Liste der Schriftsteller, die noch im selben Jahr ihrer Heimat den Rücken kehrten, ist lang. Erich Kästner gehörte nicht zu den Emigranten. Aus mehreren Gründen, nicht zuletzt weil er in der Nähe seiner Mutter bleiben wollte, lebte er weiter in Deutschland und mußte mit ansehen, was mit seinem Werk geschah. Wann immer Bücher verboten, aus Bibliotheken und Buchhandlungen verbannt und öffentlich verbrannt wurden, waren seine Schriften dabei. Bereits im April 1933 hatten Studenten zusammen mit SA-Formationen begonnen, in großen Buchhandlungen Werke von Zweig, Wassermann, Kästner und anderen zu beschlagnahmen. Über die Aktion in Breslau berichtete die *Vossische Zeitung* am 22. April: »Die Bücher wurden zunächst in den Buchhandlungen belassen, doch wurde erklärt, daß Ausstellung und Verkauf von ernsten Folgen sein würden. Der Führer der SA-Truppe erklärte, auf höhere Weisung zu handeln.« Trotz dieser geheimnisvollen Andeutung war die Initiative für die wilden ›Säuberungen‹, wie Jan-Pieter Barbian in seiner Studie über die NS-Literaturpolitik nachweist, weder von Goebbels noch vom preußischen Kultusministerium ausgegangen: »Zwar kam es in der zweiten Aprilhälfte zu einer Kooperation mit dem ›Ausschuß zur Neuordnung der Berliner Stadt- und Volksbüchereien‹, der im Auftrag des Berliner Oberbürgermeisters und des preußischen Kulturministeriums operierte. Die vom Ausschuß zusammengestellten ›Schwarzen Listen‹ wurden am 27. 4. 1933 von der Deutschen Studentenschaft als Vorlage für die ›Sammlungsaktion‹ an die Einzelstudentenschaften verschickt. Doch hielten die Kultusverwaltungen der Länder die Studentenvertretungen aus den behördlichen Maßnahmen zur Neuordnung der öffentlichen Bibliotheken völlig heraus.« Trotzdem gelang der Deutschen Studentenschaft mit den von ihr geplanten Bücherverbrennungen die spektakulärste Aktion »wider den undeutschen Geist«. So imposant die Scheiterhaufen und Feuersprüche des 10. Mai 1933 auch wirkten, sie waren selbst in nationalsozialistischen Kreisen nicht unumstritten. Einzelne Studentenschaften lehnten die Teilnahme an der Aktion aus verschiedenen, zum Teil vorgeschobenen Gründen ab. In Tübingen zum Beispiel war es der wenig später als Schriftsteller gefeierte und geehrte Gerhard Schumann, der als ›Kommissar für die württembergischen Studentenschaften‹ das Autodafé verhinderte, weil er, wie er später, 1970, erklärte, grundsätzlich diese Form der geistigen Auseinandersetzung ablehne. Auch Goebbels, der nicht in die Vorbereitungen eingebunden gewesen war, beurteilte die Bücherverbrennungen nicht nur positiv. Denn, so Jan-Pieter Barbian: »Die Konsolidierung der nationalsozialistischen Herrschaft im Innern wie nach außen setzte eine berechenbare Politik voraus.« Und diese studentischen Aktionen waren zwar zentral organisiert, aber nicht von staatlichen Stellen sanktioniert. Um die Kontrolle zurückzugewinnen, hielt Goebbels auf dem Berliner Opernplatz eine programmatische, vom Deutschlandsender übertragene Rede, während neben ihm Bücher in Flammen aufgingen. Zufrieden konnte er in sein Tagebuch notieren: »Dann am späten Abend Rede Opernplatz. Vor dem Scheiterhaufen der von Studenten entbrannten Schmutz- und Schundbücher. Ich bin in bester Form« (Eintrag vom 11. Mai 1933).

Welche Bücher wirklich auf den Scheiterhaufen brannten, läßt sich nicht mehr mit Sicherheit sagen. Mancher NS-nahe Autor, wie zum Beispiel Edwin Erich Dwinger, hat später, natürlich erst nach 1945, behauptet, ebenfalls Opfer der Aktion gewesen zu sein. Möglich war das, denn fest standen nur die großen Namen: Karl Marx, Karl Kautsky, Heinrich Mann, Ernst Glaeser, Erich Kästner, Friedrich Wilhelm Förster, Sigmund Freud, Emil Ludwig, Walter Hegemann, Theodor Wolff, Georg Bernhard, Erich Maria Remarque, Alfred Kerr, Kurt Tucholsky und Carl von Ossietzky.

Das Autodafé in Berlin erlebte Kästner selbst mit. Über seine Gefühle berichtete er 1946 in seiner ersten Buchveröffentlichung nach dem Ende der NS-Diktatur. »Und im Jahre 1933«, heißt es dort, »wurden meine Bücher in Berlin, auf dem großen Platz neben der Staatsoper, von einem gewissen Herrn Goebbels mit düster-feindlichem Pomp verbrannt.« Kästner stand vor der Universität, »eingekeilt zwischen Studenten in SA-Uniform, den Blüten der Nation, sah unsere Bücher in die zuckenden Flammen fliegen und hörte die schmalzigen Tiraden des kleinen abgefeimten Lügners. Begräbniswetter hing über der Stadt. Der Kopf einer zer-

Nationalsozialistische Rechtfertigungsschrift zur Bücherverbrennung

schlagenen Büste Magnus Hirschfelds stak auf einer langen Stange, die, hoch über der stummen Menschenmenge, hin und her schwankte. Es war widerlich. Plötzlich rief eine schrille Frauenstimme: ›Dort steht ja der Kästner!‹ Eine junge Kabarettistin, die sich mit einem Kollegen durch die Menge zwängte, hatte mich stehen sehen und ihrer Verblüffung übertrieben laut Ausdruck verliehen. Mir wurde unbehaglich zumute. Doch es geschah nichts.«

Den Auftakt für weitere Maßnahmen, die ihn schließlich zum ›unerwünschten‹ und ›verbotenen‹ Autor machten, bildete Kästners Ausschluß aus dem ›Schutzverband deutscher Schriftsteller‹ (SDS), dessen Hauptvorstand er einmal als Beisitzer angehört hatte.

Bereits am 11. März 1933 hatte Hanns Heinz Ewers zusammen mit einer kleinen Autorengruppe die ehemals bedeutendste Schriftstellervereinigung der Weimarer Republik ›gleichgeschaltet‹, d. h. den Hauptvorstand mit linientreuen Autoren besetzt und die Satzung entsprechend geändert. Ähnliches ereignete sich in allen anderen literarischen Institutionen in diesen ersten Monaten des Jahres 1933. Dahinter standen der 1928 von Alfred Rosenberg gegründete ›Kampfbund für deutsche Kultur‹ und das am 13. März 1933 von Goebbels geschaffene ›Ministerium für Volksaufklärung und Propaganda‹. Damit sind auch schon die beiden Kontrahenten genannt, die am erbittertsten um die Vorherrschaft in der Kulturpolitik kämpften. Andere kamen bald hinzu.

An der ›Gleichschaltung‹ der deutschen Sektion des internationalen PEN, die im April 1933 vollzogen wurde, waren vor allem Kampfbundmitglieder beteiligt. Auch hier wurde der neue Vorstand mit Nationalsozialisten besetzt. An der Spitze stand mit Hans Hinkel ein führender Funktionär des Kampfbunds. Vor allem die Bücherverbrennungen und die Satzungsänderungen, denen zufolge linke und jüdische Schriftsteller ausgeschlossen wurden, führten Ende Mai 1933 auf dem internationalen PEN-Kongreß in Ragusa zu heftiger Kritik an der deutschen Sektion. Die deutschen Delegierten verließen schließlich die Veranstaltung unter Protest. Nur wenige Monate später trat die deutsche Sektion ganz aus dem internationalen PEN aus. Das bedeutete zugleich die Selbstauflösung. Dafür wurde am 8. Januar 1934 die ›Union Nationaler Schriftsteller‹ gegründet, die sich als Gegen-PEN verstand und sich nicht nur an deutsche, sondern »An die Schriftsteller aller Länder« (so der Aufruf im *Völkischen Beobachter* vom 1. März 1934) wandte. Ein nachhaltiger Erfolg war der nationalsozialistisch ausgerichteten Institution, an deren Spitze Hanns Johst als Präsident und Gottfried Benn als Vizepräsident standen, nicht beschieden.

Ähnlich erging es der Sektion für Dichtkunst in der Preußischen Akademie der Künste. Diese renommierteste Schriftstellervereinigung der Weimarer Republik war erst 1926 unter Mitwirkung von Thomas Mann gegründet worden. Die ersten Vorsitzenden hießen Wilhelm von Scholz und Walter von Molo. 1930/31 versuchten die national-konservativen Schriftsteller Erwin Guido Kolbenheyer, Wilhelm Schäfer, Josef Ponten und Hermann Stehr, die Geschäftsordnung in ihrem Sinn zu verändern und damit der politisch rechten Fraktion mehr Einfluß zu verschaffen. Als das Vorhaben scheiterte, traten Kolbenheyer, Schäfer und Emil Strauß unter Protest aus der Sektion aus. Selbstverständlich gehörten sie zu den ersten, die nach der nationalsozialistischen Machtübernahme eine ›Neuordnung‹ forderten. Heinrich Mann als Präsident verließ die Sektion ebenso wie Thomas Mann, Alfred Döblin und Ricarda

Huch. Zu den Ausgeschlossenen zählten Franz Werfel, Leonhard Frank, Georg Kaiser, Bernhard Kellermann, Alfred Mombert, Rudolf Pannwitz, Alfons Paquet, René Schickele, Fritz von Unruh und Jakob Wassermann.

Besonders beeindruckend ist der Brief, mit dem Ricarda Huch am 9. April 1933 ihren Austritt erklärte. Denn die Schriftstellerin wollte nicht ins Exil gehen, sondern ganz bewußt in Deutschland bleiben. An den damaligen Akademie-Präsidenten Max von Schillings schrieb sie u.a.: »Es ist wahr, daß ich mit Herrn Heinrich Mann nicht übereinstimme, mit Herrn Döblin tat ich es nicht immer, aber doch in manchen Dingen. Jedenfalls möchte ich wünschen, daß alle nicht-jüdischen Deutschen so gewissenhaft suchten, das Richtige zu erkennen und zu tun, so offen, ehrlich und anständig wären, wie ich ihn immer gefunden habe. Meiner Ansicht nach konnte er angesichts der Judenhetze nicht anders handeln, als er getan hat.« Was Ricarda Huch mit besonderem Zorn erfüllte, war eine von Gottfried Benn initiierte Erklärung, die alle Mitglieder unterzeichnen sollten: »Sind Sie bereit, unter Anerkennung der veränderten geschichtlichen Lage weiter Ihre Person der Preußischen Akademie der Künste zur Verfügung zu stellen? Eine Bejahung der Frage schließt die öffentliche Betätigung gegen die Regierung aus und verpflichtet Sie zu einer loyalen Mitarbeit an den satzungsgemäß der Akademie zufallenden nationalen kulturellen Aufgaben im Sinne der veränderten geschichtlichen Lage.« Ricarda Huch lehnte diese Loyalität entschieden ab. »Daß ein Deutscher deutsch empfindet«, schrieb sie an von Schillings, »möchte ich fast für selbstverständlich halten; aber was deutsch ist, und wie Deutschtum sich bestätigen soll, darüber gibt es verschiedene Meinungen. Was die jetzige Regierung als nationale Gesinnung vorschreibt, ist nicht mein Deutschtum. Die Zentralisierung, den Zwang, die brutalen Methoden, die Diffamierung Andersdenkender, das prahlerische Selbstlob halte ich für undeutsch und unheilvoll. Bei einer so sehr von der staatlich vorgeschriebenen Meinung abweichenden Auffassung halte ich es für unmöglich, in einer staatlichen Akademie zu bleiben.« So mutig waren die wenigsten, die in Opposition zum Nationalsozialismus standen, aber Deutschland nicht verlassen wollten. Von dem erzwungenen oder ›freiwilligen‹ Exodus profitierten Autoren, die zum überwiegenden Teil nie eine Chance gehabt hätten, in die Sektion aufgenommen zu werden. Im Mai und Juni 1933 rückten sie nach: zunächst Werner Beumelburg, Hans Friedrich Blunck, Peter Dörfler, Paul

Ernst, Friedrich Griese, Hans Grimm, Hanns Johst, Erwin Guido Kolbenheyer, Agnes Miegel, Börries von Münchhausen, Wilhelm Schäfer, Emil Strauß und Will Vesper, dann Hermann Claudius, Gustav Frenssen, Enrica von Handel-Manzetti, Rudolf Huch, Isolde Kurz, Heinrich Lersch, Johannes Schlaf und Joseph Magnus Wehner. Ernst Jünger lehnte die Berufung ab wegen des »soldatischen Charakter(s)« seiner Arbeit, »den ich durch akademische Bindungen nicht beeinträchtigen will... Ich bitte Sie daher, meine Ablehnung als ein Opfer aufzufassen, das mir meine Teilnahme an der deutschen Mobilmachung auferlegt, in deren Dienst ich seit 1914 tätig bin« (Brief vom 16. November 1933).

Die Führungsriege der unterdessen in ›Deutsche Akademie der Dichtung‹ umbenannten Sektion bestand aus Hanns Johst als 1. Vorsitzenden, Hans Friedrich Blunck als 2. Vorsitzenden und Werner Beumelburg als Schriftführer. Mit dem Titel ›Senator‹ durften sich neben diesen dreien auch Hans Grimm, Erwin Guido Kolbenheyer, Agnes Miegel, Börries von Münchhausen, Wilhelm Schäfer, Hermann Stehr und Emil Strauß schmücken. Aber diese Flut von Ehrenämtern konnte nicht darüber hinwegtäuschen, daß die Akademie eigentlich keine Funktion mehr hatte und von Goebbels eher mit Mißtrauen beobachtet wurde. Eine Vereinigung von Schriftstellern, die trotz ihrer nationalkonservativen Gesinnung ihre eigenen Wege gingen und auch künftig gehen wollten, konnte dem auf eine totale Kontrolle des Literaturbetriebs bedachten Propagandaminister nicht behagen. Goebbels, der immer darauf aus war, seine Vormachtstellung in der Kulturpolitik zu verteidigen, hatte bereits Pläne entwickelt, alle Künstler zentral erfassen und steuern zu können. Am 15. November 1933 eröffnete er in Anwesenheit Hitlers die ›Reichskulturkammer‹, die sich zunächst in sieben Einzelkammern gliederte: für Film, Musik, Theater, Presse, Schrifttum, Bildende Künste und (bis 1939) Rundfunk. Damit übte Goebbels, der selbst Präsident der Reichskulturkammer war, die Macht über das gesamte Kulturleben während der NS-Zeit aus. Er war allerdings vorsichtig genug, in seiner Eröffnungsrede die politische Knebelung der Kultur zu verschweigen, und betonte im Gegenteil das Überzeitliche und Schöpferische der Kunst, wenn er sagte: »Die Gesetze der Kunst können niemals geändert werden, sie sind ewig und nehmen ihre Maße aus den Räumen der Unsterblichkeit. Nur geweihte Hände haben das Recht, am Altar der Kunst zu dienen... Man mag unserer Zeit Vorwürfe, welche auch immer, machen, niemand aber wird behaupten wollen, daß sie langweilig sei. Sie ist jedem Muff und jedem Muckertum abhold. Sie hat keine Angst vor der Kühnheit und sieht nicht im bürgerlichen Ruhebegriff der Weisheit letzten Schluß. Für sie gilt das Huttenwort: O Jahrhundert! O Wissenschaft! Es ist eine Lust zu leben. Du nimm den Strick, Barbarei, und mache dich auf Verbannung gefaßt!«

Daß die Rede von Goebbels reine Propaganda war und die Realität ganz anders aussah, hatten die meisten Schriftsteller-Dissidenten schon am eigenen Leib erfahren. Denn nachdem der SDS ›gleichgeschaltet‹ worden war, wurde am 9. Juni 1933 der ›Reichsverband deutscher Schriftsteller‹ gegründet, in dem der SDS, der ›Verband deutscher Erzähler‹, der ›Deutsche Schriftstellerverein‹ und das ›Kartell lyrischer Autoren‹ aufgingen. Vom Reichsverband wurde nun entschieden, wer publizieren durfte und wer nicht, bis auch diese Organisation im Oktober 1935 in die Reichsschrifttumskammer integriert wurde und sich seit Herbst 1936 ›Gruppe Schriftsteller‹ nannte.

Mit der Reichsschrifttumskammer hatte sich der Propagandaminister ein Instrument geschaffen, mit dem er den gesamten Literaturbetrieb überwachen und lenken konnte. Denn neben den Schriftstellern wurden auch die Verleger, Buchhändler, Bibliothekare und Betreiber von Leihbüchereien erfaßt. Entsprechend war das Leitungsgremium strukturiert. Dem Präsidenten Hans Friedrich Blunck stand als Vizepräsident der im Propagandaministerium für Schrifttumsfragen zuständige Hilfsreferent Heinz Wismann zur Seite. Damit hatte Goebbels einen direkten Zugriff auf interne Entscheidungen. Der Präsidialrat setzte sich daneben aus den Schriftstellern Hanns Johst und Hans Grimm, dem Verleger Friedrich Oldenbourg und dem Buchhändler Theodor Fritsch junior zusammen. Blunck geriet schon bald in die Kritik. Goebbels war er beim Aufbau der Kammer nicht radikal genug. So hatte der Präsident, der auch für jüdische und bereits emigrierte Autoren eintrat, sich öffentlich für ein ›Konkordat‹ zwischen der Reichsregierung und den deutschen Juden ausgesprochen. Nur ausländische Intervention würde das verhindern. Damit war er in den Augen des Propagandaministers untragbar geworden und wurde am 3. Oktober 1935 durch Hanns Johst ersetzt. Blunck mußte sich mit dem Titel ›Altpräsident‹ begnügen. Auch Heinz Wismann verlor seinen Posten als Vizepräsident, allerdings erst Ende Oktober 1937. Er hatte verschwiegen, daß er bis 1934 mit einer, in NS-Diktion, ›Halbjüdin‹ verheiratet gewesen war. Außerdem hatte er seinen früheren jüdischen Schwager zeitweise beschäftigt. Die

Entlassung Wismanns ging auf eine Intrige zurück, die von dem Vorsteher des Börsenvereins, Wilhelm Baur, angezettelt worden war.

Es ist geradezu charakteristisch für die NS-Kulturbürokratie, daß sie in sich völlig zerstritten war, daß eine Vielzahl von Institutionen miteinander konkurrierte. »Wenn der forschende Blick ins Detail geht«, stellt Uwe-Karsten Ketelsen in seiner Untersuchung *Literatur und Drittes Reich* fest, »dann bekommt der Monolith ›Kulturpolitik des Dritten Reichs‹ schnell Risse ... Der verbissene Streit auf dem Felde der Kulturpolitik zwischen Rosenberg, Goebbels und anderen Cheffunktionären der NSDAP dauerte an, er bestimmte entscheidend den Charakter. Noch in seiner Rede auf der Kulturtagung auf dem Reichsparteitag der NSDAP 1938 – die übrigens u.a. dem Ziel diente, den ›erbitterten Meinungskampf‹ zu dämpfen – stellte Hitler fest, die kulturellen Leistungen im Dritten Reich hinkten beträchtlich hinter denen auf politischem, sozialem und wirtschaftlichem Gebiet hinterher; noch nicht einmal der gemeinsame Weg sei klar.«

Das organisatorische Chaos und die ungenügende Abgrenzung der einzelnen Dienststellen voneinander verhinderten, daß es zu einer in sich geschlossenen nationalsozialistischen Literaturpolitik kam. Das konnte im Einzelfall für Schriftsteller von Vorteil sein, aber insgesamt überwogen die Nachteile. Denn was eine Institution übersehen hatte oder übersehen wollte, das wurde bestimmt von einer anderen moniert. Und wehe dem, der zwischen die Fronten geriet.

Das Durcheinander von Dienststellen, Kompetenzen und persönlichen Rivalitäten ist nur mit Mühe zu überblicken. Jan-Pieter Barbian ist das in seiner Monografie über die *Literaturpolitik im ›Dritten Reich‹* gelungen. Im Propagandaministerium war es die ›Schrifttumsabteilung‹, die alle schriftstellerischen, buchhändlerischen und bibliothekarischen Aktivitäten erfaßte, von der ›Pflege und Förderung des deutschen Schrifttums‹ bis zur ›Liste des schädlichen und unerwünschten Schrifttums‹.

Der schärfste Konkurrent der ›Schrifttumsabteilung‹ und der Reichsschrifttumskammer war die von Alfred Rosenberg begründete ›Reichsstelle zur Förderung des deutschen Schrifttums/ Hauptstelle Schrifttumspflege beim Beauftragten des Führers für die Überwachung der gesamten geistigen und weltanschaulichen Schulung und Erziehung der NSDAP‹. Zum Tätigkeitsspektrum gehörten Autorenlesungen, die Erstellung des *Verzeichnisses jüdi-*

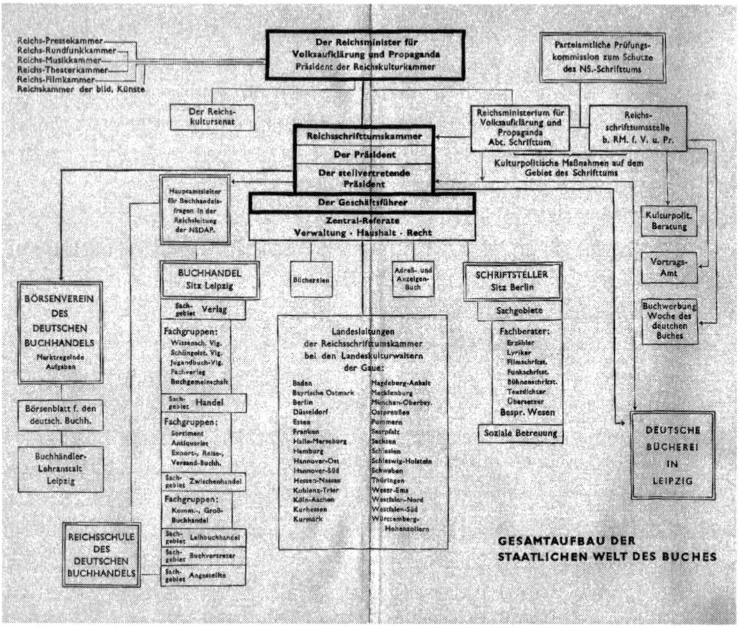

Organisationsschema der staatlichen Literaturüberwachung (1938)

scher Autoren, die Herausgabe der Zeitschrift *Bücherkunde*, die Organisation von Buchausstellungen und nach dem Beginn des Zweiten Weltkriegs die ›Büchersammlung der NSDAP für die Deutsche Wehrmacht‹. In der *Bücherkunde* wurde regelmäßig ein ›Gutachtenanzeiger‹ veröffentlicht, der Bücher und Manuskripte mit Bewertungen von »empfohlen« bis »nicht zu empfehlen« versah. Aber, schreibt Barbian zusammenfassend, »so imponierend sich diese Arbeitsleistung auf dem Papier ausnimmt – in der politischen Praxis blieb sie nur bedingt relevant ... Bezüglich der Durchsetzung ihrer Verbotsanträge war die Rosenbergsche Schrifttumsstelle völlig auf die Exekutivgewalt der Goebbelsschen Schrifttumsbürokratie angewiesen.« Außerdem gab es neben dem Propagandaministerium mit der angeschlossenen Reichsschrifttumskammer noch weitere staatliche oder halbstaatliche Institutionen, die für sich Überwachungs- und Lenkungsaufgaben einforderten: das Reichsministerium für Wissenschaft, Erziehung und Volksbildung mit Bernhard Rust an der Spitze, die ›Parteiamtliche Prüfungskommission zum Schutze des nationalsozialistischen

Schrifttums‹ von Philipp Bouhler, die ›Deutsche Arbeitsfront‹ Robert Lays, die Reichsjugendführung, verschiedene Parteigliederungen und nicht zuletzt auch der ›Stellvertreter des Führers‹.

Daß sich Goebbels in diesem Anspruchs- und Kompetenzwirrwarr weitgehend durchsetzen konnte, verdankte er vor allem der herausragenden Bedeutung der Reichsschrifttumskammer. Denn er war es, der durch Aufnahme und Nichtaufnahme, Befreiung von der Mitgliedschaft und Sondergenehmigungen darüber entscheiden konnte, wer in Deutschland Bücher veröffentlichen durfte und wer nicht. Auch wenn seine Macht dort endete, wo Hitler anderer Meinung war, nahm Goebbels eine ganz besondere Stellung im Literaturbetrieb ein. Das dokumentieren auch die von ihm herausgegebenen Verbotslisten, die im Gegensatz zu ähnlichen Zusammenstellungen aus Rosenbergs Dienststellen massiv in den Buchmarkt und in das Leben einzelner Schriftsteller eingriffen. Dafür verantwortlich war wiederum die Reichsschrifttumskammer. Sie hatte, nachdem am 10. April 1935 das ›Schund- und Schmutzgesetz‹ aus der Weimarer Republik aufgehoben worden war, eine ›Anordnung über schädliches und unerwünschtes Schrifttum‹ erlassen, die in Paragraph eins die Vereinheitlichung der bisher sehr diffus ausgeübten Verbotspraxis ankündigte. Darin hieß es: »Die Reichsschrifttumskammer führt eine Liste solcher Bücher und Schriften, die das nationalsozialistische Kulturwollen gefährden. Die Verbreitung dieser Bücher und Schriften durch öffentliche Büchereien und durch den Buchhandel in jeder Form (Verlag, Ladenbuchhandel, Versandbuchhandel, Reisebuchhandel, Leihbüchereien usw.) ist untersagt« (zitiert nach dem *Börsenblatt* vom 30. April 1935). Die *Liste 1 des schädlichen und unerwünschten Schrifttums* erschien im Oktober 1935. Sie wurde regelmäßig aktualisiert. Welche Konsequenzen es hatte, als Autor mit seinen Büchern in dieser Liste zu stehen, erlebten Erich Kästner, Stefan Zweig, Georg Kaiser und andere Autoren. Die Geheime Staatspolizei als Vollzugsorgan beschlagnahmte alle greifbaren Bücher von ihnen. Georg Kaiser zum Beispiel war zwar seit 1934 Mitglied der Reichsschrifttumskammer, aber seine Stücke konnten in Deutschland nicht mehr aufgeführt werden. Die Gestapo beobachtete seine Aktivitäten und schrieb am 5. April 1938 an die Reichsschrifttumskammer:

»Der Schriftsteller Georg Kaiser war vor der Machtübernahme marxistisch eingestellt ... Nach der Machtübernahme hat sich K. nicht bemüht, Fühlung mit der Partei oder einer ihrer Untergliederungen zu bekommen. Kaiser hat 2 Söhne; der jüngere Sohn wurde wegen Disziplinlosigkeit aus der HJ ausgeschlossen. Der ältere Sohn tritt im politischen Leben nicht hervor. Über die schriftstellerische Tätigkeit des K. ist folgendes bekannt: Die von Kaiser vor der Machtübernahme geschriebenen Bühnenstücke entsprachen jüdischen Tendenzen und verherrlichen zum Teil die marxistische Weltanschauung ... Die nach der Machtübernahme geschriebenen und zur Aufführung gebotenen Bühnenstücke wurden ihm nicht abgenommen. Es wird vermutet, daß er diese nach Frankreich, in die Schweiz, Tschechoslowakei und nach Österreich verkauft hat. Diese Vermutung wird durch die Feststellung wahrscheinlich gemacht, daß der Hauswirt des K. einmal rückständige Miete aus Österreich bezahlt erhielt.«

Tatsächlich konnte Kaiser seine alten und neuen Stücke nur noch im Ausland aufführen lassen. 1938 emigriert er über Holland in die Schweiz.

Indizierte Titel durften noch nicht einmal unter dem Ladentisch verkauft werden. Zu den ›verbotenen‹ Autoren gehörten fast alle, die ins Exil gegangen waren. Aber auch Werke von weiterhin in Deutschland lebenden Schriftstellern, die ansonsten unbehelligt publizieren konnten, fanden sich auf der Liste. Besonders harsch gingen die staatlichen Zensoren mit Autoren um, die in Ungnade gefallen waren, wie etwa mit Hanns Heinz Ewers, der sich zunächst den Nationalsozialisten anzubiedern versucht hatte. Seine Existenz wurde durch das weitgehende Verbot seiner Bücher vernichtet. Allerdings blieben die bis 1941 erscheinenden Listen auf seltsame Weise fragmentarisch. Warum ein bestimmtes Buch eines Autors aufgenommen wurde und andere nicht, erschließt sich aus heutiger Sicht oft nicht mehr.

Das Verbot war das wirkungsvollste Instrument für Goebbels, um mißliebige Schriftsteller auszuschalten. Auf der anderen Seite verfügte er über ein breites Spektrum an Maßnahmen, um Autoren speziell zu fördern: mit Literaturpreisen zum Beispiel, die er teilweise selbst initiierte, mit Buchwochen oder mit großen Sonderauflagen, etwa für die Wehrmacht. Goebbels setzte alles daran, das gesamte literarische Leben zu diktieren. Das war aber auch in einem totalitären Staat nicht möglich. Die ›Lippoldsberger Dichtertage‹ beispielsweise wurden bis 1939 von Hans Grimm ohne amtlichen Segen veranstaltet und waren dem Propagandaministerium allein deshalb verdächtig. Einen wie immer gearteten politischen Protest hätte niemand ernsthaft von den versammelten na-

Verleihung des Frankfurter Goethepreises an Agnes Miegel durch Oberbürgermeister Fritz Krebs, 28.8.1940

tional-konservativen Autoren erwartet. Aber daß die Veranstaltung überhaupt stattfand, war schon ein Affront und damit auch Kritik an einer allmächtigen Kulturbürokratie. Und so wurde sie auch verstanden. Wäre nicht der *Volk-ohne-Raum*-Autor der Organisator gewesen, hätten die Dichtertage sicher nicht all die Jahre stattfinden können.

Goebbels selbst begründete 1938 seine ›Weimarer Dichtertreffen‹ möglicherweise als Reaktion auf die bei Schriftstellern beliebte Zusammenkunft in Lippoldsberg. Äußerer Anlaß für die Dichtertreffen war die ›Woche des deutschen Buches‹, eine mit großem Aufwand inszenierte deutschlandweite Werbeveranstaltung für das Buch und gleichzeitig für die protegierten Autoren. Mit den Dichtertreffen verfolgte Goebbels allerdings nicht nur das Ziel, der literarischen Elite des NS-Staates ein angenehmes Forum zu verschaffen. Goebbels dienten sie vor allem als Mittel, um die wichtigsten Autoren in seine Propagandaaktivitäten einzubinden und sie zu politischen Bekenntnissen zu nötigen. Deshalb ließ er auch ganz gezielt Schriftsteller nach Weimar zitieren, die dem Regime eher fernstanden. Albrecht Goes zum Beispiel oder Martin

Hans Grimm im Klosterhof von Lippoldsberg bei dem von ihm veranstalteten Dichtertagen

Luserke, Georg von der Vring, Walter von Molo, Friedrich Bischoff und Ernst Wiechert, der 1938 gerade aus dem KZ Buchenwald entlassen worden war und an der Tagung über *Die Dichtung und die Wirklichkeit des Volkes* teilnehmen mußte. Wiechert fühlte sich, wie er später in seiner Autobiografie *Jahre und Zeiten* schrieb, als »Plakat« mißbraucht, »das man aushängen konnte, damit jedermann sehe, wie großmütig das Dritte Reich war.« Über das zweite nun ›Großdeutsche Dichtertreffen‹, das unter dem Motto *Die Dichtung im Kampf des Reiches* stand, mußte Manfred Hausmann für *Das Reich* berichten. Er erledigte seine Aufgabe so, wie es von ihm erwartet wurde. In seinem ganzseitigen Artikel heißt es u. a. über die Rede von Kurt Hesse, des Beauftragten des Oberkommandos der Wehrmacht: »Wer noch nicht wußte, in welchem Ausmaß dieser gegenwärtige Krieg ein totaler Krieg ist, der konnte es hier erfahren. Nicht nur alle militärischen Kräfte, nicht nur alle propagandistischen Möglichkeiten sind aufgerufen und aufgefangen, sondern auch alle, aber auch wirklich alle Kraftströme, die aus dem historischen, politischen, fachlichen, philosophischen und dichterischen Schrifttum irgendwie hervorgehen. Wenn der deutsche Soldat heute der erste der Welt ist, so nicht zuletzt dank dem Schrifttum, das, vor dem Weltkrieg und besonders seit dem Weltkrieg entstanden, seinen Verstand, seine Einsicht, seine Moral und seine seelische Haltung entscheidend und immer entscheidender beeinflußt hat. Sehr kluge und sehr weitsichtige Männer müssen es gewesen sein, die diese Umwandlung von Geist in Schlagkraft erkannt und betrieben haben. Wohl selten ist die unabsehbare Bedeutsamkeit des Geistes, der geistigen Welt für die Leistung auf dem Schlachtfelde so eindringlich betont worden, wie in diesem Referat... Im Deutschland von 1940 gehört das Buch zum Schwert, das Schwert zum Buch, gehört der Dichter zum Soldaten und der Soldat zum Dichter.«

Mit Aufsätzen dieser Art konnte Goebbels öffentlich demonstrieren, daß die wichtigsten Schriftsteller Deutschlands hinter ihm und der nationalsozialistischen Expansionspolitik standen.

1941, beim dritten Dichtertreffen in Weimar, trug Goebbels der Tatsache Rechnung, daß der größte Teil Europas von deutschen Truppen besetzt war. Unter dem Motto *Die Dichtung im kommenden Europa* ließ er prominente ausländische Autoren einladen, die mit dem Nationalsozialismus sympathisierten. Zusammen mit ihnen wurde die ›Europäische Schriftstellervereinigung‹ ins Leben gerufen. Die Präsidentschaft übernahm auf Drängen des Propagandaministeriums Hans Carossa, der auch im neutralen Ausland hohes Ansehen genoß. Sicherlich beschönigend erinnerte sich Carossa in seiner Autobiografie *Ungleiche Welten*: »Seit elf Uhr vormittags befand ich mich in Weimar, und schon fünf Stunden später war ich Präsident einer ›Europäischen Schriftstellervereinigung‹, also Vorsitzender einer Gesellschaft, von der ich gleich wußte, daß alle wahrhaft schöpferischen Geister des Erdballs ihr in weitem Bogen ausweichen würden. Die Beamten des Propagandaministeriums, die beauftragt waren, mich mit dieser neugeschaffenen Dienststellung zu behaften, wußten recht gut, wie jedes auch nur scheinbare Teilhaben an weltlicher Macht mir auch in ganz normalen Zeiten unerträglich gewesen wäre; deshalb verfuhren sie behutsam und ließen mir zunächst den Glauben, es läge wirklich in meinem Belieben, Ja oder Nein zu sagen. Der erste, der mich ansprach, erwähnte die geplante Gründung vorerst gar nicht, sondern plauderte nur unverbindlich von einem Beisammensein mit Ausländern nach dem Abendessen, wobei ich, wie etwa bei einem Studentenkommers, den Vorsitz führen sollte. So machte ich mir denn die Abwehr leicht, indem ich einige der Partei angehörende Schriftsteller als eher geeignet vorschlug, ohne zu merken, daß ich als unpolitischer Mann für den politischen Zweck, den man im Auge hatte, gerade der geeignetste war.«

Carossa, der schon vorher mehrfach zu politischen Konzessionen bereit gewesen war, diente tatsächlich bloß als ›neutraler‹ Repräsentant. Die Vereinigung selbst wurde von anderen geleitet, die ihr allerdings kein Leben einhauchen konnten. Die ehrgeizigen

Pläne, die Goebbels mit diesem ›Gegen-PEN‹ verfolgte, ließen sich, auch angesichts einer sich dramatisch verändernden militärischen Lage, nicht verwirklichen. Die Schriftstellervereinigung trat nur selten an die Öffentlichkeit und stieß dementsprechend auf so wenig Resonanz, daß sie schon bald ihre Tätigkeit weitgehend einstellte. Auch die Dichtertreffen fanden schneller als gedacht ihr Ende. Im Oktober 1942 kamen zum letzten Mal Schriftsteller in Weimar zusammen, um über *Dichter und Krieger* zu sprechen. Carossa ließ sich vom Vizepräsidenten vertreten.

Schreiben unter Aufsicht

Immer wieder wird gefragt, warum es keinen nennenswerten Widerstand gab, als das einstmals blühende literarische Leben der Weimarer Republik mit all seinen Institutionen und Verbänden innerhalb weniger Wochen ›gleichgeschaltet‹ wurde. Die Antwort scheint zunächst ganz einfach. Schriftsteller waren auch keine besseren oder schlechteren Menschen als die anderen Deutschen. Und wirksamer Widerstand kam von keiner gesellschaftlichen Gruppierung. In der Literatur liegt der Fall allerdings etwas komplizierter. Denn gerade die meisten von den Schriftstellern, die die deutsche Literatur repräsentierten und deren Stimmen Gewicht hatten, mußten ihre Heimat schon früh verlassen, um der drohenden Verfolgung zu entgehen. Das Vakuum, das sie hinterlie-

Szenenbild aus der Aufführung von E. G. Kolbenheyers Drama »Heroische Leidenschaften« im Staatstheater Berlin, mit Lothar Müthel und Clara Savio.

Aufführung von Eberhard W. Möllers »Frankenburger Würfelspiel« auf der Dietrich-Eckart-Bühne, Berlin 1936

ßen, wurde zunächst von Autoren gefüllt, die eine national-konservative, völkisch orientierte Richtung vertraten. Diese Schriftsteller hatten schon lange auf die Chance gewartet, Akademiesessel zu besetzen und den Buchhandel in ihrem Sinn zu beeinflussen. Sie waren sofort zur Stelle und ließen sich gern von den neuen Machthabern hofieren. Schließlich hatte jeder von ihnen ein Gesamtwerk aufzuweisen, das dem NS-Staat die nötige literaturhistorische Tiefe verleihen konnte. Der Germanist Ralf Schnell spricht deshalb in seiner Studie über *Dichtung in finsteren Zeiten* auch davon, daß es 1933 keinen Traditionsbruch gegeben habe, »sondern allenfalls eine Zäsur«. Autoren wie Erwin Guido Kolbenheyer, Hans Grimm, Friedrich Griese, Hermann Burte, Gustav Frenssen, Hermann Stehr, Hans Friedrich Blunck, Wilhelm Schäfer, Rudolf Georg Binding, Agnes Miegel oder Börries von Münchhausen, allesamt schon in der Weimarer Republik erfolgreich und manche sogar schon davor, fiel die Rolle zu, die ›Dichtung im Dritten Reich‹ zu verkörpern, weil die ›wirklich großen‹ Schriftsteller nicht mehr in Deutschland lebten. Daß sie sich auch als ›Dichter‹

und nicht bloß als Schriftsteller empfanden, gehörte zu ihrem Selbstverständnis, das durch Preise, Auszeichnungen und Ehrenämter noch gestärkt wurde. Dabei überschätzten sie gelegentlich ihren Einfluß und ihre Macht. Sie waren, wie die anderen Autoren auch, Teil eines staatlich kontrollierten Kulturbetriebs, der keinerlei Abweichung von der vorgegebenen politischen Linie duldete. Wer durch zu große Eigenständigkeit auffiel, der mußte bei aller offiziellen Hochachtung mit Sanktionen rechnen, die in der Regel jedoch moderat ausfielen. Hans Friedrich Blunck verlor seinen Chefposten in der Reichsschrifttumskammer, Hans Grimm wurde mit keinem der zahlreichen Literaturpreise bedacht, und an Rudolf Georg Bindings Beerdigung nahm kein offizieller Vertreter der NS-Kulturbürokratie teil.

Die Mehrzahl dieser Autoren hatte keinerlei Probleme damit, das Hohelied der nationalsozialistischen Diktatur zu singen. Als Parteidichter wollten sich aber die meisten, selbst wenn sie Mitglied der NSDAP waren, nicht abstempeln lassen. Parteidichter, das waren andere, zumeist viel jüngere: Heinrich Anacker zum Beispiel, Hans Baumann, Herbert Böhme, Kurt Eggers, Richard Euringer, Herybert Menzel, Eberhard Wolfgang Möller, Baldur von Schirach oder Gerhard Schumann. Ihre Gedichte, Lieder, Romane, Erzählungen, Theaterstücke und Hörspiele waren eng mit der NSDAP und ihren Gliederungen verknüpft. Sie feierten die ›Bewegung‹ mit ihrem ›Führer‹ an der Spitze, die ›Volksgemeinschaft‹ und schließlich den ›Heldentod‹, weil sie aktiv am Aufbau des ›neuen‹ Staates mithelfen wollten. In ihren literarisch anspruchslosen Texten spiegelt sich eine positive Aufbruchstimmung, die vor allem jüngere Menschen erreichte und begeisterte. In dieses Umfeld gehört auch das als Weiheveranstaltung angelegte Thingspiel, das Schnell als »einzigen ernsthaften Versuch« bezeichnet, »eine nationalsozialistische Ästhetik zu realisieren«. Aber gerade beim Thingspiel zeigt sich, daß die Grenzen zwischen den einzelnen Gruppen offen waren. Auch August Hinrichs, der sonst plattdeutsche Komödien schrieb, verfaßte ein Thingspiel, das über mehrere Jahre aufgeführt wurde. Aber letztlich erreichten die monumentalen historischen Tableaus, die mit Mitteln der griechischen Tragödie ›Volksgemeinschaft‹ sinnlich erfahrbar machen wollten, das Publikum nicht. Die pädagogisch-propagandistische Absicht war zu deutlich, um aus den Freiluftaufführungen populäre Kulturereignisse zu machen. So war die Thingbewegung schon am Ende, ehe sie richtig begonnen hatte. Ihre politische

Funktion blieb allerdings in Theaterstücken, in historischen Romanen und vor allem in (Kampf-)Liedern erhalten, die sich großer Beliebtheit erfreuten. So ist in Josefa Berens-Totenohls effektvollen Geschichtsepen die nationalsozialistische Blut-und-Boden-Ideologie so raffiniert verpackt, daß die Romane auch nach 1945 ohne Änderungen weitererscheinen konnten.

Die Grenzen für die Frauenliteratur waren in der NS-Zeit eng gesteckt. Sie hatte eine klare politische Funktion zu erfüllen, nämlich die Rolle des Weibes als erdverbundene Mutter und Gefährtin ihres im Lebenskampf stehenden Mannes zu definieren. Oder wie es der NS-Literaturwissenschaftler Norbert Langer ausdrückte: »Die Beziehung der Frau zum Leben ist die Mutterschaft, der Familiensinn, das tiefere Gefühl für das Wesen der Erde. Die Bindung an Kind und Sippe findet den weitesten Umkreis in der Bindung an den Heimatboden. In der starken landschaftlichen Verwurzelung ist die zweite Kraftquelle der Frau für ihr Werk gegeben.« Auch als die massive Aufrüstung und wenig später die Kriegswirtschaft den Einsatz von Frauen in Fabriken notwendig machten, kam es zu keinem erkennbaren Paradigmenwechsel. Nur in seltensten Fällen und vor allem im (zur Indoktrination genutzten) Mädchenbuch wurde diese für Frauen gravierende Änderung ihrer Lebenswelt abgebildet. Die Diskussion gesellschaftlicher Realität war im Frauenroman genausowenig erwünscht wie in der übrigen Literatur.

Eine klare ideologische Aufgabe hatten auch die Bücher einer Schriftstellergeneration, die das ›Erlebnis‹ des Ersten Weltkriegs in den Mittelpunkt stellte. Auf den ersten Blick sind die Romane von Werner Beumelburg, P. C. Ettighofer, Thor Goote, Franz Schauwecker, Heinz Steguweit oder Hans Zöberlein detailreiche und -genaue Schilderungen der Weltkriegsschlachten, vor allem in den Schützengräben Frankreichs. Dahinter verbirgt sich aber zum einen die Ablehnung der Weimarer Republik und zum anderen der Wunsch nach einem neuen, autoritär geführten Staat, dessen Elite die Frontkämpfergeneration stellen sollte. Denn nur wer sein Leben für Deutschland eingesetzt hatte, war auch berechtigt, künftig dessen politischen Geschicke zu bestimmen. Das wurde zum oft pathetisch vorgetragenen Vermächtnis der gefallenen Soldaten erklärt. Da traf es sich gut, daß auch der Führer der NSDAP ein mit Tapferkeitsauszeichnungen dekorierter Frontkämpfer war. So wie die Autoren völkischer Geschichtsdeutungen den geistigen Bogen vom Stauferreich, der Reformation oder von Preußen zur

Vorschlagsliste für vom Propagandaministerium empfohlene Lesungen

NS-Zeit schlugen, so stellten jene ›Kriegsdichter‹ die Verbindung von Frontkämpfertum und Nationalsozialismus her.

Der NS-Staat erhielt damit durch die Literatur quasi historische Tiefe und geschichtliche Legitimation. Der Dankbarkeit durch staatliche Stellen durften die Autoren gewiß sein. Auch wenn sie gelegentlich selbst in die Mühlen eines polykratischen Kulturbetriebs gerieten. Denn selbst parteinahe Schriftsteller mußten mit Attacken rechnen, wenn sie zwischen Goebbels, Rosenberg und Bouhler gerieten. Beispiele dafür gibt es mehr als genug, und sie dienten den Betroffenen nach 1945 oft genug dazu, sich als ›verfolgt‹ ausgeben zu können. Allein das gemahnt zur Vorsicht bei der Beurteilung einzelner Autoren. Jeder Fall muß individuell betrachtet und gewichtet werden. Bezeichnungen wie »Naziautor« oder »Naziliteratur« allein sagen noch gar nichts aus. Denn was nationalsozialistische Literatur gewesen sein könnte, war offenbar noch nicht einmal den Zeitgenossen klar. Wie sonst hätte es zu einem Sprechchorverbot für Parteiveranstaltungen oder zu einem so raschen Ende der Thingspielbewegung kommen können? Ralf Schnell hat in seinem Essay über die NS-Literatur fünfzehn Thesen aufgestellt, die der Diskussion einen neuen und wesentlichen Punkt hinzufügen: »Nicht ihre Programmatik, nicht ihre Stofflichkeit, nicht ihr Inhalt gibt Auskunft über das, was ›nationalsozialistisch‹ an dieser Dichtung ist (und was nicht), sondern die spezifische Ästhetik ihrer ›Haltung‹. Die Ästhetik will Kampf, Unterwerfung, Ausgrenzung, Herrschaft. Sie dient nicht lediglich einem politischen Ziel, das Bewegung, Partei oder Staat ihr gesetzt hätten, sondern sie verfolgt selber ihre Zwecke: allen die identische Rede aufzuzwingen, allen ein identisches Reden abzuringen. Hierdurch definiert sie ihre Besonderheit.«

Schnell weist auch darauf hin, daß neben dieser partei- und staatsnahen Literatur eine andere, staatsferne existierte, die die Freiräume, die es noch immer gab, für sich nutzte: »Die deutschen Schriftsteller haben ebenso wie die deutsche Bevölkerung insgesamt an der ›staatsfreien‹ Sphäre des Dritten Reichs partizipiert, nicht mehr, auch nicht weniger opportunistisch als andere sich verhalten. Sie haben den Zwangsorganisationen sich anschließen und anfechtbare Kompromisse eingehen müssen. Sie standen als Soldaten in der deutschen Armee. Sie haben geschwiegen, statt Widerstand zu leisten. Sie haben publiziert, obwohl sie Kontroll-, Überwachungs- und Zensurinstanzen durchlaufen mußten. Sie haben Hakenkreuzfahnen aus dem Fenster gehängt, wenn es geboten erschien. Sie haben gelitten im Dritten Reich, aber sie haben auch gelebt – in Widersprüchen.«

Damit ist ziemlich genau umrissen, wie das literarische Leben jenseits parteiamtlicher Förderung aussah. Alfred Andersch machte es sich 1948 leicht, als er in seinem Essay *Deutsche Literatur in der Entscheidung* schrieb: »Das muß einmal ausgesprochen und festgehalten werden, daß jede Dichtung, die unter der Herrschaft des Nationalsozialismus ans Licht kam, Gegnerschaft gegen ihn bedeutete, sofern sie nur Dichtung war.« Für einen Autor, der selbst während der NS-Zeit publiziert hatte, war es sicherlich verständlich, für sich und für seine Kollegen diese Form des ›Widerstands‹ zu reklamieren. Die Wirklichkeit sah jedoch anders aus. Das Spektrum der nicht-nationalsozialistischen, staatsfreien, parteifernen oder wie immer man diese Literatur bezeichnen mag, ist breit. Es reicht vom enttäuschten Opportunismus bis zum kaum verhüllten Widerstand. Wer sich später zur ›Inneren Emigration‹ zählte, bildete alles andere als eine homogene Gruppe mit gleichen Zielen oder Strategien. Jede Schriftstellerpersönlichkeit ist ihren Weg gegangen, hat ihre Kompromisse und Konzessionen gemacht. Wie stark man sich dabei mit dem nationalsozialistischen Apparat einließ, zu wieviel Widerstand man in der Lage war, hing von persönlichen Umständen und von der eigenen Stärke ab. Mut gehörte dazu, den braunen Machthabern die Stirn zu bieten; und diesen Mut konnten sich nur die wenigsten leisten, schon gar nicht die jüdischen Autoren, die bis 1938 noch höchst bescheidene Publikationsmöglichkeiten hatten.

Ernst Wiechert zum Beispiel mußte am eigenen Leib erfahren, was es bedeutete, die Stimme gegen Entscheidungen der NS-Bürokratie zu erheben. Als er 1938 gegen die Verschleppung Martin

Niemöllers ins Konzentrationslager protestierte, wurde er selbst kurzzeitig in Buchenwald inhaftiert. Damit war er gewarnt – und seine Kollegen gleich mit. Erich Kästner, der nur noch im Ausland publizieren durfte, wurde zweimal von der Gestapo verhört und wäre nie auf die Idee gekommen, gegen die Nationalsozialisten gerichtete Gedichte oder Artikel in der Emigrantenpresse erscheinen zu lassen. »Ich hatte nicht mit der Faust gedroht. Ich hatte sie nur in der Tasche geballt«, bekannte er später. »Wir waren darauf aus, gedruckt zu werden«, gestand Oda Schäfer in ihrer Autobiografie (*Auch wenn du träumst, gehen die Uhren*) offen ein: »ein verständlicher Wunsch. Und da man nicht emigriert war, mußte man manches hinnehmen.«

Wie weit die Anpassung gehen konnte, zeigen die Beispiele Gottfried Benn, Hanns Heinz Ewers und Arnolt Bronnen, die die nationalsozialistische Machtübernahme lautstark begrüßt hatten und sich nicht zu schade waren, dem totalitären Staat als Handlanger zu dienen. Daß sie nur wenig später selbst zu den verfolgten Autoren zählten, konnte ihr politisches Fehlverhalten zwar nicht entschuldigen, doch etwas relativieren.

Auch andere Schriftsteller wie Hans Carossa, Heimito von Doderer, Günter Eich, Hans Fallada, Gerd Gaiser, Manfred Hausmann, Franz Tumler, Josef Weinheber, Wolfgang Weyrauch und selbst der Literaturnobelpreisträger Gerhart Hauptmann waren zu politischen Konzessionen bereit. Die Unterschrift unter das ›Treuegelöbnis‹ für Adolf Hitler von 1933 oder lobende Zeilen zum Führergeburtstag allein sind noch nicht ausreichend, um die Position eines Autors während der NS-Zeit zu bestimmen. Denn nur wenige Schriftsteller, wie Ricarda Huch, Mechthilde von Lichnowsky oder der Kabarettist Werner Finck, konnten dem Druck, der auf sie ausgeübt wurde, zwölf Jahre lang widerstehen. Selbst ein so erklärter Gegner der Nationalsozialisten wie Werner Bergengruen trug ein Telegramm mit, das die deutschen ›Kriegsdichter‹ nach einer Tagung im Oktober 1936 »an den Führer« schickten und in dem es heißt: »Die als Gäste der Reichshauptstadt zu einem Treffen in Berlin vereinten Dichter des Krieges entbieten ihrem Führer und Reichskanzler im Gedenken der Kameradschaft der Front und Dankbarkeit für die Wiedergewinnung deutscher Wehrhaftigkeit das Gelöbnis unwandelbarer Treue.« Bergengruen war mit einer ›Dreiviertel-Jüdin‹ verheiratet und wurde »auf Grund des literarischen Wertes« seiner Veröffentlichungen von Heinz Wismann bis zu dessen Ausscheiden geschützt (das legt jedenfalls ein entsprechender Vermerk auf der Karteikarte der Reichsschrifttumskammer nahe). Bergengruen war sich der Gefahr bewußt, in der er und seine Frau lebten, zumal er 1935 mit seinem Roman *Der Großtyrann und das Gericht* ein Buch veröffentlicht hatte, das, im historischen Gewand, auch die Instrumentarien der Nationalsozialisten und die Ängste in der Gegenwart beschrieb. Bergengruens Roman gilt neben Ernst Jüngers *Auf den Marmorklippen,* Albrecht Haushofers Theaterstücken, Fritz Reck-Malleczewens *Bockelson. Geschichte eines Massenwahns,* Reinhold Schneiders *Las Casas vor Karl V.* und Frank Thieß' *Das Reich der Dämonen* als regimekritische Literatur, soweit dieser Begriff überhaupt angebracht erscheint. Denn wirklich regimekritische Literatur hätten die staatlichen und halbstaatlichen Zensurstellen nicht geduldet. Vielleicht sind die späten pazifistischen Gedichte von Hans Leip die einzige Ausnahme. Gerade die historische Camouflage bedeutete, so Ralf Schnell, eine »Relativierung der beabsichtigten Kritik an Gegenwartsphänomenen... Daß die Autoren zu den ›unerwünschten‹ Schriftstellern zählten, resultierte aus ihrer erkennbar abwehrenden Haltung gegenüber machtpolitischen Konstellationen, die in ihren Augen durch den jeweils gewählten Stoff ebenso wie durch das Dritte Reich repräsentiert wurden. Daß sie *lediglich* unerwünscht waren, nicht aber verboten wurden, hängt mit der Funktion zusammen, die ihnen kulturpolitisch zugedacht war. Sie bildeten ideologisch brauchbare Reservate bürgerlicher Gegenaufklärung.«

Vor diesem Hintergrund ist auch zu verstehen, warum Oskar Loerkes und Wilhelm Lehmanns Rückzug in die Naturlyrik oder Ernst Wiecherts Verklärung des ›einfachen Lebens‹ von der nationalsozialistischen Kulturbürokratie nicht behindert wurden. Auch sie hatten in dem durch Verbote, Auszeichnungen und politikferne Freiräume strukturierten Literaturbetrieb ihren Platz. Sie konnten zumindest einen Teil derjenigen Leser binden, die vor 1933 (und manchmal auch heimlich danach) die Werke unterdessen emigrierter Autoren bevorzugt hatten. Deshalb wurde die literarische Idyllenproduktion vom Propagandaministerium zunehmend unterstützt. Insbesondere während des Krieges war diese Heile-Welt-Illusion offiziell erwünscht. Unpolitisches Schreiben konnte in diesem Sinn systemstabilisierend wirken.

Daneben entwickelte sich eine ›junge‹ Literatur, deren Protagonisten nach 1945 die bundesdeutsche Literatur entscheidend mitprägten. Alfred Andersch, Johannes Bobrowski, Wolfgang Borchert, Peter Huchel, Marie Luise Kaschnitz, Wolfgang Koeppen, Karl Krolow, Hermann Lenz, Hans-Erich Nossack, Luise Rinser und Wolfdietrich Schnurre begannen während der NS-Zeit ihre literarischen Karrieren, zumeist mit kleinen Texten in Zeitungen und Zeitschriften – in der Regel unverfängliche Gedichte und Erzählungen. Aber wie Luise Rinsers Führergedicht und Karl Krolows Mitgliedschaft in der NSDAP demonstrieren, wurden auch von diesen noch am Anfang stehenden Autoren bisweilen politische Zugeständnisse erwartet – oder sie glaubten es zumindest. Hans Dieter Schäfer war der erste, der 1976 in einem grundlegenden Aufsatz (der später in seinem Band *Das gespaltene Bewußtsein* wieder abgedruckt wurde) auf diese ›junge‹ Literatur hingewiesen hat. »Ohne Zweifel«, so Schäfer, »wollte der Führerstaat die mit einer lebendigen Kultur verbundene individuelle Freiheit unnachsichtig zerstören, gleichzeitig mußte er eine politikfreie Sphäre fördern, um die Mehrheit der Bevölkerung auf Dauer an sich zu binden. Durch diese schwer voneinander abzugrenzenden Ziele ergaben sich für eine Reihe junger, zumeist noch unbekannter Schriftsteller Publikationsmöglichkeiten, obgleich ihre Auffassungen von den ästhetischen Normen des Nationalsozialismus z. T. erheblich abwichen.« Unbewußt wurde damit auch die Basis für etwas ganz Neues geschaffen, das sich aber erst nach 1945 entwikkeln konnte.

»Der deutsche Buchhandel begrüßt die nationale Erhebung« Verlage in der NS-Zeit

Als die Nationalsozialisten die Macht in Deutschland antraten, übernahmen sie ein über die Jahrhunderte wohlgeordnetes Buchhandelswesen. Es gab eine leistungsfähige Standesorganisation, feste Ladenpreise, die seit 1886 bewährte Konvention zum Schutz des Urheberrechts und eine zentrale Sammelstelle für alle Neuerscheinungen, die 1912 in Leipzig gegründete Deutsche Bücherei. Rund 2500 Verlage belieferten 6000 Vollbuchhandlungen und 10 000 buchhändlerische Nebenbetriebe mit Neuerscheinungen und älteren Titeln. Aber der Buchhandel litt – wie der gesamte Handel – an der wirtschaftlichen Lage in Deutschland. Die Buchverkäufe stagnierten oder gingen zurück, gleichzeitig wuchs die Konkurrenz durch den Ausbau von Buchgemeinschaften, Warenhäusern und Leihbibliotheken. Existenzängste plagten auch diesen Berufsstand, der sich gern auf seine Traditionen berief und dessen Mitglieder überwiegend deutschnational eingestellt waren. Das galt ganz besonders für den 1825 gegründeten Börsenverein der Deutschen Buchhändler, der die Interessen der Buchhändler und Verleger gegenüber Politik und gesellschaftlichen Institutionen vertrat.

Der rechtskonservative Vorstand des Börsenvereins begrüßte die neue Regierung als Hoffnungsträger für den wirtschaftlichen Aufschwung, er sah aber andererseits auch die Gefahr, daß das autoritäre Regime den Börsenverein entmachten oder durch eine parteiamtliche Stelle ersetzen könnte. In dieser Zwickmühle entschloß sich der Vorstand mit Friedrich Oldenbourg an der Spitze zu einem spektakulären Schritt. In einer Art ›Selbstgleichschaltung‹ verabschiedete der Börsenverein »Das Sofortprogramm des deutschen Buchhandels«, das am 3. Mai 1933 im *Börsenblatt* veröffentlicht wurde. Es begann mit der Erklärung:

»Der deutsche Buchhandel begrüßt die nationale Erhebung. Er hat seine Bereitwilligkeit zur Mitarbeit an ihren Zielen alsbald zum Ausdruck gebracht.« Darauf folgte eine Aufzählung, was sich der Börsenverein von der NS-Regierung erhoffte: den »Schutz des festen Ladenpreises« für Bücher zum Beispiel, die Anerkennung des Börsenvereins als »Zwangsorganisation für alle Buchhändler«, den »Abbau der Buchgemeinschaften«, die »restlose Beseitigung des Bücherverlags und -vertriebs von Warenhäusern« und »Maßnahmen gegen die ungesunde und volksschädigende Ausbreitung der sogenannten modernen Leihbibliotheken«. Dafür wollte sich der Vorstand des *Börsenvereins* in der »Judenfrage« ganz der »Führung der Reichsregierung« anvertrauen. »Ihre Anordnungen wird er für seinen Einflußbereich ohne Vorbehalt durchführen.«

Proteste gegen die Bücherverbrennung am 10. Mai 1933 waren von diesem Börsenvereinsvorstand nicht zu erwarten, und es kamen auch keine. Ganz im Gegenteil: Am 13. Mai nannte das *Börsenblatt* zwölf Schriftsteller, die »für das deutsche Ansehen als schädlich zu erachten sind«. Die Namensliste deckte sich weitgehend mit der, die bei der Bücherverbrennung verlesen worden war. Dem Buchhandel wurde empfohlen, Bücher dieser Autoren nicht mehr zu vertreiben. Auf der Liste standen Lion Feuchtwanger, Alfred Kerr, Heinrich Mann, Erich Maria Remarque, Kurt Tucholsky und Arnold Zweig.

Einen weiteren Tiefpunkt in der Anbiederungspolitik des Börsenvereins stellte nur einen Tag später die traditionelle Kantate-

Versammlung im Leipziger Buchhändlerhaus dar. Nicht nur, daß einer martialischen Rede von Goebbels begeistert Beifall geklatscht wurde, der Börsenverein hatte auch ein ›Tafellied‹ dichten lassen:

Heut hat uns Kantate
nach altem Brauch vereint,
auf daß dem deutschen Buche
die Zukunft heller scheint.

Wenn auch vergangne Jahre
viel Elend uns bedrückt'.
Nun hat uns die Erlösung
das Schicksal selbst geschickt.

Gewichen ist das Schlechte,
das Deutschland lang entzweit,
gekommen ist ein Wille
zur großen Tat bereit.

Was Haß und Zwietracht säte,
er bannt's mit starker Hand.
Er eint die deutschen Lande
zu einem Vaterland.

Des deutschen Buches Seele
kämpft mit bei dieser Tat.
Es hilft sein deutscher Wille,
daß rascher reift die Saat.

Du deutsches Herz, du großes,
wie friedvoll ward dein Schlag,
seit deine Ketten sprengte
der Freiheit goldner Tag.

(Zitiert nach: Der Börsenverein des Deutschen Buchhandels 1825–1900. Frankfurt am Main 2000, S. 94)

Was der Börsenvereinsvorstand mit seiner Haltung bewirkte, war fatal. Jüdische Verleger und Buchhändler konnten sich von ihrer Standesorganisation nicht länger vertreten fühlen, und Autoren, die das kulturelle Leben der Weimarer Republik entscheidend mitgeprägt hatten, galten plötzlich als unerwünscht. Vielen blieb nur die Flucht. Max Tau, der Cheflektor des Bruno Cassirer Verlags, ging nach Norwegen. Er hatte nicht nur junge Autoren wie Marie Luise Kaschnitz oder Wolfgang Koeppen gefördert, sondern auch eher völkisch orientierte wie beispielsweise Hermann Stehr. Fritz Landshoff, der den Gustav Kiepenheuer Verlag leitete und u. a. Bertolt Brecht, Marieluise Fleisser, Anna Seghers, Heinrich Mann, Joseph Roth und Arnold Zweig betreute, sah ebenfalls keine Hoffnung für sich und seinen Verlag in Deutschland. Im Gespräch mit Klaus Schöffling erinnerte er sich 1983: »Ich wurde im Laufe des April durch einen holländischen Übersetzer – Nico Rost – besucht. Querido, der holländische Verleger, hatte sich an ihn gewandt und ihn gebeten, mich zu fragen, ob ich bereit sein würde, mit ihm in Holland eine Unterabteilung seines literarischen Verlags zu gründen, in der Autoren, die in Deutschland nicht mehr erscheinen konnten, in deutscher Sprache verlegt werden sollten. Ich habe dieses Angebot freudig angenommen und bin am selben Abend nach Amsterdam gefahren, habe Querido aufgesucht, und innerhalb weniger Stunden haben wir ein paar Zeilen aufgesetzt, die unsere Zusammenarbeit für lange Zeit festlegten« (zitiert nach: Klaus Schöffling (Hrsg.): *Dort, wo man Bücher verbrennt*. Frankfurt am Main 1983, S. 423f.).

Mit der deutschen Abteilung des Allert de Lange Verlags, die die ebenfalls emigrierten Walter Landauer und Hermann Kesten leiteten, wurde Amsterdam zu einem bedeutenden Zentrum der Exilliteratur. Rund 120 deutschsprachige Titel erschienen bei Querido, darunter von 1933 bis 1935 die von Klaus Mann redigierte Zeitschrift *Die Sammlung*, die mit ihren provokanten Artikeln immer wieder für Aufsehen und Ärger bei der NS-Kulturbürokratie sorgte. Zu ihren Autoren zählten bis 1940 – als deutsche Truppen in Holland einmarschierten und damit die weitere Verlagsarbeit unmöglich machten – neben Ernst Toller, Alfred Döblin und Lion Feuchtwanger u. a. Rudolf Olden, Vicki Baum, Oskar Maria Graf, Georg Kaiser, Irmgard Keun, Emil Ludwig, Thomas und Heinrich Mann, Erich Maria Remarque, Joseph Roth, Jakob Wassermann und Arnold Zweig.

Der Exodus von Autoren, Verlegern und Lektoren stieß beim Vorstand des Börsenvereins bestenfalls auf Gleichgültigkeit, ebenso wie die ›Arisierung‹ jüdischer Verlagshäuser. So wurde Ullstein beispielsweise 1934 für einen Schleuderpreis an eine Finanzierungsgesellschaft verkauft, hinter der die NSDAP stand. Vertreter des Buchhandels beteiligten sich auch an einem ›Arbeitsausschuß‹, der eine erste Liste von unerwünschter Literatur zusammenstellen sollte. Die Mithilfe der Deutschen Bücherei ermöglichte eine präzise Erfassung der Titel, und die bereits im Juli 1933 vorgelegte Liste wurde insgesamt umfangreicher als erwartet. Es dauerte allerdings noch bis zum November, ehe der Börsenverein die Aufstellung an alle Verlage verschickte und ihnen unmißverständlich mitteilte, daß das »Angebot und der Vertrieb der unten genannten Werke aus nationalen und kulturellen Gründen nicht erwünscht ist und deshalb unterbleiben muß« (zitiert nach Jan-Pieter Barbian, S. 151). Um das Verbot nicht öffentlich werden zu lassen, mußte die Benachrichtigung jedoch noch streng vertraulich behandelt werden. Jede Indiskretion und jeden Verstoß gegen das Verbot wollte der Börsenverein mit allen ihm zur Verfügung stehenden Mitteln ahnden. Was das konkret bedeutete, wußten die angesprochenen Verleger genau: Der Verlust der Mitgliedschaft im Börsenverein kam einem Berufsverbot gleich.

Trotz dieser Anpassung war das Propagandaministerium nicht gewillt, die Selbständigkeit der Standesorganisation zu erhalten. Eine nicht staatlich gelenkte Wirtschafts- und Kulturorganisation wie der Börsenverein paßte nicht in das Konzept der totalen Überwachung und Steuerung, das vor allem Goebbels verfolgte. Auch die Versuche, bekannte Nationalsozialisten wie Hellmuth Langenbucher als neuen Chefredakteur des *Börsenblatts* in die Führung des Börsenvereins einzubinden, halfen da wenig. Es ist bezeichnend, daß die Abberufung des nicht der NSDAP angehörenden Vorstehers Friedrich Oldenbourg im Mai 1934 auf Konflikte zurückging, die ausschließlich mit wirtschaftlichen Fragen zu tun hatten, nämlich mit der Stellung des NSDAP-eigenen Eher Verlags und der staatlichen Förderung des deutschen Buchexports.

Nachdem der Verleger Kurt Vowinckel für drei Monate die Geschäfte geführt hatte, wurde am 21. September 1934 der 29jährige Wilhelm Baur zum neuen Vorsteher bestimmt. Baur war seit 1920 NSDAP-Mitglied und Verlagsleiter bei Eher. Damit hatte die Partei den direkten Zugriff auf die buchhändlerische Standesorganisation, die unter Baur ihre Bedeutung weitgehend einbüßte. Schon Anfang November wurde der Börsenverein aus der Reichsschrifttumskammer ausgegliedert. Seinen Platz nahm der Bund Reichsdeutscher Buchhändler ein, der sich Ende September 1936 in ›Gruppe Buchhandel‹ in der Reichsschrifttumskammer umbe-

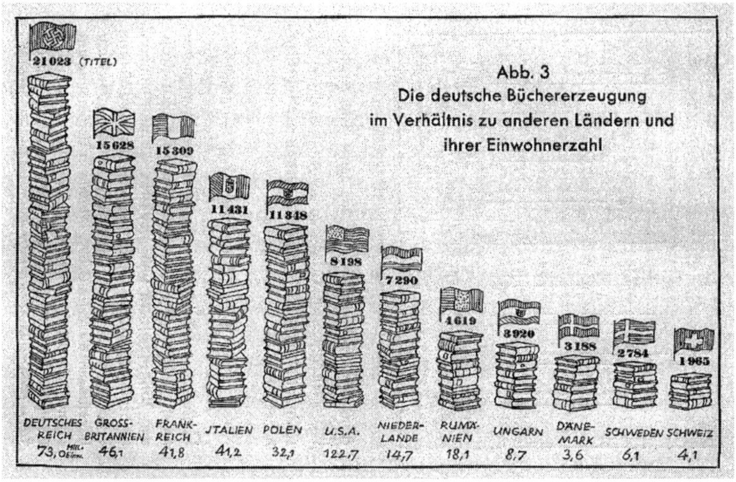

Die deutsche Buchproduktion im Vergleich (1938)

nannte. Wilhelm Baur leitete beide Organisationen in Personalunion, avancierte 1937 zum Vizepräsidenten der Reichsschrifttumskammer und war damit der mächtigste Buchhandelsfunktionär in Deutschland.

Aber die NSDAP beherrschte nicht nur die Standesvertretungen, sie agierte auch selbst als Verlagskonzern mit rund 70 Unternehmen, die zum Teil den Parteigliederungen gehörten. An der Spitze stand der bereits 1921 gegründete und von Max Amann geleitete Zentralverlag der NSDAP Franz Eher Nachf., der bis 1930 im wesentlichen Parteibroschüren, den *Völkischen Beobachter* und Hitlers *Mein Kampf* verlegt hatte. Mit der nationalsozialistischen Machtübernahme stieg Eher zu einem fast offiziellen Staatsverlag auf und konnte, auch unter tätiger Mithilfe der NS-Kulturbürokratie, fast ungehindert expandieren, indem er ›arisierte‹ Betriebe aufkaufte und andere, finanziell oder durch verweigerte Papierlieferungen in die Enge getriebene Verlage übernahm. Allein *Mein Kampf* wurde, bedingt durch die massiven staatlichen Fördermaßnahmen, bis Mitte 1940 sechsmillionenmal verkauft. Insgesamt erreichte Eher allein bis 1941 eine Gesamtauflage von 132 Millionen Exemplaren seiner Bücher und Broschüren. Neben den Veröffentlichungen von Parteifunktionären und parteiamtlichen Bekanntmachungen tauchen Bücher von Schriftstellern nur vereinzelt im Verlagsprogramm auf. Namen wie Heinrich Anacker, Friedrich Griese, Herybert Menzel oder Wilhelm Pleyer kommen zwar mitunter vor, aber die belletristische Produktion spielte bei Eher nur eine untergeordnete Rolle.

Die wichtigen Verlage für Literaten waren andere, die zum Teil schon wesentlich länger existierten und sich bereits vor 1933 ihre Autorenstämme aufgebaut hatten.

Leider ist die Forschungssituation über die Verlage in der NS-Zeit schwierig. Denn nicht nur das gesamte Archiv des Börsenvereins wurde am 4. Dezember 1943 bei einem Luftangriff auf Leipzig vernichtet, es verbrannten auch zahlreiche Verlagsarchive, die wichtige Aufschlüsse über die Literaturproduktion hätten geben können. Und die erhaltenen Archive sind nur selten uneingeschränkt zugänglich.

Andreas Meyer hat in seiner großen Studie *Die Verlagsfusion Langen-Müller* (Frankfurt am Main 1989) am Ende der Weimarer Republik untersucht und dabei auch einen Ausblick auf den Verlag in der NS-Zeit gegeben. Albert Langen, der geistige Vater der Zeitschrift *Simplicissimus*, hatte sein Unternehmen 1893 in Paris gegründet und u.a. Bücher von Wedekind, Thoma, Ibsen, Strindberg, Lagerlöf, Hamsun, Zola, Maupassant und Heinrich Mann veröffentlicht. Bei Georg Müller, der seit 1903 seinen eigenen Verlag betrieb, erschienen u.a. literarische Arbeiten von Alfred Döblin, Lion Feuchtwanger, Leonhard Frank, Otto Julius Bierbaum, Franz Blei und Frank Wedekind. Nach dem Tod von Georg Müller im Jahr 1917 wurde der Verlag zunächst in eine GmbH und 1920 in

Almanach des Langen-Müller Verlags

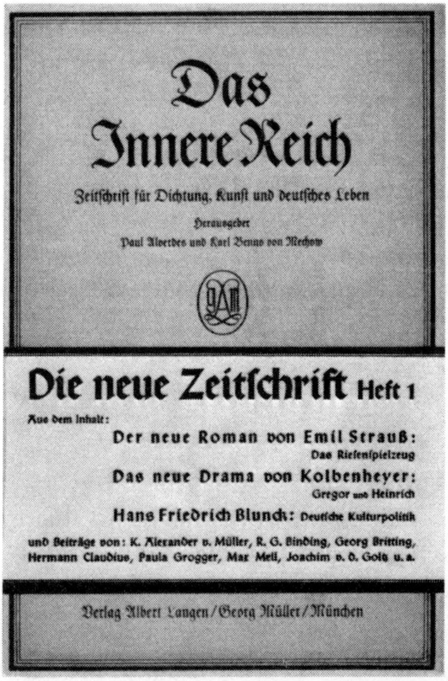

Das
Innere Reich
Zeitschrift für Dichtung, Kunst und deutsches Leben
Herausgeber
Paul Alverdes und Karl Benno von Mechow

Die neue Zeitschrift Heft 1

Aus dem Inhalt:
Der neue Roman von Emil Strauß:
Das Riesenspielzeug
Das neue Drama von Kolbenheyer:
Gregor und Heinrich
Hans Friedrich Blunck: Deutsche Kulturpolitik
und Beiträge von: K. Alexander v. Müller, R. G. Binding, Georg Britting, Hermann Claudius, Paula Grogger, Max Mell, Joachim v. d. Goltz u. a.

Verlag Albert Langen / Georg Müller / München

Erstes Heft der Zeitschrift »Das Innere Reich« vom April 1934

eine Aktiengesellschaft umgewandelt. 1927 erwarb der Deutschnationale Handlungsgehilfen-Verband die Aktienmehrheit, der 1931 auch den Albert Langen Verlag übernahm und beide Unternehmen fusionierte. Der rechtsgerichtete Verband bestimmte die künftige politische Ausrichtung und schuf alle nötigen Voraussetzungen, um Langen-Müller zum wichtigsten belletristischen Verlag der NS-Zeit zu machen. Autoren wie Hans Friedrich Blunck, Herbert Böhme, Friedrich Griese, Hans Grimm, Hanns Johst, Erwin Guido Kolbenheyer, Eberhard Wolfgang Möller, Wilhelm Pleyer, Wilhelm Schäfer, Gerhard Schumann, Emil Strauß, Franz Tumler, Will Vesper, Josef Weinheber, Ernst Wiechert und Heinrich Zillich veröffentlichten ihre Bücher in der Regel bei Langen-Müller. Welche Bedeutung der Verlag bereits 1933 erlangt hatte, machte die ›Neuordnung‹ der Preußischen Dichterakademie deutlich. Von den 14 nachrückenden Autoren der Akademie standen neun bei Langen-Müller unter Vertrag. Außerdem erschien in dem Verlag, der 1934 in den Besitz der Deutschen Arbeitsfront Robert Leys überführt worden war, von 1934 bis 1944 die von Paul Alverdes und Karl Benno von Mechow herausgegebene Zeitschrift *Das Innere Reich*. Sie bot bei allen Zugeständnissen an das NS-Regime auch Autoren wie Georg Britting, Oda Schaefer, Peter Huchel oder Jochen Klepper Publikationsmöglichkeiten. Dem Verlag wurde also ein bestimmtes Maß an Unabhängigkeit zugebilligt. Andreas Meyer vermutet, daß Langen-Müller »mit seiner einerseits systemkonformen und andererseits ›anspruchsvollen‹, scheinbar ideologiefreien Literatur ... ganz gezielt ... nicht dem Klischee eines ›Parteiverlags‹ entsprach. Sinn der Camouflage war offenbar, das Münchner Unternehmen in der gleichgeschalteten literarischen Landschaft bei seiner spezifischen kulturpolitischen Aufgabe, die analog der des Inneren Reichs war, zu unterstützen: das Renommee und die Durchsetzungsfähigkeit nationalsozialistischer ›Kulturpolitik im In- und Ausland‹ zu erhöhen« (S. 218).

Ganz anders verhielt es sich mit der Hanseatischen Verlagsanstalt, die ebenfalls dem Deutschnationalen Handlungsgehilfen-Verband gehört hatte und seit 1934 Bestandteil der wirtschaftlichen Aktivitäten der Deutschen Arbeitsfront war. Die Hanseatische Verlagsanstalt hatte Bücher von Adolf Bartels, Hans Friedrich Blunck, Richard Euringer, Will Vesper, aber auch von Werner Bergengruen im Programm. Trotzdem verstand sie sich vor allem als politischer Sachbuchverlag, der inhaltlich immer stärker an die NSDAP und ihre Gliederungen heranrückte.

Neben den von der Partei kontrollierten Unternehmen existierten weiterhin – und unter zum Teil schwierigsten Bedingungen – unabhängige Verlage, die sich in ihren Programmen mehr oder weniger stark den ideologischen Vorgaben anpaßten. In einer ganz besonderen Ausnahmesituation befanden sich die jüdischen Verlage, die – soweit sie nicht wie Ullstein ›arisiert‹ oder ganz geschlossen worden waren – unablässig mit neuen Schikanen rechnen mußten. Zunächst durften sie weiterproduzieren. Volker Dahm schreibt in seiner Untersuchung über *Das jüdische Buch im Dritten*

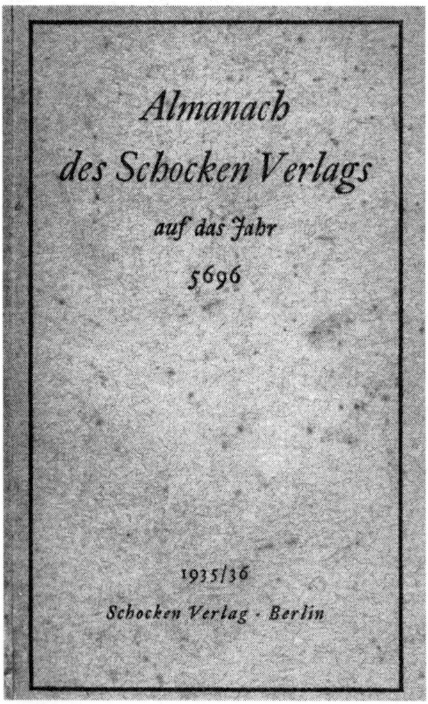

Almanach und Leseheft aus dem Berliner Schocken Verlag

Das Fest der Mazzot
in Erzählungen und Schilderungen

Ein Peßachbüchlein
von Elieser L. Ehrmann

Jüdische Lesehefte Nr. 27
Schocken Verlag / Jüdischer Buchverlag / Berlin 1938

Reich (München ^{2}1993, S. 80f.): »Maßnahmen, die die Betriebe in ihrer Existenz bedroht hätten, verboten sich jedoch, solange man die Unternehmen im Interesse der deutschen Volkswirtschaft zu erhalten suchte. Deshalb standen auch allgemeine Werbe- und Vertriebsbeschränkungen nicht zur Diskussion. Selbst jenen Verlagen, die auf jüdische Literatur spezialisiert waren, wurde die Belieferung ›arischer‹ Sortimenter und damit ›arischen‹ Publikums vorläufig nicht verboten. Allerdings dürfte es diesen Verlagen in dem herrschenden antijüdischen Klima je länger desto schwerer geworden sein, ›arische‹ Leser zu erreichen, zumal sie offensichtlich schon 1935 auf die Werbung in der jüdischen Presse beschränkt wurden.«

Eine weitere massive Einschränkung erfolgte mit der im Juli 1937 von der Reichsschrifttumskammer publizierten Regelung der Frage jüdischer Buchverkäufer und Buchverleger im Reichsgebiet. Jüdische Verlage durften nur noch »jüdisches Schrifttum« an einen jüdischen Abnehmerkreis verkaufen. Unter diesen äußerst schwierigen Bedingungen arbeiteten 1937 noch 27 jüdische Verlage und 61 Buchhandlungen. Das umfangreichste Programm hatte der 1931 gegründete Schocken Verlag, den der Nichtjude Lambert Schneider leitete. »Der Schocken Verlag war das Sammelbecken aller damals noch in Deutschland geistig arbeitenden Juden«, erinnert sich Schneider in seinem Buch *Rechenschaft über vierzig Jahre 1925–1965* (Heidelberg 1965). »Die Publikationen waren notwendig und wichtig, die jüdischen Autoren kamen zu Wort, und sie erhielten ihr Honorar, das sie dringend brauchten. Schocken sorgte gut für ihren Lohn.« Unter der NS-Diktatur erschienen bei Schocken über 400 Titel, darunter 83 Bände der Schocken-Bücherei, die die klassischen Werken der jüdischen Geistesgeschichte und neuere Texte publizierte. Auch die ersten vier Bände der *Gesammelten Schriften* Franz Kafkas wurden 1935 bei Schocken verlegt, sie mußten aber schon nach wenigen Monaten zurückgezogen werden, weil die Ausgabe in die ›Liste des schädlichen und unerwünschten Schrifttums‹ aufgenommen worden war.

Nach der Pogromnacht vom 9. auf den 10. November 1938 ordnete Goebbels zum 31. Dezember 1938 die Einstellung des jüdischen Buchhandels an. Eine bescheidene Publikationsmöglichkeit blieb allein dem Jüdischen Kulturbund offen, der allerdings Ende 1942 verboten wurde.

Im selben Jahr mußte auch der S. Fischer Verlag seinen Namen wechseln. Er existierte zwar weiter, aber von dem einstmals bedeutendsten literarischen Verlag der Weimarer Republik war nur wenig übriggeblieben. Samuel Fischer hatte in seinem 1886 gegründeten Verlag u. a. die Werke von Gerhart Hauptmann, Hugo von Hofmannsthal, Carl Zuckmayer, Alfred Döblin und Thomas Mann veröffentlicht. Als er 1934 starb, trat sein Schwiegersohn Gottfried Bermann Fischer das schwere Erbe an. Er wußte, daß er bei aller Raffinesse in den Verhandlungen mit den NS-Behörden früher oder später in die Emigration gehen mußte. Zudem befürchteten einige der bereits im Exil lebenden Autoren, daß der nationalsozialistische Staat seine Nachsicht propagandistisch verwerten würde. Zunächst versuchte Bermann Fischer, die veränderten politischen Verhältnisse möglichst zu ignorieren. So erschienen 1933 noch neue Bücher von Hermann Broch (*Die unbekannte Größe*), Alfred Döblin (*Unser Dasein*), Hans Keilson (*Das Leben geht weiter*), Alfred Kerr (*Eine Insel heißt Korsika ...*), René Schickele (*Die Witwe Bosca*), Jakob Wassermann (*Selbstbetrachtungen*) und Trotzkis *Geschichte der Russischen Revolution*. Die Werkausgaben von Hermann Hesse und Thomas Mann wurden um weitere Bände ergänzt. 1933/34 verlegte S. Fischer mit dem ersten und zweiten Band der Tetralogie *Joseph und seine Brüder* sogar noch zwei neue Romane von Thomas Mann, der nach 1945 ein so herbes Verdikt über alles aussprach, was während der NS-Zeit in Deutschland erschienen war. Bis zum Verbot seines Gesamtwerks im Jahre 1936 verkauften sich die Bücher des Nobelpreisträgers sehr gut. Von den beiden Neuerscheinungen wurden 25 000 bzw. 15 000 Exemplare gedruckt. Selbst

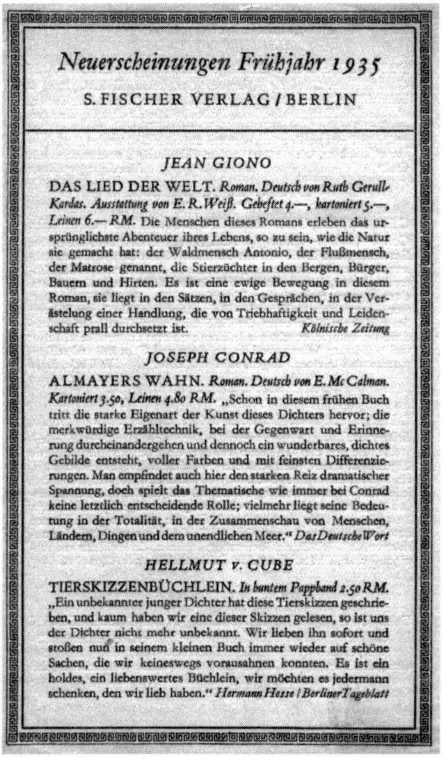

Neuerscheinungen Frühjahr 1935

S. FISCHER VERLAG / BERLIN

JEAN GIONO

DAS LIED DER WELT. *Roman. Deutsch von Ruth Gerull-Kardas. Ausstattung von E. R. Weiß. Geheftet 4.—, kartoniert 5.—, Leinen 6.— RM.* Die Menschen dieses Romans erleben das ursprünglichste Abenteuer ihres Lebens, so zu sein, wie die Natur sie gemacht hat: der Waldmensch Antonio, der Flußmensch, der Matrose genannt, die Stierzüchter in den Bergen, Bürger, Bauern und Hirten. Es ist eine ewige Bewegung in diesem Roman, sie liegt in den Sätzen, in den Gesprächen, in der Verästelung einer Handlung, die von Triebhaftigkeit und Leidenschaft prall durchsetzt ist. *Kölnische Zeitung*

JOSEPH CONRAD

ALMAYERS WAHN. *Roman. Deutsch von E. McCalman. Kartoniert 3.50, Leinen 4.80 RM.* „Schon in diesem frühen Buch tritt die starke Eigenart der Kunst dieses Dichters hervor; die merkwürdige Erzähltechnik, bei der Gegenwart und Erinnerung durcheinandergehen und dennoch ein wunderbares, dichtes Gebilde entsteht, voller Farben und mit feinsten Differenzierungen. Man empfindet auch hier den starken Reiz dramatischer Spannung, doch spielt das Thematische wie immer bei Conrad keine letztlich entscheidende Rolle; vielmehr liegt seine Bedeutung in der Totalität, in der Zusammenschau von Menschen, Ländern, Dingen und dem unendlichen Meer." *Das Deutsche Wort*

HELLMUT v. CUBE

TIERSKIZZENBÜCHLEIN. *In buntem Pappband 2.50 RM.* „Ein unbekannter junger Dichter hat diese Tierskizzen geschrieben, und kaum haben wir eine dieser Skizzen gelesen, so ist uns der Dichter nicht mehr unbekannt. Wir lieben ihn sofort und stoßen nun in seinem kleinen Buch immer wieder auf schöne Sachen, die wir keineswegs vorausahnen konnten. Es ist ein holdes, ein liebenswertes Büchlein, wir möchten es jedermann schenken, den wir lieb haben." *Hermann Hesse / Berliner Tageblatt*

Prospekt des S. Fischer Verlags aus dem Jahr 1935

von seinem 1935 herausgebrachten Essayband *Leiden und Größe der Meister* konnten noch drei Auflagen mit 8000 Exemplaren produziert werden. Außerdem erschienen bei S. Fischer Bücher von Gerhart Hauptmann, Manfred Hausmann, Hermann Bang und – noch 1934 – von Annette Kolb und Carl Zuckmayer. Daneben hatte der Verlag mit Richard Billinger und Hans Rehberg auch zwei völkisch orientierte Autoren im Programm.

Ein Kuriosum im Programm von S. Fischer ist die Widmung in dem 1933 erschienenen Buch *Ein Mann lernt fliegen* von Heinrich Hauser. Der Autor hatte seine Erfahrungen beim Fliegenlernen beschrieben und wollte das Buch Hermann Göring widmen, »dem ersten deutschen Luftfahrtminister, Sieg Heil!« Obwohl Göring ausdrücklich darauf hingewiesen wurde, daß es sich bei S. Fischer um einen jüdischen Verlag handelte, gestattete er die Zueignung. Dieses kuriose Beispiel veranschaulicht, welche besondere Stellung der Verlag immer noch hatte. Bermann Fischer profitierte davon, als er sich entschloß, S. Fischer in Berlin in andere Hände zu geben und im Ausland einen neuen Verlag zu gründen. In seinen Erinnerungen (*Bedroht – Bewahrt.* Frankfurt am Main 1971, S. 94f.) beschreibt Bermann Fischer die Gespräche in der Reichsschrifttumskammer, die erstaunlich freundlich verliefen: »Die Verhandlung ... widersprach allen meinen Vorstellungen. Am Schreibtisch saß ein freundlicher junger Mann, Ministerialrat Dr. Wismann, offenbar zuständig für Verlagsangelegenheiten, hörte sich meinen Plan an und stimmte ihm zu. So lächerlich einfach war das. Ja, man interessiere sich für den Übergang des in Deutschland erwünschten Verlagsteiles in ›zuverlässige‹ Hände. Ich könnte entsprechende Verhandlungen führen. Die unerwünschten Autoren inclusive der zugehörigen Verlagslager würde man mir zur Verbringung ins Ausland freigeben … Es schien, daß man sich bereits mit der Liquidierung oder Übernahme des S. Fischer Verlags beschäftigt und ähnliche Gedanken erwogen hatte.« Die Lösung brachte beiden Seiten Vorteile. Der Vorschlag entsprach laut Volker Dahm »ziemlich genau den Richtlinien, die der Minister für die ›Arisierung‹ ausgegeben hatte – er enthob den verantwortlichen Beamten, Ministerialrat Wismann, auch aller Mühen und Probleme, die eine gegen den Widerstand der Inhaber durchzuführende ›Arisierung‹ dieses in der ganzen Welt bekannten Verlags hätte bereiten können«. Gottfried Bermann Fischer konnte mit 700 000 Büchern nach Wien gehen und gründete am 1. Mai 1936 seinen neuen Verlag.

Den S. Fischer Verlag führte Peter Suhrkamp als Kommanditgesellschaft weiter. Zu den Geldgebern gehörten u. a. der Bruder von Hermann Josef Abs, Clemens Abs, und der Tabakunternehmer Philipp Reemtsma. Suhrkamp, der auch die Literaturzeitschrift des Verlags, die *Neue Rundschau*, leitete, war bereits 1933 zum Vorstandsmitglied ernannt worden. Er wußte, was ihm bevorstand. In seinem *Almanach. Das 50. Jahr* schrieb er 1936 über den Verlag: »Seine Ge-

Almanach des S. Fischer Verlags

schichte ist nicht mehr die Geschichte seiner Ausbreitung, sondern sie ist eine einzige Probe, die der Verlag vor der deutschen Gegenwart zu bestehen hatte; die Probe ging wie ein echtes Schicksal bis nahe an die Existenz.«

Suhrkamp versuchte die S. Fischer Tradition so weit wie möglich, fortzuführen. Er wurde dabei von seinen Autoren – zu ihnen gehörten Hermann Hesse, Manfred Hausmann, Otto Flake und Gerhart Hauptmann – und seinen Lektoren Oskar Loerke und – nach Loerkes Tod – Hermann Kasack unterstützt. Die Zahl seiner Schriftsteller wuchs stetig, es kamen beispielsweise Rudolf Alexander Schröder, Albrecht Goes und Luise Rinser dazu. Dietrich Strothmann hat in seiner Untersuchung über die nationalsozialistische Literaturpolitik ermittelt, daß von den 443 in der NS-Zeit ›unerwünschten‹ Schriftstellern 123 bei Suhrkamp publizierten. Insgesamt brachte Peter Suhrkamp zwischen 1936 und 1944 178 Neuerscheinungen heraus. Aber ohne Konzessionen konnte auch er seinen Verlag nicht leiten. Vielleicht veröffentlichte er deshalb 1940 den wüsten antipolnischen und rassistischen »Bericht« *Völkerwanderung 1940* von Felix Lützkendorf und 1943 Lothar-Günther Buchheims *Jäger im Weltmeer*. Diese Bücher blieben aber die Ausnahme, auch die bis 1944 erscheinende *Neue Rundschau* machte – bis auf ein erzwungenes Hitler-Gedicht – keine Zugeständnisse.

Was dem Verlag letztlich aber das wirtschaftliche Überleben sicherte, waren die zahlreichen Sonderausgaben für die Wehrmacht. Denn seit Oktober 1939 wurden Papierkontingente zugeteilt. Damit gab es eine weitere Zensurmöglichkeit, um mißliebige Verlage oder Autoren auszuschalten. Wer kein Papier erhielt, konnte auch keine Bücher veröffentlichen. Diese Situation verschärfte sich noch während des Krieges. Bereits 1941 war eine Gründungssperre für neue Verlage erlassen worden; ab Januar 1943 wurden Verlage komplett geschlossen, wenn sie nicht irgendeinen Nutzen für die NS-Kulturbürokratie, die Partei oder die Wehrmacht hatten. Mit der Vergabe von Dringlichkeitsstufen ab dem 1. Januar 1944 wurde die stark rückläufige Buchproduktion noch einmal eingeschränkt. Die sicherste Methode, um das überlebenswichtige Papier zu erhalten, waren Aufträge für die Wehrmacht.

Peter Suhrkamp, der seinen Verlag zum 1. Juli 1942 in Suhrkamp Verlag KG umbenennen mußte, konnte einen großen Teil seiner Produktion, und zwar klassische Literatur ebenso wie Bücher zeitgenössischer Autoren, an die Wehrmacht verkaufen. Darunter waren die berühmte Anthologie *Deutscher Geist* (1943) und Goethes *Kampagne in Frankreich* (1944). Insgesamt produzierten 130 Verlage in Deutschland Titel für die Wehrmacht. Auflagenzahlen wie Bertelsmann (20 400 000), Eher (11 600 000), Kohlhammer (10 000 000), Insel (1 900 000), Reclam (1 900 000), Diederichs (1 720 000), Gauverlag Bayerische Ostmark (1 660 000) oder Langen-Müller (1 100 000) (zitiert nach: *Bertelsmann im Dritten Reich. Zwischenbericht der Unabhängigen Historischen Kommission.* In: *epd medien* vom 2. 2. 2000) konnte Suhrkamp damit nicht erreichen, aber immerhin ließ sich so die Produktion bis 1944 aufrechterhalten und darüber hinaus auch noch das Papier für die offiziell nicht gewünschte Gerhart-Hauptmann-Gesamtausgabe (1943) abzweigen.

Am 13. April 1944 wurde Peter Suhrkamp nach der Denunziation durch einen Spitzel von der Gestapo verhaftet und vor dem Volksgerichtshof Berlin des Hoch- und Landesverrats angeklagt. Er kam ins Konzentrationslager Sachsenhausen, das er im Februar 1945 als Todkranker verließ.

Bespitzelungen und Denunziationen, mit denen man mißliebige Konkurrenten ausschaltete, waren im Buchhandel keine Seltenheit. Um so bemerkenswerter ist der Mut, den manche Verleger und Sortimenter aufbrachten. Der Hamburger Buchhändler Felix Jud zum Beispiel ließ sich verbotene Bücher aus der Schweiz als Drucksache schicken, da diese Versandform selten kontrolliert wurde. So konnte er einen kleinen, ausgewählten Kundenkreis beliefern, allerdings immer in der Gefahr, denunziert und

Prospekt für die Bertelsmann-Feldausgaben

verhaftet zu werden. Das hätte das Ende seiner ›Hamburger Bücherstube‹ bedeutet. Jud schreckte auch vor offenem Spott nicht zurück. Dem *Börsenblatt* erzählte er 1973, wie er sein Schaufenster zum ›Führergeburtstag‹ am 20. April 1935 mit dem Titel eines Reiseschriftstellers dekoriert hatte: »Jeder deutsche Buchhändler mußte ein Schaufenster machen. Und das tat ich: Das eingerissene Titelblatt der Berliner Illustrierten mit dem Bild jenes Herrn hing schief in der Mitte des Fensters. Und rundherum 17, 18 Exemplare ›Heitere Tage mit braunen Menschen‹ von Richard Katz ... Was sich vor diesem Schaufenster abgespielt hat – das ist unvorstellbar.«

Ein ähnlich widerborstiger Charakter war Ernst Rowohlt, der seit 1908 Bücher verlegte und u. a. Hans Fallada, Rudolf Borchardt, Kurt Tucholsky, Alfred Polgar, Joachim Ringelnatz, Robert Walser, Walter Benjamin, Else Lasker-Schüler, Robert Musil und Carl Sternheim zu seinen Autoren zählte. Auf eine eindeutige politische Linie ließ sich Rowohlt aber nicht festlegen. Einerseits brachte er 1930 Ernst von Salomons *Die Geächteten* heraus, andererseits konnte Konrad Heiden 1932 bei ihm seine *Geschichte des Nationalsozialismus* veröffentlichen, eine kritische Abrechnung mit der NSDAP. 1933 wurden 70 seiner 130 Buchtitel verboten, und Rowohlt ließ eine mit 120 Kupfertiefdrucken gezierte Jubelchronik mit dem bezeichnenden Titel *Ein Volk steht auf. 53 Tage nationaler Revolution* drucken. Er beschäftigte einerseits Ernst von Salomon und Friedo Lampe als Lektoren. Andererseits ließ er Hans Fallada NS-freundliche Widmungen verfassen. Aber sein naiver Glaube, mit einer kleinen Zahl von systemkonformen Büchern das gesamte Programm retten zu können, scheiterte. Im März 1937 hieß es in einem als »Geheim!« eingestuften Bericht des Sicherheitshauptamts der SS über den ›Konjunktur-Verlag‹ Rowohlt: »Als paradox muß es ... bezeichnet werden, wenn ein Verlag wie Rowohlt, früher ein rein kulturbolschewistisches Unternehmen, Bücher über den Kampf der NSDAP herausgab, obwohl noch die alte Literaturclique bei ihm zu Hause war. Durch die bald fühlbare Arbeit des Propagandaministeriums und später der parteiamtlichen Prüfungskommission zum Schutze des NS.-Schrifttums wurde dieser Entwicklung ein Ende gesetzt.«

Ernst Rowohlt wurde 1938 aus der Reichsschrifttumskammer ausgeschlossen. Während sein Sohn Heinrich Maria Ledig den Verlag als Tochtergesellschaft der Deutschen Verlags-Anstalt in Stuttgart weiterführte, reiste Rowohlt mit seiner Familie zu seinem Schwager nach Brasilien. Bereits Ende 1940 kehrte er auf einem Blockadebrecher über Bordeaux nach Berlin zurück und wurde als Offizier zur Wehrmacht einberufen. Nach seiner Entlassung wegen politischer Unzuverlässigkeit am 30. Juni 1943 ließen die Nationalsozialisten seinen Verlag noch im selben Jahr ganz schließen.

Persönlichkeiten wie Peter Suhrkamp oder Ernst Rowohlt waren während der NS-Zeit allerdings die Ausnahme. Die meisten Verleger versuchten mit allen Mitteln ihre Unternehmen zu retten. Das hieß in der Regel, daß sie sich von ›unerwünschten‹ Autoren trennten. Selbst ein Mann wie Anton Kippenberg, der keine Sympathien für den Nationalsozialismus empfand, ging den Weg des geringsten Widerstands. Er war stolz darauf, sich von allem Politischen und Zeitkritischen fernzuhalten, was aber auch bedeutete, die Arbeit mit Autoren, die in die Kritik der NS-Kulturbürokratie geraten waren, aufzukündigen. Heinz Sarkowski schreibt in seiner Geschichte des Insel Verlags (*Der Insel Verlag 1899–1999*. Frankfurt am Main/Leipzig 1999, S. 305): »Einige Titel, die Anstoß erregen konnten, nahm Kippenberg schon frühzeitig aus dem Angebot: Titel von Stefan Zweig (mit dessen Einverständnis) oder die Bücher von Heinrich Heine. Auch Conte Cortis ›Das Haus Rothschild‹ wurde nicht mehr angezeigt.« Stefan Zweig war der erfolgreichste Autor des Insel Verlags, seine Bücher machten bis zu einem Drittel des Umsatzes aus. Außerdem war er der meistübersetzte zeitgenössische deutsche Schriftsteller. Die nationalsozialistischen Kulturpolitiker und die rechtsgerichtete Presse lehnten ihn und seine Bücher allerdings ab. Sein Name stand schon auf den ersten, noch halboffiziellen Verbotslisten. Zweig selbst hielt sich mit politischen Äußerungen weitestgehend zurück, um seine Stellung in Deutschland nicht noch weiter zu gefährden. Als sich herausstellte, daß Klaus Manns *Sammlung* eine aggressiv politische Richtung einschlagen wollte, distanzierte sich Zweig im Oktober 1933 von der Zeitschrift, ebenso wie die als Mitarbeiter gewonnenen Alfred Döblin, Thomas Mann und René Schickele. Die vier Autoren folgten damit dem Wunsch ihrer Verleger. Bermann Fischer und Kippenberg fürchteten, die Bücher ihrer wichtigsten Schriftsteller könnten verboten werden. Im Falle Zweigs führte diese Aktion allerdings zu einer Verstimmung, weil er nicht mit einer Veröffentlichung seiner Erklärung im *Börsenblatt* gerechnet hatte. Auch Kippenberg wußte nichts davon, aber er unternahm wenig, um das endgültige Verbot sämtlicher Bücher von Zweig im

Bertelsmann-Feldausgabe des Romans »Nacht über Sibirien« von P. C. Ettighofer (141.–160. Tausend)

März 1936 zu verhindern. Kippenberg verlegte während der NS-Zeit vor allem Autoren, die sich später der ›inneren Emigration‹ zugehörig fühlten: Rudolf Borchardt, Hans Carossa, Erhart Kästner, Gertrud von Le Fort, Ricarda Huch, Reinhold Schneider, Rudolf Alexander Schröder, in Anthologien aber auch Richard Billinger, Rudolf Georg Binding, Hans Friedrich Blunck und Wilhelm von Scholz. Mit diesem Autorenstamm konnte Kippenberg für seinen Insel Verlag keine besondere Förderung erwarten, aber er blieb geduldet und durfte relativ unbehelligt publizieren.

Daß die NS-Zeit andererseits auch die finanzielle und verlegerische Basis für einen heutigen Weltkonzern schaffen konnte, zeigt das Beispiel Bertelsmann. Nach den negativen Presseberichten über die Vergangenheit des Verlagshauses Ende 1998 beauftragte das Gütersloher Unternehmen eine ›Unabhängige Historische Kommission zur Erforschung der Geschichte des Hauses Bertelsmann im Dritten Reich‹, die am 17. Januar 2000 ihren Zwischenbericht vorlegte. Dieser Vorgang ist bisher einmalig in der deutschen Verlagsgeschichte. Sämtliche Archivmaterialien wurden einem Expertenkreis zugänglich gemacht, dem Saul Friedländer, Norbert Frei, Trutz Rendtorff und Reinhard Wittmann angehören. Schon ihr Zwischenbericht belegt exemplarisch für den gesamten Buchhandel, wie ein Verlag in der NS-Zeit über die extensive Vermarktung sogenannter Wehrmachtsausgaben enorm wachsen konnte. Bertelsmann erhöhte seinen Umsatz von rund 1,2 Millionen Reichsmark im Jahr 1935 auf über 8 Millionen Reichsmark 1941. Davon wurden über 90 Prozent, nämlich knapp 7,5 Millionen Reichsmark, mit Heimat- und Kriegserlebnisbüchern sowie Wehrmachtsausgaben erwirtschaftet. Der Verleger Heinrich Mohn, der am Ersten Weltkrieg als Offizier teilgenommen hatte und zumindest in der Frühphase der Weimarer Republik Mitglied der Deutschnationalen Volkspartei gewesen war, hatte – wie die Kommission ermittelte – »bis 1928 vor allem wissenschaftlich-theologische und religiös-erbauliche Literatur veröffentlicht. Danach nahm der Anteil der Belletristik deutlich zu; ab 1934 wurde das Programm um sogenannte Kriegserlebnisbücher erweitert.« Um seine Position auf dem Buchmarkt zu sichern und auszubauen, spendete Mohn an zahlreiche NS-Organisationen. Er war zudem förderndes Mitglied der SS. Bertelsmann bot der Wehrmacht ein breites Spektrum an Buchreihen und Autoren, dabei waren unterhaltende Heimatliteratur und Kriegserlebnisbücher besonders beliebt, speziell die Autoren P. C. Ettighofer (von *Nacht über Sibirien* bis *Verdun*) und Thor Goote. Aber auch Hans Grimm, Will Vesper und Kurt Ziesel waren im Programm vertreten. Insgesamt verkaufte Bertelsmann über 20 Millionen Exemplare und war damit der erfolgreichste Produzent von Wehrmachtsausgaben.

Die Kommission konnte keine Anhaltspunkte dafür finden, »daß die Schließung des Verlags C. Bertelsmann 1944 auf Grund seiner konfessionellen Ausrichtung als theologischer Verlag oder wegen seiner Beziehung zur Bekennenden Kirche erfolgt ist«. Dies hatte der Verlag nach dem Zweiten Weltkrieg immer wieder behauptet. Vielmehr scheinen umfangreiche Papierschiebereien für die Stillegung verantwortlich gewesen zu sein. Bertelsmann hatte illegal in Holland drucken lassen und dort auch Papiervorräte angelegt. Da die Bestände Anfang 1945 nach Gütersloh verlagert wurden, konnten sie in der frühen Nachkriegszeit genutzt werden:

»Angesichts der nach dem Kriegsende fortdauernden, ja nochmals verschärften Papierknappheit, der zögerlichen Verlagslizenzierung sowie der geringen Kapazitäten der Druckereien und Buchbindereien war der Bücherhunger des Lesepublikums außerordentlich groß und kaum zu befriedigen. In dieser Situation bedeutete es für Bertelsmann einen kaum hoch genug einzuschätzenden Vorteil, die während des Krieges beschlagnahmten und gesperrten Holland-Drucke der Wehrmachtsausgaben mit nur geringen Zusatzkosten auf den Markt bringen und sich damit zu einem sehr frühen Zeitpunkt im Wettbewerb positionieren zu können.«

Kahlschlag oder Kontinuität?

Wolfgang Weyrauchs berühmte These vom »Kahlschlag« ist oft mißverstanden worden. Weyrauch meinte nämlich nicht, daß 1945 die deutsche Literatur neu begonnen hatte, sondern er wollte mit seiner Anthologie *Tausend Gramm* (Hamburg u.a. 1949) junge Autoren präsentieren, »die versuchen, unsre blinden Augen sehend, unsre tauben Ohren hörend und unsre schreienden Münder artikuliert zu machen«. Diese Autoren nannte Weyrauch »Kahlschläger«, die »in Sprache, Substanz und Konzeption« von vorne anfingen. Aber wie Weyrauch selbst waren einige der Vorgestellten keine Debütanten, sondern hatten schon während der NS-Zeit geschrieben. Das von Weyrauch als exemplarisch herausgestellte Gedicht *Inventur* zum Beispiel stammte gar von einem Schriftsteller, der schon in der Weimarer Republik veröffentlicht hatte und nach 1933 einer der bekanntesten Hörspielautoren gewesen war: Günter Eich. Von einem radikalen Neubeginn konnte also keine Rede sein. Im Gegenteil: Den literarischen Kanon der ersten Nachkriegsjahre bestimmten nicht die ›Jungen‹ oder aus Deutschland Emigrierten, sondern die Autoren, die zwar im nationalsozialistischen Deutschland publiziert hatten, aber politisch weitgehend unbelastet waren.

Wolfgang Weyrauchs 1949 erschienene Anthologie »Tausend Gramm«

Das *Jahresverzeichnis des deutschen Schrifttums*, das der Börsenverein der Deutschen Buchhändler zu Leipzig erstmals wieder 1948 herausgab, verzeichnete für das Jahr 1945 (ab 8. Mai) nur 706 Neuerscheinungen, für 1946 aber bereits 8681 Titel. Zu den ersten Autoren, die wieder verlegt wurden, gehörten Werner Bergengruen, Georg Britting, Hans Carossa, Kasimir Edschmid, Hans Fallada, Otto Flake, Gerhart Hauptmann, Manfred Hausmann, Ricarda Huch, Georg Friedrich Jünger, Marie Luise Kaschnitz, Erhart Kästner, Erich Kästner, Ernst Kreuder, Friedo Lampe, Horst Lange, Wilhelm Lehmann, Hans Leip, Luise Rinser, Reinhold Schneider, Rudolf Alexander Schröder, Frank Thiess, Günter Weisenborn, Wolfgang Weyrauch und Ernst Wiechert. Ein Teil dieser Autoren lieferte auch Gedichte zu der von Gunter Groll herausgegebenen Anthologie *De Profundis* (München 1947), die »ein Dokument von der inneren Situation des deutschen Geistes in den letzten zwölf Jahren« sein sollte, d.h. sie versammelte nur Schriftsteller, die in Deutschland geblieben, also nicht emigriert waren. Und damit ist schon ein Konflikt angedeutet, der die literarische Diskussion in den ersten Nachkriegsjahren prägte. Wer hatte das moralische Recht, für Deutschland zu sprechen? Die nicht emigrierten oder die emigrierten Schriftsteller?

Äußerer Anlaß für diesen Streit war ein offener Brief Walter von Molos. Der Autor erfolgreicher historischer Romane, der von 1928 bis 1930 Präsident der Preußischen Dichterakademie gewesen war und während der NS-Zeit zurückgezogen gelebt hatte, schrieb am 13. August 1945 an Thomas Mann und bat ihn, nach Deutschland zurückzukehren. Noch bevor Mann antworten konnte, griff Frank Thiess die emigrierten Schriftsteller pauschal an und verteidigte seine in Deutschland gebliebenen Kollegen, die sich nicht zum Nationalsozialismus bekannt hatten. Für sie benutzte er den Begriff ›Innere Emigration‹, der dann die weitere Diskussion bestimmen sollte. In einem Artikel für die *Münchener Zeitung* schrieb Thiess am 18. August 1945 in durchaus polemischer Absicht: »Auch ich bin oft gefragt worden, warum ich nicht emigriert sei, und konnte immer nur dasselbe antworten: falls es mir gelänge, diese schauerliche Epoche (über deren Dauer wir uns freilich alle getäuscht hatten) lebendig zu überstehen, würde ich dadurch derart viel für meine geistige und menschliche Entwicklung gewonnen haben, daß ich reicher an Wissen und Erleben daraus hervorginge, als wenn ich aus den Logen und Parterreplätzen des Auslands der deutschen Tragödie zuschaute... Auch möchte ich nebenher erwähnen, daß viele von uns schon deshalb nicht emigrieren konnten, weil sie wirtschaftlich dazu außerstande waren... Indessen mochten für uns diese persönlichen Umstände nicht stärker entscheidend gewesen sein als die Gewißheit, daß wir als deutsche Schriftsteller nach Deutschland gehörten und, was auch käme, auf unserem Posten ausharren sollten ... Ich glaube, es war schwerer, sich hier seine Persönlichkeit zu bewahren, als von drüben Botschaften an das deutsche Volk zu senden, welche die Tauben im Volke ohnedies nicht vernahmen, während wir Wissenden uns ihnen stets um einige Längen voraus fühlten.«

Gerade der letzte Satz machte deutlich, daß die Attacke vor allem Thomas Mann galt, der während des Zweiten Weltkriegs über den Deutschen Dienst der BBC regelmäßig politische Ansprachen an die »Deutsche(n) Hörer« gerichtet hatte. Seiner Verärgerung machte der nach Deutschland erst zurückgebetene und dann verleumdete Nobelpreisträger mit einem »Offenen Brief für Deutschland« Luft, den die *Augsburger Allgemeine* am 12. Oktober 1945 druckte. Nachdem er Walter von Molo als Adressaten seines Schreibens die besondere Situation des emigrierten Schriftstellers erläutert hatte, wurde Thomas Mann selbst polemisch, als er seine Gründe dafür benannte, warum er nicht nach Deutschland zurückkehren wollte: »Ja, Deutschland ist mir in all diesen Jahren doch recht fremd geworden. Es ist, das müssen Sie zugeben, ein beängstigendes Land. Ich gestehe, daß ich mich vor den deutschen Trümmern fürchte, daß die Verständigung zwischen einem, der den Hexensabbat von außen erlebte, und euch, die ihr mitgetanzt und Herrn Urian aufgewartet habt, immerhin schwierig wäre ... Es mag Aberglaube sein, aber in meinen Augen sind Bücher, die von 1933 bis 1945 in Deutschland überhaupt gedruckt werden konnten, weniger als wertlos und nicht gut, in die Hand zu nehmen. Ein Geruch von Blut und Schande haftet ihnen an. Sie sollten alle eingestampft werden.«

Während in der Sowjetischen Besatzungszone emigrierte Autoren rasch zu Amt und Würden kamen (zumindest in den ersten Jahren), tobte in den Westzonen ein politisch motivierter Kampf, bei dem es nicht zuletzt um materielle Interessen, also um Einfluß und Publikationsmöglichkeiten ging. Die in Deutschland gebliebenen Autoren fürchteten, durch ihr angepaßtes Verhalten während der NS-Zeit diskreditiert zu sein und reagierten deshalb besonders sensibel auf Vorwürfe und ›Enthüllungen‹. Ein Diktum wie das von Thomas Mann mußte in dieser Situation verheerende Folgen haben, zumal die Entnazifizierung durch die Alliierten erst am Anfang stand. Entsprechend aufgeregt und über weite Strecken unsachlich wurde die ›Große Kontroverse‹, so ein späterer Buchtitel, über Jahre geführt. Und das nicht nur von Frank Thiess, sondern auch von Manfred Hausmann oder Erich Kästner, der in der *Neuen Zeitung* (vom 14. Januar 1946) unter dem Titel *Betrachtungen eines Unpolitischen* schrieb: »Thomas Mann ist ein Meister in der Darstellung differenzierter Künstlernaturen, kränklicher, überfeinerter, dekadenter Charaktere, er tut sich sogar auf die Bedeutsamkeit des Nichtgesundseins seiner Bücherhelden etwas zugute, und er geht soweit, die Labilität, die Nervosität, die behutsame Abwegigkeit für Tugenden und hohe Werte zu halten. Dieser Kennerschaft und Vorliebe entsprach seit je eine physische Labilität des Autors selber... Daß wir in diesen grauen Tagen einen großen Dichter zu wenig haben, einen, der sich nicht hätte rufen lassen, sondern der ungerufen, vom Nachhauserennen noch ganz außer Atem, zwischen uns getreten wäre – daß wir diesen Mann nicht haben, dürfen wir dem anderen, dem Thomas Mann, nicht übelnehmen. Er wird und soll in Amerika bleiben. Zum Ersatz-Mann wäre er wahrhaftig zu schade.«

Schriftsteller wie Erich Kästner, dessen Bücher im Mai 1933 auf den Scheiterhaufen verbrannt worden waren, hatten sich von der Rückkehr des international renommierten und bei den West-Alliierten hoch angesehenen Literaturnobelpreisträgers Rehabilitation und Aufwertung versprochen. Thomas Mann tat ihnen den Gefallen nicht, er erteilte auch brieflich keine Absolution. Selbst ein so prominenter Vertreter der NS-Literatur wie Hans Friedrich Blunck hatte gehofft, von Thomas Mann eine positive Beurteilung zu erhalten. Statt dessen traf ihn nur der Zorn eines sich als moralische und literarische Instanz mißbraucht fühlenden Dichters. Daß er sich damit in Deutschland nur wenige Freunde machte, bedrückte Thomas Mann zwar, änderte aber an seiner grundsätzlichen Einstellung nichts. Noch 1949, als er zum erstenmal wieder Deutschland besuchte und seine Reden im Goethe-Jahr hielt, waren die Ressentiments gegen ihn deutlich zu spüren.

Den anderen emigrierten Autoren, die nicht so berühmt waren wie Thomas Mann, erging es im Westen Deutschlands noch weitaus schlechter. Oft fanden sie gar keinen Verleger mehr. Selbst Heinrich Mann, Arnold Zweig und Lion Feuchtwanger mußten lange warten, ehe ihr Werk in der Bundesrepublik wieder vorlag. Den literarischen Kanon bestimmten, nachdem die politisierten und gegenwartsorientierten Bücher der ersten Nachkriegsjahre an den Rand gedrängt worden waren, die Autoren, die sich für die herausragenden Vertreter der ›Inneren Emigration‹ hielten, also Werner Bergengruen, Hans Carossa, Kasimir Edschmid, Rudolf

Alexander Schröder, Elisabeth Langgässer, Ina Seidel oder Rudolf Hagelstange. Ihr Verhalten während der NS-Zeit, das auch von Kompromissen und Zugeständnissen geprägt war, wurde nur selten oder gar nicht in Frage gestellt. Ihre Bücher wurden gedruckt und in großen Stückzahlen verkauft. Sie erhielten die meisten Literaturpreise, die die junge Bundesrepublik zu vergeben hatte.

Noch nicht untersucht worden ist, wie stark die Literaturkritik für den anhaltenden Erfolg dieser Autoren mitverantwortlich ist. Denn für die Feuilletons der Tages- und Wochenzeitungen schrieben oft Journalisten, die schon vor 1945 publizistisch aktiv gewesen waren. In der Regel saßen dieselben Redakteure aus der NS-Zeit in der Bundesrepublik an gleicher oder sogar in leitender Position. Nicht selten hatten sich Sympathien und sogar Freundschaften zwischen Kritikern und Schriftstellern entwickelt, die auch nach dem Krieg anhielten und ihren Niederschlag in entsprechend freundlichen Buchbesprechungen fanden. Auch Schriftstellerkollegen untereinander halfen sich mit Gefälligkeitsrezensionen oder Geburtstagswürdigungen. Curt Hohoff zum Beispiel, der seine literarische Karriere unter Hitler begonnen hatte, wurde zu einem der einflußreichsten Feuilletonisten der Nachkriegszeit. Er lobte Agnes Miegel wie Ina Seidel und bestimmte damit das positive Bild, das lange von beiden Autorinnen bestand, entscheidend mit. Von ihm wird noch ausführlicher die Rede sein.

Wie hart die Grenze zwischen denen verlief, die die NS-Zeit aktiv miterlebt hatten, und denen, die erst nach 1945 in den Literaturbetrieb hineingewachsen waren, machte 1962 eine von der *ZEIT* angeregte Debatte deutlich. Der damalige Feuilletonchef Rudolf Walter Leonhardt hatte sich für Hans Baumann eingesetzt und dies auch autobiografisch begründet: »Wir alle, wir Zwölf- bis Neunzehnjährigen im Hitlerreich, spürten etwas in Baumanns Liedern, das uns anging.« Beim »sorgfältigen Duchblättern aller Lieder, die je unter dem Namen Baumann gedruckt wurden«, habe er »kaum eines gefunden, das nicht gradsogut heute gedruckt werden könnte.« Die Gegner Baumanns, der unterdessen ein bekannter Jugendbuchautor war, bezeichnete Leonhardt als »Bewältiger, die sich des Hilfsmittels der schrecklichen Vereinfachung bedienen«, und er billigte nur denen zu, über die Literatur der NS-Zeit schreiben zu dürfen, »die noch miterlebt haben, noch nachfühlen können, was damals wirklich geschah, die die Details kennen und die schwer durchschaubaren Verstrickungen und die dennoch nicht so stark betroffen sind, daß es ihnen, wo sie darstellen soll-

NS-Illustration zu Hans Baumanns Gedicht und Lied »Hohe Nacht der klaren Sterne«

ten, in erster Linie immer wieder um Entschuldigung oder um Anklage geht« (*DIE ZEIT* vom 2. März 1962). Damit hatte Leonhardt den Kreis der möglichen Autoren auf verständnisvolle Zeitzeugen eingeengt. Worauf er nicht einging, war die mangelnde Aufarbeitung der NS-Vergangenheit durch die Schriftsteller selbst. Daran appellierte Hans Werner Richter in einem Artikel: »Wo aber sind die Bücher der Nationalsozialisten, die ihre eigene Vergangenheit, ihren Glauben, ihre verfehlten Anschauungen im Selbstreinigungsprozeß durchleuchten? Sie sind nie geschrieben worden. Auch nicht von Hans Baumann. Hier und nur hier liegt eine Unterlassungssünde, die unverzeihlich ist« (*DIE ZEIT* vom 23. März 1962).

Stimmen wie die von Hans Werner Richter waren auch Anfang der sechziger Jahre noch selten. Autoren der NS-Zeit durften in vielen Feuilletons auf Nachsicht hoffen. Erst der Generationswechsel in den Medien bedeutete auch einen Wechsel in den Anschauungen und drängte die Autoren in den Hintergrund, die mitunter recht großzügig der ›Inneren Emigration‹ zugerechnet worden waren.

Daß diese vorgeblich unpolitische Literatur in den Gründerjahren der Bundesrepublik so reüssieren konnte, hatte auch viel mit der innenpolitischen Entwicklung zu tun, der Restauration, dem beginnenden ›Wirtschaftswunder‹ und dem sich zuspitzenden Kalten Krieg. Den unsicheren äußeren Verhältnissen setzte eine kleinbürgerliche Gegenbewegung eine geordnete innere Welt entgegen. Theodor W. Adorno bezeichnete diesen Rückzug 1950 in den *Frankfurter Heften* treffend als »Glück im Gewinkel«. Der Umgang mit Kultur im Nachkriegsdeutschland habe, so Adorno, »etwas von dem gefährlichen und zweideutigen Trost der Geborgenheit im Provinziellen«. Diese Entwicklung wird von den Auflagehöhen der entsprechenden Publikationen bestätigt. Während die Bücher von Heinrich Böll, Siegfried Lenz oder Ingeborg Bachmann bis weit in die fünfziger Jahre hinein zumeist in der ersten Auflage blieben, erreichten die der ›Inneren Emigration‹ zugerechneten Autoren mit ihren alten und neuen Werken oft sechsstellige Verkaufszahlen. Schon 1947 hatte Alfred Döblin in seiner kleinen Schrift über *Die literarische Situation* (Baden-Baden) darüber geklagt, daß es nur noch eine »Kümmerliteratur« gebe: »Und so sehen wir heute in die Druckpresse einfließen einen trüben Strom von Landschaftsliteratur, Volkstumsliteratur, vielfach von Autoren, die in der Nazi-Epoche von den Dirigenten dieser Bewegung dafür gelobt wurden. Sie sind in diesen Schriften keine Nazis. Aber jeder sieht: es genügt heute nicht, die Schutzwand, die sie gegen die Nazis errichtet hatten, festzuhalten. Fordert die Situation nicht etwas anderes, mehr? Genügt es heute, Nicht-Nazi zu sein?« Döblin war es gar nicht in den Sinn gekommen, daß auch die durch ihre Aktivitäten im nationalsozialistischen Deutschland diskreditierten Schriftsteller wieder auf den Markt drängen könnten. Zwar hatten die Alliierten relativ zügig Listen auszusondernder Literatur erstellt und fast alle namhaften Schriftsteller der NS-Zeit mit Schreibverbot belegt, aber in den zum Teil langwierigen ›Entnazifizierungs‹-verfahren, die später in deutsche Regie übergingen, wurden diese Verbote im allgemeinen wieder aufgehoben oder in Geldbußen umgewandelt. Spätestens ab 1950 erschienen von zahlreichen vorbelasteten Autoren neue Bücher oder Neuauflagen der alten. Lediglich Hanns Johst mußte bis 1955 warten, ehe er wieder einen Roman, seinen letzten, veröffentlichen durfte. Wie stark die Kontinuität war, macht eine kleine Untersuchung deutlich, die von uns anhand des Bestandskatalogs der Deutschen Bibliothek durchgeführt wurde. Von den gut einhundert Autoren, die während der NS-Zeit unter der Aufsicht von Goebbels Literaturpreise empfangen hatten oder mit Ehrenämtern ausgezeichnet worden waren, veröffentlichte bloß ein Sechstel nach 1945 keine Bücher mehr. Betrachtet man nur die Bücher der Schriftsteller, die den Zweiten Weltkrieg überlebt haben, dann zeigt sich sogar, daß nur fünf Prozent, nämlich vier von 80 Autoren, darauf verzichteten, weiter zu publizieren. Möglicherweise fanden sie, wie

Heinrich Anacker oder Franz Schauwecker, auch nur keinen Verleger mehr. Zwar erhebt diese Statistik keinerlei wissenschaftlichen Anspruch, aber sie macht doch einen Trend deutlich: daß nämlich die von den Nationalsozialisten gefeierten ›Dichter‹ alles andere als schwiegen. Zunächst war es für die meisten von ihnen schwierig oder gar unmöglich, einen renommierten Verlag zu finden, wenn sie nicht, wie Hans Baumann oder Franz Tumler, ihren Gesinnungswandel öffentlich dokumentiert hatten. Um dagegen denjenigen Schriftstellern, die ihre politische Überzeugung entweder nicht oder nur wenig geändert hatten, neue Publikationsmöglichkeiten zu schaffen, wurden, vornehmlich von früheren Partei- und Kulturfunktionären, Verlage gegründet, deren großer kommerzieller Erfolg in den fünfziger Jahren beweist, daß es für diese Literatur noch immer ein zahlenmäßig recht großes Stammpublikum gab. Zu den Autoren, die mit ihren Büchern Auflagen bis zu 100 000 Exemplaren (und in manchen Fällen sogar mehr) erzielten, gehörten Hans Grimm, Josefa Berens-Totenohl, Friedrich Griese, Wilhelm Pleyer, Agnes Miegel, Edwin Erich Dwinger, Paul Ettighofer und Hans Friedrich Blunck. Sie publizierten zum Teil in neugeschaffenen rechtsradikalen Verlagen wie Plesse, Klosterhaus, Hohenstaufen, Schütz, Türmer, Druffel, Vowinckel, Grabert, Dikreiter oder der Göttinger Verlagsanstalt. Da das Kriegsende an der rechtlichen Situation nur dann etwas geändert hatte, wenn ein Verlag von den Alliierten aufgelöst worden war (was fast ausschließlich auf NSDAP-Verlage zutraf), blieben die alten Copyrights und Verbindungen auch in den westlichen Besatzungszonen und in der Bundesrepublik weiter bestehen. Agnes Miegel veröffentlichte weiter bei Diederichs, Werner Beumelburg bei Stalling, Ina Seidel bei der Deutschen Verlags-Anstalt, Bruno Brehm bei Piper, Paul C. Ettighofer und Will Vesper bei Bertelsmann usw.

Weil mit diesen Autoren bis in die sechziger Jahre hinein gute Geschäfte zu machen waren, interessierten sich auch andere Verlage für sie. Vor allem der Aufstieg des 1928 in Eger geborenen Herbert Fleissner zu einem der einflußreichsten Verleger in Deutschland ist zu einem guten Teil Schriftstellern zu verdanken, die schon während der NS-Zeit ein großes Publikum gefunden hatten. In seinen Verlagen Bogen, Klinger, Langen-Müller, Herbig, Universitas, Amalthea, Limes und später als Geschäftsführer von Ullstein/Langen-Müller brachte er Altes und Neues von Wilhelm Pleyer, Hans Watzlik, Hans Grimm, Paul C. Ettighofer, Heinrich Zillich, Fried-

Hans Grimms 1950 erschienenes Rechtfertigungsbuch »Die Erzbischofsschrift. Antwort eines Deutschen«

rich Griese, Karl Hans Strobl, Hermann Claudius, Edwin Erich Dwinger, Kurt Ziesel und Gerhard Schumann. Da seine Verlage ein hohes Ansehen in der Öffentlichkeit genossen, gelang es Fleissner bis in die achtziger Jahre hinein, seine rechtsgerichtete Produktion glänzend im Buchhandel zu plazieren. Ähnlich erfolgreich, zumindest in den fünfziger und sechziger Jahren, war der ehemalige Reichskultursenator, SA-Oberführer und Nationaler Buchpreis-Träger Gerhard Schumann mit seinem ›Europäischen Buchklub‹, der zuletzt 200 000 Mitglieder zählte. Schumann, der auch einen eigenen Verlag (Hohenstaufen Verlag) unterhielt, nutzte die Chancen, die der feste Abnehmerstamm bot, und vertrieb in hohen Stückzahlen Bücher von Hans Friedrich Blunck, Bruno Brehm, Hans Grimm, Mirko Jelusich, Erwin Guido Kolbenheyer und Eberhard Wolfgang Möller. Die Übernahme des Buchklubs durch den Bertelsmann-Konzern 1962/63 bedeutete zunächst keine gravierende Änderung, denn auch im Bertelsmann Lesering wurden einige der in der NS-Zeit erfolgreichen Autoren weiter gepflegt.

Woher rührte nun das Interesse gerade an diesen Autoren? Zum einen waren es sicherlich die vielzitierten ›ewig Gestrigen‹, die ›ihren‹ literarischen Favoriten die Treue hielten und gierig nach allem griffen, was Deutschland aus ›seiner tiefsten Erniedrigung retten‹ konnte. Dafür spricht u. a. der Erfolg von Hans Grimms an nationalistischer Geschichtsklitterung kaum zu überbietenden Apologien *Die Erzbischofschrift* (1950) und *Warum – Woher – Aber wohin?* (1954). Von beiden Bänden wurden innerhalb kurzer Zeit insgesamt mehr als 100 000 Exemplare verkauft. Zum anderen war es sicherlich auch die restaurative Stimmung im Nachkriegsdeutschland, das antikommunistische oder der gesellschaftlichen Realität ausweichende Themen bevorzugte. Ein Spiegel dieser Entwicklung sind die Schullesebücher, die schon 1953 mit Robert Minders Aufsatz über die *Soziologie der deutschen und französischen Lesebücher* in die Diskussion geraten waren, aber bis in die Mitte der sechziger Jahre fast unverändert blieben. Bis dahin dominierten die Autoren, die von der Neuromatik und der Heimatdichtung der Weimarer Republik zum Nationalsozialismus vorgestoßen waren, mit ihren zwar nicht nazistischen, aber doch zutiefst antimodernistischen Gedichten und Erzählungen die Lektüre der Schüler. In einer Untersuchung von 116 Lesebüchern kam Wolfgang Schulz 1961 zu dem Ergebnis, daß insgesamt nur zwölf Beiträge der zwölf Schriftsteller abgedruckt worden waren, die die Nationalsozialisten 1933 aus der Preußischen Akademie ausgeschlossen hatten. Die zwölf nachrückenden völkischen Autoren waren dagegen mit 334 Beiträgen vertreten. Allein von Agnes Miegel fand Schulz 100 Arbeiten, von Heinrich Böll dagegen nur zehn.

Während die rasant fortschreitende Mechanisierung und Motorisierung der Landwirtschaft nur wenig Raum für pseudo-romantische Vorstellungen ließ, zog in den Lesebüchern noch immer der Bauer mit Sense und Pferdefuhrwerk auf das Feld, um mit bloßen Händen das Saatkorn in die Ackerfurche zu werfen. Einen Auszug aus Alfred Döblins *Berlin Alexanderplatz* wird man dagegen vergeblich suchen. Josefa Berens-Totenohl, Wilhelm Schäfer, August Hinrichs, Friedrich Griese, Hermann Claudius, Moritz Jahn, Agnes Miegel, Börries von Münchhausen u. a. m. gehörten bis in die späten sechziger Jahre zur Grundausstattung eines bundesdeutschen Schulbuchs. Die Richtlinien für den Deutschunterricht, die in den fünfziger Jahren von den Kultusbehörden herausgegeben wurden, sanktionierten diese Auswahl. Hier tauchen als weitere Namen noch Heinz Steguweit, Paul Ernst, August Winnig, Lulu von Strauß und Torney, Josef Ponten, Hermann Stehr und sogar Hans Grimm auf, dessen politischen Amoklauf die Lehrplangestalter genauso übersahen wie die meisten Romane und Erzählungen von Exilautoren.

Bestätigung fanden die Lesebuchherausgeber und Kultusbürokraten in den gängigen Literaturgeschichten. Noch 1962 mußte Walter Jens in seinem Aufsatz *Völkische Literaturbetrachtung – heute* feststellen, daß ins Exil getriebene Autoren entweder abgewertet oder gar nicht erwähnt wurden, während Grimm, Kolbenheyer, Dwinger oder Griese nach wie vor die uneingeschränkte Anerkennung der Germanisten genossen. »Wer hätte wohl 1945 zu ahnen gewagt, daß die Kategorien der völkischen Literaturbetrachtung sich als so dauerhaft erweisen würden?« fragte Jens resigniert. Ein besonders eklatantes, aber keineswegs einmaliges Beispiel findet sich in der von Albert Soergel schon 1911 begonnenen und von dem Erzähler und Kritiker Curt Hohoff weitergeführten Literaturgeschichte *Dichtung und Dichter der Zeit* (Düsseldorf 1961). Darin heißt es: »Den einzigen politischen Roman der Epoche, mit allen Vorzügen und Nachteilen dieser Gattung, hat Hans Grimm mit ›Volk ohne Raum‹ (1926) geschrieben. Die politischen Ausflüge Thomas Manns sind widerspruchsreiche Nebenwerke, die Zeitromane seines Bruders Heinrich sind Karikaturen, Robert Musil und Joseph Roth, beide politisch interessiert, haben die Politik historisch gedeutet, als Weg in die Katastrophe.«

Überraschen können solche Wertungen nur dann nicht, wenn man bedenkt, daß zum Beispiel Franz Lennartz, Heinz Kindermann, Josef Nadler, Hermann Pongs und Paul Fechter die nationalsozialistische Literaturbetrachtung propagiert hatten. Ihre Literaturgeschichten ließen sie nach 1945 entweder unbearbeitet oder in nur leicht revidierter Form wieder drucken. Erst auf dem Germanistentag 1966 in München setzte eine Diskussion über die Vergangenheit des Fachs ein, die aber nur ganz langsam die Literaturgeschichten erreichte. Etwa zur gleichen Zeit fand in den bundesdeutschen Schulen eine kleine Revolution statt. Mit dem Erscheinen des *Lesebuchs 65* begann der Rückzug einer auch qualitativ fragwürdigen Literatur, die trotz ihrer politischen Hypothek zwanzig Jahre lang den Lese- und Bildungskanon eines nicht mehr totalitären, sondern demokratischen Staats mitbestimmt hatte.

Die ›ewig Gestrigen‹ als Garanten dieses andauernden Erfolgs wurden schon genannt. Bei ihnen handelte es sich aber keineswegs nur um ehemalige NS-Größen oder gläubige Anhänger der NSDAP, sondern auch um Funktionäre der Vertriebenenverbände. Dieses besondere Interesse rührte von einer spezifischen Form der Traditionspflege her, die in den verschiedenen Organisationen lange praktiziert wurde. Die Trauer über die verlorene Heimstatt führte auch zu einer unkritischen Aneignung der Bücher, die seit 1933 (manchmal auch schon davor) ebendiese Heimat literarisch verklärt hatten. Dabei wurde die politische Funktion dieser Literatur entweder übersehen oder bewußt einkalkuliert. Solange die Vertriebenenverbände die Bundesrepublik nur als Zwischenstation akzeptierten (Ziel der kollektiven Wünsche blieb die alte Heimat), sahen sie in den ehemaligen NS-Autoren, die die Blut- und Boden-Ideologie konservierten, Verbündete. Nicht selten handelte es sich bei den in der NS-Zeit geschätzten Werken um sogenannte ›Grenzlanddichtung‹, die in den ersten Jahren nach der nationalsozialistischen Machtübernahme den ›Volkstumskampf des Auslandsdeutschtums‹ darstellen und damit die Okkupation des europäischen Ostens mit vorbereiten sollte. Die militantesten und erfolgreichsten ›deutschen Dichter auf fremder Erde‹ waren die sudetendeutschen Autoren, die ihre ›Heim-ins-Reich‹-Gefühle mit aggressivem Nationalismus verquickten. Jahrhundertelang hatten sich die Sudetendeutschen dem österreichischen Kulturkreis zugehörig gefühlt. Mit dem Verfall der Doppelmonarchie wuchsen die Bestrebungen, sich einem starken Deutschland anzuschließen. Aber das vorsichtige Taktieren der Weimarer Politiker ließ die sudetendeutschen Patrioten resignieren. Erst mit Hitler als Reichskanzler verstärkten sich die Rufe nach Autonomie und schließlich nach dem ›Anschluß‹ an das Deutsche Reich. Die sudetendeutschen Autoren unterstützten diese Bestrebungen mit Büchern, die die anti-tschechischen Ressentiments schüren sollten. Daß nicht wenige davon nach 1945 wieder erscheinen konnten (und neue, inhaltlich ähnlich ausgerichtete dazu), dafür ist vor allem die Sudetendeutsche Landsmannschaft verantwortlich. Von ihr wurden nicht nur Wilhelm Pleyer und Erwin Guido Kolbenheyer auf vielfältige Weise gefördert; auch die beiden Publizisten und ehemals hohen Funktionäre der sudetendeutschen NSDAP Ernst Frank und Reinhard Pozorny fanden in dem einflußreichen Verband Anerkennung und Unterstützung. Erst das Aufkommen der NPD (und der Einsatz Pleyers für diese Partei) leiteten einen politischen Kurswechsel ein.

In anderen Vertriebenenorganisationen sah es ähnlich aus: Agnes Miegel zum Beispiel erhielt 1957 die Ehrenplakette des Ostdeutschen Kulturrats und 1961 den Westpreußischen Kulturpreis, Friedrich Griese wurde 1964 mit dem Mecklenburgischen Kulturpreis der Landsmannschaft der Mecklenburger ausgezeichnet, und noch 1968 verliehen die Siebenbürger Sachsen ihren Kulturpreis an Heinrich Zillich, der bereits mit dem Literaturpreis des Südostdeutschen Kulturwerks dekoriert war.

Erst die sich langsam ausbreitende Erkenntnis, daß die Ostgebiete möglicherweise für immer verloren sein würden, die aktive Teilnahme am sogenannten ›Wirtschaftswunder‹ und die offeneren Ansichten der nachwachsenden Generation verstärkten die Bereitschaft, sich in das ›Provisorium Bundesrepublik‹ einzufinden. In den Vertriebenenverbänden verlor die primär revisionistisch ausgerichtete Literatur an Bedeutung. Trotzdem verzichten einige ihrer Zeitungen bis heute nicht darauf, Erzählungen von diesen Autoren oder Artikel über sie zu veröffentlichen.

Neben dieser fast offiziellen Förderung durch Kultusbehörden und Vertriebenenverbände, durch renommierte Verlagshäuser und Buchgemeinschaften gründeten ehemalige NS-Autoren und -publizisten ihre eigenen Verbände und Zirkel. Die wichtigste Vereinigung war das 1950 von Herbert Böhme ins Leben gerufene Deutsche Kulturwerk Europäischen Geistes (DKEG), das bis zu 70 ›Pflegestätten‹ in der Bundesrepublik unterhielt. Die straff gegliederte Organisation für die alten Eliten des NS-Staats verstand Kultur als »Pflege der Gemeinschaftsseele« und als »ein Selbstbehauptungswille aus dem Bewußtsein der seelischen Kraft«. Kulturzerstörung hatte für Böhme nicht mit der Bücherverbrennung begonnen, sondern mit der ›Entnazifizierung‹. Die völkisch-nationalistischen Ideen sollten im DKEG bewahrt werden, um sie zu gegebener Zeit parat zu haben. In den ›Pflegestätten‹ fanden die Schriftstellerkollegen von Böhme ein interessiertes und dankbares Publikum. Auf Resonanz in den Medien waren die Treffen, Tagungen und Preisverleihungen nicht angewiesen. Sie dienten eher zur Selbstvergewisserung und zur Selbstbehauptung. Man verstand sich als verschworene Gemeinschaft, die ›ihre Dichter‹ ehrte, weil sie die Erinnerung an eine bessere Zeit literarisch wachhielten. Böhme, der sich noch an der Gründung weiterer Initiativen und Vereine beteiligte, leitete den Türmer Verlag und gab mit den *Klüter Blättern* die seinerzeit größte rechtsradikale Kulturzeitschrift in der Bundesrepublik heraus. 1960 gesellte sich zum DKEG die Gesellschaft für Freie Publizistik (GFP). Zu den ersten Mitgliedern zählten neben Herbert Böhme der frühere stellvertretende NS-Reichspressechef und damalige Inhaber des Druffel Verlags Helmut Sündermann, der ehemalige Reichsbankpräsident Hjalmar Schacht, der Bundesminister a. D. Theodor Oberländer und die Schriftsteller Erwin Guido Kolbenheyer, Will Vesper, Bruno Brehm, Wilhelm Pleyer und Kurt Ziesel. Den Vorsitz übernahm Kurt Vowinckel, der während der NS-Zeit kurz dem Börsenverein vorgestanden hatte und inzwischen wieder seinen eigenen Verlag leitete. Die GFP sollte den Kampf gegen die »veröffentlichte Meinung« aufnehmen, die »Schriftsteller mundtot« mache, »angesehene Verlage des Extremismus« verdächtige und »den Weg ihrer Bücher und Schriften in den Handel und damit zum Leser« behindere (aus der Selbstdarstellung der GFP von 1989). An dieser Zielsetzung hat sich bis heute nichts geändert, auch wenn die Erfolge ausgeblieben sind. Die verbalen Attacken gegen die »einseitige Indizierung ausschließlich nationaler Bücher« verhallten unerhört. Auch eine breitere Akzeptanz von rechtsradikaler Literatur im Buchhandel konnte nicht erzielt werden. Das gelang nur dem schon erwähnten Herbert Fleissner mit dem von ihm geleiteten Ullstein/Langen-Müller Verlag. Trotzdem tauchen bis heute ehemalige NS-Autoren immer wieder in seriösen Verlagsprogrammen auf. So wurden fünf Romane von Edwin Erich Dwinger zwischen 1976 und 1979 vom Lübbe Verlag neu herausgebracht, darunter auch die NS-Propagandaschrift *...und Gott schweigt?* aus dem Jahre 1936. Bruno Brehms Trilogie über den Untergang des Habsburgerreichs (*Die Throne stürzen*) war über Jahrzehnte bei

Bundesdeutsche Neuauflagen von in der NS-Zeit erfolgreichen Büchern

dtv als Taschenbuch lieferbar und wurde 1992 von Piper neu aufgelegt.

Von einer Renaissance der NS-Literatur konnte man aber zu keiner Zeit sprechen. Ganz im Gegenteil: Um das Andenken von Heinrich Anacker, Hermann Burte, Hans Grimm, Erwin Guido Kolbenheyer oder Agnes Miegel kümmern sich heute tatsächlich nur noch Gruppierungen der ›ewig Gestrigen‹. Ein Beispiel für den sukzessiven Bedeutungsverlust dieser Autoren sind auch die Lippoldsberger Dichtertage, die Hans Grimm 1934 ins Leben gerufen hatte. Waren sie zwischen 1934 und 1939 auch ein stiller Protest gegen die starre nationalsozialistische Kulturpolitik, so entwickelten sie sich nach 1949 zu einer Art Kameradschaftstreffen von NS-Nostalgikern. Die ersten Nachkriegsdichtertage, die jährlich zwischen 2000 und 3000 Menschen anzogen, fanden ein großes und durchaus positives Presseecho. Nach dem Tod Grimms (1959) ließ die Begeisterung für die Veranstaltung jedoch merklich nach, und 1981, zum letzten Dichtertag, kamen nicht einmal mehr 200 (meist ältere) Menschen, die die wenigen Lesungen besuchten. 1984 zog der schon erwähnte Reinhard Pozorny in den rechtsradikalen *Deutschen Monatsheften* (die aus den *Klüter Blättern* hervorgegangen waren) eine selbstkritische Bilanz. Unter dem Titel *Kultur als Ersatznationalismus – Erst kampflos, dann kulturlos* sprach er von »geistigem Schrebergärtnertum und falsch verstandenem und vorgetäuschtem Elitedenken«. Die Jugend sei damit nicht mehr zu erreichen, »weil junge Menschen diese Kulturverknöcherung deutlicher empfinden und ein junger Mensch alles ertragen kann, nur nicht eine Betriebsamkeit, die etwas vortäuschen will, was längst nicht mehr Geltung hat und nur noch schemenhaft angedeutet wird«.

Nach diesem Abgesang aus dem rechtsradikalen Lager schien die völkisch-nationalistische Literatur Hitler-Deutschlands endgültig zu einem literaturwissenschaftlichen Untersuchungsgegenstand geworden zu sein. Um so erstaunlicher war es dann, als sich die französische ›Neue Rechte‹ und ihre deutschen Ableger wieder einzelnen Autoren aus diesem Spektrum zuwandten. Im Theorieorgan der deutschen Neurechten, der erstaunlich stark beachteten Wochenzeitung *Junge Freiheit*, tauchten in den neunziger Jahren plötzlich Artikel über NS-Autoren auf, deren Bücher zur Lektüre empfohlen wurden. Offensichtlich war diese Form der literarischen Renaissance auch in dem Blatt selbst umstritten, das im wesentlichen von Studenten gemacht wurde. Der *Junge Freiheit*-Redakteur Hans-Ulrich Kopp jedenfalls veröffentlichte außerhalb der *Jungen Freiheit*, nämlich in der Rosenheimer Deutschen Verlagsgesellschaft, 1997 ein 36seitiges Heft, in dem er unter dem Titel *Literatur der ›Stunde Null‹* 20 Autoren der NS-Zeit vorstellte, darunter Artur Dinter und Hanns Johst. Kopp wollte die »seinerzeit bekanntesten Namen in Erinnerung« rufen. Denn: »Die deutsche Literatur, die in den Jahren der Regierung Hitler innerhalb des Reiches entstand, wurde insbesondere nach der Kulturrevolution der ›Achtundsechziger‹ so sehr einer politischen Verurteilung unterworfen und so gewaltsam in das volkspädagogische System der (Selbst-)Umerziehung einbezogen, daß sie den nachfolgenden Generationen entweder völlig entfremdet wurde oder ihr nur in einseitiger Weise vor Augen steht.« Im selben Jahr brachte der 1913 geborene und zum rechtsradikalen Spektrum zählende Publizist Gustav Sichelschmidt in der Verlagsgesellschaft Berg (zu der mittlerweile auch Herbert Böhmes Türmer Verlag gehört) den Band *Verschwiegen und Vergessen* heraus, in dem er ebenfalls 20 »nationale deutsche Autoren im 20. Jahrhundert« präsentierte, darunter Hans Grimm und Erwin Guido Kolbenheyer. Vor allem Kolbenheyer wird in den Zeitschriften der neurechten Philosophenschulen, die sich an der französischen ›Nouvelle Droite‹ orientieren, immer wieder zitiert. In diesen Zirkeln gilt er als herausragender Interpret des biologischen Naturalismus. In der Zeitschrift *Elemente* des Kasseler Thule-Seminars wurde 1990 die *Bauhütten*-Philosophie Kolbenheyers sogar als »biologischer Sozialismus« gepriesen, dem das 21. Jahrhundert gehöre.

Die Wirkung dieser Publikationen blieb aber gering. Resonanz fanden sie nur bei NS-Nostalgikern und in Neonazi-Kreisen. Dagegen beschäftigt sich die Germanistik seit einigen Jahren intensiver mit der Literatur in Nazi-Deutschland. Einige grundlegende Werke sind gerade in den letzten Jahren erschienen, allerdings ohne die gravierenden Defizite schon ganz beheben zu können. Zu einigen wichtigen Autoren gibt es bis heute keine Untersuchungen, bei anderen stehen Einzelaspekte im Mittelpunkt. Vor allem jüngere Literaturwissenschaftler nehmen jetzt die NS-Zeit in den Blick.

ALVERDES, Paul
**6.5.1897 Straßburg,*
†28.2.1979 München

Der Sohn eines Offiziers, der sich schon als Gymnasiast der Jugendbewegung angeschlossen hatte, meldete sich 1914 als Freiwilliger in den Ersten Weltkrieg und kehrte mit einer schweren Kehlkopfverletzung zurück. Er studierte in Jena Jura und in München Germanistik sowie Kunstgeschichte. Nach der Promotion 1922 lebte er als freier Schriftsteller in München.

Bestimmend für das Werk von Alverdes wurde das Fronterlebnis. Als deutschnational geprägter Autor, der in seinem ersten Lyrikband *Die Nördlichen* (Berlin 1922) die Einheit von Blut und Boden in schwülstigen Versen beschworen hatte, sah er im Ersten Weltkrieg eine männliche Bewährungsprobe. Er wollte, so Otto Heuschele in einem Geburtstagsartikel, »das Kriegserlebnis als Grundlage eines gereiften Menschentums ins Bewußtsein des Lesers rufen« (*Neue Zürcher Zeitung* vom 7. Mai 1977). Alverdes beschönigte in seinen Romanen und Erzählungen die mit äußerster Brutalität geführten Kämpfe nicht, aber genausowenig stellte er ihren Sinn in Frage. Er glaubte daran, daß der Krieg Menschen positiv verwandeln könnte, und dies wollte er literarisch gestalten.

In dem Roman *Die Pfeiferstube* (Frankfurt am Main 1929), mit dem er seinen Durchbruch erzielte, finden drei deutsche und ein englischer Soldat, die als Kehlkopfverletzte gemeinsam in einem Lazarettzimmer liegen, auch menschlich zusammen. In der Novellensammlung *Reinhold oder die Verwandelten* (München 1931) ist es ein junger Freiwilliger, der im Granathagel zum pflichtbewußten Menschen reift und dadurch die Anerkennung seiner Kameraden erlangt. Aber auch hier wird deutlich, daß es Alverdes nicht allein um die persönliche Läuterung geht, vielmehr um die Verantwortung gegenüber dem großen Ganzen, dem Vaterland. So fühlt der junge Soldat »die Augen des Vaterlands auf sich gerichtet, welches alles sah«. In den Augen des NS-Literaturkritikers

Norbert Langer waren das »innerlich reine und seelisch fesselnde Erzählungen einer Jugend, die es in allen Dingen schwer hatte, aber dadurch gehärtet wurde für den Aufbau der kommenden neuen Zeit«. Die totale Selbstaufgabe für das Vaterland, bis hin zum Tod auf dem Schlachtfeld, forderte Alverdes in dem Hörspiel *Die Freiwilligen* (München 1934), dem er kurze Zeit später das Hitler-Jugend-Spiel *Das Winterlager* (München 1935) folgen ließ. In beiden Hörspielen steht die Pflicht gegenüber der Gemeinschaft über den individuellen Wünschen und Bedürfnissen. Ganz in den Dienst der NS-Propaganda stellte sich Alverdes auch mit dem erzählenden Bericht *Eine Infanterie-Division bricht durch* (München 1943). Daneben gab es jedoch einen Schriftsteller, der öffentlich davon sprach, daß »echte Poesie... keinen Standpunkt besitze« und daß der Autor »weder seiner Nation noch sonst irgendwem oder was damit unmittelbar weiterhelfe(n)« müsse. Damit zog Alverdes sich u.a. die harsche Kritik von → Hans Grimm und dem Literaturfunktionär Hellmuth Langenbucher zu, der in seinem Band über *Volkhafte Dichtung der Zeit* (Berlin ^{3}1937) Alverdes zitierte und heftig attackierte. Auch mit der von ihm und Benno von Mechow herausgegebenen Zeitschrift *Das Innere Reich* (München 1934/1944) geriet Alverdes in Gegensatz zur offiziellen (Literatur-)Politik. Ein Organ der geistigen Opposition oder gar des Widerstands war die Monatsschrift allerdings nicht.

Nach dem Zweiten Weltkrieg knüpfte Alverdes zunächst an die Tradition seiner Weltkriegsbücher an, nun aber politisch geläutert. In *Grimbarts Haus* (Konstanz 1949) erzählte er die Geschichte eines Vaters, der seine vier Söhne im Ersten Weltkrieg verlor und darüber wahnsinnig wurde. Hervorgetreten ist Alverdes nach 1945 vor allem mit Kinderbüchern und -hörspielen.

Weitere Bücher:

Hrsg. zusammen mit H. Rinn: Deutsches Anekdotenbuch. München 1927. – Das Zwiegesicht. München 1937. – Dank und Dienst. Reden und Aufsätze. München 1939.

Literatur:

Horst Denkler/Karl Prümm (Hrsg.): Die deutsche Literatur im Dritten Reich. Stuttgart 1976. – Marion Mallmann: ›Das Innere Reich‹. Analyse einer konservativen Kulturzeitschrift im Dritten Reich. Bonn 1978. – Das Innere Reich. 1934–1944. 2 Bde., Marbach 1983. – Wolfram Wessels: Hörspiele im Dritten Reich. Bonn 1985.

ANACKER, Heinrich
**29. 1. 1901 Aarau/Schweiz,*
† 14. 1. 1971 Wasserburg/Bodensee

Der Sohn eines Fabrikanten studierte in Zürich und Wien Literaturwissenschaft. Bereits mit 20 Jahren veröffentlichte er seinen ersten Band mit Natur- und Liebeslyrik *Klinge, kleines Frühlingslied* (Aarau 1921). 1922, noch als Student, kam er in Wien in Kontakt mit dem Nationalsozialismus. 1924 trat er der NSDAP und der SA bei. Zwar verfaßte er auch weiterhin naiv anmutende unpolitische Gedichte, aber seine schriftstellerischen Erfolge erzielte er als lyrischer Chronist der NS-Bewegung. Viele seiner Gedichte wurden vertont und von Parteiformationen gesungen. Sie begleiteten die nationalsozialistischen Feiertage und die Reichsparteitage in Nürnberg. Anackers erste Sammlung mit politischer Lyrik erschien 1931 unter dem Titel *Die Trommel. SA-Gedichte* (München). Ihr folgten u. a. *Die Fanfare. Gedichte zur deutschen Erhebung* (München 1933), *Der Aufbau* (München 1935), *Wir wachsen in das Reich hinein* (München 1937), *Ein Volk, ein Reich, ein Führer. Gedichte um Österreichs Heimkehr* (München 1938), *Heimat und Front* (München 1939) und *Über die Maas, über Schelde und Rhein* (München 1940).

Alle diese Gedichte sind von dem unerschütterlichen Glauben an die NSDAP und vor allem an ihren Führer geprägt. Die Verehrung Hitlers nimmt dabei oft religiöse Züge an, während die Gegner der Partei und Deutschlands in simpelster Schwarz-Weiß-Malerei verunglimpft werden. Die emphatische Überhöhung des Deutschen Reichs als Schutz- und Trutzburg gegen das fremde Böse und das vielfach variierte Lob der soldatischen Tugenden verstärken den agitatorischen Charakter der Gedichte, die den Typus der nationalsozialistischen Erbauungsliteratur mitbegründeten. Für die NS-Literaturkritik war Anacker in jeder Hinsicht ein Vorbild: »So sind seine Verse von der Heiligung des Blutes und des Bodens durchdrungen, sie sind von der Bildung unserer Volksgemeinschaft bewegt, sie ehren die Bauten und Straßen des wiedergewonnenen Tatwillens, sie sind aber auch Lobgesänge auf Kameradschaft und Zucht, auf Stärke und Freiheit der Nation« (*Völkischer Beobachter* vom 25. Januar 1939). Typisch für Anackers Verbindung von Naturmetaphern mit politischen Inhalten ist das *Herbstlied der SA*:

> Braun ist unser Kampfgewand,
> Braun ist Wald und Heide.
> Früher Frost liegt überm Land,
> einmal gib mir noch die Hand,
> Bruder, eh ich scheide.
>
> Braun ist unser Kampfgewand,
> Schmach will harte Sühne!
> Uns're Toten sind das Pfand,
> daß dereinst im deutschen Land
> neu ein Frühling grüne.

Anacker wurde 1935 Reichskultursenator, er war Träger des halben Dietrich-Eckart-Preises (1934), des Preises der NSDAP für Kunst und Wissenschaft (1936) und des Ehrenrings der Mannschafts-Frontdichter in der Nationalsozialistischen Kriegsopferversorgung (1939).

Trotz seiner Erfolge als Parteilyriker versuchte Anacker immer wieder, mit seinen lyrischen Landschaftsbeschreibungen, Liebesgedichten und seinen *Liedern aus Stille und Stürmen* (München 1938) auch literarische Anerkennung zu finden. Die nicht parteigebundene Kritik reagierte allerdings zurückhaltend. So packte zum Beispiel das *Berliner Tageblatt* nach der Verleihung des NSDAP-Preises seine Vorbehalte in ein vermeintliches Lob, als es von der »Leichtigkeit der Verse« schrieb, »die Anacker seit seinem 16. Lebensjahr in nie stockendem Fluß zusammenströmen«, und von der »bewußt volksnahen Einfachheit der Wortwahl, die auch vor dem Abgegriffenen und Banalen öfters nicht zurückschreckt«. Als der ›Laudator‹ dann auch noch Anacker mit dem französischen Barrikadensänger Béranger verglich, reagierte *Das schwarze Korps* der SS im September 1936 mit einem wütenden Artikel gegen die »Kulturbonzen des *Berliner Tageblatts*«.

Nach 1945 hat Anacker darauf verzichtet, weitere Bücher zu veröffentlichen. Von der Spruchkammer Göppingen wurde er 1948 als ›Minderbelasteter‹ eingestuft und zu einer Bewährungsfrist von einem halben Jahr, 60 Tagen Sonderarbeit und einer Geldstrafe von 500 Mark verurteilt. Um sein Andenken kümmerte sich ein ›Heinrich-Anacker-Kreis e. V.‹

ANDERSCH, Alfred

**4. 2. 1914 München, † 21. 2. 1980 Berzona/Tessin*

Der Sohn eines Buchhändlers und Vizefeldwebels im Ersten Weltkrieg absolvierte ebenfalls eine Buchhändlerlehre und trat 1930 dem Kommunistischen Jugendverband bei. Im März 1933 wurde er verhaftet und bis Ende April im Konzentrationslager Dachau interniert. Auf den totalen Staat reagierte er von da an mit »totaler Introversion«. Er arbeitete in verschiedenen Berufen und wurde 1940 erstmals als Soldat eingezogen, im Frühjahr 1941 allerdings wieder entlassen, weil, nach einer Verfügung Hitlers, ehemalige KZ-Insassen ›wehrunwürdig‹ waren. Dann trat Andersch als Werbeleiter in die Hamburger Fotopapierfabrik Leonar ein. Im März 1942 wechselte er nach Frankfurt zu dem Kosmetikhersteller Mouson. Kurz vorher hatte die *Frankfurter Zeitung* seine Erzählung *Skizze zu einem jungen Mann* abgelehnt, weil sie noch zu sehr »Material« sei: »... vielleicht versuchen Sie es einmal mit einer knapp gehaltenen Reportage oder Alltagsskizze« (zit. nach Wehdeking 1981).

Am 16. Februar 1943 beantragte Andersch die Aufnahme in die Reichsschrifttumskammer. Er gab dabei an, Mitglied der Deutschen Arbeitsfront (DAF) und der NS-Reichsfachschaft Deutscher Werbeleute zu sein. »Meine schriftstellerischen Bemühungen«, schrieb er, »reichen schon einige Jahre zurück. Ernsthaft und in ausgebreitetem Umfang habe ich damit jedoch erst seit 1941 begonnen, eine Entwicklung, zu der das Kriegserlebnis wohl entscheidend beitrug... Auch eine wahrscheinlich bevorstehende Wieder-Einberufung und meine Absicht, nach dem Kriege ausschließlich schriftstellerisch tätig zu sein, veranlassen mich zur Stellung des beigefügten Antrags.« Am 24. Februar wurde er von dem »Erfordernis der Mitgliedschaft« befreit, weil seine »schriftstellerische Tätigkeit nur gelegentlicher Art oder geringfügigen Umfangs« sei.

Von seiner (jüdischen) Ehefrau Angelika ließ er sich am 6. März 1943 scheiden; beide hatten schon länger in Trennung gelebt. Anfang November 1943 wurde Andersch erneut eingezogen. Während eines Heimaturlaubs brachte er im Januar 1944 Erzählungen zur *Kölnischen Zeitung*, deren Feuilleton von dem Schriftsteller Otto Brües geleitet wurde. Gleichzeitig schickte er seine drei Arbeiten *Skizze zu einem jungen Mann*, *Ein Techniker* und *Sechzehnjähriger allein* unter dem Titel *Erinnerte Gestalten* an den Suhrkamp Verlag. Die Geschichte einer Fahrradtour, die zur Selbstfindung wurde,

Sechzehnjähriger allein, druckte die *Kölnische Zeitung* am 25. April 1944 ab, allerdings unter der geänderten Überschrift *Erste Ausfahrt*. Der Suhrkamp Verlag schickte ihm eine sehr freundlich gehaltene Absage, in der er aufgefordert wurde, »uns Ihre weiteren Arbeiten jederzeit vorzulegen«: »Sie geben in Ihrer Prosa eine Form, die sich im Grunde um den reinen Bericht mit Mitteln der Erzählung bemüht. Dadurch entsteht eine sehr klare und kühle Atmosphäre im einzelnen, der auch die Genauigkeit des Stils sehr glücklich entspricht.« Die Erzählung *Sechzehnjähriger allein* hätte der Verlag sogar in der *Neuen Rundschau* abgedruckt, wenn sie nicht schon veröffentlicht gewesen wäre. Andersch schickte die Abschrift dieses Briefs am 21. Mai 1944 an seine Mutter mit den Worten: »Ich freue mich sehr darüber, obwohl es eine Ablehnung ist.« (Die drei Erzählungen erschienen in Buchform erst nach dem Tod von Andersch unter dem ursprünglich vorgesehenen Titel *Erinnerte Gestalten*. Zürich 1986). Für Andersch begann danach wieder eine harte Soldatenzeit, die Anfang Juni 1944 in Italien mit der Desertion endete.

Stephan Reinhardt hat in seiner Andersch-Biografie die frühen Erzählungen einer kritischen Würdigung unterzogen und ist dabei auf manches »Zugeständnis an das Vokabular der Nazis« gestoßen: von Blut-und-Boden-Floskeln bis zur Heroisierung von Gemeinschaftserlebnis und Kameraderie im Schützengraben. Reinhardt sieht darin eine Anpassung an den Geist der Zeit, ohne daß Andersch eine Nähe zur NS-Literatur nachgesagt werden könnte.

Weitere Bücher:

Die Kirschen der Freiheit. Frankfurt am Main 1952. – Das Alfred Andersch Lesebuch. Zürich 1979. – Flucht in Etrurien. Zürich 1981. – »... einmal wirklich leben.« Ein Tagebuch in Briefen an Hedwig Andersch 1943 bis 1975. Hrsg. von Winfried Stephan. Zürich 1986.

Literatur:

Erhard Schütz: Alfred Andersch. München 1980. – Volker Wehdeking: Erste Ausfahrt. Überraschendes vom jungen Andersch. In: Neue Rundschau 4/1981. – Volker Wehdeking: Alfred Andersch. Stuttgart 1983. – Helmut Peitsch: Ästhetische Introversion und Nationalsozialismus. Die Erzähler Martin Raschke, Ernst Schnabel und Alfred Andersch. In: Jörg Thunecke (Hrsg.): Leid der Worte. Bonn 1987, S. 321–347. – Stephan Reinhardt: Alfred Andersch. Zürich 1990.

ANDRES, Stefan

**26. 6. 1906 Breitwies, †29. 6. 1970 Rom*

Als sechstes von neun Kindern einer moselländischen Müllersfamilie aufgewachsen, sollte Andres einem Gelöbnis seiner Eltern zufolge Priester werden. Zunächst wurde er auf eine jesuitische Klosterschule in Holland, dann zur Ausbildung in das Hospiz der Barmherzigen Brüder in Trier und schließlich in das Kapuzinerkloster in Krefeld geschickt, das er aber nach dem Noviziat wieder verließ, um 1928 ein Studium der Philologie in Köln aufzunehmen. Andres wurde Mitglied der ›Unitas‹, einer katholisch-deutschnationalen Verbindung. 1931 wechselte er an die Universität Jena, wo er die Medizinstudentin Dorothee Freudiger, die Tochter eines Holzfabrikanten aus dem Riesengebirge und seiner jüdischen Frau, kennenlernte. Am 28. September 1932 heirateten die beiden. Diese Ehe mit einer ›Halbjüdin‹ brachte Andres wiederholt in Konflikt mit dem NS-Regime: Nachdem er sich mehrmals geweigert hatte, für sich und seine Frau einen ›Ariernachweis‹ zu erbringen, verlor Andres 1935 seine Anstellung beim Reichssender Köln, die er 1933 angetreten hatte. Im selben Jahr zog er mit seiner Familie zunächst zu den Schwiegereltern nach Lomnitz, dann nach München, von wo aus er Artikel für das Feuilleton der *Frankfurter Zeitung* und der *Münchner Neuesten Nachrichten* verfaßte. Die Bedrohung bestand allerdings weiter: Seine Schwiegereltern wurden enteignet, Verwandte und Freunde inhaftiert. 1937 emigrierte die Familie Andres aus Deutschland in das italienische Positano am Golf von Salerno. Obwohl eine »Sondergenehmigung«, die das Propagandaministerium ›jüdisch versippten‹ Schriftstellern zur schriftstellerischen Betätigung ausstellen konnte, am 18. November 1940 gelöscht wurde, weil Andres sich dauerhaft in Italien aufhielt und im Ausland lebende Personen nicht Mitglied der Reichskulturkammer sein konnten (s. Barbian, 1993, S. 373), blieb es ihm noch bis 1943 möglich, in Deutschland Romane, Novellen und kurze Erzählungen zu veröffentlichen. Noch bis 1943 waren Texte von Andres in der *Frankfurter Zeitung*, der *Krakauer Zeitung* und dem *Völkischen Beobachter* zu lesen. Neuauflagen seiner Romane erschienen sogar bis 1944.

Von seiten der nationalsozialistischen Zensur war die ideologische Unzuverlässigkeit Andres' lange Zeit übersehen worden. Seine ersten drei Romane, *Bruder Lucifer* (Jena 1933), *Eberhard im Kontrapunkt* (Köln 1933) und *Die unsichtbare Mauer* (Jena 1934), sowie die *Moselländischen Novellen* (Leipzig 1937) wurden als Zeugnisse eines der völkisch-konservativen Ideologie verbundenen Heimatdichters gewertet. Der einflußreiche NS-Literaturkritiker Hellmuth Langenbucher fand 1937 in Andres' Romanen »wertvolle Gestaltungen bodenständigen Volkslebens«. Die beiden Künstlerromane *Bruder Lucifer* und *Eberhard im Kontrapunkt* galten der NS-Literaturgeschichtsschreibung als Zeugnisse eines Schriftstellers, der sich vom katholischen Glauben ab- und der Volksgemeinschaft zugewandt hatte. *Die Unsichtbare Mauer,* ein Roman über ein Moseldorf, das sich gegen den Bau einer Talsperre zur Wehr setzt, charakterisierte der NS-Literaturhistoriker Franz Lennartz 1938 als »erdnahen Moselroman ... in dem das Leben rheinischer Bauern, Winzer, Müller und Schiffer erzählt wird, durchglüht von Frohsinn und Schwere des Weins« (S. 4). Die Literaturkritik der Nationalsozialisten verkannte allerdings, daß Andres einer blinden Verklärung der Heimat ebenso kritisch gegenüberstand wie einem unbedingten Fortschrittsglauben. Thema seiner Romane war das Individuum, das sich zwischen Tradition und Moderne zu behaupten suchte.

Mit dem Jahr 1938 änderte sich allerdings die Einstellung der offiziellen Literaturpolitik Andres gegenüber. Hermann Pongs konstatierte bei dem Schriftsteller eine »Abkehr vom Politischen« und eine »Rückwendung zum Individuellen« Für den 1938/39 entstandenen Roman *Die Hochzeit der Feinde,* der im Ersten Weltkrieg angesiedelt ist und die Aussöhnung von Deutschen und Franzosen propagiert, erhielt Andres 1939 keine Druckerlaubnis. 1940 wurde er im Jahresbericht des Hauptlektorats ›Schöngeistiges Schrifttum‹ als Vertreter eines »geistigen und literarischen Zwischenreichs« sowie als »unerwünschter Autor« eingestuft.

Allerdings hatte Andres schon fünf Jahre zuvor begonnen, seine Gegnerschaft zum NS-Staat literarisch zu formulieren. Die Frage, wie das Individuum, insbesondere ein Künstler, sich gegenüber einem diktatorischen Regime verhalten sollte, war bereits Thema seiner Novelle *El Greco malt den Großinquisitor* (Leipzig 1936). Die Erzählung handelt von der Auseinandersetzung zwischen totalitärer Macht, verkörpert durch den Großinquisitor Nino de Guevara, und der Kunst in Person des Malers El Greco, der den Auftrag erhält, den Kardinal zu porträtieren. El Greco sucht den Ausweg aus seinem Gewissensdilemma in einer ›verdeckten Malweise‹: Er porträtiert den Tyrannen in einem blutroten Gewand und mit furchterregendem Gesicht. Die Novelle erschien noch bis 1944 – zuletzt sogar als Feldpostausgabe. Offenbar verstand die Zensur die Erzählung als antikatholischen Text und übersah, daß Andres' Kirchenkritik sich vor allem gegen den Machtmißbrauch der Inquisition wandte und auf *jedes* totalitäre Regime übertragbar war.

Die Technik der künstlerisch verschlüsselten Regimekritik findet sich in allen während der NS-Zeit entstandenen Romanen und Erzählungen Andres'. *Der Mann von Asteri* (Berlin 1939) enthält einen Exkurs über das antike Sparta als einem diktatorischen Sklavenstaat, der als Allegorie des ›Dritten Reichs‹ verstanden werden kann. Jedenfalls mußten die Herausgeber der *Frankfurter Zeitung* diese Bezüge gesehen haben, denn 1937, im Vorabdruck des Romans, fehlte diese Passage. Auch in der Novelle *Wir sind Utopia* (Berlin 1943), die kurz nach der Publikation von der Zensur verboten wurde, stellte Andres Bezüge zwischen einem historischen Geschehen und seiner eigenen Situation her: Der ehemalige Mönch Paco Hernandes fällt in die Hände republikanischer Truppen, könnte fliehen (Emigration) und/oder seinen Bewacher töten (Widerstand), entscheidet sich aber im Sinne der eigenen Schuldlosigkeit und Glaubensfestigkeit für den Märtyrertod und nimmt dafür sogar die Ermordung seiner Mitgefangenen in Kauf. Die Novelle ist eine Reflexion über das Dilemma eines ›Inneren Emigranten‹ und christlichen Humanisten, der seine moralische Integrität durch Passivität zu wahren versucht, damit aber zum Instrument von Verbrechern wird.

Daß Andres das Terror-Regime der Nationalsozialisten sehr wohl durchschaut hatte, zeigt seine Trilogie *Die Sintflut*: *Das Tier aus der Tiefe* (München 1949), *Die Arche* (München 1951), *Der graue Regenbogen* (München 1959). Die beiden ersten Teile entstanden noch vor Ende des Zweiten Weltkriegs in Positano und zeichnen das düstere Panorama eines Deutschland, das unter der totalitären Herrschaft einer Partei »NOSOKA« steht, in dem Minderheiten verfolgt, die Gesellschaft durch eine Geheimpolizei kontrolliert und Andersdenkende in »politische Führungslager« gesperrt werden. Aber wie Andres selbst reagieren auch seine Protagonisten auf die Erfahrung der Diktatur mit einem Rückzug in die Innenwelt des christlichen Glaubens. Als politisch engagierter Schriftsteller trat Andres, der 1949 nach Deutschland zurückkehrte, erst nach dem Krieg auf, als er sich öffentlich gegen die atomare Aufrüstung der Bundesrepublik und für eine Ost-West-Verständigung einsetzte.

Weitere Bücher:
Die Löwenkanzel. Köln 1933. – Vom heiligen Pfäfflein Domenico. Leipzig 1936. – Utz, der Nachfahr. Saarlautern 1936. – Das Grab des Neides. Berlin 1940. – Der gefrorene Dionysos. Berlin 1943. – Lieber Freund, lieber Denunziant. Briefe. München 1977.

Literatur:
Hermann Pongs: Rheinische Stammesseele in der Dichtung der Gegenwart. – In: Dichtung und Volkstum 39–1938, S. 85–127. – Wilhelm Große (Hrsg.): Stefan Andres. Ein Reader zu Person und Werk. Trier 1980. – Karl Bongardt: Stefan Andres. Berlin 1990. – Uwe Klein: Stefan Andres' innere Emigration in Deutschland und im »Exil«. Mainz 1991. – Michael Braun: Stefan Andres – Leben und Werk. Bonn 1997. – Ders. (Hrsg.): Stefan Andres: Zeitzeuge des 20. Jahrhunderts. Frankfurt am Main/Berlin/New York u. a. 1999.

BARTELS, Adolf

**15. 11. 1862 Wesselburen, † 7. 3. 1945 Weimar*

Der Sohn eines Schlossermeisters arbeitete nach dem Studium der Literatur, Geschichte, Kunstgeschichte und Philosophie in Leipzig und Berlin zunächst als Redakteur. Obwohl er keinen Abschluß besaß, wurde er 1905 vom Weimarer Großherzog zum Professor ernannt. Bartels galt als führender Vertreter der völkischen Heimatkunstbewegung. Bereits 1898 war sein Roman *Die Dithmarscher* (Kiel) erschienen, in dem er am Beispiel des Freiheitskampfs der Dithmarscher gegen die Dänen das Ideal einer wehrhaften, Blut und Boden gehorchenden Bauerngemeinschaft propagierte.

Obwohl er weitere Romane, Gedichte und Theaterstücke schrieb, trat er vor allem als Literaturhistoriker hervor, der einen radikalen Antisemitismus predigte und die Trennung in ›deutsche‹ und ›jüdische‹ Literatur forderte. So heißt es in seiner Aufsatzsammlung *Rasse und Volkstum* (Weimar 1920): »Die Juden bilden sich ein, den geistigen Besitz des deutschen Volkes zu verwalten, obwohl sie ihn nur jüdisch umwandeln und dadurch zerstören.« In weiteren Büchern, wie *Die deutsche Dichtung der Gegenwart* (Leipzig 1897), *Judentum und deutsche Literatur* (Berlin 1912), *Friedrich Hebbel und die Juden* (München 1922) oder *Jüdische Herkunft und Literaturwissenschaft* (Leipzig 1925), sprach sich Bartels für den Ausschluß der jüdischen Deutschen aus dem gesellschaftlichen und politischen Leben aus. Besonderen Einfluß gewann er mit seiner *Geschichte der deutschen Literatur* (2 Bde., Leipzig 1901/02; 3 Bde., Leipzig 1924–28). Sein aggressiv vorgetragener Antisemitismus fand auch in der Weimarer Republik zahlreiche Anhänger, nicht nur in den Reihen der NSDAP, für die er die Schrift *Der*

Nationalsozialismus, Deutschlands Rettung (Leipzig 1924) verfaßte. 1927 wurde er Ehrenbürger seiner Geburtsstadt Wesselburen. Mit der Machtübernahme der NSDAP häuften sich die Auszeichnungen: Professor an der Universität Jena und Ehrensold (1933), Adlerschild des Deutschen Reiches (1937), Ehrenbürgerschaft von Weimar (1937), Ehrendoktorwürde der Universität Leipzig (1938), Dietrich-Eckart-Preis (1941), Ehrenmitgliedschaft der NSDAP und Errichtung der Adolf-Bartels-Stiftung zur »Fortsetzung des wissenschaftlichen Werkes« (1942). Daß die Ehrungen aber nur dem Antisemiten und Nationalsozialisten Bartels galten, machte Waldemar Oehlke 1942 deutlich, als er in seinem Schriftstellerlexikon schrieb: »Nicht als Künstler und Literaturhistoriker besonders zu würdigen, da er im ersteren Fall nicht über den guten Durchschnitt hinausgekommen ist, im letzteren, ohne eigentliche Fachvorbildung, ganz subjektiv in der Ichform absolute Entscheidungen fällt – freilich immer ganz ehrlich, überhaupt persönlich unanfechtbar –, die oft Fehlurteile bis zur Entgleisung im Ausdruck sind, sondern als erster Vorkämpfer des Rasseprinzips in der deutschen Literatur, die er Jahrzehnte hindurch allein von jüdischen Elementen zu reinigen bestrebt war.«

Bartels starb zwei Monate vor Ende des Kriegs.

Nach 1945 wurde das Andenken an Bartels in Wesselburen und Dithmarschen weiter gepflegt: mit einer Gedenkstätte im Hebbel-Museum, mit einer Adolf-Bartels-Grundschule (deren Namen der Kultusminister schließlich verbot) und mit der seit 1922 nach ihm benannten Adolf-Bartels-Straße. Erst 1966, nach erheblichen öffentlichen Protesten, distanzierte sich die Stadt Wesselburen von dem judenfeindlichen Schriftsteller und Literaturhistoriker.

Bücher von Bartels wurden nach 1945 nicht neu aufgelegt.

Weitere Bücher:

Volk und Vaterland. Deutschvölkisches Dichterbuch. 2 Bde., Halle 1917. – Lessing und die Juden. Dresden 1918. – Weshalb ich Juden bekämpfe. Leipzig 1919. – Die Berechtigung des Antisemitismus. Eine Widerlegung der Schrift von Herrn Oppeln-Bronikowski ›Antisemitismus?‹. Leipzig 1921. – Heimatkultur, Heimatdichtung, Heimatkunst. Leipzig 1924. – Freimauerei und deutsche Literatur. München 1929. – Meine Lebensarbeit. Wesselburen 1932. – Johann Fehring, der Volksbetrüger. Leipzig 1935. – Editha. Eine Geschichte aus Dithmarschens Vergangenheit. Leipzig 1936. – Mit der Flut. Leipzig 1941.

Literatur:

Karl Otto Conrady: Vor Adolf Bartels wird gewarnt. Aus einem Kapitel mißverstandener Heimatliebe. In: Ders.: Literatur und Germanistik als Herausforderung. Frankfurt am Main 1974, S. 227–232 (zuerst in *DIE ZEIT* vom 18. Dezember 1964). – Steven Nyole Fuller: The Nazi's Grandfather. Adolf Bartels and Cultural Extremism 1871–1945. New York 1996. – Thomas Neumann: Völkisch-nationale Hebbelrezeption. Adolf Bartels und die Weimarer Nationalfestspiele. Bielefeld 1997.

BAUMANN, Hans

**22.4.1914 Amberg, † 7.11.1988 Murnau*

Der Sohn eines Berufssoldaten ließ sich zum Volksschullehrer ausbilden. Bei einer Exerzitienwoche mit einem katholischen Schülerbund im Jahre 1932 trug Baumann seine selbstgedichteten und -komponierten Lieder vor, darunter *Es zittern die morschen Knochen*. Der Jesuitenpater, der die Gruppe betreute, sorgte dafür, daß die Texte 1933 unter dem Titel *Macht keinen Lärm* im Münchner Kösel-Pustet Verlag erschienen. Für das nur 47seitige Bändchen warb der Verlag kurz nach Hitlers Machtübernahme mit einer Bauchbinde, auf der »das Erstlingswerk eines jungen Dichters des neuen Deutschland« angekündigt wurde. Baumanns Poesie sei »völlig verankert in Familie und Volk. Vaterländisches Empfinden und urwüchsige Heimatliebe sprechen aus diesen Versen.« Baumann selbst hatte als Verbeugung vor den neuen Machthabern sein Gedicht *1933* an den Schluß gesetzt:

> Was gestern war,
> ist heute schon gewesen,
> doch sei es uns
> und euch zur Lehre gut:
>
> Ihr habt uns überhäuft
> mit soviel Ketten,
> daß uns das Eisen
> wuchs in unser Blut.

Dem Volksschullehrer und Jungvolkführer im Bayerischen Wald gelang schon mit seinem ersten Bändchen der Durchbruch. Seine populären Lieder für die Hitlerjugend und später für die Soldatentornister symbolisierten die Verbundenheit der jungen Generation mit den Ideen des Nationalsozialismus, die sie in einfacher und eingängiger Sprache propagierten.

Baumann wurde 1935 zunächst Mitarbeiter in der Abteilung ›Laienspiele‹ der Reichsjugendführung und später dort Referent für auslandsdeutsche Kulturarbeit. 1941 erhielt er gemeinsam mit

→ Adolf Bartels den Dietrich-Eckart-Preis für sein Gesamtwerk, das neben Gedichten auch Erzählungen und historische Dramen umfaßte. Baumanns Texte wurden schon von der zeitgenössischen Kritik nicht wegen ihrer literarischen Qualität gelobt, sondern wegen der in ihnen ausgedrückten Haltung. Der soldatische Gehorsam, der Geist der Frontkameradschaft, das Lob des Bauerntums, die Freude an der Arbeit für das Volk, die Pflichterfüllung als Wert an sich, die Verherrlichung der Mutterschaft und nicht zuletzt der ehrenvoll erlebte Tod für das Vaterland sind die Themen von Baumann, der sich mit Liedern, Kantaten und Dramen als Dichter für alle Fälle und alle Anlässe empfahl. Einige seiner Lieder wurden so populär, daß sie die NS-Zeit fast unbeschadet überstanden: *Und die Morgenfrühe, das ist unsere Zeit; Im Wald ist schon der helle Tag; Es geht eine helle Flöte* oder *Hohe Nacht der klaren Sterne.* Am Zweiten Weltkrieg nahm Baumann als Offizier teil und verfaßte u.a. darüber seine von Rudolf Walter Leonhardt als »miserabel und indiskutabel« (DIE ZEIT vom 2. März 1962) bezeichneten »Briefgedichte« *Der Wandler Krieg* (Jena 1941).

1945 distanzierte sich Baumann vom Nationalsozialismus und wurde zu einem der meistgelesenen deutschen Kinderbuchautoren. Immer wieder versuchte er dabei, geschichtlicher Größe und dem Mißbrauch von Macht nachzuspüren. Mit durchaus zweifelhafteM Erfolg, wie der Kinderbuchforscher Winfried Kaminski 1993 feststellte: »Es scheint bei Baumann so zu sein, daß er – und zwar gegen seine eigene Intention – seine mit politisch-gesellschaftlicher Macht ausgestatteten Protagonisten (oder sollte man sagen ›Herrenmenschen‹?) vor dem Leser gleichsam entschuldigt und ihre Taten rechtfertigt, indem er andere Gruppen mit ›niederen‹ Interessen als die eigentlichen Drahtzieher und Täter ausmacht.« Zu einer publizistischen Kontroverse über Baumanns NS-Vergangenheit kam es 1962 nach der Uraufführung seines Stücks *Im Zeichen der Fische* am Jungen Theater Hamburg. Für dieses unter Pseudonym eingereichte Drama hatte ihm die Berliner Volksbühne 1959 den Gerhart-Hauptmann-Preis verleihen wollen, aber nach Bekanntwerden des eigentlichen Urhebers verzichtet (→ Einleitung). Als Kinderbuchautor war Baumann auch international erfolgreich.

Weitere Bücher:
Horch auf Kamerad. Potsdam 1936. – Wir zünden das Feuer. Jena 1938. – Kampf um die Karawanken. Jena 1938. – Morgen marschieren wir. Liederbuch der deutschen Soldaten. Potsdam 1939.

Literatur:
Marcel Reich-Ranicki: Der Fall Hans Baumann. In: Ders.: Literarisches Leben in Deutschland. München 1965, S. 63–69. – Winfried Kaminski: Heroische Innerlichkeit. Frankfurt am Main 1987. – Winfried Kaminski: Der Schatten der Vergangenheit in den Büchern von Hans Baumann. In: Klaus Doderer (Hrsg.): Zwischen Trümmern und Wohlstand. Literatur und Jugend 1945–1960. Weinheim/Basel 1988, S. 113–120.

BENN, Gottfried

**2. 5. 1886 Mansfeld, † 7. 7. 1956 Berlin*

Der Sohn eines protestantischen Pfarrers studierte auf Wunsch des Vaters zunächst zwei Semester lang Theologie und Philosophie in Marburg, danach zwei Semester Philologie in Berlin, um sich dann doch 1905, seinen eigenen Vorstellungen entsprechend, als Medizinstudent an der Berliner Kaiser-Wilhelms-Akademie für das militärärztliche Bildungswesen einzuschreiben. Nach seinem Examen arbeitete Benn als Militärarzt, nahm als Sanitätsarzt am Ersten Weltkrieg teil und ließ sich 1917 als Facharzt für Haut- und Geschlechtskrankheiten in Berlin nieder.

Bereits 1912 hatte Benn mit dem Gedichtzyklus *Morgue und andere Gedichte* (Berlin) für Aufsehen gesorgt. Die bürgerliche Literaturkritik zeigte sich schockiert von diesem sezierenden Blick auf die menschliche Kreatürlichkeit. Einige der Gedichte, so etwa *Mann und Frau gehen durch die Krebsbaracke,* sollten Benn noch 1936 wüste Beschimpfungen von seiten der NS-Literaturkritik einbringen. Zunächst aber etablierte sich Benn als expressionistischer Dichter, später als antihumanistischer Ästhetizist, der Forderungen nach einer gesellschaftlich engagierten Kunst strikt ablehnte.

Ende der zwanziger Jahre war Benn zu einer maßgebenden Figur der Berliner Literaturszene avanciert und wurde 1932 in die Sektion Dichtung der Preußischen Akademie der Künste gewählt. Er empfand diese Wahl als »außerordentliche Ehre« und spielte eine außerordentlich unehrenhafte Rolle bei der Gleichschaltung der Akademie: Sechzehn Tage nach der Machtübernahme der Nationalsozialisten, am 15. Februar 1933, wurde auf Druck des Kommissars für das preußische Kulturministerium, Bernhard Rust, der Vorsitzende der Sektion Dichtung, Heinrich Mann, zum Rücktritt gezwungen. Bis zum 7. Juni 1933 amtierte Benn als kommissarischer Leiter der Sektion. Für die Sitzung vom 13. März 1933 entwarf er eine Loyalitätserklärung, die den Mitgliedern zur Unterzeichnung vorgelegt wurde: »Sind Sie bereit unter Anerkennung der veränderten geschichtlichen Lage weiter Ihre Person der Preußischen Akademie der Künste zur Verfügung zu stellen? Eine Bejahung dieser Frage schließt die öffentliche politische Betätigung gegen die Reichsregierung aus und verpflichtet Sie zu einer loyalen Mitarbeit an den satzungsgemäß der Akademie zufallenden nationalen kulturellen Aufgaben im Sinne der veränderten geschichtlichen Lage« zitiert nach: (Barbian, S. 74f.). Damit wurde den Akademiemitgliedern ein Offenbarungseid abverlangt: Alfred Döblin, → Ricarda Huch, Thomas Mann und andere verweigerten die Unterschrift und schieden aus der Akademie aus.

Am 24. April 1933 hielt Benn in der ›Berliner Funkstunde‹ die Rundfunkrede *Der neue Staat und die Intellektuellen*, in der er von ebendiesen die bedingungslose Unterordnung unter das NS-Regime verlangte. Deutsche Schriftsteller im In- und Ausland nahmen Benns pronazistisches Engagement mit Erschrecken zur Kenntnis. Klaus Mann fragte Benn in einem Brief vom 9. Mai 1933, warum er nicht aus der Akademie ausgetreten sei, sondern sich mit einem barbarischen Regime solidarisiert habe, und warf ihm vor, »sich aus Antipathie gegen diese aufgeblasenen Flachköpfe in einen immer grimmigeren Irrationalismus« zu flüchten. Benn reagierte mit einer weiteren Ansprache im Radio. Am 24. Mai 1933 sendete die ›Funkstunde‹ seine *Antwort an die literarischen Emigranten*, in der er den Exilschriftstellern das Recht abspricht, die deutschen Ereignisse zu beurteilen, da sie sich dem deutschen Volke entfremdet hätten. Er, Benn, hingegen diene diesem Volk, weil er in ihm »eine der großartigste[n] Realisationen des Weltgeistes« und eine »letzte großartige Konzeption der weißen Rasse« sehe. Auch dem Eugenik-Programm der Nationalsozialisten redete Benn 1933 das Wort, zum Beispiel in dem unveröffentlichten Essay *Züchtung* (Juni 1933, nicht zu verwechseln mit dem 1940 entstandenen Essay gleichen Titels) oder in *Geist und Seele künftiger Geschlechter* (23. 9. 1933 in *Die Woche*). Hier sprach Benn begeistert von einer »Reinigung des Volkskörpers« und einer wünschenswerten »deutschen Züchtung«, um »einen neuen Hochtyp zu gestalten«, der »dann wohl auch das letzte Erbe und die letzte Größe der weißen Rasse sein« würde. Explizit antisemitische Formulierungen fanden sich in diesen Texten nicht. In seiner Autobiografie *Doppelleben* (Wiesbaden 1950) sollte Benn rückblickend darauf bestehen, daß ihm jeder antisemitische Gedanke stets fern gewesen sei. Die entsprechenden Passagen im Parteiprogramm der NSDAP habe er zwar gekannt, aber nicht ernst genommen.

Daß die Übereinstimmungen mit den neuen Machthabern geringer waren, als er anfänglich erhofft hatte, mußte Benn noch im Jahr 1933 erkennen. Eine für den Juli geplante Rundfunk-Lesung seiner Gedichte wurde abgesagt. Kurz darauf attackierte der nationalkonservative Schriftsteller → Börries von Münchhausen Benn. In seinem Aufsatz *Die neue Dichtung*, der im Herbst 1933 im *Almanach* des Reclam Verlags erschien, beschimpfte Münchhausen den Expressionismus als individualistische und unsittliche Literatur, die zu einem großen Teil von jüdischen Autoren verfaßt werde. Von Münchhausens Liste expressionistischer Dichter wurde von Benn angeführt. Dieser antwortete mit einem *Bekenntnis zum Expressionismus* (in: *Deutsche Zukunft* 4 vom 5.11.1933), worin er Picasso, Barlach, Nolde und andere ›entartete‹ Künstler verteidigte, indem er sie als ›Arier‹ darstellte, die sich mit ihrer neuen Formensprache gegen das bürgerliche Mittelmaß in der bildenden Kunst gestellt hätten. Gleichwohl gestand er ein, daß sich unter den Expressionisten »biologische Minusvarianten« und »moralisch Defekte, ja, kriminelle Vorfälle« befunden hätten, aber schließlich habe Kunst immer diesen anti-konventionellen Charakter gehabt: »Es gab doch wohl nie eine zivil und gepflegt entstandene Kunst.«

Dies blieben jedoch aussichtslose Rückzugsgefechte. Im Winter 1933 entzog der NS-Ärztebund Benn die Berechtigung, Atteste auszustellen. Im Mai 1934 denunzierte Münchhausen Benn abermals als »reinblütige[n] Juden«. Spätestens nach dem ›Röhm-Putsch‹ vom 30. Juni 1934 war Benn seinerseits vollends desillusioniert. In Briefen an seinen Freund Friedrich Wilhelm Oelze und → Ina Seidel sprach er von der »Tragödie« der politischen Entwicklung in Deutschland. Am 1. Januar 1935 kehrte Benn als Oberstabsarzt in die Armee zurück, »eine aristokratische Form der Emigrierung«, wie er am 18. November 1934 an Oelze schrieb.

Die letzte Publikation Benns während des ›Dritten Reichs‹ erschien zu seinem 50. Geburtstag am 2. Mai 1936: der Band *Ausgewählte Gedichte* mit Texten aus den Jahren 1911 bis 1936. Ein Redakteur der SS-Zeitung *Das schwarze Korps* attackierte fünf Tage später unter dem Titel *Der Selbsterreger!* die Gedichte als »Ferkeleien«, »widernatürliche Schweinereien« und »Geistesverblödung«. Im August befand die Parteiamtliche Prüfungskommission, seit 1934 für den Schutz des NS-Schrifttums zuständig, daß der Gedichtband »keinesfalls als ein irgendwie aufbauender Beitrag zum Schaffen der heutigen Zeit gewertet werden [kann]«, so daß »eine weitere Auslieferung des Buches in der vorliegenden Form nicht in

Betracht kommt.« Die eingeschaltete Gestapo wandte sich diesbezüglich an die Reichsschrifttumskammer, deren Präsident Hanns Johst Benn jedoch in Schutz nahm. Im November 1936 konnte eine zweite, allerdings um fünf Gedichte ›gesäuberte‹ Auflage der Anthologie erscheinen. 1937 erfolgte aber der nächste Angriff auf Benn: In dem einflußreichen Verlag J. F. Lehmanns erschien unter dem Titel *Säuberung des Kunsttempels. Eine kulturpolitische Kampfschrift zur Gesundung deutscher Kunst im Geiste nordischer Art* ein Buch des Malers Wolfgang Willrich, in dem dieser Benn als »Kulturbolschewist« und »Rasseschänder« beschimpfte. Damit war Benns Stellung im Sanitätsdienst der Wehrmacht akut gefährdet, zumal der Lehmanns Verlag ein von Hitler persönlich hoch geschätzter Verlag war. Wieder fand Benn Hilfe bei Johst, der diesmal seinen Freund Heinrich Himmler einschaltete. Himmler schrieb am 22. September 1937 einen Brief an Willrich, in dem er Benn bescheinigte, »sich seit dem Jahre 1933 und auch schon früher in nationaler Hinsicht absolut einwandfrei gehalten« zu haben. Es bestehe daher kein Grund, gegen Benn vorzugehen, und er habe seinen »gesamten Dienststellen verboten, sich in die Angelegenheit Benn irgendwie einzumischen« (zitiert nach: Wulf: *Literatur und Dichtung im Dritten Reich,* S. 144).

Hatte Benn diesen Angriff mit hochrangiger Unterstützung noch abwehren können, so war ein halbes Jahr später auch Johst keine Hilfe mehr. Am 18. März 1938 wurde Benn schriftlich der Ausschluß aus der Reichsschrifttumskammer mitgeteilt. Die »für die Ausübung der schriftstellerischen Tätigkeit erforderliche Eignung« wurde ihm abgesprochen und ihm bei Strafandrohung jede »weitere Berufsausübung innerhalb des Zuständigkeitsbereichs der Reichsschrifttumskammer« verboten (zitiert nach: Greve, S. 243). Eine erneute Intervention Johsts hatte keinen Erfolg. Immerhin konnte Benn in der Heeressanitätsinspektion bleiben, er wurde lediglich von der höheren Laufbahn ausgeschlossen.

Trotz des Schreibverbots setzte Benn seine literarische Arbeit fort. Während er zu Beginn des ›Dritten Reichs‹ ein entschiedener Verfechter der neuen Machthaber gewesen war, wetterte er jetzt ebenso kompromißlos gegen den NS-Staat. An seinen Freund Oelze schrieb er am 4. April 1937: »Ich betrachte ausnahmslos u. alles, was ich irgendwo aus deutschem Hirn gedruckt sehe, von vornherein für allerletzten Dreck. Was heute die Lizenz der Schriftleiter u. Lektoren passiert, muß Dreck sein ... Was nicht direkt ins KZ-Lager führt, ist albern.« In dem 1936 begonnenen Prosastück *Wein-*

haus Wolf (Wiesbaden 1949), in Gedichten wie *General* (1938) oder *Monolog* (1941) sowie den Essays *Kunst und Drittes Reich* (1941) oder *Zum Thema Geschichte* (1943) griff Benn die nationalsozialistischen Rassentheorien an und machte sich über Hitler, den deutschen Faschismus und dessen Kunstauffassung mit ätzendem Spott lustig: »Den Darm mit Rotz genährt, das Hirn mit Lügen – erwählte Völker Narren eines Clowns« (*Monolog*, ll. 1–2).

Auch die Kriegsführung der Wehrmacht attackierte er, arbeitete jedoch weiter als Oberstabsarzt in ihrem Dienst. Das für viele Schriftsteller der damaligen Zeit kennzeichnende Nebeneinander von kritischem Bewußtsein und politischer Ohnmacht suchte Benn durch eine Zwei-Reiche-Lehre metaphysisch zu sanktionieren: der bedingungslose Widerstand gegen den Nationalsozialismus im inneren Reich des Geistes (»Ausdruckswelt«) auf der einen Seite und die vollkommene Anpassung im äußeren Reich des Politischen und Alltäglichen (»geschichtliche Welt«) auf der anderen. Benn führte erst in Hannover und Berlin, dann von 1943 bis zum Ende des Kriegs in Landsberg ein – wie er es selbst nannte – »Doppelleben«. Im Grunde genommen war diese Haltung eine Umkehrung seiner zu Beginn der NS-Herrschaft vertretenen Einstellung: Hatte Benn damals die künstlerische Souveränität vorbehaltlos dem Staat untergeordnet, verzichtete er nun zugunsten einer absolut gesetzten Kunst auf jegliches politische Engagement: »Kunst ist kostbarer als das belanglose Schicksal von irgendeinem« (*Sämtliche Werke*, Bd. 5, S. 155).

Weitere Bücher:

Sämtliche Werke. Hrsg. v. Gerhard Schuster. Stuttgart 1986ff.

Literatur:

Bruno Hillebrand: Benn. Frankfurt am Main 1986. – Jürgen Schröder: Gottfried Benn und die Deutschen – Studien zu Werk, Person und Zeitgeschichte. Tübingen 1986. – Ludwig Greve: Gottfried Benn: 1886–1956. Marbach am Neckar 1987. – Hans Dieter Zimmermann: Die Ästhetisierung der Politik: Gottfried Benn. In: Ders.: Der Wahnsinn des Jahrhunderts – Die Verantwortung der Schriftsteller in der Politik. Köln 1992, S. 43–51. – Jürgen Schröder: »Wer über Deutschland reden und richten will, muss hier geblieben sein« – Gottfried Benn als Emigrant nach innen. In: Günther Rüther (Hrsg.): Literatur in der Diktatur: Schreiben im Nationalsozialismus und DDR-Sozialismus. Paderborn/München/Wien u. a. 1997, S. 131–144.

BERENS-TOTENOHL, Josefa
(eigentlich: Josefa Berens)
**30.3.1891 Grevenstein, † 6.6.1969 Meschede*
Die Tochter eines Schmieds wuchs auf dem Hof ihrer Großmutter auf und ließ sich zur Volksschullehrerin ausbilden. 1923 gab sie ihren Beruf auf, um Malerin zu werden. 1925 ließ sie sich in ihrer sauerländischen Heimat, dem ›Totenohl‹ an der Lenne, nieder. Wichtig wurde für sie die Begegnung mit dem Schriftsteller → Richard Euringer, einem frühen Mitglied der NSDAP. Sie gab die Malerei zugunsten der Literatur auf, und schon mit ihrem ersten Roman *Der Femhof* (Jena 1934), der im 14. Jahrhundert spielt, gelang ihr der Durchbruch. Darin beschwor sie das freie westfälische Bauerntum, dem der Hof mehr wert war als Menschenleben und Familienglück: »Der Hof muß stehen.« Der »Gehorsam gegen das Gesetz der Sippe« ist oberste Maxime. Wer dagegen verstößt, verfällt den Naturgesetzen und damit dem Tod. Daß *Der Femhof* der NS-Literaturkritik nicht nur als herausragendes Beispiel der Blut-und-Boden-Dichtung galt, sondern auch als Archetypus nationalsozialistischer Frauenliteratur, lag an den beiden Protagonisten. Dem starken Bauern steht eine mindestens ebenso starke (›männliche‹) Tochter gegenüber. Nachdem der Vater den Geliebten der Tochter der Feme überantwortet und selbst gerichtet hat, ist sie es, die den vom Ruin bedrohten Hof zusammen mit ihrem (unehelichen) Sohn zur neuen Blüte bringt. Wie in anderen NS-Romanen dieses Genres sind die, denen die Verwurzelung in der Scholle fehlt, die Bösen. Im *Femhof* ist dies vor allem ein ›Mischling‹ »an Blut und Heimat, an Sprache und Versprechen, an Denken und Tun«. Der fliegende Händler bringt überall Unglück, wo er erscheint. Zwar wird er nicht als Jude bezeichnet, aber in NS-Diktion so beschrieben. Daß der Roman von offizieller Seite besondere Förderung genoß und u.a. im März 1935 von der Reichsschrifttumskammer zum ›Buch des Monats‹ gewählt wurde, brachte auch den kommerziellen Erfolg. Josefa Berens-Totenohl ließ mit *Frau Magdalene* (Jena 1935) eine Fortsetzung folgen, in der der weitere Lebensweg der Heldin ihres ersten Romans ausführlich geschildert wurde (im *Femhof* war er nur angedeutet). 1936 erhielt sie dafür den Westfälischen Literaturpreis.

Auch in ihren folgenden Büchern waren es oft tragische Frauengestalten, die die Gesetze von Sippe und Hof erfüllten, auch wenn sie selbst dabei untergehen. Das nationalsozialistische Frauenbild beschwor Berens-Totenohl nicht nur in ihren Romanen und Gedichten (*Das schlafende Brot*. Jena 1936, *Einer Sippe Gesicht*. Jena 1941), sondern auch in theoretischen Texten wie dem Vortrag *Die Frau als Schöpferin und Erhalterin des Volkstums* (Jena 1938).

In den fünfziger Jahren wurden ihre Romane vor allem durch Buchklub-Ausgaben wieder weit verbreitet. Eine Distanz zu ihrem früheren Werk ließ Berens-Totenohl nicht erkennen. Im Gegenteil: Noch in ihren letzten Romanen und Novellen blieb sie der Blut-und-Boden-Metaphorik verhaftet.

Weitere Bücher:
Der Fels. Jena 1943. – Im Moor. Jena 1944.

Literatur:
Renate von Heydebrand: Literatur in der Provinz Westfalen. Münster 1983, S. 200ff. – Hannes Tuch: Menschen und Bäume. Leute im Femhof. Meschede 1983.

BERGENGRUEN, Werner
**16. 9. 1892 Riga,*
†4. 9. 1964 Baden-Baden

Der Sohn eines baltendeutschen Arztes besuchte das Gymnasium in Lübeck und studierte danach sieben Semester lang mehrere geisteswissenschaftliche Fächer in Marburg, München und Berlin. 1914 meldete er sich als Freiwilliger und blieb bis zum Ende des Ersten Weltkriegs Soldat. 1919 kämpfte er mit der Baltischen Landwehr gegen die Rote Armee. Danach leitete er bis 1922 die Zeitschrift *Ost-Information* und war ab 1925 Hauptschriftleiter der *Baltischen Blätter*. Ab 1927 lebte er als freier Schriftsteller in Berlin, danach in verschiedenen anderen Städten und zuletzt in Baden-Baden.

Bergengruen debütierte 1923 mit dem romantisch verklärten Studentenroman *Das Gesetz des Atum* (München), dem bald weitere Romane, Erzählungen und Übersetzungen folgten. Die an den großen Autoren des 19. Jahrhunderts geschulte Sprache und der spannungsreiche Aufbau seiner Geschichten machten ihn schon in der Weimarer Republik zu einem vielgelesenen Autor. Bergengruen war kein Neuerer, er verstand sich als Erzähler in der mündlichen Tradition, der sein christlich-humanistisches Weltbild in große Fabeln und Parabeln packte. Obwohl er deutsch-national dachte und sich zur militärischen Tradition bekannte, lehnte er den Nationalsozialismus entschieden ab. Zwar nahm er am Treffen der deutschen Kriegsdichter 1936 in Berlin teil und trug auch das Gelöbnis-Telegramm an Adolf Hitler mit (→ Einleitung), aber zu weiteren Konzessionen war er nicht bereit. Das hing auch damit zusammen, daß er mit einer ›Dreiviertel-Jüdin‹ verheiratet war. Nachdem die Leitung der Reichsschrifttumskammer davon im Februar 1937 erfahren hatte, wurde Bergengruen noch im selben Jahr ausgeschlossen, »da Sie nicht geeignet sind, durch schriftstellerische Veröffentlichungen am Aufbau der deutschen Kultur mitzuarbeiten« (zitiert nach Wulf: *Literatur und Dichtung im Dritten Reich,* S. 518). Er konnte von da an nur mit Sondergenehmigungen publizieren. Trotzdem war Bergengruen während der NS-Zeit ein außerordentlich erfolgreicher Autor. Er verfaßte weitere Kinderbücher aus seiner *Zwieselchen*-Reihe, beschrieb liebevoll seine Heimat in der *Deutschen Reise* (Berlin 1934) und brachte 1935 seinen lange vorbereiteten Roman *Der Großtyrann und das Gericht* (Hamburg) heraus, der von manchen Zeitgenossen als Widerstandsliteratur verstanden wurde. Bergengruen selbst hat zwar die Gleichsetzung des unumschränkt herrschenden Renaissancefürsten mit Hitler abgelehnt, aber manche Parallelen sind doch offenbar. Auch wenn der *Völkische Beobachter* das Buch als großen historischen »Führerroman« pries, erinnert die Grundkonzeption an Deutschland nach dem sogenannten ›Röhm-Putsch‹. Der Großtyrann selbst ist zum Mörder an einem Verräter geworden. Immer wieder drängen sich Vergleiche auf: wenn der Geheimdienstchef sich selbst und seine »Hunde« als verschworenen Orden bezeichnet, wenn das Bespitzelungssystem des Stadtstaats beschrieben wird, wenn sich der Großtyrann zum obersten Richter und Gesetzgeber erklärt oder wenn der Herrscher das Bad in der Menge sucht: »Denn er wurde vom einfachen Volke geliebt wie fast jeder Gewaltherrscher; indem nämlich die geringen Leute nicht die Frage stellen, ob er ihrem Lose eine Besserung gebracht habe, sondern sich freudig daran genügen lassen, daß jemand da ist, welcher den Herrenstand bedrückt.« Aber der versöhnliche Schluß mit der Läuterung des Großtyrannen verstärkt den Eindruck, daß Bergengruen trotz der aktuellen Bezüge keinen ernsthaften politischen Protest beabsichtigte. Das Buch wurde auch nicht verboten wie der Roman *Am Himmel wie auf Erden* (Hamburg 1940), der vordergründig eine Weltuntergangshysterie im Jahre 1524 zum Thema hat, aber, wie Hermann Kurzke bemerkte, am Schicksal der Wenden »entschieden Front gegen die nationalsozialistische Rassenpolitik« machte. Kurzke sieht in ihm »ein bedeutendes Zeugnis der inneren Emigration«. Ebenfalls politisch gedeutet werden konnten die Gedichte in Bergengruens 1937 anonym erschienenem Band *Der ewige Kaiser* (Graz), die in Abschriften von Hand zu Hand gegangen sein sollen. In ihnen wurden ebenfalls Schuld und Untergang thematisiert. Daneben schrieb Bergengruen weitere historische Romane, die er in seinen *Schreibtischerinnerungen* (Zürich 1961) so charakterisierte: »Auch diejenigen unter meinen im verruchten Jahrzwölft entstandenen Novellen, in denen scheinbar nichts vom grauenvollen Geschehen der Zeit berührt wurde, verleugneten ihre Entstehungsjahre nicht; und sei es auch nur dadurch, daß ein Gegenbild aufzurichten versucht wurde, an dem diese Aera zu messen war.« Wie Bergengruen von offizieller Seite gesehen wurde, dokumentiert eine Beurteilung durch den NSDAP-Ortsgruppenleiter München-Solln vom 14. Juni 1940, die das für die Überwachung des Schrifttums zuständige Hauptreferat im Propagandaministerium veranlaßt hatte. Darin heißt es: »Bergengruen dürfte politisch nicht zuverlässig sein. Wenn er auch wenn dazu Anlass besteht an seinem Fenster die Hakenkreuzfahne zeigt, oder bei Sammlungen immer und gerne gibt, so gibt seine sonstige Haltung trotzdem Anlaß ihn als politisch unzuverlässig anzusehen. Weder er noch seine Frau und Kinder sind Mitglied einer Gliederung. Der deutsche Gruss ›Heil Hitler‹ wird weder von ihm noch von seiner Familie angewendet, auch wenn er ab u. zu die Hand ein wenig erhebt. Eine NS-Presse bezieht er soweit bekannt ebenfalls nicht. Diese seine Einstellung dürfte wahrscheinlich darin zu suchen sein, weil er über seine Frau vermutlich jüdisch versippt ist.« Der Ortsgruppenleiter führte weiter an, daß er in einem Haus verkehre, »dessen Besitzers-Ehefrau Volljüdin« sei und daß Bergengruen seine Tochter eine Schule in München habe besuchen lassen, »de[r]en Schüler meist Juden-Mischlinge waren«. Auch sei er »konfessionell stark gebunden«. (Bergengruen war 1936 zum Katholizismus übergetreten.) Das Gaupersonalamt München-Oberbayern destillierte aus diesen Beobachtungen das Gesamturteil: »Der Genannte ist nicht Mitglied der NSDAP oder einer ihrer Gliederungen, wie er auch keinerlei Betätigung ausübt. Aufgrund seines Gesamtverhaltens kann von ihm höchstenfalls legales Verhalten erwartet werden« (Brief vom 13. Juli 1940). Trotz dieser negativen Beurteilung durfte Bergengruen weiterhin publizieren. Vom aktiven politischen Widerstand hielt er sich fern. »Attentate wirken nur auf der Bühne«, notierte er 1942. »Man kann lange suchen, ehe man ein geschichtliches Beispiel dafür findet, daß Herrschaftsformen durch Attentate geändert werden können. Brutus hat umsonst zugestoßen« (*Compendium Bergengruenianum*, Teil I).

Nach 1945 bis zu seinem Tod war Bergengruen einer der bekanntesten und erfolgreichsten Autoren der Bundesrepublik. Er wurde immer dann zitiert, wenn es darum ging, den Begriff ›Innere Emigration‹ näher zu bestimmen. Obwohl nach seinem Tod das Interesse an seinem Werk deutlich nachließ, sind seine Bücher bis heute lieferbar.

Weitere Bücher:

Der Teufel im Winterpalais und andere Erzählungen. Leipzig 1933. – Die Schnur um den Hals. Berlin 1935. – Die drei Falken. Dresden 1937. – Der Starost. Hamburg 1938. – Der Tod von Reval. Hamburg 1939. – E. T. A. Hoffmann. Stuttgart 1939. – Der spanische Rosenstock. Tübingen 1941. – Das Hornunger Heimweh. Leipzig 1942. – Schatzgräbergeschichte. Gütersloh 1942. – Dichtergehäuse. Zürich 1966. – Compendium Bergengruenianum. Aus den Aufzeichnungen 1940–1945. In: Internationale katholische Zeitschrift ›Cummunio‹. Teil I: 21 (1992), S. 540–544; Teil II: 22 (1993), S. 91–96.

Literatur:

Hans Bänziger. Werner Bergengruen. Weg und Werk. Bern/München 1950, [4]1983. – Carl Jacob Burckhardt: Über Werner Bergengruen. Zürich 1968. – Albert J. Hofstetter: Werner Bergengruen im Dritten Reich. Luzern (Diss.) 1970. – Benno von Wiese: Gegen Hitler in uns selbst. Über Werner Bergengruen: Der Großtyrann und das Gericht (1935). In: Marcel Reich-Ranicki: Romane von gestern – heute gelesen. Band 3: 1933–1945. Frankfurt am Main 1990, S. 61–68. – Hermann Kurzke: Heidnisches Urgestein. Über Werner Bergengruen: Am Himmel wie auf Erden (1940). In: Ebenda, S. 246–251. – Hans Bänziger: Bergengruen heute. In: Schweizer Monatshefte 72 (1992), S. 833–841. – Werner Bergengruen 1892–1964. Baden-Baden (Ausstellungskatalog) 1992. – Luise Hackelsberger: Werner Bergengruen. In: Joël Pottier in Zusammenarbeit mit Peter André Bloch (Hrsg.): Christen im Widerstand gegen das Dritte Reich. Sachsenheim [2]1995, S. 311–320. – Frank-Lothar Kroll (Hrsg.): Wort und Dichtung als Zufluchtsstätte in schwerer Zeit. Berlin 1996. – Joël Pottier: Der Widerstand der deutschen christlichen Dichter gegen den Nationalsozialismus am Beispiel Gertrud le Forts und Werner Bergengruens. In: »... aus einer chaotischen Gegenwart hinaus ...« Gedenkschrift für Hermann Kunisch. Paderborn 1996, S. 151–182.

BEUMELBURG, Werner

**19.2.1899 Traben-Trarbach, † 9.3.1963 Würzburg*

Der Sohn eines Superintendenten machte 1916 das Notabitur und kam nach kurzer Ausbildung als Offiziersanwärter an die Westfront. Er kämpfte vor Verdun und wurde mehrfach ausgezeichnet, u.a. mit dem Eisernen Kreuz I. und II. Klasse. Nach dem Krieg studierte er in Köln Staatswissenschaften. 1921 ging er nach Berlin, wo er als Schriftleiter für die *Deutsche Soldatenzeitung* und später für die *Deutsche Allgemeine Zeitung* arbeitete.

Nach zwei Jahren bei den *Düsseldorfer Nachrichten* entschied er 1926, freier Schriftsteller zu werden. Grund dafür war der Erfolg seiner ersten Kriegsbücher, die er im Rahmen einer im Auftrag des Reichsarchivs herausgegebenen Reihe (*Die Schlachten des Weltkriegs*) verfaßt hatte. In *Douaumont* (Berlin 1923), *Ypern 1914* (Berlin 1925), *Loretto* (Berlin 1927) und *Flandern 1917* (Berlin 1928) versuchte Beumelburg eine Mischung aus Dokumentation und Fiktion, die er später in seinen Kriegsromanen zugunsten der nur-literarischen Bearbeitung aufgab. Schon in diesen Bänden machte er deutlich, was ihm an der Thematik besonders wichtig war. So heißt es in der Einleitung zu *Ypern 1914*: »Der deutschen Jugend ist dies Buch geschrieben, damit sie derer gedenke, die ... bereitwillig ihre jungen Leiber als heilige Einsaat für die Zukunft des Reiches hingaben.« In »der bittersten Schmach«, die, so Beumelburg, Deutschland nach dem Ersten Weltkrieg erleben mußte, wollte er auf die Verpflichtung hinweisen, die seiner Meinung nach alle Deutschen den toten Soldaten schuldeten: Deutschland in seiner alten Größe wiedererstehen zu lassen. Besonders in seinen beiden frühen Kriegsromanen *Sperrfeuer um Deutschland* (Oldenburg 1929) und *Gruppe Bosemüller* (Oldenburg 1930) reklamierte Beumelburg die politische Verantwortung für die von einem starken (militärischen) Führer geeinte Frontgeneration. Beumelburg schrieb für den ›Stahlhelm‹, den Bund der Frontsoldaten, Artikel und sympathisierte mit den Parteien, die für einen starken, autoritären Staat eintraten. Daß seine beiden ersten Kriegsromane aus nationalistischer, zutiefst antidemokratischer Sicht geschrieben sind, steht außer Zweifel. Trotzdem sah Beumelburg nicht wie andere rechtsstehende Autoren seiner Zeit in gegnerischen Soldaten nur wilde Tiere und mordende Bestien sah. Ausdrücklich lobte er zum Beispiel die Tapferkeit und die Anständigkeit von Franzosen, Rumänen und Engländern. Dessen ungeachtet verherrlichte er den Tod im Schützengraben als Opfer für das von ihm erwartete ›neue‹ Deutschland, auf das er mit seiner Literatur hinarbeiten wollte. Regelrecht rassistische Töne schlug er in seiner Propagandaschrift *Deutschland in Ketten* (Oldenburg 1931) an, die die Weimarer Republik als entmündigten Sklavenstaat denunziert.

Obwohl Beumelburg in Hitler zunächst nicht den ersehnten Führer gesehen hatte, stellte er sich sofort nach dessen Machtübernahme in den Dienst der Nationalsozialisten und veröffentlichte noch 1933 mit *Deutschland erwacht. Deutsches Wort, deutscher Geist, deutsche Tat* (Leipzig) eine Hymne auf die neuen Machthaber aus Anlaß des ›Tages von Potsdam‹. Die Suche nach dem mächtigen Reichseiner, die er auch immer wieder in seinen historischen Romanen thematisierte, war damit für ihn abgeschlossen: Hitler stellte seiner Meinung nach den legitimen Erben der deutschen Kaiser und Bismarcks dar. Wofür seine Kriegskameraden gestorben waren, das hatte Hitler nun geschaffen. Beumelburg wurde zum willigen Propagandisten, der mit *Das eherne Gesetz* (Oldenburg 1934) seinem Roman *Gruppe Bosemüller* eine Fortsetzung folgen ließ, jetzt ganz auf den künftigen, ›kommenden‹ nationalsozialistischen Staat gerichtet. Er schrieb über den Reichsarbeitsdienst (*Arbeit ist Zukunft.* Oldenburg 1933), den ›Anschluß‹ Österreichs (*Österreich und das Reich der Deutschen.* Berlin 1938) und im Auftrag des Reichsluftfahrtministeriums über den Einsatz der Legion Condor im Spanischen Bürgerkrieg (*Kampf um Spanien.* Oldenburg 1939). In *Von 1914 bis 1939. Sinn und Erfüllung des Weltkriegs* (Leipzig 1939) feierte er den Nationalsozialismus als »Auferstehung der Masse im Geist des Weltkriegssoldatentums«. Als zuverlässiger Parteigänger, der nie der NSDAP angehörte, zog der »›sympathische‹ Nationalsozialist« (Oskar Loerke) in die gleichgeschaltete Dichterakademie als Schriftführer (Geschäftsführer) ein und übernahm damit eine Schlüsselstellung. 1936 erhielt Beumelburg den Literaturpreis der Stadt Berlin, ein Jahr später den Kunstpreis der Deutschen Westmark. Als Luftwaffenoffizier führte er ab 1942 das Kriegstagebuch für Göring. Es sollte eine umfassende Darstellung des Kriegs werden. Beumelburg war dafür mit einem Flugzeug und vielerlei Vollmachten ausgestattet worden. Ob er sich dabei, enttäuscht von den militärischen Leistungen Hitlers, vom NS-Staat distanzierte, wie er nach 1945 behauptete, ist aber nicht eindeutig belegt.

Seine Chronik des Zweiten Weltkriegs erschien erst 1952 unter dem Titel *Jahre ohne Gnade* (Oldenburg). Obwohl Beumelburg darin auch die deutschen Verbrechen benannte, was für die frühe Nachkriegszeit sehr ungewöhnlich war, blieb er politisch diskreditiert. Immer weniger Leser fanden sich für seine neuen Romane. 1958 erschien sein letztes Buch. In der germanistischen Forschung gilt Beumelburgs *Gruppe Bosemüller* heute als markantestes Beispiel eines deutsch-national geprägten Frontromans, wobei die Beurteilungen der künstlerischen Qualität und der politischen Intention durchaus voneinander abweichen können. Stefan Busch sieht in ihm den »relativ besten unter den einschlägigen Romanen«. Werner Mittenzwei erkennt gar, daß Beumelburg »von der Neuen Sachlichkeit entscheidende, sein Talent prägende Impulse« erhalten habe und von den Nationalsozialisten als Pendant zu Erich Maria Remarques *Im Westen nichts Neues* vereinnahmt worden sei.

Weitere Bücher:

Bismarck gründet das Reich. Oldenburg 1932. – Friedrich II. von Hohenstaufen. Oldenburg/Berlin 1934. – Kaiser und Herzog. Oldenburg 1936. – Reich und Rom. Oldenburg 1937. – Der König und die Kaiserin. Friedrich der Große und Maria Theresia. Oldenburg/Berlin 1938.

Literatur:

Oskar Loerke: Tagebücher. Heidelberg/Darmstadt 1955. – Michael Gollbach: Werner Beumelburg. Die Gruppe Bosemüller. In: Ders.: Die Wiederkehr des Weltkrieges in der Literatur. Kronberg 1978, S. 167–184. – Werner Mittenzwei: Der Untergang einer Akademie oder Die Mentalität des ewigen Deutschen. Berlin/Weimar 1992. – Stefan Busch: »Und gestern, da hörte uns Deutschland«. NS-Autoren in der Bundesrepublik. Würzburg 1998.

BILLINGER, Richard
**20. 7. 1890 St. Marienkirchen bei Schärding, † 7. 6. 1965 Linz*

Der Sohn eines Bauern und Kaufmanns aus dem oberösterreichischen Innviertel studierte in Innsbruck, Kiel und Wien Germanistik sowie Philosophie. Obwohl von seinem Vater für einen geistlichen Beruf bestimmt, wandte sich Billinger unter dem Einfluß von Max Mell und Hugo von Hofmannsthal der Literatur zu. 1923 erschien bei Ernst Rowohlt sein erster Gedichtband *Über die Äcker* (Berlin), für den er ein Jahr später den Dichterpreis der Stadt Wien erhielt. Der künstlerische Durchbruch gelang ihm aber nicht mit seiner Lyrik, sondern mit Bauerndramen, die er in seiner Heimat ansiedelte. Sein *Perchtenspiel* (Leipzig 1928, ab 1931 *Reise nach dem Ursprung*) über die Untreue eines Bauern und die schreckliche Rache seiner Frau brachte Max Reinhardt 1928 bei den Salzburger Festspielen zur Uraufführung. Einen sensationellen Erfolg erzielte Billinger mit seinem zwischen religiösem Wahn und tiefverwurzeltem Heidentum oszillierenden Drama *Rauhnacht*. Billinger schildert darin die archaischen Rituale und Phantasien in einem Dorf, die schließlich in einen Mord münden. Das bühnenwirksame Stück, das der allgemeinen Suche nach neuen, unverbrauchten und den Skandal herausfordernden Texten sehr entgegenkam, wurde am 10. Oktober 1931 am Münchner Schauspielhaus von Otto Falckenberg uraufgeführt und wenig später von Jürgen Fehling am Staatlichen Schauspielhaus in Berlin inszeniert.

Die Kritik feierte Billinger als »Volksdichter« und »Naturtalent«, der Bauernspiele und Bauernlyrik neu belebe. Herbert Ihering, selbst aufs höchste positiv gestimmt, wunderte sich dennoch: »Was bei jedem anderen Dichter von den Literaturzensoren als Perversität, als Asphaltphantasie, als krankhafte Exaltation abgelehnt worden wäre, heißt bei ihm: Urkraft, Gesundheit, Volkstümlichkeit« (*Berliner Börsen-Courier* vom 18. Dezember 1931). Für *Rauhnacht* wurde Billinger der halbe Kleist-Preis verliehen. Der Schriftsteller hatte sich festgelegt: Die Welt der Bauern und der Dörfler blieb, bis auf wenige Ausnahmen, sein Thema. Diese Welt kontrastierte er immer wieder mit hochdeutsch sprechenden, ›modernen‹ Fremden, die das Recht des Bodens, der Herkunft und der

Tradition mißachteten. So zum Beispiel in *Rosse* (UA Berlin 1933), wo der die Ursprünglichkeit verkörpernde Pferdeknecht im Konflikt mit dem für alles Neue aufgeschlossenen Großbauern den Freitod wählt, oder in der Komödie *Stille Gäste* (UA Leipzig 1933), wo der ›Dekadenz‹ eines aus der Stadt kommenden Liebespaares die, wie es in einer Billinger-Festschrift von 1953 heißt, »stille, doch urgesunde Welt der Dörfler« gegenübergestellt wird. In *Der Gigant* (UA 1937 Berlin) ist die Konstellation ähnlich: Die Tochter eines Gutsbesitzers sucht ihr Glück in Prag, woher ihre Mutter stammte, kehrt aber bald tief enttäuscht und geschwängert zurück. Wie ihre Mutter ertränkt sie sich in dem von Billinger mythisch verklärten Moor und sühnt damit, daß sie sich von ihrer Natur, ihrem Ursprung entfernt hatte. Das Stück wurde 1942 von Veit Harlan unter dem Titel *Die goldene Stadt* verfilmt und war für die SS ein Musterbeispiel, »wie deutsches Bauernblut durch tschechischen Einfluß zugrunde geht und wie es einem tschechischen Lümmel gelingt, ein durch das Vaterblut immerhin deutsches Bauernmädchen zu vernichten« (Brief des Höheren SS- und Polizeiführers Serbien vom 11. November 1942 an Himmler nach der Premiere in Belgrad, zitiert nach Joseph Wulf: *Theater und Film im Dritten Reich.* Tb-Ausgabe. Frankfurt am Main/Berlin/Wien 1983, S. 351). In seinem Roman *Das verschenkte Leben* (Berlin 1937) ist es ein Zigeuner, der das Böse verkörpert und einen nach Hause zurückgekehrten Zirkusreiter ins Unglück stürzt. Billingers Gespür für existentielle Dramatik machte sich die NS-Filmindustrie mehrfach zunutze. So schrieb er weitere Drehbücher für die Filme *Tiefland* von Leni Riefenstahl und *Der verlorene Sohn* von Luis Trenker sowie für den »staatspolitisch besonders wertvollen« Streifen *Wen die Götter lieben.* Billinger, der sich dem NS-Staat andiente und auch Hitler ein Gedicht widmete, ließ sich von der nationalsozialistischen Literaturkritik als Schriftsteller feiern, für den der Bauer »die ursprüngliche Gestalt des Menschen, der Mensch an sich und schlechthin« (Josef Nadler) war. 1941 erhielt er den Raimund-Preis der Stadt Wien und 1943 den Literaturpreis der Stadt München.

Nach 1945 konnte Billinger nicht mehr an seine früheren Erfolge anknüpfen, obwohl er noch vielfach ausgezeichnet wurde, u. a. mit dem Grillparzer-Preis der Österreichischen Akademie der Wissenschaften (1962) und mit der Mitgliedschaft in der Bayerischen Akademie der Schönen Künste (1961). Schon 1954 hatte er eine monatliche Ehrengabe auf Lebenszeit des oberösterreichischen Landtags erhalten.

Weitere Bücher:
Gesammelte Werke. 12 Bde., Linz 1955–60. – Nachlaß. 6 Bde., Linz 1972–82.

Literatur:
Richard-Billinger-Gedächtnisausstellung im Augustinerchorherrenstift Reichersberg. Linz 1975. – Edith Rabenstein: Dichtung zwischen Tradition und Moderne: Richard Billinger. Frankfurt am Main/Bern/New York 1988. – Richard Billinger: 1890–1965. Schärding/Passau 1990. – Heinz Gerstinger: Richard Billinger zum 100. Geburtstag. In: Vierteljahresschrift des Adalbert-Stifter-Instituts des Landes Oberösterreich 39 (1990), S. 87–104. – Karl Müller: Probleme männlicher Identität bei Richard Billinger. Homosexualität und Literatur während der NS-Zeit. In: Uwe Baur u. a. (Hrsg.): Macht Literatur Krieg. Österreichische Literatur im Nationalsozialismus. Wien/Köln/Weimar 1998, S. 246–273.

BINDING, Rudolf Georg

**13. 8. 1867 Basel, †4. 8. 1938 Starnberg*

Der Sohn des bekannten Strafrechtlers Karl Binding studierte in Tübingen und Leipzig Jura bis zum Referendarexamen und danach Medizin in Berlin, allerdings ohne Abschluß. Schon als Einjährig-Freiwilliger bei einem Husarenregiment in Kassel hatte er seine Liebe zu Pferden entdeckt. Er war ein hervorragender Rennreiter, Züchter und Händler. Bei einer Genesungsreise 1907 nach Italien erkannte er die Bedeutung von Literatur für sich und arbeitete von da an als Übersetzer und Schriftsteller. Sein erster eigenständiger (Novellen-)Band, *Legenden der Zeit*, erschien 1909 in Leipzig. Am Ersten Weltkrieg nahm er als Rittmeister und Ordonnanzoffizier einer Infanteriedivision teil. Seit 1910 lebte er im südhessischen Buchschlag, wo er auch zeitweilig das Amt des Bürgermeisters versah. 1935 siedelte er nach Starnberg über.

Es ist heute schwer zu verstehen, warum der Ehrendoktor der Frankfurter Universität (1927) und Träger der Goethemedaille (1932) zu seinen Lebzeiten eine solche Anerkennung als ›Dichter‹ genoß. Binding pflegte eine umständlich und gekünstelt wirkende Sprache, die jedoch von der zeitgenössischen Kritik und von seinen Lesern als klassisch und formvollendet geschätzt wurde. Besonders erfolgreich war er mit seinen Novellen *Opfergang* (Leipzig 1912), *Reitvorschrift für eine Geliebte* (Chemnitz 1924) und *Moselfahrt aus Liebeskummer* (Frankfurt am Main 1932).

Als konservativer Mensch, der geistig noch in der Ära des Wilhelminismus lebte, hatte Binding den Ersten Weltkrieg euphorisch begrüßt und später die Demokratie der Weimarer Republik abgelehnt. Im Nationalsozialismus sah er eine Möglichkeit, Deutschlands ›alte Größe‹ wiederherzustellen. Sein Verhältnis zu Hitler und zur NSDAP blieb aber von der NS-Machtübernahme bis zu seinem Tod auf seltsame Weise indifferent. So protestierte er schriftlich im Oktober 1933 dagegen, daß sein Name unter dem Treuegelöbnis für Hitler stand. Kurze Zeit später schlug er Robert Musil für einen Literaturpreis vor, entschuldigte sich aber dann beim Preußischen Ministerium für Wissenschaft, Kunst und Volksbildung dafür, weil bei ihm »der Gedanke gar nicht aufkam, er könne Jude sein« (Brief vom 29.11.1933). Wie der von Ludwig Friedrich Barthel herausgegebene Band mit seinen Briefen (*Die Briefe*, Hamburg 1957) eindrücklich dokumentiert, verhielt sich Binding in den ersten Jahren der NS-Diktatur in hohem Maß opportunistisch. Er bedauerte Alfred Mombert gegenüber die ›Säuberung‹ der Preußischen Dichterakademie, ließ sich aber 1934 zum Vizepräsidenten der Nachfolgeorganisation, der Deutschen Dichterakademie, machen. Er griff Thomas Mann in einem Brief an, weil sich der Literaturnobelpreisträger öffentlich gegen das nationalsozialistische Deutschland gewandt hatte, und versuchte fast gleichzeitig Mombert zu trösten: »Sind es nicht Haken-Kreuzzüge, die wir erleben? Gleicher Fanatismus, gleiche Blindheit, gleiche Rechtfertigung aus einer ›Führung‹...« (Brief vom 13.5.1933). 1935 stellte er dann bei Innenminister Frick den Antrag, Thomas Mann zu dessen 60. Geburtstag zu ehren. Er versicherte Heinrich Simon von der *Frankfurter Zeitung*, »sich in der Judenfrage« nicht schlecht benommen zu haben (Brief vom 11.2.1934), um wieder in dem Blatt schreiben zu dürfen, distanzierte sich aber Baldur von Schirach gegenüber von Äußerungen ebendieser Zeitung, aus der er sich wenig mache (Brief vom 2.7.1937). Kurz vor seinem Tod bat er die Zeitschrift *Das Schwarze Korps* um eine Richtigstellung und verband diese Bitte mit einem hohen Lob für die publizistische Speerspitze der SS: »Ich möchte es einmal aussprechen, daß wir bei der unerhörten Wichtigkeit der Haltung, die Sie in Ihrem Blatt vertreten und einnehmen – und diese Wichtigkeit ist sicher noch größer, als das Gewicht Ihrer Zeitung in der öffentlichen Meinung hat, obgleich diese schon sehr groß ist, – gar nichts anderes zu wünschen vermögen, als daß Ihrem Blatt eine durchgehende und die höchste Achtung zuteil wird« (Brief vom 17. 1. 1939). Die Gespaltenheit Bindings wurde schon 1933 in seiner

Rudolf G. Bindings »Antwort eines Deutschen an die Welt«

Antwort auf einen offenen Brief Romain Rollands deutlich. Der französische Schriftsteller hatte die Vorgänge in Deutschland in der *Kölnischen Zeitung* gegeißelt (Brief vom 14.5.1933, abgedruckt am 21.5.1933), und Binding, obschon kein überzeugter Nationalsozialist, verfaßte daraufhin eine breit angelegte Verteidigung des beginnenden nationalsozialistischen Terrors:

»Wir leugnen nicht ›die eigenen Erklärungen, die Aufreizungen zu Gewalt‹ (wie Sie es verstehen), ›die Verkündungen des Rassismus (racisme), der andere Rassen, wie die Juden, verletzen muß; die Autodafés der Gedanken, die kindlichen Scheiterhaufen von Büchern, die Eindrängung‹ (wie Sie meinen) ›der Politik in die Akademien und Universitäten‹ – wir leugnen nicht Auswanderungen und Verfemungen. Aber alles das, so furchtbar es aussehn und so entscheidend es den Einzelnen oder viele treffen mag, sind *Randerscheinungen*, die – wenn sie noch so einschneidend wären – die eigentliche Souveränität, den Kern, die *Wahrheit* des Geschehens gar nicht mehr anrühren.« Für das ›neue‹ Deutschland forderte er eine »Religion der Wehrhaftigkeit«: »Das würde uns selbst und der Welt, die unserer Religion anhängen würde, eine so ungeheure Kraft geben auf tausende von Jahren ... daß keine Nation, auch kein Zusammenschluß von Nationen uns gewachsen wäre« (*Antwort eines Deutschen an die Welt*. Frankfurt am Main 1933).

Binding merkte bald, daß der nationalsozialistische Staat seine Hoffnungen nicht erfüllen würde, blieb aber weiter politisch unentschieden. Ende Oktober 1937 notierte → Marie Luise Kaschnitz in ihr Tagebuch: »Obwohl nicht nur Geltungsbedürfnis, sondern auch ein Verantwortungsgefühl ihn dabei bestimmen, hat man einen peinlichen Eindruck, da er einen Kompromiß nach dem andern machen muß... So kommt er in die schiefe, gar nicht mehr zu ertragende Situation der Leute, die es mit niemandem verderben wollen.«

Dagegen distanzierte sich die NS-Kulturbürokratie mehr und mehr von Binding. »Daß bei der Totenfeier das offizielle Deutschland nicht vertreten war, ehrt ihn«, schreibt Ernst Loewy in seiner Bestandsaufnahme *Literatur unterm Hakenkreuz* (Frankfurt am Main 1966). »Es macht freilich sein fatales Eintreten für den Nationalsozialismus 1933 nicht ungeschehen; indem er seine – in Europa als glaubwürdig angesehene – Stimme für ihn in die Waagschale warf, hat er seiner Etablierung einen größeren Dienst erwiesen als mancher fanatische Nationalsozialist.«

Nach 1945 sind seine Bücher immer wieder neu aufgelegt worden. 1954 erschien sogar eine weitere, zweibändige Werkausgabe.

Weitere Bücher:
Gesammeltes Werk. 4 Bde., Frankfurt am Main 1927. – Erlebtes Leben. Frankfurt am Main 1928. – Rufe und Reden. Frankfurt am Main 1928. – Wir fordern Reims zur Übergabe auf. Frankfurt am Main 1935. – Gesammeltes Werk. 5 Bde., Potsdam 1937. – Dies war das Maß. Die gesammelten Kriegsdichtungen und Tagebücher. Frankfurt am Main 1939. – Gesammeltes Werk. 2 Bde., 1954. – Das war Binding. Hrsg. von Ludwig Friedrich Barthel. Wien 1957. – Das große Rudolf-Georg-Binding-Buch. München 1979.

Literatur:
Bernhard Martin: Dichtung und Ideologie. Völkisch-nationales Denken im Werk Rudolf Georg Bindings. Frankfurt am Main/Bern/New York 1986. – Werner Mittenzwei: Der Untergang einer Akademie oder Die Mentalität des ewigen Deutschen. Berlin/Weimar 1992. – Kirsten M. Howard: »blüh im glanze dieses glückes, blühe deutsches vaterland!« The concept of honour of the World War One; accounts of Walther Flex, Rudolf G. Binding and Ernst Jünger. Dunedin (Diss.) 1996.

BLUNCK, Hans Friedrich
**3.9.1888 (Hamburg-)Altona, †25.4.1961 Hamburg*
Der Sohn eines Lehrers studierte Jura in Kiel und Heidelberg. 1910 promovierte er mit einer Arbeit zur deutschen Rechtsgeschichte. Am Ersten Weltkrieg nahm Blunck als Freiwilliger teil und erhielt das Eiserne Kreuz. Nachdem er als Assessor bei der Hamburger Regierung gearbeitet hatte, war er von 1925 bis 1928 Syndikus an der Universität Hamburg. Danach lebte er als freier Autor.

Blunck hatte 1912 mit dem Balladenband *Nordmark* (Hamburg) debütiert, dem er in kurzen Abständen zahlreiche Bücher folgen ließ: Gedichte, Romane, Novellen und plattdeutsche Theaterstükke. Bekannt wurde er mit seinen Märchensammlungen (u.a. *Märchen von der Niederelbe*. 3 Bde., Jena 1923–31).

Bluncks Hang zum Mythologischen, zur ›nordischen‹ Vorzeit und zur Verklärung der deutschen Geschichte machte ihn schon in der Weimarer Republik zu einem der wichtigsten Repräsentanten der völkisch-nationalen Literatur und der sog. nordischen Renaissance. Wie er seine Dichtung empfand, erläuterte er 1932 in einem Vortrag vor Studenten, der 1933 von Heinz Kindermann in *Des deutschen Dichters Sendung in der Gegenwart* (Leipzig) abgedruckt wurde. Darin heißt es über die Aufgaben der Literatur: »Drei Dinge aber drängt es mich anzuführen, die mir in dieser Zeit die wichtigsten scheinen, nämlich die, erstens unser *Volkstum* als *Einheit* zu erhalten, zum zweiten ihm neue *Selbstbewußtheit* zu schenken und endlich ihm *Erhebung* zu bringen, Erhebung, die Deutschland in seinen Wunden tröstet, statt es zu demütigen, und Vertrauen lehrt an Stelle des Eifers der Peinigung und Selbstbezichtigung... Ein Volkstum wird wesentlich in seiner Dichtung. Seine Taten und seine Toten sollen sich den Nachkommenden im Glanz erheben. Nicht die Schlachten, sondern der Wille der Führer, der ihnen voranging, entscheidet die Geschichte, und ein Lied gibt Bericht über ein Jahrhundert.« In diesem Sinn verstand Blunck seine historischen Romane und Theaterstücke, die sich u.a. mit *Hein Hoyer* (München 1922), *König Geiserich* (Hamburg 1936), *Wolter von Plettenberg* (Hamburg 1938), *Heinrich von Lützelburg* (Hamburg 1940) und Jakob Leisler (*Kampf um New-York*.

Hamburg 1940) beschäftigen. Daß Blunck darin »wesentliche Elemente der nationalsozialistischen Weltanschauung propagiert hat«, konnte Wolfgang Wippermann in seiner Untersuchung nachweisen, die die »Kombination des Führer- und Reichsgedankens mit dem Nordismus, dem Flottengedanken und dem Blut-und-Boden-Motiv« als charakteristisch herausstellt. »Es fehlen allerdings rassenideologisch motivierte Aufforderungen, Juden und Slawen zu vernichten. Der Rassegedanke, den wir im Zentrum der nationalsozialistischen Weltanschauung angesiedelt haben, erscheint bei Blunck nur mit der rassezüchterischen Komponente, der Vorstellung nämlich, daß es vornehmlich darauf ankäme, das nordische Blut zu vermehren und zu verbessern.«

Trotz seiner Nähe zum Nationalsozialismus galt Blunck nicht als Parteidichter. Für Goebbels schien er der geeignete Kandidat, um die neue Ausrichtung der Literaturpolitik aktiv mitzugestalten. Im Juni 1933 ließ er sich zum 2. Vorsitzenden der in ›Deutsche Akademie für Dichtung‹ umbenannten und gründlich ›gesäuberten‹ Sektion für Dichtkunst in der Preußischen Akademie der Künste wählen. Mit Hanns Johst (als 1. Vorsitzenden) und Blunck an der Spitze scheiterten alle Versuche von Mitgliedern, ein gewisses Maß an Selbständigkeit zu wahren. Im November 1933 wurde Blunck zum Präsidenten der neugeschaffenen Reichsschrifttumskammer berufen. Obwohl er sich später als »Antifaschisten auf dem Sessel der Schrifttumskammer« (*Unwegsame Zeiten*. Mannheim 1952, S. 289) bezeichnete und sich für diskreditierte Autoren, etwa für Thomas Mann, eingesetzt hat, kann von einer oppositionellen Tätigkeit nicht gesprochen werden. Im Gegenteil: Er forderte öffentlich von Schriftstellern den Dienst für den nationalsozialistischen Staat. Umgekehrt war Blunck trotz seiner offen artikulierten und praktisch verwirklichten Loyalität gegenüber den neuen Machthabern dem Reichspropagandaminister noch nicht radikal genug. Im Oktober 1935 mußte er seinen Stuhl für Johst räumen und wurde ›Alterspräsident‹ (→ Einleitung). Seine Einstellung zum Nationalsozialismus änderte sich dadurch nicht. 1937 zum Beispiel reimte er über Hitler in *Balladen und Gedichte* (Hamburg):

Die Gassen hallen
Von unseren Schritten,
In unsere Mitten
Ein Stern fiel ein.

Brand blieb in den Herzen,
Licht auf den Stirnen;
Vom Meer zu den Firnen
Leuchtet sein Schein.
Gott, gib dem Führer
Das Wort zum Richten,
Volk neu zu pflichten,
Schlag uns zu Frei'n!
Gib ihm die Kraft,
Gnad' seinem Glauben,
Daß aus den Stauben,
Das Reich sich erheb'.

Außer Gedichten dieser Art lieferte Blunck eine Verherrlichung des Frankreichfeldzugs (*Ein Winterlager*. Hamburg 1941) und verstieg sich in der *Sage vom Reich* (2 Bde., Hamburg 1941/42), was ihm sonst fremd war, zu antisemitischen Äußerungen: »Juden verkünden das Heil der Vernunft, sie brauchen / Breites Gefolg, zerätzen Glauben und Liebe / Mit dem Spott ihrer Lehre«.

Blunck wurde mit Ehrungen überhäuft. Er war Reichskultursenator, Träger des Ehrenrings der Deutschen Sprachvereinigung und der Wartburg-Dichter-Rose und Präsident des Deutschen Auslandswerks. Zwischen 1933 und 1944 konnte er insgesamt 97 selbständige Buchpublikationen herausbringen, 100 Aufsätze von ihm standen allein im *Völkischen Beobachter*, und, wie Dietrich Strothmann ermittelte, 62mal wurden seine Bücher in den parteiamtlichen Listen empfohlen. Zu seinem fünfzigsten Geburtstag erschien eine zehnbändige Werkausgabe (*Gesammelte Werke*. Hamburg 1937), und Hitler persönlich verlieh ihm die Goethemedaille.

Nach dem Ende des Zweiten Weltkriegs versuchte sich Blunck als Gegner des Nationalsozialismus zu profilieren. Thomas Mann, den er als Entlastungszeugen benutzen wollte, nannte ihn aber einen »literarischen Exponenten und Notablen« des ›Dritten Reichs‹ (Brief vom 22.7.1946 an Blunck). 1949 wurde Blunck von dem ›Entnazifizierungs‹-ausschuß in Kiel als ›Mitläufer‹ eingestuft. Er schrieb weiter, vornehmlich Sagen und Märchen, die zum Teil bis heute lieferbar sind. Für Aufsehen sorgte 1988 eine von der apologetisch ausgerichteten ›Gesellschaft zur Förderung des Werkes von Hans Friedrich Blunck‹ veröffentlichte Festschrift zum 100. Geburtstag des Schriftstellers (Jürgen Blunck (Hrsg.): *Beseelte brüderliche Welt*. Husum). Francis King, der damalige Präsident des

Internationalen PEN, hatte hierfür ein Vorwort geschrieben, in dem er Blunck lobte. Nach Presseberichten distanzierte King sich davon (vgl. Hans Sarkowicz: *Auf dem Sessel der Reichsschrifttumskammer*. In: *FAZ* vom 3.9.1988).

Weitere Bücher:
Deutsche Kulturpolitik. München 1934. – Mein Leben. Berlin 1934. – Die große Fahrt. München 1935. – Deutsche Heldensagen. Berlin 1938. – Ausgewählte Werke. 4 Bde., Hamburg 1941.

Literatur:
Gérard Schneilin: Die Wiedergeburt des deutschen Volksmärchens bei Hans Friedrich Blunck. Paris (Diss.) 1956. – Wolfgang Wippermann: Geschichte und Ideologie im historischen Roman des Dritten Reiches. In: Horst Denkler/Karl Prümm (Hrsg.): Die deutsche Literatur im Dritten Reich. Stuttgart 1976, S.183–206. – Jürgen Blunck (Bearb.): Bibliographie Hans Friedrich Blunck. Hamburg 1981. – Karl-Otto Maue: Aufbruch – Skepsis – Rechtfertigung. Drei Strategien im literarischen Feld der Nachkriegszeit am Beispiel der Hamburger Autoren Axel Eggebrecht, Hans Erich Nossack und Hans Friedrich Blunck. In: Inge Stephan/Hans-Gerd Winter (Hrsg.): »Liebe, die im Abgrund Anker wirft«. Autoren und literarisches Feld im Hamburg des 20. Jahrhunderts. Berlin 1990, S.175–196. – Werner Mittenzwei: Der Untergang einer Akademie oder Die Mentalität des ewigen Deutschen. Berlin/Weimar 1992. – Kai-Uwe Scholz: Prominente Schriftsteller des Dritten Reichs und ihre »Zweite Schuld«. Eine vergleichende Untersuchung von Nachkriegspublikationen der Autoren Erwin Guido Kolbenheyer, Hans Friedrich Blunck und Hans Grimm. Berlin (Diss.) 1993 (Mikrofiche-Ausgabe). – Jens-Peter Wagner: Die Kontinuität des Trivialen. Hans Friedrich Blunck (1888–1961). In: Christiane Caemmerer/Walter Delabar (Hrsg.): Dichtung im Dritten Reich? Opladen 1996, S.245–264. – Gesellschaft zur Förderung des Werkes von Hans Friedrich Blunck (Hrsg.): Der Dichter und seine Welt. Berlin 1998.

BOBROWSKI, Johannes

**9.4.1917 Tilsit, †2.9.1965 Berlin*

Als Sohn eines Eisenbahnbeamten besuchte Bobrowski in Königsberg, wo seine Familie seit 1928 wohnte, bis 1937 das humanistische Stadtgymnasium. Hier trat er 1930 in den ›Bund Deutscher Bibelkreise‹ ein, wurde Mitglied der ›Gefolgschaft Luther‹ und kam in Kontakt mit der ›Bekennenden Kirche‹. Noch im Mai 1933 nahm er an dem Reichszeltlager der Bibelkreisler teil. Nach dem Abitur leistete Bobrowski sieben Monate ›Reichsarbeitsdienst‹ und meldete sich dann zum Wehrdienst, um zwei Pflichtjahre als Funker in einer Nachrichtenabteilung zu erfüllen. Am 1. September 1939 nahm er als Gefreiter in der Betriebskompanie des Nachrichtenregiments 501 der 3. Armee am Überfall auf Polen teil. Seine Einheit wurde 1940 zunächst an die Mosel und im Sommer

1941 nach Ostpreußen verlegt. Im Verlauf des Rußlandfeldzugs wurde er am Ilmensee (150 km südlich von Petersburg) stationiert. Hier habe er, so Bobrowskis Selbstauskunft, zu schreiben begonnen, »über russische Landschaft, aber als Fremder, als Deutscher« (zitiert nach: Bender, S. 132).

Wenn auch lyrische Versuche Bobrowskis schon für das Jahr 1936 nachweisbar sind, so kennzeichnet die im Krieg entstandenen Gedichte eine neue formale Geschlossenheit. Der Erfahrung einer unabsehbaren russischen Landschaft und der Brutalität des Kriegs – Bobrowski wurde 1941 Zeuge eines Pogroms in Kaunas – begegnete er mit der strengen Form der klassischen Ode. 1941 entstanden die Gedichtzyklen *Östliche Landschaft 1941* und *Nowgorod 1941* sowie die Oden *Der Ilmensee*. Ähnlich wie die Zeitgenossen → Friedrich Georg Jünger oder → Rudolf Alexander Schröder verwendete auch Bobrowski die klar strukturierte antike Versform, um sich inmitten des Kriegs eine Art gedanklichen Halt zu schaffen.

Von Dezember 1941 an wurde Bobrowski für ein Semester vom Kriegsdienst freigestellt, um an der Berliner Friedrich-Wilhelm-Universität Kunstgeschichte zu studieren. Im März 1942 kehrte er in den Krieg und nach Ilmensee zurück. Während verschiedener Sondereinsätze in Nordrußland entstanden mehrere Odenzyklen (*Nowgorod 1943, Shmany, Östliche Landschaft 1943*). Seit 1942 hatte Bobrowski wiederholt Gedichte an die etablierte Schriftstellerin → Ina Seidel geschickt, die sie → Paul Alverdes, dem Herausgeber der Zeitschrift *Das Innere Reich*, empfahl. Im März 1943 veröffentlichte Alverdes acht dieser Oden, und in das Herbstheft des folgenden Jahres wollte er zwei weitere Gedichte aufnehmen, aber der Stehsatz wurde bei einem Luftangriff vernichtet. Zuvor war bereits das Vorhaben Joachim Wolfgang von Moltkes, des kulturellen Betreuungsoffiziers der Armee, gescheitert, in den *Grauen Heften* der Armee 24 von Bobrowskis russischen Oden zu veröffentlichen. Moltke wurde vor der geplanten Ausgabe Anfang 1944 nach Oslo strafversetzt. Seit Sommer 1944 war Bobrowskis Regiment im nordkurländischen Kandava von sowjetischen Truppen eingeschlossen. Hier entstanden jene Gedichte, die Bobrowski später unter dem Titel *Zeit aus Schweigen / Kurland 1944* zusammengefaßt hat.

Am 8. Mai 1945 geriet Bobrowski in sowjetische Gefangenschaft, aus der er im Dezember 1949 nach Berlin zurückkehrte. Hier begann er als Lektor zu arbeiten. Von 1959 an war er Cheflektor des Union-Verlags in Ost-Berlin. Auch wenn Bobrowski erst nach dem Krieg seine eigene literarische Stimme entwickeln sollte, so blieben die Kriegserfahrungen ein wichtiger Hintergrund seiner Lyrik. An Joseph Wilhelm Janker schrieb er am 26. August 1964: »Alle Versuche, im Jahr 45 eine Stunde Null zu sehen, sind ein Nonsens. Sich von der Geschichte (also auch von der Sprache) zu dispensieren ist Unfug« (zitiert nach: Tgahrt, S. 290).

Weitere Bücher:

Gesammelte Werke in sechs Bänden. Hrsg. v. Eberhard Haufe. Berlin 1987.

Literatur:

Hans Bender (Hrsg.): Widerspiel – Deutsche Lyrik seit 1945. Darmstadt 1961. – Gerhard Wolf: Johannes Bobrowski: Leben und Werk. Berlin 1982. – Günter Wirth: Johannes Bobrowski. Berlin 1986. – Stig Naervig-Jensen: Johannes Bobrowski. Studien über Leben und Werk. o. O. 1991. – Reinhard Tgahrt (Hrsg.): Johannes Bobrowski oder Landschaft mit Leuten. Marbach am Neckar 1993. – David Scrase: Understanding Johannes Bobrowski. Columbia 1995.

BÖHME, Herbert

**17.10.1907 Frankfurt/Oder,*
†23.10.1971 Lochham

Der Lehrersohn studierte Germanistik und Philosophie in München und Marburg. Nach ersten noch unsicheren lyrischen Versuchen (*Gedichte.* München 1931) stellte Böhme sich ganz in den Dienst der NSDAP, der er schon 1931 beigetreten war, und wurde, wie im *Brockhaus* von 1936 zu lesen ist, einer der »führenden dichterischen Gestalter nationalsozialistischer Ideen«. Böhme gab stark beachtete Anthologien heraus (*Rufe in das Reich.* Berlin 1934, *Gedichte des Volkes.* Berlin 1938) und veröffentlichte selbst zahlreiche Propagandagedichte und Feierkantaten, die um Hitler und ›Deutschlands nationale Größe‹ kreisen (u.a. *Des Blutes Gesänge.* München 1934, *Kampf und Bekenntnis.* München 1937, *Ruf der SA. Appell mit Liedern.* München 1938). Am bekanntesten wurden seine Gedichte *Morgenrot, Deutschland!* aus dem Band *Morgenrot* (München 1933) und *Der Führer* (in: *Rufe in das Reich*):

Eine Trommel geht in Deutschland um,
Und der sie schlägt, der führt,
Und die ihm folgen, folgen stumm,
Sie sind von ihm gekürt.

Sie schwören ihm den Fahnenschwur,
Gefolgschaft und Gericht,
Er trommelt ihres Schicksals Spur
Mit ehernem Gesicht.

Und schritt er einstmals durch die Nacht
Einsam den Weg voran,
Ist heut das Morgenrot erwacht,
Wir stürmen zu ihm an.

Wir sind, vom Trommelschlag erwacht,
Des neuen Reiches Saat,
Und, ausgeworfen auf das Land,
Bei Gott, bald reif zur Tat.

Der Führer geht dem Lichte zu
Mit angespannter Kraft,
Von seinem Trommelwirbel, du,
Volk, werde Leidenschaft.

Seine wenigen Prosaarbeiten und Theaterstücke fanden dagegen kaum Beachtung. Böhme gehörte der Reichsleitung der NSDAP (Dichtung und Kulturamt) und dem Kulturkreis der SA an. Er war Referent in der Obersten SA-Führung, Reichsleiter der Fachschaft Lyrik in der Reichsschrifttumskammer und Kulturreferent der ›Ostmark‹. 1944 wurde er zum ordentlichen Professor an der Universität Posen ernannt.

Nach 1945 gehörte Böhme zu den wichtigsten rechtsradikalen Kulturfunktionären in der Bundesrepublik. Mit seinem 1950 gegründeten Deutschen Kulturwerk Europäischen Geistes DKEG (→ Einleitung), das zeitweilig bis zu 70 ›Pflegestätten‹ unterhielt, schuf er eine straff gegliederte Organisation für die alten Eliten des NS-Staats – mit einer eigenen Zeitschrift, den *Klüter Blättern*. Neben dem DKEG leitete Böhme auch den Türmer Verlag, in dem die meisten seiner Bücher (neu) erschienen. Über den von ihm 1965 initiierten Arbeitskreis Volkstreuer Verbände übte Böhme erheblichen Einfluß auf die Politik der NPD aus.

Weitere Bücher:
Führer und Fanfaren. München 1933. – Sommersonnenwende. Arbeitslagerroman. München 1933. – Volk bricht auf. Berlin 1934. – Gesänge unter der Fahne. München 1935. – Der Kirchgang des Großwendbauern. München

1936. – Das Großdeutsche Reich. Appell auf die Befreiung Österreichs mit Liedern. München 1938. – Männer, Kämpfer, Soldaten. München 1938. – Ausgewählte Gedichte. O. O. 1939. – Feder und Schwert. Dresden 1944.

BORCHARDT, Rudolf

**9.6.1877 Königsberg, †10.1.1945 Trins/Tirol*

Der Sohn einer Kaufmanns- und Bankiersfamilie, die zwar jüdischer Herkunft, aber reformierten Bekenntnisses war, erfuhr an verschiedenen Gymnasien eine an konservativen, monarchistischen Vorstellungen ausgerichtete Erziehung. Über seine Schulzeit am Königlichen Gymnasium Wesel berichtete er 1924: »Nur Unwandelbares wurde mitgeteilt, in unwandelbaren Formen; man verwaltete ein unabsehbares eisernes Erbe: das der klassischen deutschen Humanität« (*Eranos*. München 1924, S. 111f.). Von 1895 an studierte Borchardt erst in Berlin, dann in Bonn und schließlich in Marburg klassische Philologie und Archäologie. Er gehörte zum Kreis um Stefan George, von dem er sich jedoch später distanzierte. Ab 1903/4 lebte Borchardt vorwiegend in Italien. In den hier über die nächsten 30 Jahre hinweg entstandenen Gedichten und Übersetzungen (Dante, Catull, Homer, Horaz, Pindar u. a.) verfolgte er konsequent das kulturkonservative Programm einer Erneuerung der Gegenwart im Geiste überzeitlicher Werte, wie Borchardt sie in Texten der Antike und des Mittelalters verwirklicht fand. Seine formal traditionellen Verserzählungen, die Oden, Elegien und Sonette waren Auseinandersetzungen mit dieser idealen Tradition, die er als Gegenentwurf zu einer chaotischen Moderne verstand.

Borchardt verließ Italien für längere Zeit nur ein einziges Mal, um sich 1914 in Deutschland freiwillig zum Kriegseinsatz zu melden. Den Ersten Weltkrieg begrüßte er als ein Mittel, »im verkommenden und absinkenden Europa« die Ordnung wiederherzustellen (Rede auf dem »Vaterländischen Abend« in Lörrach am 17.10.1914). Von 1920 bis 1933 hielt Borchardt in Deutschland mehrere Vorträge, mit denen er sich als Vordenker einer ›Konservativen Revolution‹ profilierte. In der am 9. März 1927 in München gehaltenen Rede *Schöpferische Restauration* entwickelte er das Konzept einer deutschen Nation, die er vor allem als eine Nation des deutschen Geistes verstand. Diese Einheit zu stiften, sei Aufgabe der Dichtung: »Aus Mittelpunkten, nicht von Peripherien aus, will sie die Restauration Deutschlands bewirken, aus dem

Goetheschen ›kleinsten Kreise‹ und der Goetheschen ›größten Kraft im kleinsten Punkte‹ und nicht durch Massen und Mengen.« Solche elitären Vorstellungen einer »schöpferischen Restauration Deutschlands« standen in deutlichem Gegensatz zur primitiven Blut-und-Boden-Mystik des Nationalsozialismus. Deren Machtübernahme kritisierte Borchardt 1933 als »Meuterei«, obwohl er noch 1930 empfohlen hatte, Hitler und die von ihm geführte Massenbewegung zum Zwecke einer »restitutio in integrum« zu instrumentalisieren: »Mussolini hat uns vorgemacht, wie man die Masse zuerst mit den sachlich anfechtbarsten Schlagworten zusammenprügelt, um sie dann, wenn sie kompakt geworden ist, plastisch zu behandeln und ins Feine zu arbeiten« (Brief an Karl Ludwig Freiherr von Guttenberg vom November 1930).

Im April 1933 wurde Borchardt von Mussolini empfangen und zeigte sich überwältigt von dessen Bereitschaft, mit ihm über eine Dante-Übersetzung zu diskutieren, die Borchardt ihm geschenkt hatte. Der Dante rezitierende Duce verkörperte für ihn die Möglichkeit, Geist und Macht zu versöhnen (vgl. *Besuch bei Mussolini*. In: *Prosa*. Stuttgart 1990, S. 212ff.). Dieser Optimismus war einem dualistischen Welt- und Menschenbild geschuldet, demzufolge die ideelle Sphäre des Geistes jederzeit über den niederen Bereich des Materiellen zu triumphieren vermag. Sein ästhetisches Programm einer ideellen Überwindung der geistlosen Realität übertrug Borchardt auf den politischen Bereich, und *sub specie aeternitatis* schien sogar der Antisemitismus der Nationalsozialisten ein bloß flüchtiges Phänomen zu sein. Im März 1932 schrieb Borchardt an Max Brod: »Übrigens halte ich persönlich Ihre Befürchtungen für übertrieben und bin überzeugt, dass im nationalsozialistischen Staat keinem Juden ein Haar gekrümmt wird. Der totalitäre Antisemitismus ist in hohem Maße Plattform im Stimmenkampfe des alten ruchlosen Mehrheitsstaates, nichts weiter.« Aber schon wenige Monate nach Hitlers Machtübernahme hatten sich Borchardts Hoffnungen, die nationalsozialistische Massenbewegung für die Restauration einer deutschen Monarchie zu instrumentalisieren, zerschlagen. Auch hinsichtlich seiner beruflichen Zukunft im NS-Staat hegte er keine Illusionen mehr: »Die politischen Vorgänge in Deutschland haben nach doppelter Richtung eine neue Lage für mich geschaffen. Erstlich, da meine familiengeschichtlichen Umstände den Anforderungen nicht genügen, die dortseits theoretisch und praktisch zu Voraussetzungen persönlicher Integrität und sachlicher Berufsausübung gemacht worden sind, ist mir jede literarische Bethätigung in Deutschland virtuell unmöglich gemacht worden« (Brief an Martin Bodmer vom 23. 8. 1833). In dem 1935 verfaßten Gedicht *Nomina Odiosa* rechnete er wutentbrannt mit den Nationalsozialisten ab:

> [...] Gepatzt, gekitscht, gepfuscht, gestohlen, falschgemünzt,
> Mit Dreck zu Dreck und wieder Dreck.
> Oh wol auf Gleich geschaltet, wol auf Rasse sind
> Die Steissgesichter, daß sie zwar
> Sich wie die Hintern gleichen, nicht wie Antlitze
> Zur Ähnlichkeit gediehen sind.

Bis 1937 konnte Borchardt noch sporadisch Prosastücke in der von Martin Bodmer und Herbert Steiner herausgegebenen Zeitschrift *Corona* veröffentlichen. Im August 1939 druckte das Sonntagsblatt der *Baseler Nachrichten* einen Beitrag Borchardts zum 100. Geburtstag von Walter Pater ab, und im September 1942 erschien in der *Neuen Zürcher Zeitung* ein Teil des Romans *Leidenschaftliche Gärten*. Im August 1944 wurden Borchardt und seine Familie in der Nähe von Lucca von der SS verhaftet. Nach einer gelungenen Flucht versteckten sie sich in Tirol. Kurze Zeit später erlag Borchardt in Trins am Brenner einem Schlaganfall.

Weitere Bücher:
Reden. Stuttgart ²1998. – Briefe 1924–1930. München 1995. – Briefe 1931–1935. München 1996.

Literatur:
Bernhard Zeller (Hrsg.): Borchardt. Heymel. Schröder. Marbach am Neckar 1978. – Ernst Osterkamp (Hrsg.): Rudolf Borchardt und seine Zeitgenossen. Berlin/New York 1997.

BORCHERT, Wolfgang

**20. 5. 1921 Hamburg, †20. 11. 1947 Basel*

Der Sohn eines Volksschullehrers wollte eigentlich Schauspieler werden, ging aber auf Druck seiner Eltern 1939 in eine Buchhandelslehre. Zu der Zeit hatte er bereits Gedichte im *Hamburger Anzeiger* veröffentlicht. Im April 1940 wurde er erstmals von der Gestapo verhaftet, wegen eines von ihm verfaßten Gedichts über Knabenliebe. Nachdem er seine Schauspielprüfung abgelegt hatte, beendete er die Lehre und war von März bis Juni 1941 an der ›Landesbühne Osthannover‹ engagiert. Am 18. Mai 1941 beantragte Borchert die Aufnahme in die Reichsschrifttumskammer und beschrieb in seinem Lebenslauf auch seinen künstlerischen Werdegang: »Sehr bald regte sich in mir der Zwang zu schreiben. Ich trat in Verbindung mit Walter Gättke, → Paul Alverdes und → Hermann Claudius – und alle ermunterten mich, da ich erst 18 Jahre alt war, durchzuhalten. 1940 wurde dann auch verschiedentlich etwas von mir in den Zeitungen aufgenommen und ich bin mit mehreren Verlagen in Beziehung getreten. Als 17jähriger habe ich schon ein Drama ›Yorick der Narr‹ geschrieben, ans Preuß. Staatstheater Berlin geschickt und natürlich zurückbekommen ... Zwischendurch arbeite ich an einem großen Schauspiel: Hyperion.« Borchert erwähnt zwei Beiträge im *Hamburger Tageblatt* und im *Hamburger Fremdenblatt* und einen Beitrag im *Hamburger Anzeiger*. Insgesamt veröffentlichte er, nach Angaben von Hans Dieter Schäfer, allein im *Hamburger Anzeiger* zwischen 1938 und 1943 vierzehn Gedichte und zwei Prosatexte.

Im Juli 1941 wurde Borchert zum Kriegsdienst eingezogen. Weil er sich angeblich eine Verwundung an der linken Hand selbst beigebracht hatte, wäre er fast zum Tod verurteilt worden. Es folgten Haft wegen »Äußerungen gegen Staat und Partei«, ›Frontbewährung‹ und schließlich Gelbsucht und Fleckfieber. Kurz vor seiner Entlassung als Soldat wurde er im Januar 1944 erneut verhaftet und wegen einer Goebbels-Parodie zu neun Monaten Gefängnis verurteilt. Zur ›Feindbewährung‹ entlassen, gelang es ihm schließlich, im Frühjahr 1945 Hamburg zu erreichen. Schwerkrank schrieb Borchert das Hörspiel und Theaterstück *Draußen vor der Tür* (Erstsendung im NWDR am 13. Februar 1947, UA am 21. November 1947 an den Hamburger Kammerspielen, Bucherstausgabe Hamburg 1947) und Erzählungen. 1946 erschienen seine Gedichte aus den Jahren 1940 bis 1945 unter dem Titel *Laterne, Nacht und Sterne* (Hamburg). Peter Rühmkorf, der das Epigonale dieser frühen Lyrik betont, etwa die zu große Nähe zu Hölderlin, den Expressionisten oder Rilke, kommt in seiner Analyse des Frühwerks zu dem Ergebnis: »Borcherts gesamte literarische Produktion vor jenem plötzlichen Durchbruch im Jahre 1946 krankte an einem Mangel an Anschaulichkeit und Versinnlichung. Sie versuchte, Ideen rein darzustellen, und blieb immer in der Umschreibung stecken. Sein Leiden an der Welt, seine Isolation, die Einsamkeit vor dem Nichts – all das, als Erfahrungstatsache längst vorhanden, als tägliche Banalität erlebt, wurde ... ins Allgemeine und Abstrakte abgeschoben. Selbst die Gedichte, die Borchert während seines Gefängnisaufenthaltes schrieb, verzichten auf alle Anschauung und Wahrnehmung. Sie entstreben in Ohnmacht der bösen Realität und versuchen, eine scheinbar banale Leidenserfahrung zu entsachlichen und zu überhöhen.«

Borchert starb zwei Jahre nach Kriegsende. Seine Bücher wurden ab den späten sechziger Jahren zur Schullektüre und erlangten schon allein dadurch eine weite Verbreitung. Um sein literarisches Erbe kümmert sich auch die Internationale Wolfgang-Borchert-Gesellschaft.

Weitere Bücher:

Die Hundeblume. Hamburg 1947. – An diesem Dienstag. Hamburg 1947. – Das Gesamtwerk. Hamburg 1949. – Allein mit meinem Schatten und dem Mond. Briefe, Gedichte und Dokumente. Hrsg. von Gordon J. A. Burgess und Michael Töteberg. Reinbek bei Hamburg 1996.

Literatur:

Peter Rühmkorf: Wolfgang Borchert. Reinbek 1961. – Rudolf Wolff (Hrsg.): Wolfgang Borchert. Werk und Wirkung. Bonn 1984. – Hans Dieter Schäfer (Hrsg.): Am Rande der Nacht. Moderne Klassik im Dritten Reich. Frankfurt am Main/Berlin/Wien 1984. – Gordon A. Burgess (zus. mit Rolf Italiaander): Wolfgang Borchert. Hamburger Bibliographien. Hamburg 1985. – Claus B. Schröder: Wolfgang Borchert. Hamburg 1985. – Rolf Duden: Die Erschließung des Nachlasses Wolfgang Borcherts. In: Jahresheft der Internationalen Wolfgang-Borchert-Gesellschaft 6 (1994), S. 20–27. – Jan Philipp Reemtsma: Generation ohne Abschied. In: Ders.: Der Vorgang des Ertaubens nach dem Urknall. Zürich 1995, S. 24–61. – Gordon Burgess/Hans-Gerd Winter (Hrsg.): »Pack das Leben bei den Haaren«. Wolfgang Borchert in neuer Sicht. Hamburg 1996. – Bernd M. Kraske: Wolfgang Borchert. Leben, Werk, Wirkung. Glinde 1996 (Ausstellungskatalog). – Erwin J. Warkentin: Unpublishable Works. Wolfgang Borchert's Literary Production in Nazi Germany. Columbia, SC 1997. – James L. Stark: Wolfgang Borchert's Germany. Reflections of the Third Reich. Lanham u. a. 1997. – Erwin J. Warkentin: The Unpublished Works of Wolfgang Borchert. With a Critical Introduction and Commentary. Ann Arbor 1998.

BREHM, Bruno
(auch: B. Clemens)
**23. 7. 1892 Laibach/Krain,*
† 5. 6. 1974 Altaussee/Steiermark

Der Offizierssohn diente nach dem Besuch des Gymnasiums in Eger und Znaim als Einjähriger in Wien. Dort studierte er auch ein Semester Germanistik, bevor er sich 1913 wieder als Offizier meldete. Im September 1914 geriet Brehm schwer verwundet in russische Gefangenschaft. Nach seiner Rückkehr im Austausch gegen russische Gefangene meldete er sich 1916 erneut freiwillig an die Front.

Nach dem Ende des Ersten Weltkriegs wurde er als Hauptmann pensioniert und studierte Kunstgeschichte in Wien sowie Prähistorie in Göteborg und Stockholm. 1922 promovierte er über den *Ursprung der germanischen Tierornamentik.* Nach Tätigkeiten als Verlagsbuchhändler und als Assistent an der Wiener Universität lebte Brehm seit 1928 als freier Schriftsteller. Der Erste Weltkrieg und der Untergang des Habsbugerreichs wurden prägend für sein Werk. Vor allem in seiner Trilogie *Apsis und Este. Ein Franz-Ferdinand-Roman* (München 1931), *Das war das Ende. Von Brest-Litowsk bis Versailles* (München 1932) und *Weder Kaiser noch König. Der Untergang der habsburgischen Monarchie* (München 1933) schilderte er die Dekadenz eines erstarrten Systems, das sich allem Neuen versperrte. Das ›Neue‹ entwickelte sich für Brehm aus dem Kriegserlebnis. Die Frontgeneration wurde für ihn zum legitimen Hoffnungsträger eines neuen Reichs, das Deutschland und Österreich umfassen und autoritär geführt werden sollte. Ein demokratisches System wie die Weimarer Republik war für ihn keine Alternative.

Die Trilogie, für die Brehm 1939 den Nationalen Buchpreis von Goebbels erhielt, wird bis heute immer wieder neu aufgelegt (zuletzt 1992 von Piper unter dem Titel *Die Throne stürzen* mit einem Nachwort von Klaus Piper). Und sie ist umstritten geblieben: Während der tschechische Schriftsteller Ota Filip den Romanzyklus als »großartige Literatur« und »brillantes Spiel mit der Phantasie« (*FAZ* vom 27. 6. 1992) empfand, bezeichnete ihn Karl-Markus Gauß als »kitschig verlogenen Historienschinken« (*DIE ZEIT* vom 4. 12. 1992). Ohne Zweifel verstand es Brehm, auch in seinen anderen Geschichtsromanen, gewaltige historische Stoffmassen zu gliedern und spannend zu erzählen, allerdings oft auch am Rand der Kolportage. Seine politischen Intentionen verheimlichte er dabei keineswegs. Im Gegenteil: »Sowohl der Untergang der Donaumonarchie, der Erste Weltkrieg als auch die Erste Republik sind für Brehm – schicksalsbedingte – Stufen in der geschichtlichen Entwicklung hin zum Dritten Reich« (Leopold R. G. Decloedt). Den ›Anschluß‹ Österreichs, den er sehnlichst erwartet hatte, begrüßte Brehm mit Büchern wie *Glückliches Österreich* (Jena 1938) und *Tag der Erfüllung* (Wien 1939) und mit markigen Sätzen wie »Gott schütze den Führer!« (zitiert nach: *Ewiges Deutschland. Ein deutsches Hausbuch.* Hamburg 1940, S. 91). Auch antisemitische Äußerungen waren bei ihm nicht selten. So äußerte er sich 1941 beim Weimarer Dichtertreffen ganz im Sinn nationalsozialistischer Weltverschwörungstheorien: »Jetzt, da die größte Gefahr für Europa gebannt ist, könnte Frieden sein, säßen nicht in London und New York verantwortungslos, bodenlos, volkslos die jüdischen Hetzer.« Die ›Judenfrage‹ sah er als »die eigentliche Frage der Zukunft. Wenn sich die Juden über ihr Schicksal vor der ganzen Welt beklagen, dann müssen wir ihnen doch sagen, daß sie selbst es waren, die dieses Schicksal heraufbeschworen haben« (*Der König von Rücken. Geschichte und Geschautes.* Karlsbad 1942).

Brehm wurde Ratsherr in Wien, amtierte seit 1941 als Präsident der Wiener Kulturvereinigung und gab von 1938 bis 1942 die Monatsschrift *Der getreue Eckart* heraus. Zu seinem 50. Geburtstag erschien ein »im Auftrage des Gauleiters und Reichsstatthalters Konrad Henlein« herausgegebenes *Buch des Dankes* (Karlsbad und Leipzig 1942), in dem Henlein das Werk Brehms als eine »Einheit von soldatischer und dichterischer Prägung, von volkhaftem nationalsozialistischem Bekenntnis« lobte. Am Zweiten Weltkrieg nahm Brehm als Hauptmann und Ordonnanzoffizier teil.

Nach dem Ende der NS-Herrschaft stellte Brehm in seiner Trilogie *Das zwölfjährige Reich* (Graz/Wien/Köln 1960/61) die Deutschen als Opfer Hitlers dar und versuchte in Büchern wie *Am Rande des Abgrunds. Von Lenin bis Truman* (Graz u.a. 1950) die Schuld Deutschlands zu relativieren. Die meisten seiner früheren Bücher erschienen neu. Brehm wurde mehrfach ausgezeichnet, unter anderem 1963 mit dem Sudetendeutschen Kulturpreis »in Wertschätzung seines volkserzieherischen Wirkens im Sinne der Menschlichkeit«.

Weitere Bücher:
Britta. München 1934. – Die schrecklichen Pferde. Der Welserzug nach Eldo-

rado. Berlin 1934. – Zu früh und zu spät. Das große Vorspiel der Befreiungskriege. München 1936. – Die weiße Adlerfeder. Geschichten aus meinem Leben. München 1937. – Wien. Die Grenzstadt im deutschen Osten. Jena 1937. – Die Grenze mitten durch das Herz. München 1938. – Im Großdeutschen Reiche. Wien 1940. – Über die Tapferkeit. Brevier für junge Deutsche. Wien 1940. – Die sanfte Gewalt. München 1940. – Deutsche Haltung vor Fremden. Ein Kameradenwort an unsere Soldaten. Berlin 1941.

Literatur:

Jörg Petzel: Bruno Brehm. In: Wulf Segebrecht (Hrsg.): Der Bamberger Dichterkreis. Bamberg 1985, S. 130–138. – Hubert Orlowski: Geschichtsdenken und Literatur. Zu Bruno Brehms »Kaiserreich-Trilogie«. In: Walter Weiss/ Eduard Beutner (Hrsg.): Literatur und Sprache im Österreich der Zwischenkriegszeit. Stuttgart 1985, S. 47–59. – Gerd Schattner: Der Traum vom Reich in der Mitte. Bruno Brehm. Eine monographische Darstellung zum operationalen Charakter des historischen Romans nach den Weltkriegen. Frankfurt am Main u. a. 1996. – Leopold R. G. Decloedt: »Weder Kaiser noch König – sondern der Führer«. Die Funktionalisierung der Geschichte bei Bruno Brehm. In: Christiane Caemmerer/Walter Delabar (Hrsg.): Dichtung im Dritten Reich? Opladen 1996, S. 205–213. – Abdulkerim Uzagan: Fiktionalität und Realität in der Romantrilogie ›Die Throne stürzen‹ von Bruno Brehm. Bielefeld (Diss.) 1999.

BRITTING, Georg

**17. 2. 1891 Regensburg,*
†27. 4. 1964 München

Der Sohn eines städtischen Beamten studierte in München ein Jahr lang Nationalökonomie, meldete sich dann aber 1914 freiwillig zum Krieg. Erste Gedichte und Erzählungen erschienen in Armeezeitungen. Zweimal verletzt und mit mehreren Auszeichnungen dekoriert, kehrte Britting 1918 nach Regensburg zurück. Hier schrieb er zunächst Theaterkritiken für die *Donau-Post,* verriß mit provokanter Verve Stücke und Schauspieler, gab zusammen mit Josef Achmann die expressionistische Zeitschrift *Die Sichel* heraus und erwarb sich im provinziellen Regensburg den Ruf eines anarchistischen Bürgerschrecks.

1922 zog Britting nach München, wo aus dem revolutionären Spätexpressionisten nach und nach ein anerkannter Landschaftsdichter wurde. 1930 veröffentlichte er im Dresdner Verlag Wolfgang Jess seine erste Lyriksammlung *Gedichte,* die als Werk eines

»feinen Idyllikers« positiv aufgenommen wurde (s. *Gedichte 1910–1930*, S. 614). Bei Jess erschien zur gleichen Zeit die von Martin Raschke und Artur Kuhnert gegründete Zeitschrift *Die Kolonne,* in der junge Autoren wie → Günter Eich, → Horst Lange oder → Oda Schäfer Beispiele einer als unpolitisch verstandenen ›naturmagischen Lyrik‹ publizierten, mit der fortan auch Britting assoziiert wurde.

In den folgenden Jahren wuchs Brittings Renommee. Die Gedichte und Erzählungen über seine Heimatstadt Regensburg (*Die kleine Welt am Strom.* München 1933) brachten es auf eine Gesamtauflage von 50 000 Exemplaren und fanden sich in zahlreichen Schulbüchern des ›Dritten Reichs‹ wieder. Für das Jahr 1935 wurde ihm der Münchner Dichterpreis verliehen. In den folgenden Jahren erschienen zwei weitere Erzählungsbände (*Der bekränzte Weiher.* München 1937, *Das gerettete Bild.* München 1938). 1938 war Britting sogar Preisrichter beim Lyrikwettbewerb der Zeitschrift *Die Dame.* Dieser Erfolg ist teilweise auf Brittings Verbindung mit dem konservativen Münchner Verlag Langen-Müller zurückzuführen, der den Autor seit 1932 betreute und in dessen von → Paul Alverdes mitherausgegebener Zeitschrift *Das Innere Reich* Britting mehr als 80 Beiträge veröffentlichte. Der Langen-Müller Verlag versuchte, Britting als völkisch-nationalen Autor aufzubauen, und er selbst unterstützte dieses Bemühen durch den wiederholten Verweis auf sein »Fronterlebnis« des Ersten Weltkriegs: »Von der Hochschule weg ging ich als Freiwilliger ins Feld, die längere Zeit als Offizier, fast vier Jahre im Schützengraben, bis ich 1918 schwer verwundet in die Heimat zurückkam. Wer vier Jahre Schützengrabengemeinschaft erfuhr und erlebte, der konnte hinfort nichts anderes mehr sein als national und sozial zugleich« – so schrieb Britting in seinem selbstverfaßten Lebenslauf, den er 1934 noch einmal im Anhang der Anthologie *Rufe in das Reich. Die heldische Dichtung von Langemarck bis zur Gegenwart* (Berlin) abdrucken ließ. Im Oktober 1936 gehörte Britting zu den Teilnehmern des Berliner ›Treffens der Dichter des Krieges‹ die in einem Telegramm an Hitler »ihrem Führer und Reichskanzler im Gedenken der Kameradschaft der Front und Dankbarkeit für die Wiedergewinnung deutscher Wehrhaftigkeit das Gelöbnis unwandelbarer Treue« erboten.

Dennoch blieb Brittings Haltung zum ›Dritten Reich‹ ebenso zwiespältig wie die Reaktion der nationalsozialistischen Literaturkritik auf sein Werk. So verfaßte er zwar aus Begeisterung über den ›Anschluß‹ Österreichs 1938 ein Gedicht auf Hitler (zitiert nach: Scholdt, S. 57):

Was immer die Deutschen
Sich träumend ersehnten,
Wofür sie litten und fochten und fielen,
Die besten der Männer,
Die Sänger der Lieder;
Die Helden der Schlacht,
Und was sie verzagt dann schier
Nicht mehr zu hoffen gewagt:
In einem herrlichen Jahr
Ward es gewaltig vollbracht.

Ein Jahr später jedoch veröffentlichte Britting im *Inneren Reich* das Gedicht *Die freiwilligen Knaben*, in dem er sich kritisch mit den von den Nationalsozialisten heroisierten Gefallenen von Langemarck auseinandersetzte. Der Studentenführer Robert Müller und der Leiter des Kulturamts Gerhard Stenzel legten daraufhin bei der Schriftleitung der Zeitschrift Beschwerde ein, der Britting einmal mehr mit einem Hinweis auf seine Erfahrungen als »alter Frontsoldat« (s. *Gedichte 1930–1940*, S. 366) begegnete.

Bereits mit seinen Gedichtbänden *Der irdische Tag* (München 1935) sowie *Rabe, Roß und Hahn* (München 1939) hatte Britting eine Ästhetik verfolgt, die immer weniger mit den offiziellen Vorstellungen einer volks- und heimatverbundenen Dichtung zu vereinbaren war. Er entwickelte einen ganz unidyllischen Blick auf die Natur, die er zunehmend als Ort eines universalen Kampfs ums nackte Überleben verstand, dem nichts Heldenhaftes mehr eignete. Auch die Sonette, an denen Britting seit Anfang der vierziger Jahre schrieb (*Die Begegnung*. München 1947) – Gedichte in der mittelalterlichen Totentanztradition –, waren ein *memento mori*, das keine Spur der von der nationalsozialistischen Propaganda erwünschten Verklärung des ›Sterbens für Volk und Vaterland‹ aufwies. Bei Brittings letzter Publikation im ›Dritten Reich‹ handelt es sich um Weingedichte (*Lob des Weins*. Hamburg 1944), ein lebensbejahendes Gegenstück zu den »Todessonetten«, frei von politischen Implikationen.

Auch nach dem Krieg verwies Britting wiederholt auf seine nationale *und* unpolitische Haltung während des ›Dritten Reichs‹. 1947 schrieb er seinem Freund Alex Wetzlar, der von den Nationalsozialisten verfolgt worden war: »Die meisten kämpften für Deutschland, mochten Hitler nicht, aber um Hitler loszukriegen, Deutschland in den Abgrund zu werfen, das vermochten sie nicht ... diese dämonische Verquickung von Diktatur und Heimatland machte alles so schwer« (Brief vom 11. 11. 1947).

Weitere Bücher:

Der Schneckenweg. München 1941. – Sämtliche Werke. Hrsg. v. Ingeborg Schuldt-Britting. München/Leipzig 1987ff.

Literatur:

Curt Hohoff: Unter den Fischen. Erinnerungen an Männer, Mädchen und Bücher. 1934–1939. Wiesbaden 1982. – Walter Schmitz (Hrsg.): Georg Britting (1891–1964). Almanach. München 1987. – Bernhard Gajek und Walter Schmitz (Hrsg.): Georg Britting (1891–1964). – Vorträge des Regensburger Kolloquiums 1991. Frankfurt am Main/Berlin/Bern u. a. 1993.

BRONNEN, Arnolt

(eigentlich: Arnold Bronner)

**19. 8. 1895 Wien, †12. 10. 1959 Berlin/DDR*

Der Sohn des Gymnasiallehres und Unterhaltungsschriftstellers Ferdinand Bronner studierte vier Semester Jura und Philosophie in Wien, diente als Kaiserjäger im Ersten Weltkrieg und arbeitete danach in verschiedenen Berufen, u. a. in Berlin beim Kaufhaus Wertheim als Kommis. Nebenher entstand sein erstes Theaterstück. Mit *Vatermord* (Berlin 1920, UA Frankfurt am Main 1922) wurde Bronnen über Nacht berühmt und erhielt den angesehenen Kleist-Preis. Seine ständig erneuerten Versuche, sich von seinem (jüdischen) Vater zu distanzieren (und ihn schließlich ganz zu verleugnen), fanden in diesem Drama ihren ersten Höhepunkt. Die inzestuöse Liebe zwischen Mutter und Sohn und der Mord an dem Vatertyrannen lösten Bronnens ersten Theaterskandal aus, machten ihn aber auch zum stark beachteten Vertreter einer jungen, noch vom Expressionismus geprägten Schriftsteller-Generation. Er befreundete sich mit Bertolt Brecht und realisierte mit ihm bis 1926 einige Inszenierungen. In seinen anarchistisch-rebellierenden Stücken gegen bürgerliche Ordnungs- und Moralvorstellungen lassen sich aber auch schon nationalistische und antisemitische Tendenzen erkennen. Jürgen Peters hat Bronnens Leben als »eine Abfolge sich steigernder Vatermorde« (*Süddeutsche Zeitung* vom 20. 8. 1995) bezeichnet und damit auch auf die politischen Kehrtwendungen des Autors angespielt: von ganz links nach ganz rechts und wieder nach ganz links.

1926 wurde Bronnen Mitarbeiter der Dramatischen Funkstunde Berlin, von 1928 bis 1933 arbeitete er dort als Dramaturg und für kurze Zeit als Leiter der Zeitfunk-Abteilung. 1929 erschien sein Roman *O. S.* (Berlin), der die Kämpfe der Freikorps in Oberschlesien zum Thema hat und ihm für kurze Zeit die Freundschaft mit dem Berliner Gauleiter Joseph Goebbels eintrug. 1930 folgte mit *Roßbach* (Berlin) ein weiterer Freikorps-Roman. Bronnen wurde zum nationalistischen Agitator, der zum Beispiel im Oktober 1930 eine Rede von Thomas Mann in Berlin gegen den aufkommenden Nationalsozialismus massiv störte. In seiner Autobiografie *Arnolt Bronnen gibt zu Protokoll* (Hamburg 1954) gestand er später: »Ich war Faschist, mehr noch Anarchist. Ich hielt den augenblicklichen Zustand der deutschen Dinge für korrupt und verderblich, denselben Zustand, den Thomas Mann, wie ich ihn zu verstehen glaubte, konsolidieren wollte.« Friedbert Aspetsberger hat in seiner monumentalen Bronnen-Biografie die politischen Wandlungen sehr schlüssig psychoanalytisch als Suche von Bronnens diffuser »Triebmasse« nach Anschluß zu deuten versucht. In der Massenbewegung Nationalsozialismus fand Bronnen (wie etwa der ›Expressionist‹ → Hanns Johst) eine Heimat, die er mit allen Mitteln verteidigte. Bereits 1927 hatte er in einem Artikel für die *Frankfurter Zeitung* (vom 13. 11. 1927) seine neue politische Position als eine »Tendenz der Rechten Hand« bestimmt und als Ziele »die revolutionäre Umgestaltung unseres Daseins nach rechts, nach Nation, Kampf, Risiko, Ideenherrschaft und Reinheit« genannt.

Im Rundfunk sah Bronnen, wie Goebbels auch, ein wichtiges Instrument der Massenbeeinflussung, gerade für die Zeit nach dem Regierungswechsel. Er selbst wurde nach Hitlers Machtübernahme zunächst Programmleiter beim Kurzwellensender der Funkstunde und arbeitete ab 1934 beim Fernsehsender Paul Nipkow in Berlin. 1940 wurde ihm wegen mangelnder politischer Zuverlässigkeit gekündigt. Seine ›arische‹ Abstammung ließ er sich daraufhin de jure ›bestätigen‹, und vor Gericht konnte er die Rücknahme seiner Kündigung erreichen. Er wurde in die Auslands-Presse-Abteilung versetzt, wo er bis 1944 Propagandatexte verfaßte. Bereits seit 1943 stand Bronnen in Kontakt zu einer österreichischen Widerstandsgruppe und wurde 1945 für die österreichische KP Bürgermeister von Goisern.

Während der NS-Zeit veröffentlichte Bronnen nur drei Bücher: die Erzählung *Erinnerungen an eine Liebe* (Berlin 1933), das ›Opfermythos‹-Hörspiel *Sonnenberg* (Berlin 1934) und, unter dem Pseudonym A. H. Schelle-Noetzel, den teilweise in NS-Diktion geschriebenen Funkroman *Kampf im Äther oder Die Unsichtbaren* (Berlin 1935). Seine beiden Theaterstücke *N* (entstanden 1935/36) und *Gloriana* (entstanden 1941) gelangten nicht zur Aufführung. 1937 war Bronnen zum erstenmal aus der Reichsschrifttumskammer ausgeschlossen worden. Aber erst Anfang 1943 erfolgte das endgültige Publikationsverbot. In seiner bereits zitierten Autobiografie, die er zwei Jahre vor seinem Übertritt in die DDR verfaßte, behauptete Bronnen, er habe sich schon früh vom Nationalsozialismus abgewandt und spätestens seit 1935/36 sogar Haß empfunden. »Ohne die objektiven Schwierigkeiten, denen Arnolt Bronnen als Schriftsteller ausgesetzt war, außer acht zu lassen«, resümiert dagegen Christiane Deußen, »drängt sich jedoch der Verdacht auf, daß Bronnen seine im Vergleich zu früher äußerst geringe schriftstellerische Arbeit dazu benutzt, nachträglich eine dezidiert antifaschistische Haltung zu suggerieren, die über die Fragwürdigkeit seiner gleichzeitigen Tätigkeit im Fernsehen und seiner späteren propagandistischen Arbeit für das Auswärtige Amt hinwegtäuschen soll.«

In der DDR konnte Bronnen allerdings nicht mehr Fuß fassen. Seine Stücke wurden kaum mehr aufgeführt, und er starb verbittert.

Weitere Bücher:

Werke. Hrsg. von Friedbert Aspetsberger. 5 Bde., Klagenfurt 1989. – Sabotage der Jugend. Kleine Arbeiten 1922–1934. Hrsg. von Friedbert Aspetsberger. Innsbruck 1989.

Literatur:

Edwin Klingner: Arnolt Bronnen. Werk und Wirkung. Eine Personalbibliographie. Hildesheim 1974. – Christiane Deußen: Erinnerung als Rechtfertigung. Autobiographien nach 1945. Gottfried Benn – Hans Carossa – Arnolt Bronnen. Tübingen 1987. – Hildegard Bronnen: Unteilbar und untrennbar. In: Ulrike Edschmid (Hrsg.): Diesseits des Schreibtischs. Lebensgeschichten von Frauen schreibender Männer. Frankfurt am Main 1990, S. 65–113. – Martin Lindner: Leben in der Krise. Zeitromane der neuen Sachlichkeit und die intellektuelle Mentalität der klassischen Moderne. Mit einer exemplarischen Analyse des Romanwerks von Arnolt Bronnen, Ernst Glaeser, Ernst von Salomon und Ernst Erich Noth. Stuttgart/Weimar 1994. – Friedbert Aspetsberger: arnolt bronnen. Wien/Köln/Weimar 1995. – Uli Obernosterer: Die Fahnen hoch? Bronnens Rundfunkroman ›Kampf im Äther oder Die Unsichtbaren‹. In: ide – Innsbruck u. a. 19 (1995), H. 4, S. 48–57. – Ulrike Baureithel: »Das feste Land wird auf allen Gebieten verlassen.« Arnolt Bronnen als Medienautor (1920–1942). In: Jörg Döring u. a. (Hrsg.): Verkehrsformen und Schreibverhältnisse. Medialer Wandel als Gegenstand und Bedingung von Literatur im 20. Jahrhundert. Opladen 1996, S. 54–73. – Gudrun Schneider-Nehls:

Grenzgänger in Deutschland. Untersuchungen einer intellektuellen Verhaltensmöglichkeit in unserem Jahrhundert. Eine biographische Studie dreier Generationsgestalten der Jahrgänge 1895–1926. Arnolt Bronnen – Eberhard Koebel – Erich Loest. Postdam 1997. – Gerhard Scheit: Dramatik der inneren Emigration oder »Nationale Verdauungsstörungen«. Über Arnolt Bronnens Stücke seit den dreißiger Jahren. In: Johann Holzner/Karl Müller (Hrsg.): Literatur der »Inneren Emigration« aus Österreich. Wien 1998, S. 127–140. – Friedbert Aspetsberger: Bürokratie und Konkurrenzen – eine Möglichkeit des (literarischen) Überlebens? Zu Arnolt Bronnen während der NS-Herrschaft. In: Uwe Baur u. a. (Hrsg.): Macht Literatur Krieg. Österreichische Literatur im Nationalsozialismus. Wien/Köln/Weimar 1998, S. 202–226.

BURTE, Hermann

(eigentlich: Hermann Strübe)
**15. 2. 1879 Maulburg, † 21. 3. 1960 Lörrach*

Der Sohn des Dialektdichters Friedrich Strübe studierte bis 1904 an der Karlsruher Kunstakademie und Kunstgewerbeschule Malerei. In Paris, wo er nach einem Englandaufenthalt lebte, gewann er ein literarisches Preisausschreiben. Nach dem Helden des Romans nannte Strübe sich von da an »Burte«. 1908 ließ er sich in seiner badischen Heimat nieder, wo er als freier Schriftsteller und Maler arbeitete. Nach dramatischen und lyrischen Versuchen veröffentlichte er 1912 seinen Roman *Wiltfeber der ewige Deutsche* (Leipzig), für den er 1913 den Kleist-Preis erhielt. Der als Schicksalsbericht angelegte Text ist ein wüstes Pamphlet gegen die Moderne und gegen jede Form demokratischen Denkens: »Du bist ein Mann aus deutschem Blute, aber deutsch heißt völkisch, und arisch heißt herrisch, und so bist Du von der oberen Klasse, welche herrscht oder stirbt.« Herrenmenschentum und der Ruf nach einem starken Führer korrespondieren mit einem religiös und rassistisch motivierten Antisemitismus:

»Wir haben jenen Krist, jenen Galiläer jüdischen Glaubens wie diese ahnungslosen Menschen vor dir! – jenen Mann, welcher in sich das Judentum überwand und äußerlich den Juden unterlag; ja, der Widerjuden Größter ist der Krist, jene hassen ihn nicht umsonst… Dieser Krist ist unser Gott, wir bedürfen nicht deines zornigen Schelters und eifersüchtigen Ichgottes, welcher sich rächt bis in das dritte und vierte Glied an den Geschöpfen seiner Hand! Wir schwiegen lange wie die gutmütigen Kinder; eingeschläfert, stumpfsinnig gemacht, entvolkt, entraßt, entklaßt, entartet, vermengt, vermischt, verwirrt; nun ist es Zeit, die Lüge abzutun.«

Vor allem in völkisch gesinnten Kreisen, die das ›dekadente‹ Kaiserreich ebenso ablehnten wie die ›Erfüllungspolitiker‹ der Weimarer Republik, fand der Roman seine Leser. Weniger erfolgreich war Burte mit seinen historischen Dramen und seiner Lyrik, außer mit seinen alemannischen Gedichten in seiner Heimat (*Madlee*. Leipzig 1923). In die nationalsozialistische Propaganda ließ sich Burte, der in Hitler den ersehnten Führer sah, ohne Abstriche einbinden. Die NS-Literaturgeschichtsschreibung feierte *Wiltfeber* als »eines der mutigsten dichterischen Werke zu der Frage des Seins oder Nichtseins des deutschen Volkes« (Hellmuth Langenbucher). »Wiltfeber wird vom Blitz erschlagen, da der Weg, der aus all diesem herausführt, dem Dichter noch nicht sichtbar war. Die Zeit hat ihn gewiesen, wir sind diesen Weg gegangen« (Norbert Langer). 1936 trat Burte der NSDAP bei, und bei verschiedenen Gelegenheiten war er bereit, sein positives Verhältnis zum Nationalsozialismus auch öffentlich zu bekunden, zum Beispiel in politischen Schulungen oder in Ansprachen. So dankte er 1940 bei dem Weimarer Dichtertreffen Hitler mit einer Festrede, die an das katholische Glaubensbekenntnis erinnerte:

»Adolf Hitler, der Sohn des Volkes, emporgestiegen aus der kraftvollen Tiefe, durch Leiden und Entbehrung gestählt, mit allem Menschlichen vertraut, ein freiwilliger Soldat des Weltkriegs, dem Tode und der ewigen Nacht nahe, errettet und bewahrt, von den Nornen gezeichnet als auserlesen, mit seinem Ernst und Willen, einer Tatkraft und Menschenkenntnis ausgestattet, groß als Redner, größer als Handelnder ... welchen ungeheuren Gehalt, welche artmäßige Gestalt er unserem Volke geschenkt hat. Aus der Tiefe des Herzens danken wir dem Führer« (*Sieben Reden*. Straßburg 1943).

Für sein Engagement wurde Burte vielfach geehrt, so mit dem Hebel-Preis (1936), dem Großdeutschen Mundartenpreis (1938), der Goethe-Medaille (1939) und dem Scheffelring (1944). Die Stadt Lörrach ernannte ihn zum Ehrenbürger (was Bundespräsident Heuss 1959 davon abhielt, diese Auszeichnung anzunehmen).

Auch nach dem Ende des Zweiten Weltkriegs veröffentlichte Burte weiter und lehnte es entschieden ab, sich vom Nationalsozialismus und Hitler zu distanzieren. Bezeichnend ist es, daß bei seiner ›Wiederentdeckung‹ nach 1945 im schwäbischen Raum gerade die nationalistisch-antisemitischen Bücher ausgeblendet wurden. Burte avancierte zum Heimatdichter (mit kleinen Jugendsünden), nach dem sogar 1962 eine Schule in seinem letzten Wohnort Efringen-Kirchen benannt wurde. Die Hermann-Burte-Gesellschaft, der Honoratioren wie der Verleger Franz Burda angehörten, erinnerte immer wieder daran, daß die Gedichte ihres Namensgebers in der Weimarer Zeit auch von nicht völkisch eingestellten Autoren gelesen und gelobt worden waren. Noch 1979 wurde der 100. Geburtstag Burtes feierlich begangen. Zur offenen Auseinandersetzung um das Werk des Schriftstellers kam es erst zehn Jahre später, nachdem sogar Golo Mann Sympathien für den alemannischen Mundartdichter bekundet hatte. Nach Manns Distanzierung zogen sich die öffentlichen Geldgeber aus der Hermann-Burte-Gesellschaft zurück. Von Burte sind nur noch wenige, politisch nicht vorbelastete Bücher lieferbar.

Weitere Bücher:
Warbeck. Leipzig 1935. – Anker am Rhein. Leipzig 1938. – Deutsche Sendung des Wortes und der Letter. Mainz 1942. – Hermann Burte gegen John Masefield. Deutsche Antwort auf englische Verse. Freiburg 1944. – Auswahl aus seinen Werken. Mit einem Geleitwort von Philipp Hieber. Schopfheim o. J. (1959).

Literatur:
Franz Burda (Hrsg.): Hermann Burte 80 Jahre. Offenburg 1959. – Paul F. Wagner: Hermann Burte und seine Zeit. Binzen 1990.

CAROSSA, Hans

**15.12.1878 Bad Tölz,*
†12.9.1956 Rittsteig bei Passau

Der Sohn eines Arztes und einer Lehrerin studierte in München, Würzburg und Leipzig Medizin. Nach der Promotion (1903) arbeitete er als Arzt für Herz- und Lungenkrankheiten. Daneben begann er zu schreiben. 1907 erschienen die ersten Gedichte von ihm (*Stella mystica.* Berlin). Es folgten weitere Lyrikbände und, in verschiedenen Fassungen zwischen 1913 und 1930, der Tagebuchroman *Doktor Bürgers Schicksale* (Leipzig). Carossa setzte sich darin mit seinem Beruf auseinander und der Unmöglichkeit, in jedem Fall helfen zu können.

Doktor Bürgers Geliebte stirbt an Tuberkulose, und der Arzt, der sich schuldig fühlt, trinkt aus dem Giftbecher. Eine ähnliche Thematik hat Carossas Roman *Der Arzt Gion* (Leipzig 1931). Erst über die Krankheit einer Magd, die bei der Geburt ihres Kindes stirbt, findet der Arzt zu seiner Geliebten, die sich ebenfalls geläutert hat. Breiten Raum im Schaffen Carossas nehmen autobiografische Schriften ein, wie *Eine Kindheit* (Leipzig 1922), *Verwandlungen einer Jugend* (Leipzig 1928), *Führung und Geleit. Ein Lebensgedenkbuch* (Leipzig 1933) und *Das Jahr der späten Täuschungen* (Leipzig 1941). Seine Erlebnisse als Bataillonsarzt an der Ostfront vom Oktober bis Dezember 1916 schilderte er in seinem *Rumänischen Tagebuch* (Leipzig 1924, als *Tagebuch im Kriege*. Leipzig 1934). Das Motto, das er diesem Buch voranstellte, »Raube das Licht aus dem Rachen der Schlange«, charakterisiert Carossas Weltsicht, den immer neuen Versuch, Lebenserfahrungen bis zur existentiellen Bedrohung positiv zu deuten. Eine »konservative Feier des ›Unzerstörbaren‹ im Chaos«, hat Horst Krüger das genannt: »Es gibt ein Reich innerer Werte, das über Not und Tod doch triumphiert – das war seine ›Botschaft‹«.

Carossas Bücher waren Erbauungsliteratur auf höchstem sprachlichen Niveau – für ein bürgerliches Lesepublikum, das gesellschaftskritische Sozialstudien ebenso ablehnte wie politische Agitation. Für die von Goebbels gelenkte nationalsozialistische Kulturpolitik war Carossa deshalb doppelt wichtig: Er sollte mit seinen Büchern Leser binden, die durch die Emigration herausragender Autoren verunsichert worden waren, und gerade weil er Deutschland nicht verlassen hatte konnte er im Ausland als Repräsentant einer ›liberalen‹ deutschen Kulturpolitik dienen. Daß er 1933 die Berufung in die ›gleichgeschaltete‹ Dichterakademie nicht annahm, war ein couragierter Akt, aus dem aber für lange Zeit nichts folgte. Carossa lehnte den Nationalsozialismus dezidiert ab. Darüber geben seine Briefe und Tagebücher deutlich Auskunft. In seinen wenigen Büchern, die er zwischen 1933 und 1942 veröffentlichte, ist davon allerdings nichts zu spüren. Eher entsteht in der Erzählung *Geheimnisse eines reifen Lebens. Aus den Aufzeichnungen Angermanns* (Leipzig 1936) der Eindruck, Carossa habe zumindest Konzessionen an den Zeitgeist gemacht, als er die uniformierten Knaben selig marschieren und Kampflieder singen ließ, die (schließlich erfüllten) Mutterschaftsträume der »Edelbäuerin« schilderte oder den ›Anschluß‹ Österreichs freudig vorwegnahm. Immer wieder war Carossa zu Zugeständnissen bereit, die er in seinen Briefen als unvermeidlich rechtfertigte. So schrieb er 1940 an die Frau seines Verlegers: »In den letzten Jahren mußte jeder von uns der Öffentlichkeit Opfer bringen; mein Grundsatz war dabei, immer, eine Sache, bei der es kein Ausweichen gab, nicht mit Widerstreben abzutun, sondern so gut wie möglich zu machen; so können einem die fremdartigsten Zumutungen ersprießlich werden« (Brief vom 2.5.1940 an Katharina Kippenberg). Zu diesen Zumutungen gehörte, daß er 1934 vor der Hitler-Jugend las, 1938 der Einladung zum Reichsparteitag der NSDAP folgte und 1939, zum 50. Geburtstag Hitlers und mit großem Widerwillen, einen Text verfaßte, der sich als Zeugnis eines unabhängigen und angesehenen Autors propagandistisch bestens verwerten ließ:

»Kein Künstler, kein Dichter unserer Tage soll es bedauern, daß er in eine harte, gewaltig bewegte, schnell sich verwandelnde Welt hineingewachsen ist; es wird auf ihn ankommen, ob sie das Unwandelbare in ihm kräftigen kann oder nicht ... Jedem echten Gründer und Beweger fühlt er sich verbunden, und wenn er nun aus seiner kleinen Welt heraus bewundernd sieht, wie draußen auf dem großen sonnenbeschienenen Felde der Tat ein Mann von höchstem Mut und höchster Entschlußkraft um eine neue Form seines Volkes kämpft, so muß es ihn mit Stolz erfüllen, daß er auf seine stille Weise dem gleichen Volke dienen darf. Ermutigt kehrt er zu seinen Aufgaben zurück und wünscht jenem kühnen, das allgemeine Schicksal tragenden Kämpfer und Führer Heil und Glück«, (zitiert nach Friedrich Velmede (Hrsg.): *Dem Führer. Worte deutscher Dichter. Tornisterschrift des Oberkommandos der Wehrmacht.* O. O. 1941).

1938 ließ sich Carossa mit einem der wichtigsten und angesehensten Literaturpreise des NS-Staats auszeichnen, dem Goethe-Preis der Stadt Frankfurt. Seine in Weimar gehaltene Rede über *Goethes Wirkungen in der Gegenwart* (Leipzig 1938) ist ein wichtiges Dokument humanistischer Überzeugung in dieser Zeit, und sie wurde immer wieder, zu Recht, zur Verteidigung Carossas zitiert. Im kleineren Kreis und vor Nationalsozialisten schlug Carossa nur knapp drei Monate später, am 20. November 1938, ganz andere Töne an. Auf der 5. Reichsarbeitstagung des Amtes Schrifttumspflege und der Reichsstelle zur Förderung des deutschen Schrifttums begrüßte er in Anwesenheit Alfred Rosenbergs u. a. den ›Anschluß‹ Österreichs und des Sudetenlandes überschwenglich:

»Der Lebensraum der deutschen Volksgemeinschaft hat in diesem Jahre durch die Taten des Führers eine gewaltige Erweiterung erfahren; dafür dankt ihm die ganze Nation. Daß nun durch die

Atmosphäre des ungeheuren Raums auch die Goldklänge des Ewigen wehen, daß die Geister der Ahnen uns freundlich begleiten und uns heilige Träume senden, dazu bedarf es der treuen stillen Mitwirkung jener einsamen Bildner und Bekenner, die wie Boten unermüdlich zwischen Vergangenheit und Gegenwart hin- und hergehen« (*Einsamkeit und Gemeinschaft*, in: *Bücherkunde* 5. 1938, S. 621).

1939 wurde ihm im faschistischen Italien der ›Premio San Remo‹ verliehen. Und wieder nahm Carossa an: »Dementis kommen wohl zur Zeit nicht in Betracht, und so muß ich mich eben damit abfinden, daß man mich da und dort in einer sonderbaren Beleuchtung sieht« (Brief vom 5.7.1939 an Maximilian Brantl). Daß Carossa 1941 auf dem Großdeutschen Dichtertreffen in Weimar zum Präsidenten der von Goebbels inspirierten ›Europäischen Schriftstellervereinigung‹ (→ Einleitung) bestimmt wurde, scheint vor diesem Hintergrund nicht überraschend. Von Carossa, der im (neutralen) Ausland hohes Ansehen genoß, war kein Widerstand gegen die Ernennung zu erwarten. Er hat sein ihm aufgedrängtes, ungeliebtes Amt nie ernsthaft verwaltet, aber beträchtlich von ihm profitiert. Den Unterlagen der ehemaligen Reichsschrifttumskammer ist zu entnehmen, daß Carossa seine Einnahmen von 1940 auf 1941 fast vervierfachte (von 12 600 RM auf rund 47 600 RM) und auch noch 1942 mit einem Einkommen von 37 300 RM zu den sehr gut verdienenden deutschen Autoren gehörte. »Wenn Carossa während der Wintermonate zu Vorlesungen in Städte geladen wird, sind jetzt die größten Säle zu klein«, schrieb Herbert Günther am 6. September 1942 in einer Würdigung für die Zeitschrift *Das Reich*. »Zwischen seinem fünfzigsten und seinem sechzigsten Lebensjahr hat sein Werk ohne Zutun breite Wirkung erreicht. Dichter – die Bezeichnung ist lange verschleudert und verschlissen worden bis zur Inhaltslosigkeit. Wer schon immer Hans Carossa als eine der lautersten und reinsten Verkörperungen wahren Dichtertums empfand, muß sich freuen, wie groß die Gemeinde ist, die ihm zuwuchs.« Seine herausragende Stellung nutzte Carossa mitunter, um sich für Verfolgte und in Not geratene Kollegen einzusetzen. So war es seiner Intervention mitzuverdanken, daß sein (jüdischer) Kollege Alfred Mombert 1941 eine Ausreisegenehmigung in die Schweiz erhielt. Besonderen Mut bewies Carossa, als er in den letzten Tagen des Zweiten Weltkriegs in einem Brief an den Passauer Oberbürgermeister appellierte, die Stadt kampflos zu übergeben. Carossa sollte dafür von einem Standgericht zum Tode verurteilt werden. Nur der rasche Vormarsch der Amerikaner verhinderte das.

1951 hat Carossa in seinem Buch *Ungleiche Welten* (Wiesbaden 1951) eine persönliche Bilanz der NS-Zeit zu ziehen versucht. Es ist eine Rechtfertigungsschrift geworden, die den Nationalsozialismus als eine Schicksalsmacht dämonisiert, gegen die kein Widerstand möglich gewesen sei. So unpolitisch, wie Carossa sich darstellte, war er nicht. Statt einer radikalen Selbstbefragung, die in dieser frühen Nachkriegszeit von großer Bedeutung hätte sein können, verschleierte und beschönigte Carossa, was besser aufgedeckt und benannt worden wäre. Den zahllosen ›Mitläufern‹, die sich mehr oder weniger mit dem Hitler-Regime eingelassen hatten, lieferte er eine unverfängliche (nachträgliche) Begründung für ihr Verhalten. In der Bundesrepublik war er wieder ein geschätzter und gefeierter Autor.

Weitere Bücher:

Gesammelte Gedichte. Leipzig 1938. – Der Dichterabend. Aus der Geschichte einer Jugend. Hameln 1941. – Der Tag in Terracina. Hameln 1942. – Abendländische Elegie. Wiesbaden 1946. – Aufzeichnungen aus Italien. Olten 1946. – Sämtliche Werke. 2 Bde., Frankfurt am Main 1962, ²1978. – Briefe. Hrsg. von Eva Kampmann-Carossa. 3 Bde., 1978–81. – »Aus tiefem Abend glänzt ein heller Stern«. Tagebücher 1925–1935. Hrsg. von Eva Kampmann-Carossa. Frankfurt am Main/Leipzig 1993. Gedichte. Die Veröffentlichungen zu Lebzeiten und Gedichte aus dem Nachlaß. Hrsg. von Eva Kampmann-Carossa. Frankfurt am Main/Leipzig 1995.

Literatur:

Volker Michels (Hrsg.): Über Hans Carossa. Frankfurt am Main 1979. – Christiane Deußen: Erinnerung als Rechtfertigung. Autobiographien nach 1945. Gottfried Benn – Hans Carossa – Arnolt Bronnen. Tübingen 1987. – Horst Krüger: Licht aus dem Rachen der Schlange. Über Hans Carossa: Geheimnisse des reifen Lebens (1936). In: Marcel Reich-Ranicki (Hrsg.): Romane von gestern – heute gelesen. Band 3: 1933–1945. Frankfurt am Main 1990, S. 90–97. – Hartmut Laufhütte (Hrsg.): Hans Carossa. Dreizehn Versuche zu seinem Werk. Tübingen 1991. – Eva Kampmann-Carossa (Hrsg.): Hans Carossa. Leben und Werk in Texten und Bildern. Frankfurt am Main/Leipzig 1993. – Boris Röhrl: Ungleiche Welten? Die Aufarbeitung des Nationalsozialismus im literarischen Werk von Hans Carossa und Siegfried von Vegesack. In: Literatur in Bayern (1996). Heft 44, S. 29–33.

CLAUDIUS, Hermann
**24.10.1878 Langenfelde,*
†8.9.1980 Grönwohld

Der Sohn eines Bahnmeisters und Urenkel des Dichters Matthias Claudius arbeitete als Volksschullehrer, wurde aber aufgrund der Folgen eines Motorradunfalls, der ihn nahezu taub werden ließ, 1934 frühpensioniert. Fortan lebte er als freier Schriftsteller. Mit seinen ersten Veröffentlichungen (*Mank Muern.* Hamburg 1912, *Hörst du nicht den Eisenschritt?* Hamburg 1914) hatte sich Claudius einen Namen als niederdeutscher Mundartdichter und Arbeiterschriftsteller gemacht. Dieses sozialdemokratische Engagement war den Nationalsozialisten durchaus bekannt, wurde jedoch kurzerhand in ein nationales Bekenntnis umgedeutet.

Der NS-Literaturkritiker und Chefredakteur des gleichgeschalteten *Börsenblatts,* Hellmuth Langenbucher, schrieb in seinem Buch *Volkhafte Dichtung der Zeit,* Claudius gehöre »zu jenen Dichtern, die, von einer tiefen Liebe zu ihrem Volke erfüllt, und darum getragen von dem Wunsche, den benachteiligten Schichten des Volkes ein besseres Leben zu schaffen, in aller Aufrichtigkeit glaubten, in der Sozialdemokratie einen Boden für ihre Bestrebungen gefunden zu haben, und die, enttäuscht von dem, was sie dabei erleben mußten, ohne sich selbst und ihrem Wollen untreu zu werden, mit Leidenschaft sich zum neuen Deutschland bekannten« (S.182).

Claudius wurde im Juni 1933 in die unter nationalsozialistischer Kontrolle stehende Sektion für Dichtung in der Preußischen Akademie der Künste berufen und unterschrieb im Oktober 1933 das Treuegelöbnis, das »88 deutsche Schriftsteller durch ihre Unterschrift dem Reichskanzler Adolf Hitler« gegenüber ablegten. Er verfaßte das ›Führergedicht‹ *Deutschland* (in: *Zu Hause.* München 1940), das charakteristisch für eine naive Frömmigkeit ist, die sich leicht für die Huldigung Hitlers instrumentalisieren ließ – wenngleich hier der Absolutheitsanspruch des ›Führers‹ in Konkurrenz mit der Allmacht Gottes tritt und dadurch relativiert wird, was in dem bangenden Unterton der Schlußzeile zum Ausdruck kommt:

Herrgott,
steh' dem Führer bei
daß sein Werk das Deine sei,
daß Dein Werk das seine sei.
Herrgott,
steh' dem Führer bei!
Herrgott,
steh' uns allen bei,
daß sein Werk das unsre sei,
unser Werk das seine sei.
Herrgott,
steh' uns allen bei!

Claudius war während des ›Dritten Reichs‹ publizistisch kontinuierlich präsent. Er veröffentlichte neben Gedichtbänden, Kindergeschichten und Erzählungen den Roman *Das Silberschiff* (Lübeck/Leipzig 1940) sowie eine Biografie seines Urgroßvaters *Matthias Claudius* (Stuttgart 1938). Die Wertschätzung des NS-Literaturbetriebs für diesen »Dichter zwischen Frömmigkeit und Aufklärung« (Langenbucher, S. 183) läßt sich auch an zahlreichen Ehrungen ablesen: Claudius erhielt den Chemnitzer Dichterpreis (1937), den Klaus-Groth-Preis (1941), den Hamburger Lessing-Preis (1942) und den Mecklenburgischen Schrifttumspreis (1943). Auch nach 1945 wurde Claudius vielfach ausgezeichnet. Zu seinem 95. Geburtstag gratulierte ihm der damalige Bundeskanzler Willy Brandt mit einem Glückwunschtelegramm, in dem er dem Autor bescheinigte: »Ihr umfangreiches Werk gehört zum besten literarischen Besitz unseres Volkes.«

Weitere Bücher:
Der Vogel Wunderbar. Hamburg 1934. – Armantje. München 1934. – Wie ich den lieben Gott suchte. München 1935. – Daß Dein Herz fest sei. München 1935. – Und weiter wachsen Gott und die Welt. München 1937. – Mein Vetter Emil. München 1938. – Jeden Morgen geht die Sonne auf. München 1938. – Hamburger Kinnerbok. 1920, Neuausgabe Göttingen 1940. – Eschenhuser Elegie. München 1942. – Aldebaran. München 1944. – Gesammelte Werke in zwei Bänden. Hrsg. v. Christian Jenssen. Hamburg 1957.

Literatur:
Claus Schuppenhauer: Plattdeutsche Klassiker 1850–1950. Rondeshagen 1982. – Joseph Wulf: Literatur und Dichtung im Dritten Reich. Frankfurt am Main 1983.

COURTHS-MAHLER, Hedwig (eigentlich: Elisabeth)
(auch: Relham, H. Brand)
**18.2.1867 Nebra/Unstrut, †26.11.1950 Tegernsee*
Die (uneheliche) Tochter eines Saaleschiffers und eines Dienstmädchens wurde, obwohl sie nur drei Jahre die Volksschule besucht hatte, zur (nach Auflagenhöhe) erfolgreichsten deutschen Schriftstellerin. 208 Romane schrieb sie seit 1905, die zusammen mit denen von Eugenie Marlitt, ihrem Vorbild, den Begriff Trivialliteratur inhaltlich definiert haben. Courths-Mahlers Geschichten handeln von bösen Reichen und guten Armen und sind zumeist in der Welt des Adels angesiedelt, im 19. Jahrhundert, aber ohne klaren Zeitbezug. Die ›Märchen‹ für Erwachsene waren populär, weil die Autorin die Sehnsüchte ihres Lesepublikums kannte und in Worten auszudrükken verstand. Auch als nach dem Ende der Kaiserzeit die Attraktivität adliger Rittergutsbesitzer und kultivierter Grafen abnahm, erfreuten sich die Romane weiterhin großer Beliebtheit. Die Leser suchten vermutlich Ablenkung von den bedrückenden wirtschaftlichen, sozialen und politischen Problemen der Weimarer Republik.

Für die Nationalsozialisten war der Erfolg der Autorin verlockend, aber die Geschichten ließen sich propagandistisch nicht verwerten und wurden von parteiamtlichen Stellen abgelehnt. Courths-Mahler war, im Gegensatz zu späteren Aussagen ihrer Familie, Mitglied der Reichsschrifttumskammer und, wie aus dem handschriftlich von ihr am 10. Mai 1938 ausgefüllten Fragebogen im Bundesarchiv hervorgeht, »f. M. der S.S. 916398«, also förderndes Mitglied der SS mit der Nummer 916398. Das bedeutete, sie unterstützte die SS mit regelmäßigen Zahlungen, vielleicht aber auch nur, um keine anderen politischen Kompromisse machen zu müssen. 1935 zog sie von Berlin an den Tegernsee. Noch bis zum Beginn des Zweiten Weltkriegs veröffentlichte sie Romane, deren Auflagenzahlen jedoch kontinuierlich sanken. Ende Januar 1940 ersuchte sie darum, aus der Mitgliedschaft in der Reichsschrifttumskammer entlassen zu werden, weil sie ihren Beruf nicht mehr ausübe und sich ihre Bücher kaum noch verkauften. Das Gesuch blieb erfolglos, weil, wie es in einem internen Aktenvermerk vom 24. Juni 1940 heißt, »die Werke der Courths-Mahler noch vertrieben werden«.

Ihre Tochter Frieda Birkner (24.4.1891–17.1.1985), ebenfalls eine erfolgreiche Schriftstellerin, erhielt 1941 Schreibverbot und wurde im selben Jahr auf Grund des ›Heimtückegesetzes‹ zu 28 Monaten Haft und Zwangsarbeit verurteilt. Ihr ehemaliger Schwiegersohn, der jüdische Musikverleger Anton Bock, starb 1945 in einem Arbeitslager. Ihre älteste Tochter Margarete Elzer (19. 10. 1889–26. 8. 1966), die wie Mutter und Schwester mit ihren Trivialromanen auch während der NS-Zeit ein großes Publikum erreichte, wurde 1941 aus der Reichsschriftumskammer ausgeschlossen.

Hedwig Courths-Mahlers Geschichten wurden in der Bundesrepublik neu entdeckt, in hohen Auflagen vertrieben und teilweise sogar verfilmt.

Literatur:

Walter Krieg: ›Unser Weg ging hinauf‹. Hedwig Courths-Mahler und ihre Töchter als literarisches Phänomen. Wien 1954. – Gustav Sichelschmidt: Hedwig Courths-Mahler. Deutschlands erfolgreichste Autorin. Bonn 1967. – Lia Avé: Das Leben der Hedwig Courths-Mahler. München u. a. 1990. – Siegfried M. Pistorius: Hedwig Courths-Mahler. Ihr Leben. Bergisch-Gladbach 1992.

DINTER, Artur

**27. 6. 1876 Mühlhausen/Elsaß, †21. 6. 1948 Offenburg*

Der Sohn eines preußischen Zollbeamten studierte nach dem Militärdienst Naturwissenschaften und Philosophie in München und Straßburg. 1903 promovierte er mit Auszeichnung, arbeitete zunächst als Lehrer und dann als Spielleiter an verschiedenen Theatern. 1908 gründete Dinter zusammen mit Max Dreyer und Helmut Lilienfein den Verband Deutscher Bühnenschriftsteller (aus dem er allerdings 1916 ausgeschlossen wurde). Unter dem Einfluß der Schriften von Houston Stewart Chamberlain und Paul de Lagarde wollte er ein »rein arisches Christentum«, sein »Geistchristentum«, begründen. Als mit dem Eisernen Kreuz dekorierter Hauptmann schrieb er 1916/17 im Lazarett den grob antisemitischen und rassistischen Roman *Die Sünde wider das Blut* (Leipzig 1918). Darin ließ er gleich scharenweise gewissenlose Juden auftreten, die, um in der Diktion Dinters zu bleiben, arische Jungfrauen verführten, um die höherwertige Rasse zu vernichten: »Es ist eine bedeutungsvolle, in der Tierzucht gemachte Erfahrung, daß ein edelrassiges Weibchen zur edlen Nachzucht für immer untauglich wird, wenn es nur ein einziges Mal von einem Männchen minderwertiger Rasse befruchtet wird ... Nun ermesse man den Schaden, der jahraus jahrein der deutschen Rasse durch die Judenjünglinge zugefügt wird, die alljährlich tausende und abertausende deutscher Mädchen verführen!« Da der Roman schnell zum Bestseller wurde, ließ Dinter ihm noch zwei sehr ähnliche folgen: *Die Sünde wider den Geist* (Leipzig 1921) und *Die Sünde wider die*

Liebe (Leipzig 1922). Durch die weite Verbreitung seiner Bücher leistete Dinter einen enormen Beitrag zur Popularisierung antisemitischer Ideen in der Weimarer Republik – und zum Aufstieg der NSDAP, in der er schon früh das politische Instrument zur Durchsetzung seiner Ziele erblickte. 1924 wurde Dinter in den Thüringer Landtag gewählt. Er erhielt die Mitgliedsnummer 5 der NSDAP (Ortsgruppe Weimar) verliehen und wurde zum Gauleiter von Thüringen ernannt. Dieses Amt gab er aber gut zwei Jahre später wieder auf. 1927 gründete er die Deutsche Volkskirche als »Kampfbund zur Vollendung der Reformation durch Wiederherstellung der reinen, von allen jüdischen und judenchristlichen Fälschungen befreiten arisch-heldischen Heilandslehre«. Damit geriet er in Konflikt mit Hitler, der in dem auch spiritistisch ausgerichteten »Geistchristentum« einen ständigen Unruheherd sah und Dinter »eine Schädigung der nationalsozialistischen Bewegung« (Brief vom 25.7.1928 an Dinter) vorwarf. Nachdem sich Dinter öffentlich gegen Hitler gestellt hatte, wurde er im Oktober 1928 aus der NSDAP ausgeschlossen. Nach der Machtübernahme durch die Nazis konnte Dinter zwar weiter publizieren, aber er blieb ein Außenseiter. Bis 1936 erschienen ausschließlich Schriften von ihm, die um seine Deutsche Volkskirche kreisten, aber nur noch wenig Beachtung fanden. Seine frühen Romane konnten zunächst weiter erscheinen, wurden aber in keinem einschlägigen Standardwerk mehr erwähnt. Nach dem Verbot der Deutschen Volkskirche 1937 und der erneuten Ablehnung eines Gnadengesuchs durch Hitler wurde Dinter 1939 auch aus der Reichsschrifttumskammer ausgeschlossen, d. h. er durfte nicht mehr publizieren. In seinem ›Entnazifizierungs‹-verfahren wurde Dinter als Hauptschuldiger eingestuft.

Literatur:
Manfred Bosch: Rasse und Religion sind eins! – Artur Dinters *Sünde wider das Blut* oder Autopsie eines furchtbaren Bestsellers. In: Die Ortenau 71 (1991), S. 596–621. – James M. Ritchie: Artur Dinters antisemitische Trilogie. In: Festschrift für Albert Schneider. Luxemburg 1992, S. 179–194. – Josef Schmidt: Artur Dinter's ›Racial Novel‹ *The Sin Against the Blood* (1917): Trivial Stereotypes and Apocalyptic Prelude. In: Friedrich Gaede u. a. (Hrsg.): Hinter dem schwarzen Vorhang. Die Katastrophe und die epische Tradition. Tübingen/Basel 1994, S. 129–138. – Christina von Braun: »Blutschande«: From the Incest Taboo to the Nuremberg Racial Laws. In: Gisela Brinker-Gabler (Hrsg.): Encountering the Other(s). Studies in Literature, History and Culture. Albany 1995, S. 127–148. – Volker Mauersberger: Hitler in Weimar. Der Fall einer deutschen Kulturstadt. Berlin 1999.

DODERER, (Franz Carl) Heimito (Ritter) von
**5. 9. 1896 Weidlingau bei Wien, †23. 12. 1966 Wien*
Der Sohn eines Bauunternehmers, dessen Vater 1877 den Erbadel erhalten hatte, besuchte in Wien ein humanistisches Gymnasium und studierte ein Jahr Jura, bevor er 1915 zum Kriegsdienst eingezogen wurde. In Ostgalizien geriet Doderer 1916 in Gefangenschaft und kehrte erst vier Jahre später aus einem sibirischen Gefangenenlager nach Wien zurück. Dort studierte er Geschichte und Philosophie, schrieb Feuilletonartikel für Tageszeitungen und arbeitete an seinen ersten Erzählungen (*Divertimenti*, postum 1972 veröffentlicht). 1921 lernte Doderer Gusti Hasterlik, die Tochter eines jüdischen Wiener Zahnarztes kennen, die er 1930 heiratete. Wie unlängst nachgewiesen wurde, schwankte Doderers Haltung zum Judentum zwischen Vorurteilen und Faszination (s. Luehrs/ Sommer). Er bemerkte wiederholt die besonderen »geschlechtlichen Fähigkeiten« (u. a. in: *Tagebücher*, 12. 3. 1921) jüdischer Frauen, betonte ihre »äusserste Geilheit« (ebd., 9. 4. 1933) und bediente sich rassistischer Hetzbilder (»nahrungssuchende Ratte« ebd., 31. 10. 1921), die sich auch noch in seinem Erfolgsroman *Die Strudlhofstiege* (München 1951) finden.

Am 1. April 1933 trat Doderer in Wien der bald darauf in Österreich verbotenen NSDAP bei. Das war eine bewußte Entscheidung für Hitler. Doderer hatte zuvor Gerhard Aichinger, den Hauptschriftleiter der *Deutsch-österreichischen Tageszeitung* kennengelernt und veröffentlichte in diesem publizistischen Organ der österreichischen Nationalsozialisten vier Erzählungen, bevor die Zeitung im Juli 1933 von der Wiener Regierung ebenfalls verboten wurde. Aus Doderers Sicht verhieß der Nationalsozialismus eine konkrete Verbesserung seiner angespannten Arbeits- und Finanzsituation, die er auf eine ›jüdische Dominanz‹ der Wiener Gesellschaft zurückführte: »Was hab' ich in Wien? Kaum eine Redaktion, kaum einen Verleger. Fast alles jüdisch und daher jetzt zergehend wie Eis in der Hand« (*Tagebücher*, 29. 9. 1932). Aber auch Doderers an Otto Weininger und Oswald Spengler anknüpfende Vorstellungen von der Geschichte als Rassenkampf und der visionären Rolle des Künstlers in diesem Kampf wiesen Affinitäten zum Führerkult und zur völkischen Heilslehre der deutschen Faschisten auf.

Am 1. August 1936 siedelte Doderer nach Deutschland über und ließ sich in Dachau nieder. Die Begründung für diese Übersiedlung lieferte er in seinem Antrag auf Aufnahme in die Reichsschrifttumskammer vom 10. September 1936 beigefügten Lebenslauf:

> »Im Frühjahr 1933 bin ich der N.S.D.A.P. beigetreten, und habe, wie eben jeder österreichische Nationalsozialist, deren schweres Schicksal durch die letzten Jahre geteilt, war naturgemäß auch in Polizeihaft. Im Zusammenhange mit all diesen Umständen, und da die Atmosphäre meines engeren Vaterlandes in geistiger Beziehung für mich untragbar geworden war, übersiedelte ich mit dem ersten August dieses Jahres 1936 ins Reich, wo mir für den Anfang eigene Mittel für den Unterhalt zur Verfügung stehen. In Österreich in meinem Beruf zum Erwerb zu kommen war, in Ansehung meiner politischen Einstellung, keinerlei Aussicht mehr vorhanden.«

Auch seine antisemitische Haltung betonte Doderer in diesem Antrag noch einmal:

> »Alle gesellschaftliche Kommunikation war und ist bei uns vom jüdischen Elemente durchwachsen, und diese Gesellschaft – im Liberalismus der Achtzigerjahre aus den verschiedensten Stoffen wahllos und oberflächlich im raschen Wirtschaftsleben zusammengenäht – diese Gesellschaft ... musste ganz ausserordentlichen Zerreissungen entgegengehen, wenn solche Spannungen und Gegensätze, wie ich sie damals schon infolge der Reinheit meines Blutes allüberall spürte, um sich greifen und allgemeiner auftreten würden. ... Jene Gesellschaft und diesen Vorgang zu gestalten, dazu fasste ich den Entschluss. ... Denn die bisher darüber schrieben (Schnitzler, Wassermann etc. etc.) waren selbst Juden und ihre Hervorbringungen können wohl seit langem schon nicht mehr ernsthaft gelesen werden. – Ich versuchte, dieses Theatrum Judaicum sozusagen in drei Stockwerken vorzuführen: auf der Ebene des familiären und erotischen Lebens, auf der Ebene der Presse und der Öffentlichkeit, und endlich auf der Ebene der Wirtschaft in der Welt der großen Banken.«

Doderer bezog sich damit auf seinen Roman *Die Dämonen*. Dieses großangelegte Panorama der Wiener Gesellschaft, an dem er seit 1929 gearbeitet hatte und dessen Titel er nun in *Die Dämonen der Ostmark* änderte – eine deutliche Anbiederung an die Nationalsozialisten –, wurde der NS-Kulturbehörde gleichsam als Beweis ideologischer Zuverlässigkeit angeboten. 1936 stellte Doderer den ersten – und in dieser Form nie veröffentlichten – Teil des Romans fertig. Im selben Jahr trat er auch der NSDAP in Deutschland bei.

Ende 1936 begann Doderer sich jedoch allmählich vom Nationalsozialismus zu distanzieren. Er schien mittlerweile begriffen zu haben, daß seine Hoffnung, sich in Deutschland als literarischer Visionär des ›Dritten Reichs‹ zu etablieren, keine Aussicht auf Erfüllung haben würde. Abgesehen von Doderers Konvertierung zum Katholizismus finden sich für diese Enttäuschung jedoch keine konkreten Belege: Doderer äußerte sich weiterhin durchaus positiv zu den Nürnberger Rassengesetzen, die ihm »Hilfe im Definitorischen« (*Tagebücher*, 10.12.1936) hinsichtlich der Beziehung zu seiner Frau Gusti geleistet hätten – die Ehe wurde 1938 auf Druck Doderers geschieden. Er notierte noch bis 1938 Goebbels- und Hitlerzitate in seinen Tage- und Skizzenbüchern, blieb weiterhin Mitglied der NSDAP und vermied alles, was seine Aussicht auf schriftstellerischen Erfolg hätte behindern können. Allerdings geriet Doderers literarische Produktion ins Stocken. Er arbeitete zwar noch an kürzeren Erzählungen, und 1937 erschien im Münchner C. H. Beck Verlag die Kriminalgeschichte *Ein Mord, den jeder begeht,* aber die Arbeit an den *Dämonen*, von denen bis zu diesem Zeitpunkt nur der erste Teil fertiggestellt war, stagnierte. 1940 unterbrach er die Arbeit dauerhaft und nahm sie erst 1951 wieder auf. Er wurde zur Luftwaffe einberufen und geriet 1945 in britische Kriegsgefangenschaft, aus der er 1946 nach Österreich zurückkehrte.

Nach dem Krieg entsorgte Doderer seine Einbindung in das ›Dritte Reich‹ mit einem lakonischen »Soweit, und mehr nicht, über alle Gespräche, welche den deutschen Staat zwischen 1933 und 1945 betreffen: er hat nie existiert und ich wußt' es doch immer« (*Tangenten,* 4.6.1945). Mit dem Erscheinen von *Die Strudlhofstiege* avancierte Doderer zu einem der bedeutendsten Erzähler Nachkriegsösterreichs. *Die Dämonen* vollendete er, und der Roman erschien – ohne den Ostmark-Zusatz im Titel und in seinen vormals antisemitischen Passagen überarbeitet – 1956 bei C. H. Beck. Er fand als Doderers »Auseinandersetzung mit Ideologie und Politik des Nationalsozialismus« (*Kindlers Literaturlexikon,* Bd. 4, S. 734) Aufnahme in die deutschsprachige Literaturgeschichte.

Weitere Bücher:

Der Umweg. München 1940. – Tagebücher 1920–1939. München 1996. – Tangenten. Tagebuch eines Schriftstellers 1940–1950. München 1964.

Literatur:

Elizabeth C. Hesson: Twentieth Century Odyssey – A Study of Heimito von

Doderer's *Die Dämonen*. Columbia 1982. – Gerald Stieg: Frucht des Feuers. Canetti, Doderer, Kraus und der Justizpalastbrand. Wien 1990. – Martin Loew-Cadonna (Hrsg.): Heimito von Doderer 1898–1966 – Selbstzeugnisse zu Leben und Werk. München 1995. – Wolfgang Fleischer: Das verleugnete Leben – die Biographie des Heimito von Doderer. Wien 1996. – Kai Luehrs/ Gerald Sommer: Nach Katharsis verreist – Heimito von Doderer und der Nationalsozialismus. In: Christiane Caemmerer/Walter Delabar: Dichtung im Dritten Reich? Opladen 1996, S. 53–75. – Lutz-Werner Wolff: Heimito von Doderer. Reinbek bei Hamburg 1996.

DWINGER, Edwin Erich

**23. 4. 1898 Kiel,*
† 17. 12. 1981 Gmund/Tegernsee

Der Sohn eines Marineoffiziers und einer Russin meldete sich im Ersten Weltkrieg freiwillig zu den Dragonern. Er geriet in den russischen Bürgerkrieg und kämpfte mit der Weißen Armee Koltschaks. Nach Gefangenschaft und Flucht ließ Dwinger sich 1921 als Landwirt im Allgäu nieder. Seine Erlebnisse in Rußland wurden zum bestimmenden Motiv seiner Literatur, vor allem in der Trilogie *Die deutsche Passion*. Dwinger, der sich als »Chronist seiner Zeit« verstand, schilderte in *Armee hinter Stacheldraht* (Jena 1929) seine Erfahrungen in sibirischen Gefangenenlagern, in *Zwischen Weiß und Rot* (Jena 1930) den russischen Bürgerkrieg und in *Wir rufen Deutschland* (Jena 1932) die ersten Jahre nach dem Ersten Weltkrieg.

Die Trilogie wurde zu einem außergewöhnlichen kommerziellen Erfolg, den die nationalistisch orientierte Kritik mit zum Teil euphorischen Rezensionen begleitete. Aber auch die kommunistische Presse glaubte an Dwingers ›objektive‹ Berichterstattung. Über *Zwischen Weiß und Rot* schrieb Johannes R. Becher 1931 in der Zeitschrift *Literatur und Weltrevolution*, daß der Roman »wider Willen des Verfassers zu einem großartigen Bekenntnis zum Bolschewismus wird«. Dwinger wollte aber gerade auf die Gefährdung der bürgerlichen Ordnung durch den Kommunismus aufmerksam machen und für eine ›Synthese aus Kollektivismus und Individualismus‹ werben. Solch eine neue nationale Gemeinschaft beschrieb er in *Wir rufen Deutschland*. Mit diesem heftig umstrittenene Roman legte er ein indirektes Bekenntnis zum nationalsozialistischen Staat ab, dem er nach 1933 als eifriger Propagandist diente, vor allem in seinen Büchern. In *Die letzten Reiter* (Jena 1935) erzählte Dwinger von einem Freikorps im Baltikum, wobei es ihm um die Zukunft Europas ging: »›So wissen wir noch besser‹, brach Willmut leidenschaftlich aus, ›warum wir hier oben stehen! Die europäische Sendung – gegen die asiatische! Und da die andern Länder Europas sie vergessen, sind wir Deutsche ihre schicksalsgewollten Vollstrecker!‹« Zur raffinierten Werbung für den NS-Staat wurde *Und Gott schweigt ...?* (Jena 1936), die Geschichte eines jungen Kommunisten, der 1933 aus dem Deutschen Reich in die Sowjetunion emigriert und dort angesichts der ›kommunistischen Wirklichkeit‹ zum Nationalsozialismus ›konvertiert‹. Das Buch wurde mit dem Wunsch Dwingers veröffentlicht, daß es »dem deutschen Volke zur Waffe in jenem Kampfe werden [möge], den wir als den entscheidenden unseres Jahrhunderts erwarten müssen«. Als Ende der siebziger Jahre Dwingers bekannteste Romane vom Bastei-Lübbe Verlag als Taschenbücher unverändert herausgebracht wurden, lautete die editorische Notiz, die Geschichte *Und Gott schweigt ...?* habe »kein anderes Ziel«, als über die Erlebnisse eines jungen Kommunisten »sachlich zu berichten«. Und so heißt es am Ende des ›sachlichen Berichts‹: »Nichts hinderte ihn mehr, in die alte Heimat zurückzukehren, mitzuarbeiten an ihrem neuen Aufbauwerk – war sie nicht im Grunde das einzige Land, das sich noch einer Mission verpflichtet fühlte, der großen Mission des abendländischen Kulturmenschen, das tödliche Gift des Ostens abzuwehren?« Da Dwinger, inzwischen Reichskultursenator und Träger des Dietrich-Eckart-Preises (1935), dieses Gift auch in Spanien wirken sah, unternahm er eine Frontreise auf seiten Francos, über die er in seinem Tagebuch *Spanische Silhouetten* (Jena 1937) berichtete. Eine Rechtfertigung des deutschen Angriffs auf Polen lieferte er in seiner »volksdeutschen Passion« *Der Tod in Polen* (Jena 1940), in der die antideutschen Ausschreitungen am 3. September 1939 in Bromberg charakterisiert werden als »typische Reaktion minderwertiger Charaktere, die damit selbst die polnische Nation aus der Reihe der Kulturvölker löscht«. Mit diesem starke Emotionen auslösenden Buch lieferte Dwinger einen Freibrief für die Unterdrückung und Mißhandlung der Polen. Am Feldzug gegen die Sowjetunion nahm der SS-Obersturmführer und Sonderführer Dwinger vom ersten Tag an teil, mit Sondervollmachten von Himmler, der sich von Dwinger die Mitwirkung an der ›Neuordnung‹ Rußlands erhoffte, und als Kriegsberichterstatter für das Oberkommando der Wehrmacht (*Wiedersehen mit Sowjetrußland. Tagebuch vom Ostfeldzug.* Jena 1942). Was Dwinger von der sowjetischen Bevölkerung hielt, machte er 1942 in seiner Weimarer Rede *Der Bolschewismus und die Weltkultur* (in: Rudolf Erckmann: *Dichter und Krieger.* Hamburg 1943) deutlich:

»Es gab tatsächlich keinen Zweifel mehr, diesen Menschen hatte man durch eine Propaganda, die in ihrer ungeahnten Totalität schlechthin alles umfaßte, unmerklich das ursprüngliche Gehirn operativ herausgeredet, sie konnten wahrscheinlich überhaupt nicht mehr selbständig denken, sondern das millionenmal Gehörte nur noch triebhaft tun ... Das also wird aus einer Ideologie, wenn der primitive Russe und der Jude sich zu ihrer Verwirklichung anschickt ... Wir aber wollen dies Land des Ostens seiner Urbestimmung zurückführen, die immer nur jene war, Brot zu beschaffen, nicht nur für unser eigenes Volk, sondern für die Gemeinschaft aller bedrängten Völker Europas!«

Nach 1945 versuchte Dwinger sich in seinen *12 Gesprächen* (Velbert/Kettwig 1966) erfolglos als Widerstandskämpfer darzustellen. Er distanzierte sich zwar deutlich vom Nationalsozialismus, aber nicht vom nationalistisch bestimmten Kampf gegen den Kommunismus. In seinem letzten Roman *Es geschah im Jahre 1965* (Salzburg/München 1957) ließ er die UdSSR durch die Atombomben der NATO-Länder endgültig vernichten.

Weitere Bücher:

Die Namenlosen. Jena 1934. – Der letzte Traum. Jena 1934. – Wo ist Deutschland? Jena 1934. – Ein Erbhof im Allgäu. München 1937. – Auf halbem Wege. Jena 1939. – Panzerführer. Tagebuchblätter vom Frankreich-Feldzug. Jena 1941.

Literatur:

Klaus Theweleit: Männerphantasien. 2 Bde., Frankfurt am Main 1977/78. – Helmut Müssener: Becher und Dwinger. In: Kürbiskern 1 (1982), S. 125–133. – Helmut Müssener: Edwin Erich Dwingers Roman ›Zwischen Weiß und Rot – Die russische Tragödie‹ als deutsches Trauerspiel. In: Wulf Koepke/Michael Winkler (Hrsg.): Deutschsprachige Exilliteratur. Bonn 1984, S. 125–143. – Hans Wagener: Als Zeuge im Verhör. Zum Ideologieverdacht in Sachen Dwinger. In: Jörg Thunecke: Leid der Worte. Panorama des literarischen Nationalsozialismus. Bonn 1987, S. 278–299. – Walter Delabar: Dammbrüche und Untergänge. Edwin Erich Dwinger: ›Wenn die Dämme brechen‹ (1950) und ›General Wlassow‹ (1951). In: Hans Wagener (Hrsg.): Von Böll bis Buchheim. Deutsche Kriegsprosa nach 1945. Amsterdam/Atlanta, GA 1997, S. 133–154.

EDSCHMID, Kasimir
(eigentl.: Eduard Hermann Wilhelm Schmid)
**5.10.1890 Darmstadt, †31.8.1966 Vulpera/Graubünden*
Der Sohn eines Physiklehrers studierte in München, Paris, Straßburg sowie Gießen Romanistik und arbeitete danach für verschiedene Zeitungen. 1915 veröffentlichte er im Münchner Kurt Wolff Verlag unter dem Titel *Die sechs Mündungen* erste Novellen, die einen sensationellen Erfolg hatten. Damit wurde Edschmid zum Wortführer des literarischen Expressionismus. In rascher Folge erschienen die weiteren Novellenbände *Das rasende Leben* (München 1916), *Timur* (München 1916), *Die Fürstin* (Weimar/Potsdam 1918) und der Roman *Die achatnen Kugeln* (Berlin 1920). Zum Theoretiker der neuen Bewegung avancierte Edschmid mit der von ihm herausgegebenen *Tribüne der Kunst und Zeit* (29 Bde., Berlin 1919–23), die er mit seinem programmatischen Essayband *Über den Expressionismus in der Literatur und die neue Dichtung* eröffnete. Wegen der Absolutsetzung des schöpferischen Ichs und des damit verbundenen, fast vollständigen Verzichts auf gesellschaftskritische Ansätze ist Edschmids Frühwerk immer wieder von Literaturwissenschaftlern heftig kritisiert worden. Hans-Georg Kemper sah sogar in der Glorifizierung von Gewalt und »Mannesidealen ... unverkennbar Elemente, die sich im Dritten Reich verheerend auswirken sollten«. Edschmid selbst hatte sich schon 1920 von dem in seinen formalen Möglichkeiten erschöpften Expressionismus abgewandt. In seinem Essayband *Die doppelköpfige Nymphe* (Berlin 1920) schrieb er: »Nun kommt die stille Arbeit. Ich bin für Leistung. Aber ich bin gegen Expressionismus, der heute Pfarrerstöchter und Fabrikantenfrauen zur Erbauung umkitzelt.« Das heroische Pathos blieb allerdings ein bestimmender Zug der literarischen Arbeiten Edschmids, ob es sich um die Rennfahrergeschichte *Sport um Gagaly* (Wien 1928) oder um den »Roman einer Leidenschaft« *Lord Byron* (Wien 1929) handelte. Die schon in seiner expressionistischen Prosa spürbare Begeisterung für fremde Welten schlug sich auch in seinen zum Teil sehr erfolgreichen Reisebüchern nieder, in denen er eigene Erlebnisse mit historischen Ereignissen verband.

Nach der nationalsozialistischen Machtübernahme kamen die meisten seiner Bücher schon auf die ersten Verbotslisten und sollen auch am 10. Mai 1933 verbrannt worden sein, wofür sich allerdings keine Belege gefunden haben. Von seiten der NS-Literaturkritik sah sich Edschmid heftigen Angriffen ausgesetzt. Vor allem

→ Will Vesper warf ihm in seiner Zeitschrift *Die neue Literatur* vor, sich mit dem Auslandsdeutschen-Roman *Deutsches Schicksal* (Wien 1932) und mit dem »Roman der Germanenzüge« *Das Südreich* (Wien 1933) bei den neuen Machthabern empfohlen zu haben. Und → Börries von Münchhausen verglich ihn in einer Rezension für *Die neue Literatur* (1933, S. 632) mit → Hanns Heinz Ewers, der ebensowenig »über den Schatten seiner Vergangenheit springen« könne. Tatsächlich stellen die beiden erwähnten Werke von Edschmid das Germanen- und Deutschtum etwas penetrant in den Vordergrund. Was sich Edschmid davon erhoffte, ist unklar. Aber von nationalsozialistischen Propagandaschriften eines Ewers sind diese Bücher weit entfernt. Edschmid war kein Nationalsozialist und blieb auf Distanz zum offiziellen Kulturbetrieb. Immer häufiger zog er sich nach Italien zurück und widmete sich fast ausschließlich der umfangreichen Darstellung dieses Landes, von der bis 1941 vier Bände erschienen: *Italien. Lorbeer, Leid und Ruhm* (Frankfurt am Main 1935), *Italien. Gärten, Männer und Geschicke* (Frankfurt am Main 1937), *Italien. Inseln, Römer und Cäsaren* (Frankfurt am Main 1939) und *Italien. Hirten, Helden und Jahrtausende* (Frankfurt am Main 1941). 1948 ließ er mit *Italien. Seefahrt, Palmen, Unsterblichkeit* (Düsseldorf) den fünften und letzten Teil folgen. Mit seinen Italien-Büchern, die man auch als literarisches Pendant zur politischen Achse Berlin – Rom (miß-)verstehen konnte, erregte Edschmid ebensowenig Anstoß wie mit seinem Unterhaltungsroman *Der Liebesengel* (Wien 1937), seiner Erzählung *Erika* (Wien 1938) oder seinem *Auto-Reisebuch* (Darmstadt 1938). Edschmid war ein geduldeter Autor, der neben seinem monumentalen Italien-Werk wenig veröffentlichte. Durch nationalsozialistische Dienststellen wurde er unterschiedlich beurteilt. So zählte ihn die Gestapo Darmstadt »zu dem Kreis jener Schriftsteller, deren Werke im expressionistisch-mondänen Stil geschrieben waren und deren jüdisch zersetzende Art vergiftend auf die deutsche Literatur der Nachkriegszeit wirkte ... Edschmid kann als international veranlagter Mensch bezeichnet werden. Aus diesem Grund wird er als Mensch und schaffender Künstler nie als Mitarbeiter im nationalsozialistischen Staate in Betracht kommen« (Brief an den Präsidenten der Reichsschrifttumskammer (RSK) vom 4. 8. 1938). Wenig später schrieb der Landeskulturwalter des Gaus Hessen-Nassau: »Inzwischen hat Edschmid eine gewissen Wandlung in seinen Schriften durchgemacht, und es bestehen jetzt keine Bedenken gegen ihn und sein Werk« (Brief an die RSK vom 13. Dezember 1938). Die Reichsschrifttumskammer selbst hielt vor allem Edschmids »italienische Bücher« für »geistig gut fundiert« (Schreiben vom 18.7.1941). Über ein angeblich 1941 ausgesprochenes Schreibverbot, das in der Literatur über Edschmid immer wieder erwähnt wird, ist in den erhaltenen Unterlagen nichts zu finden. Im Gegenteil: Noch Ende Oktober 1942 erhielt Edschmid von der Reichsschrifttumskammer ein größeres Kontingent Papier und Farbbänder zugeteilt. Trotzdem ist es erstaunlich, wie positiv Edschmids Werke in zwei NS-Literaturgeschichten bewertet werden. Josef Nadler *(Literaturgeschichte des Deutschen Volkes.* 4. Band. Berlin ^{4}1941) spielt ihn und weitere »Dichtung der rheinischen Jugend« gegen die »jüdischen Zersetzungsliteraten in Berlin« (S. 292) aus und findet dabei anerkennende Worte für die von ihm nicht so genannte expressionistische Literatur, »die sich chaotisch aus dem Chaos der Zeit bilden wollte« (S. 328). Und ein Jahr später lobte Waldemar Oehlke in seinem Lexikon *Deutsche Literatur der Gegenwart* (Berlin) Edschmid dafür, daß er nach der »Sprunghaftigkeit in seinen einstigen Erzählungen« jetzt »die Ziele national begrenzter« stecke.

Mit seinen historischen Romanen konnte Edschmid nach 1945 nur noch Achtungserfolge erzielen. Dafür avancierte er als Generalsekretär, Vizepräsident und Ehrenpräsident des westdeutschen PEN-Zentrums sowie als Vize- bzw. Ehrenpräsident der Deutschen Akademie für Sprache und Dichtung zu einem der wichtigsten Literaturfunktionäre der jungen Bundesrepublik.

Weitere Bücher:

Zauber und Größe des Mittelmeers. Frankfurt am Main 1932. – Im Spiegel des Rheins. Westdeutsche Fahrten. Frankfurt am Main 1933. – Das Drama von Panama. Darmstadt 1936. – Essay. Rede. Feuilleton. Eine Auswahl. Besorgt von Walter Schmiele. Darmstadt 1990. – Ulrike Edschmid (Hrsg.): »Wir wollen nicht mehr darüber reden«. Erna Pinner und Kasimir Edschmid. Eine Geschichte in Briefen. München 1999.

Literatur:

Lutz Weltmann: Kasimir Edschmid. Der Weg. Die Welt. Das Werk. Stuttgart 1955. – Ursula G. Brammer (Bearb.): Kasimir Edschmid. Bibliographie. Heidelberg 1970. – Erich Zimmermann (Bearb.): Kasimir Edschmid 1890–1966. Ausstellungskatalog. Darmstadt 1970. – Kasimir Edschmid zum Gedenken. Darmstadt 1971. – Hans-Georg Kemper: Der ›neue‹ Mensch als alter Adam. Kasimir Edschmid: ›Der Lazo‹. In: Ders./Silvio Vietta: Expressionismus. München 1975, S. 330–341. – Claus K. Netuschil (Bearb.): Kasimir Edschmid 1890–1966. Ausstellungskatalog. Darmstadt 1990. – Kurt Schleucher: Der reisende Schriftsteller Kasimir Edschmid. Darmstadt 1990.

EGGERS, Kurt

**10.11.1905 Berlin, †12.8.1943 bei Isjum/Bjelograd*

Schon als Vierzehnjähriger nahm Eggers am sogenannten Kapp-Putsch teil, und 1921 kämpfte er mit Freikorpstruppen am schlesischen Annaberg. 1924 ging er für kurze Zeit zu einem Reichswehr-Artillerieregiment nach Frankfurt an der Oder. Er holte sein Abitur in Berlin nach und studierte in Göttingen, Rostock und Berlin Sanskrit, Archäologie, Philosophie wie auch Theologie. Nach dem Studium war Eggers kurzzeitig Pfarrer, trat dann allerdings 1931 aus der Kirche aus und arbeitete als freier Schriftsteller. Als früher Anhänger der NSDAP wurde Eggers 1933 zunächst Sendeleiter des Leipziger Rundfunks und später Leiter der Abteilung Wort beim Reichssender Stuttgart. 1936 übernahm er die Leitung der Abteilung für Feiergestaltung im Rasse- und Siedlungshauptamt der SS. In der Reichsschrifttumskammer war er zudem Landesleiter Westfalen-Süd. Nach dem Beginn des Zweiten Weltkriegs meldete sich Eggers freiwillig und starb als Panzerkommandant der Division ›Wiking‹ in der Sowjetunion. Seine Beerdigung wurde zu einem Staatsakt in der Berliner Krolloper.

Die literarische Laufbahn von Kurt Eggers begann 1933 mit Hörspielen, die den ›Opfertod‹ deutscher Soldaten als notwendige Voraussetzung für eine Erneuerung Deutschlands glorifizierten. So heißt es in dem am 27. Juli 1933 in der ›Stunde der Nation‹ gesendeten Hörspiel *Das große Wandern. Ein Hörspiel zum Aufbruch der Nation*:

> Einmal wird die Nacht zuende sein,
> Einmal wird ein Führer kommen,
> Einmal wird der Sonne Schein
> Auch in unser Dunkel kommen.

Wie in seinen Hörspielen, die er teilweise zu Thingspielen umarbeitete, sind auch seine Romane und Gedichte von der Idee getragen, dem ›Soldaten ein Kamerad‹ zu sein. Eggers' zentrale Themen sind Kampf und Krieg, wobei sie immer positiv interpretiert wurden, nicht nur als Bewährungsprobe des Mannes, sondern auch als inneres Erlebnis: »Der Krieg schließt die Herzen auf!« Wer für Deutschland sein Leben eingesetzt hatte, ob Ulrich von Hutten oder der Soldat im Ersten Weltkrieg, galt für Eggers als Vorkämpfer des Nationalsozialismus. In Anlehnung an Friedrich Nietzsche formulierte er in *Die Heimat des Starken* (Dortmund 1938):

»Das Dynamit des Übermenschen wurde auch zur überlegenen seelischen Haltung des Nationalsozialismus, sein Künder und Verwirklicher, der Schöpfer des Dritten Reiches, des Germanischen Reiches Deutscher Nation in Wirklichkeit, ist Geist von jenem Geist wie auch der Geist des Schöpfers des Mythos des XX. Jahrhunderts aus dieser Höhe nordischer Schau offenbarend, vernichtend, neubauend herniederstößt. Wenn Götter sterben, treten Übermenschen ihr Erbe an.«

Der Leitgedanke, daß der soldatische deutsche Übermensch zur Weltherrschaft bestimmt sei, prägt auch seine pseudophilosophische Abhandlung *Von der Freiheit des Kriegers* (Berlin 1940), die den Soldaten des Zweiten Weltkriegs zur Rechtfertigung ihres Einsatzes und zur seelischen Erbauung dienen sollte.

Nach 1945 ist von Kurt Eggers nichts mehr aufgelegt worden. Sein Name fehlt in den meisten Literaturgeschichten.

Weitere Bücher:
Annaberg. Berlin 1933. – Das Spiel von Job dem Deutschen. Berlin 1933. – Deutsche Gedichte. München 1934. – Deutsches Bekenntnis. Gedichte und Aufsätze. Berlin 1934. – Hutten. Roman eines Deutschen. Berlin 1934. – Sturmsignale. Revolutionäre Sprechchöre. Leipzig 1934. – Vom mutigen Leben und tapferen Sterben. Oldenburg 1935. – Der deutsche Dämon. Leipzig 1937. – Schüsse bei Krupp. Hamburg 1937. – Das Kreuz der Freiheit. Leipzig 1937. – Kamerad. Gedichte eines Soldaten. Leipzig 1940. – Von Kampf und Krieg. Erfurt 1940. – Die kriegerische Revolution. Berlin 1941. – Des Reiches Herrlichkeit. Potsdam 1941. – Von der Feindschaft. Deutsche Gedanken. Dortmund 1941. – Aus meinen Wanderjahren. Stuttgart 1942. – Der Krieg des Kriegers. Gedanken im Felde. Wien 1942. – Vater aller Dinge. Ein Buch des Kriegers. Berlin 1942. – Von jungen Herzen. Erlebtes. Leipzig 1942.

Literatur:
Wolfram Wessels: Hörspiele im Dritten Reich. Bonn 1985.

EICH, Günter

**1.2.1907 Lebus/Brandenburg, †20.12.1972 Salzburg*

Der Sohn eines Gutspächters und Revisors studierte von 1925 bis 1932 in Berlin, Leipzig und Paris Sinologie, Jura und Volkswirtschaft. 1927 waren seine ersten Gedichte in der von Willi Fehse und Klaus Mann herausgegebenen *Anthologie jüngster Lyrik* (Hamburg) zu lesen, die 1933 zu den verfemten und verbrannten Büchern zählte. 1930 erschien der erste selbständige Lyrikband *Gedichte* (Dresden). Von 1930 an veröffentlichte Eich nebenher in den Zeitschriften *Neue Rundschau* sowie *Die Kolonne,* die von → Martin Raschke herausgegeben wurde. Mit ihm verband Eich eine lebenslange Freundschaft; gemeinsam produzierten sie 1929 das Hörspiel *Das Leben und Sterben des Sängers Caruso*. Der Rundfunk wurde von 1932 an für Eich ein Hauptbeschäftigungsfeld, das ihm das finanzielle Überleben sicherte. Hatte er vor 1933 neben *Caruso* lediglich zwei weitere Rundfunkbeiträge absetzen können (*Dreigespräch aus einem Drama,* 1930, *Berliner Fontanezeit,* 1932), so ergab sich während des ›Dritten Reichs‹ für Eich eine deutlich verbesserte Auftragslage: Von 1933 bis 1940 entstanden mindestens 57 eigenständige Rundfunkbeiträge. Außerdem produzierte Eich im Wechsel mit Raschke 75 Folgen der Serie *Deutscher Kalender. Monatsbilder vom Königswusterhäuser Landboten* sowie 23 Folgen von *Der märkische Kalendermann sagt den neuen Monat an*. Unterstützung fand Eich beim Deutschlandsender vor allem durch Otto-Heinz Jahn, SA-Mitglied, Dramaturg sowie Oberspielleiter des Senders und mit der Umsetzung der politischen Vorgaben aus dem Propagandaministerium betraut. Eichs und Raschkes *Deutscher Kalender* – eine der beliebtesten Rundfunksendungen des ›Dritten Reichs‹ – entsprach diesen Vorgaben, insofern diese Monatsbilder um die Figur eines Landboten nicht nur eine idyllische Scheinnormalität inszenierten, sondern auch gezielt ›Volksgemeinschaft‹ und ›ländliches Brauchtum‹ als positive ›deutsche‹ Werte vermittelten.

Mit solchen Beiträgen zur Heimatkunst begab sich Eich durchaus in den Dienst des NS-Staats. Wie weit diese Dienstfertigkeit ging, ist gerade in den letzten Jahren kontrovers diskutiert worden. Eich selbst hatte am 1. Mai 1933 den Antrag auf Mitgliedschaft in der NSDAP gestellt. An seinen Freund Artur A. Kuhnert schrieb er einen Tag später: »Sonst nichts Neues, außer, daß ich in die NSDAP eingetreten bin. Heil Hitler! Günter« (Brief vom 2. Mai 1933, in: Vieregg, 1993, S. 15). Allerdings war Eich damit ein wenig voreilig: Er wurde nie in die Partei aufgenommen, da sein Antrag in die sogenannte Zeit der ›Märzgefallenen‹ fiel, jene Periode nach den Märzwahlen 1933, die einen großen Erfolg für die NSDAP erbracht hatten und zu einer solchen Flut neuer Mitgliedsanträge führte, daß die NSDAP bis 1937 einen Aufnahmestop verhängte.

Aus der Korrespondenz, die Eich mit Freunden führte, läßt sich schließen, daß er den Nationalsozialisten ideologisch keineswegs nahestand, zwecks Existenzsicherung aber dennoch bereit war, den (von ihm auch künstlerisch als fragwürdig empfundenen) Propagandaerfordernissen weitgehend zu entsprechen. Immer wieder beklagte Eich sich über die ihm abverlangten literarischen Gebrauchsartikel. Mit dem Hörspiel *Radium* (1938), in dessen Mittelpunkt ein Schriftsteller steht, der sich von einer kriminellen Industrie als Werbetexter korrumpieren läßt, übte er versteckt (Selbst-) Kritik, aus der er allerdings keine praktischen Konsequenzen zog.

Anfang 1940 forderte Joseph Goebbels auf einer Berliner Rundfunkkonferenz von den Autoren, sich an einer Anti-England-Kampagne zu beteiligen, und Eich entsprach dieser Aufforderung mit *Die Rebellion in der Goldstadt* (Erstsendung 8.5.1940 im Deutschlandsender). Für die Dauer der Arbeit wurde er vom Militärdienst beurlaubt. *Die Rebellion in der Goldstadt* – Text und Aufnahme des Hörspiels tauchten 1993 wieder auf – handelt von einem Bergarbeiterstreik im südafrikanischen Johannesburg, der bereits Thema in → Hans Grimms *Volk ohne Raum* war: Weiße Arbeiter wehren sich gegen Lohnkürzungen, die ihnen von den englischen Bergwerksbesitzern aus reinem Profitstreben aufgezwungen wurden. Das Hörspiel ist frei von NS-Parolen; in seiner antikapitalistischen Parteinahme für die Arbeiter lassen sich sogar sozialistische Motive ausmachen. Den propagandistischen Vorgaben Goebbels' entsprach das Hörspiel allerdings mit seiner Anklage des britischen Kapitalismus. Außerdem spielt das Radiostück die ›aufrechten‹ weißen Minenarbeiter gegen die »Nigger« aus – ein wesentlicher Grund für den Streik ist die Zumutung, daß weiße Arbeiter genauso wenig Lohn erhalten sollen wie ihre farbigen Kumpel.

Die Rebellion in der Goldstadt war Eichs letzte Rundfunkarbeit für das ›Dritte Reich‹. Schon 1939 war er als Funker der Luftabwehr zum Kriegsdienst einberufen worden. Während der Militärzeit schrieb er noch vereinzelt Gedichte. Von 1942 bis 1943 arbeitete er für die literarische Zensurstelle beim Oberkommando der Wehrmacht. Gegen Kriegsende geriet Eich in amerikanische Gefangenschaft und lebte nach seiner Entlassung in Niederbayern.

Mit den Gedichtsammlungen *Abgelegene Gehöfte* (Frankfurt am Main 1948) und *Untergrundbahn* (Hamburg 1949) begann Eichs Karriere als einer der bedeutendsten deutschen Nachkriegsautoren. Daß Eich aber, wie immer wieder zu lesen ist, vor 1945 verstummt gewesen sei, läßt sich nicht bestätigen. Neben seinen Radioarbeiten veröffentlichte er Erzählungen und Gedichte, u.a. in → Paul Alverdes' *Das Innere Reich* und der Zeitschrift *Die Dame*. Sein Lustspiel *Die Glücksritter* (1933) erfuhr insgesamt 45 Aufführungen am Berliner Schillertheater. Günter Eich war kein Anhänger der nationalsozialistischen Ideologie, aber er war weitgehend in die Unterhaltungsindustrie des ›Dritten Reichs‹ eingebunden, deren wichtigste Aufgabe es war, inmitten einer von Terror und Krieg geprägten Umgebung die Illusion einer ›heilen Welt‹ zu propagieren.

Weitere Bücher:
Ein Traum am Edsin-Gol. In: Die Kolonne 3–1932. – Eine Stunde Lexikon. Hörspielfragment 1933. – Katharina. In: Das Innere Reich. November 1935; Neuabdruck in der Feldpostausgabe »Lebendiges Wort«. Leipzig 1942.

Literatur:
Wolfram Wessels: Hörspiele im Dritten Reich. Bonn 1985. – Glenn R. Cuomo: Career at the Cost of Compromise – Günter Eich's Life and Work in the Years 1933–1946. Amsterdam/Atlanta 1989. – Axel Vieregg: Der eigenen Fehlbarkeit begegnet – Günter Eichs Realitäten 1933–1945. Eggingen 1993. – Ders. (Hrsg.): »Unsere Sünden sind Maulwürfe« – Die Günter-Eich-Debatte. Amsterdam 1996. – Hans-Ulrich Wagner: Günter Eich und der Rundfunk. Potsdam 1999.

ETTIGHOFER, P(aul) C(oelestin)

(auch: Frank Löhr von Wachendorf)

**14.4.1896 Colmar, †15.10.1975 Zülpich/Euskirchen*

Nach dem Abitur 1914 meldete sich der bei seinen Großeltern aufgewachsene Ettighofer als Kriegsfreiwilliger. Er wurde in Frankreich eingesetzt und mehrfach ausgezeichnet. Verwundet kam er in französische Kriegsgefangenschaft. Nach dem Ersten Weltkrieg arbeitete er als Journalist und freier Schriftsteller. Die Schlachten des Kriegs wurden zum zentralen Thema seiner Bücher. Mit dokumentarischem Anspruch, oft in schlichter Diktion, schilderte er immer wieder die Kämpfe an der Westfront und feierte den Fronteinsatz als höchste Form männlicher Bewährung (z.B. in *Gespenster am toten Mann*. Köln 1931 und in *Verdun, das große Gericht*. Berlin 1936, Neuauflage Wiesbaden/München 1976). Das soldatische Leben war für Ettighofer das Gegenmodell zur verachteten Weimarer Demokratie. Dabei konnte die Kameradschaft in Schützengräben sogar den Gegner umfassen, der ›seine Pflicht ebenso erfüllte‹ wie der deutsche Soldat. Aber diese Sympathie galt einzig der verschworenen Gemeinschaft der Frontkämpfer. Im übrigen verfaßte Ettighofer Romane mit deutlich antifranzösischer Tendenz, etwa *Feldgrau schafft Dividende* (Köln 1932) über das Schicksal deutscher Kriegsgefangener in Frankreich oder *Von der Teufelsinsel zum Leben* (Köln 1932) über einen von Franzosen verschleppten Elsässer.

Ettighofers soldatischer Nationalismus wurde von der NS-Kulturbürokratie stark gefördert. Seine Kriegsbücher, die zum Teil sechsstellige Auflagen erreichten und auch als Feldausgaben verbreitet wurden, zeigten Ettighofer zunehmend als engagierten Verfechter der nationalsozialistischen Expansionspolitik. Bewußt agitatorisch inszenierte NS-Propagandawerke sind sein Jugendbuch *Die Lene beißt sich durch* (Düsseldorf 1937) und *Erschossen in Nanzig. Das aufrechte Leben und heldenhafte Sterben eines deutschen Mannes* (Straßburg 1942). Der rassistische und antisemitische Roman, der den Haß gegen Frankreich schüren und einen neuen nationalsozialistischen Märtyrer schaffen sollte, war dem berüchtigten Gauleiter von Baden gewidmet. Ettighofer verteidigte darin auch die Pogrome gegen die jüdische Bevölkerung in Frankreich. Am Zweiten Weltkrieg nahm er als Oberleutnant und stellvertretender Kompaniechef einer Kriegsberichterkompanie teil. 1942 erhielt er den Erwin-von-Steinbach-Preis der Goethe-Stiftung.

Nach 1945 schrieb Ettighofer hauptsächlich populärwissenschaftliche Sachbücher, die vor allem im Bonner Glöckner Verlag herausgekommen sind. Nicht wenige seiner Romane wurden neu aufgelegt, zum Teil sogar in Buchgemeinschaftsausgaben. 1964 klagte er erfolglos gegen den Publizisten Heinz Brüdigam, der ihn in seinem Buch *Der Schoß ist fruchtbar noch ...* (Frankfurt am Main 1964) als »im ›Dritten Reich‹ zu Ehren« gekommen bezeichnet hatte.

Weitere Bücher:
Zelt 27 wird niedergerissen. 10 Männer in deutscher Not. Leipzig 1933. – Professor John abenteuert sich durch! Die Odyssee eines Deutschen. München 1934. – Zug der Letzten. Ein Tatsachenbericht aus dem Weltkrieg. Dortmund 1936. – Deutsches Heldentum vor Verdun 1916. Plauen 1937. – Deutsche Tanks fahren in die Hölle. Gütersloh 1937. – Das Soldatentum der Schwester Kläre. Düsseldorf 1937. – Eine Armee meutert. Frankreichs Schicksalsstunde 1917. Berlin 1938. – Tannenberg. Eine Armee wird zu Tode marschiert. Gütersloh 1939. – Bewährung. Kriegserlebnisse zweier Mädchen. Düsseldorf 1941. – Elsässischer Feldgrauer. Unbekanntester Soldat des Weltkrieges. Straßburg 1942. – 44 Tage und Nächte. Der Westfeldzug 1940. Stuttgart 1953.

EURINGER, Richard
(auch: Florian Ammer)
**4.4.1891 Augsburg, †29.8.1953 Essen*
Der Sohn eines Arztes ging nach dem Abitur als Offiziersanwärter zur bayerischen Armee. Im Ersten Weltkrieg wurde er als Flieger an der Westfront und mit einem deutschen Expeditionskorps in Kleinasien und auf dem Sinai eingesetzt. In Augsburg leitete er die Fliegerschule 4. Nach dem Ersten Weltkrieg studierte Euringer in München Kunstgeschichte und Volkswirtschaft, aber als er während der Inflationszeit sein Vermögen verlor, mußte er das Studium aufgeben. Er arbeitete in diversen Berufen, ab 1933 als von den Nationalsozialisten eingesetzter Leiter der Stadtbücherei Essen. Seit 1936 lebte er als freier Schriftsteller.

Euringer, der schon in den zwanziger Jahren Mitglied der NSDAP geworden war, hatte mit besinnlichen Gedichten und Schwänken begonnen, allerdings schon 1920 in seinem Festspiel *Der neue Midas* (Heibronn) deutlich antisemitische Töne angeschlagen. 1929 fand er mit dem Roman *Fliegerschule 4. Buch der Mannschaft* (Hamburg) zu seinem eigentlichen Thema: der pseudo-christlichen, völkischen Kampf- und Blutsgemeinschaft der Soldaten und (später) der Arbeiter (*Die Arbeitslosen.* Hamburg 1930). Der »dichterische Vorkämpfer und Künder des neuen Reiches« (Lennartz 1938), der 1931 den rechtsgerichteten ›Nationalverband Deutscher Schriftsteller‹ mitbegründet hatte und seit dieser Zeit für den *Völkischen Beobachter* schrieb, wurde 1933 in die ›gleichgeschaltete‹ Preußische Dichterakademie aufgenommen und 1935 zum Reichskultursenator ernannt. Der nationalsozialistischen Volksgemeinschaftsideologie lieferte Euringer die passenden literarischen Texte. In seinem Hörspiel *Deutsche Passion* (Oldenburg 1933), das am 13. April 1933 in der ›Stunde der Nation‹ von allen deutschen Sendern übertragen wurde, ließ Euringer in der Art eines Mysterienspiels den »bösen Geist« und den »guten Geist« gegeneinander agieren. Der »gefallene namenlose Soldat« als »guter Geist« sieht das Böse in »Phantasten und Literaten, Verbrecher(n) und Demokraten, Juden und Pazifisten, Marxisten und Himbeerchristen ... So wahr ich lebe, mitten im Tod: ein Mann, *ein Mann* tut Deutschland not.« Angelehnt an Goethes *Faust* und die

Johannes-Passion ließ er im Schlußbild den »guten Geist« in den Himmel auffahren: »Ein Volk am Werk. Es ist vollstreckt. Es wacht mein Geist, der euch erweckt … Es ist vollbracht.« Der »böse Geist« dagegen muß mit Getöse, Orgelklang und einem irdischen Marschlied in die Hölle fahren: »Das auch noch! Da zerplatz doch gleich! Das also gibt's: ein drittes Reich!!?!!« Für dieses Hörspiel erhielt Euringer 1934 den neugeschaffenen Nationalen Buchpreis. Reine nationalsozialistische Propagandawerke sind auch die Biografie *Dietrich Eckart. Leben eines deutschen Dichters* (Hamburg 1935) und die hitlergläubige *Chronik einer deutschen Wandlung. 1925–1935* (Hamburg 1936). Seine Erlebnisse und Erfahrungen als Flieger an der türkischen Orientfront verarbeitete Euringer in *Vortrupp »Pascha«* (Berlin 1937), *Der Zug durch die Wüste* (Berlin 1938) und *Der Serasker. Envers Ende. Irrfahrt und Kampf eines kühnen Türken* (Hamburg 1939). Auch für diese Bücher gilt, was der NS-Literaturkritiker Hellmuth Langenbucher Euringer schon 1937 schrieb: »Er steht am Anfang eines neuen soldatischen Dichtertums, dessen Träger über das bloße Bewahren volkhaften Lebensgutes, über die dichterische Darstellung volkhafter Wesenheit hinausgeschritten sind zu einer tätigen Mitgestaltung des Volksschicksals.« Während des Zweiten Weltkriegs wurde Euringer als Generalstabsoffizier in einer kriegsgeschichtlichen Abteilung eingesetzt. Seine Aufzeichnungen darüber erschienen 1941 unter dem Titel *Als Flieger in zwei Kriegen* (Leipzig). Nach Kriegsende war er zwei Jahre lang interniert. Darüber berichtete er 1952 in *Die Sargbreite Leben* (Hamm).

Weitere Bücher:

Schlachtruf der Jugend. Leipzig 1934. – Chor der Fäuste. Leipzig 1935. – Totentanz. Ein Tanz der lebendig Toten und der erweckten Muskoten. Hamburg 1935. – Deutsche Mythe. Leipzig 1935. – Die Fürsten fallen. Leipzig 1935. – Die Gedichte. Berlin 1937. – Reise zu den Demokraten. Ein Graubündner Tagebuch. Hamburg 1940. – Aphorismen. Hamburg 1943.

Literatur:

Egon Menz: Sprechchor und Aufmarsch. Zur Entstehung des Thingspiels. In: Horst Denkler/Karl Prümm (Hrsg.): Die deutsche Literatur im Dritten Reich. Stuttgart 1976, S. 330–346. – Henning Eichberg/Michael Dultz/Glen Gadberry/Günther Rühle: Massenspiele. NS-Thingspiel, Arbeiterweihespiel und olympisches Zeremoniell. Stuttgart/Bad Cannstatt 1977. – Wolfram Wessels: Hörspiele im Dritten Reich. Bonn 1985. – Johannes M. Reichl: Das Thingspiel. Über den Versuch eines nationalsozialistischen Lehrstück-Theaters (Euringer – Heynicke – Möller). Frankfurt am Main 1988. – Jürgen Hillesheim: »Heil dir Führer! Führ' uns an …« Der Ausgburger Dichter Richard Euringer. Würzburg 1995.

EWERS, Hanns Heinz
**3.11.1871 Düsseldorf, †12.6.1943 Berlin*
Der Sohn eines Genre- und Historienmalers studierte in Berlin, Bonn sowie Genf Jura und promovierte 1894 in Bonn. Nach der Referendarzeit und der Verbüßung einer Haftstrafe, die ihm ein Duell eingebracht hatte, ließ sich Ewers als Journalist und Schriftsteller in Düsseldorf nieder. Um die Jahrhundertwende ging er als Autor an Ernst von Wolzogens Berliner »Überbrettl«. Seine von ihm als »Fabeln« bezeichneten gereimten Satiren (als *Fabelbuch* zusammen mit Theodor Etzel, München 1901) machten ihn schnell bekannt und brachten ihm, wie sein äußerst wohlwollender Biograf Hans Krüger-Welf 1922 schrieb, »den Ruf eines geschickten Taschenspielers und kalten Spötters ein«. Der kommerzielle Erfolg seiner ersten Bücher ermöglichte ihm ausgedehnte Reisen, die auch den Hintergrund für einen Teil seiner sehr beliebten phantastischen Romane und Erzählungen bilden.

Obwohl sich Ewers in dem Essay *Edgar Allan Poe* (Berlin 1906) ausdrücklich auf den amerikanischen Autor als Vorbild berief, finden sich in seiner Prosa auch Anleihen bei anderen Klassikern der phantastischen Literatur, wie E. T. A. Hoffmann und Adelbert von Chamisso. Allerdings stehen bei Ewers psychopathologische Aspekte der Sexualität und die vordergründige Lust an schockierenden, die bürgerlichen Moralvorstellungen verletzenden Details im Mittelpunkt. Ewers attackierte die wilhelminische Gesellschaft mit ihren uneingestandenen sexuellen Wünschen, ohne sie wirklich verändern zu wollen. Das macht vor allem sein erfolgreichster Roman *Alraune* (München 1911, 238. Tsd. 1922, verfilmt 1919, 1927, 1930, 1951) deutlich, der mit *Der Zauberlehrling oder Die Teufelsjäger* (München 1909) und *Vampir* (München 1921) zu der stark autobiografisch gefärbten *Frank-Braun-Trilogie* gehört. Alraune, künstlich gezeugt aus dem einer Dirne eingepflanzten Samen eines gehenkten Mörders, führt alle, die ihr verfallen, unweigerlich in den Tod – bis auf Frank Braun, das Alter ego von Ewers. Der mit teils grausamen, teils kitschigen Details gespickte Roman stieß bei der Kritik weitgehend auf Ablehnung. Karl Kraus zum Beispiel nannte Ewers 1913 in der *Fackel* einen »transzendenten Weinhändler«, der als »Vertreter angesehener Verlagsfirmen sogar bis ins Jenseits vorgedrungen« sei. Fast uneingeschränktes Lob erntete Ewers dagegen für seine Filme. Mit *Der Student von Prag* (1913), für den er das Drehbuch verfaßt hatte, schuf er einen der ersten deutschen Künstlerfilme.

Der Erste Weltkrieg überraschte Ewers während einer Amerikareise. Er blieb in den USA, schrieb patriotische Gedichte (*Deutsche Kriegslieder*, München 1915) und wurde nach dem Kriegseintritt der USA interniert. Erst 1920 konnte er zurückkehren. Der Abschluß des Versailler Vertrags und die gegen ihn gerichteten Angriffe in der linksbürgerlichen Presse verstärkten offenbar seinen Nationalismus. Schon früh kam er in Kontakt mit der ›Schwarzen Reichswehr‹ und der NSDAP, in die er 1931 von Hitler persönlich aufgenommen wurde. »Dieser Mann war wie ich, ein Dichter, ein Künstler, ein Träumer – ein Deutscher«, schrieb Ewers später in Erinnerung an diese Begegnung. 1932 erschien sein Roman *Reiter in deutscher Nacht* (Stuttgart), der die Lebensgeschichte des Mitbegründers der ›Schwarzen Reichswehr‹ und NSDAP-Funktionärs Paul Schulz literarisch überhöhte. In nationalsozialistischen Kreisen blieb das Buch allerdings wegen einiger sexuell freizügiger Passagen umstritten. Trotzdem gelang es Ewers, von Hitler, »dem Führer der deutschen Freiheitsbewegung«, den Auftrag zu erhalten, »den ›Kampf um die Straße‹ zu schildern, ein Kapitel deutscher Geschichte zu schreiben, das weiten Kreisen unseres Volkes trotz der fast täglichen Berichte in allen Blättern in seinem eigentlichen Wesen dennoch völlig unbekannt geblieben ist« (Ewers im Nachwort). So entstand der Roman *Horst Wessel* (Stuttgart 1932) über die 1930 ermordete Symbolfigur der NSDAP. In einem Teil der NS-Presse stieß der Dokumentarroman vor allem wegen der Vergangenheit des Autors auf heftige Kritik. So polemisierte zum Beispiel → Will Vesper in seiner Zeitschrift *Die Neue Literatur* im April 1933: »Wahrhaftig, wir hätten dem ... Kämpfer Horst Wessel gewünscht, daß es ihm erspart geblieben wäre, von Fingern angefaßt zu werden, die noch allzu deutlich nach Morphium, ›Alraunen‹, ›Vampiren‹, ›Toten Augen‹ und ähnlich fauligen Dingen riechen.« Zunächst genoß Ewers noch den Schutz von Goebbels, in dessen Auftrag er im März 1933 den Schutzverband deutscher Schriftsteller ›gleichgeschaltet‹ hatte. Auch ein im selben Monat veröffentlichtes Telegramm der deutschen Sektion des PEN, in dem die »überall im Ausland verbreiteten Greuelnachrichten« für »völlig erlogen« erklärt wurden, ging auf Ewers zurück. Aber diese Ergebenheitsadressen konnten nicht verhindern, daß die Angriffe gegen Ewers zunahmen und seine Bücher schließlich auf die schwarzen Listen kamen. Auch mit seinem *Horst Wessel*-Film, dessen Dreharbeiten im Juli 1933 begonnen hatten, bekam er Schwierigkeiten. Am Tag der Uraufführung (9.10.1933) ließ Goebbels

»Horst Wessel« von Hanns Heinz Ewers

den Propagandastreifen »wegen Gefährdung der Staatsinteressen und des deutschen Ansehens« verbieten. Michael Matzigkeit vermutet als Gründe »heftigen Widerstand« aus der Partei wegen einer »starke(n) jüdische(n) Beteiligung« an den Dreharbeiten, »aber auch die Möglichkeit, daß Goebbels aus parteiinternen Animositäten Göring, der sich für den Film besonders engagiert hatte, einen ›Denkzettel verpassen‹ wollte«. Nach 27 Schnitten und unter dem neuen Titel *Hans Westmar – einer von vielen* durfte der Streifen schließlich ab Dezember 1933 gezeigt werden, allerdings hatte er bloß mäßigen Erfolg. Da Ewers nicht mehr auf die Unterstützung von Goebbels rechnen konnte, blieben ihm nur noch wenige Publikationsmöglichkeiten. Obwohl er nicht aus der Reichsschrifttumskammer ausgeschlossen wurde, kamen bis 1940 alle seine Bücher, mit Ausnahme der populärwissenschaftlichen Beschreibung der *Ameisen* (München 1925), auf die ›Liste des schädlichen und unerwünschten Schrifttums‹. 1943 wagte Kurt Desch in seinem Zinnen-Verlag eine Neuausgabe der *Ameisen* (München/Wien/Leipzig) und eine Erstausgabe der Erzählungen *Die schönsten Hände der Welt* (ebd.). Matzigkeit berichtet, daß beide Bände sofort verboten, die Erzählungen sogar beschlagnahmt wurden. Desch kam kurzzeitig in Haft und mußte seinen Verlag schließen. Ewers starb im selben Jahr.

Einige Romane (u.a. *Alraune*) und Erzählungen sind nach 1945 wieder erschienen, allerdings ohne eine größere Resonanz zu erzielen.

Weitere Bücher:

(Hrsg.): Oscar Wilde: Erzählungen und Märchen. Berlin 1936. – (Hrsg.): Dreizehn Gespenstergeschichten. Berlin 1941.

Literatur:

Hans Krüger-Welf: Hanns Heinz Ewers. Die Geschichte seiner Entwicklung.

Leipzig 1922. – Bernd Kortländer: Vom *Studenten von Prag* zu *Horst Wessel* – Hanns Heinz Ewers und der Film. In: Düsseldorfer Kinematographische Beiträge zu einer Filmgeschichte. Düsseldorf 1982, S. 137–148. – Michael Matzigkeit: Hanns Heinz Ewers – *Alraune* im Braunhemd? In: Kulturamt der Stadt Düsseldorf (Hrsg.): Musik, Theater, Literatur und Film zur Zeit des Dritten Reiches. Düsseldorf 1987, S. 81–89. – Wilfried Kugel: Der Unverantwortliche. Hanns Heinz Ewers – Biografie und Psychogramm. Berlin (Diss.) 1987 (Buchausgabe Düsseldorf 1992). – Hans Richard Brittnacher: Märtyrer im Braunhemd. Hanns Heinz Ewers: ›Horst Wessel. Ein deutsches Schicksal‹ (1932). In: Christiane Caemmerer/Walter Delabar (Hrsg.): Dichtung im Dritten Reich? Opladen 1996, S. 215–230. – Stefanie Stockhorst: Hanns Heinz Ewers als Prophet ohne Zukunft. Bedingungsanalyse des gescheiterten Propagandaromans ›Horst Wessel‹. Wetzlar 1999.

FALLADA, Hans

(eigentlich: Rudolf Ditzen)

**21. 7. 1893 Greifswald, † 5. 2. 1947 Berlin (DDR)*

Der Sohn des Landgerichtsrats Wilhelm Ditzen und seiner Frau Elisabeth besuchte verschiedene Gymnasien in Berlin, Leipzig und Rudolstadt. Kindheit und Jugend waren von mehreren gesundheitlichen und psychischen Krisen geprägt. 1912 wurde Fallada in die Nervenheilanstalt Tannenfeld (Sachsen) eingewiesen, ein Jahr später begann er eine landwirtschaftliche Ausbildung auf einem Gut nahe Nöbdenitz (Sachsen). Vom Kriegsdienst, zu dem er sich 1914 freiwillig gemeldet hatte, wurde er nach wenigen Tagen aus gesundheitlichen Gründen entbunden. Aufgrund seiner Alkohol- und Morphiumsucht unterzog sich Fallada von 1917 an mehreren Entziehungskuren, die größtenteils erfolglos blieben. Seine Sucht brachte ihn fortwährend in Geldschwierigkeiten. Zweimal (1923 und 1926) wurde er wegen Unterschlagung zu Haftstrafen verurteilt.

1929 beobachtete Fallada als Lokalredakteur des Neumünsteraner *General-Anzeigers* den ›Landvolkprozeß‹ – die Grundlage seines ersten Romanerfolgs *Bauern, Bonzen und Bomben* (Berlin 1931), der von den Auseinandersetzungen zwischen einer radikalisierten Landbevölkerung und mafiösen SPD-Kommunalpolitikern in Schleswig-Holstein handelt. Ein Jahr später folgte *Kleiner Mann – was nun?* (Berlin 1932), die Geschichte des Angestellten Pinneberg, der sich in der krisengeschüttelten Weimarer Republik vergeblich um einen sozialen Aufstieg bemüht. Fallada war plötzlich ein Bestseller-Autor. Es erschienen in kurzer Folge *Wer einmal aus dem Blechnapf frißt* (Berlin 1934) und *Wir hatten mal ein Kind*

(Berlin 1934). Aber der Erfolg feite Fallada, der 1928 in die SPD eingetreten war, nicht vor den Repressionen des NS-Regimes. Aufgrund einer Denunziation wurde er 1933 von der SA verhaftet und mußte elf Tage in Fürstenberg einsitzen. Diese Zeit hinterließ in dem ohnehin labilen Schriftsteller ein tiefsitzendes Gefühl der politischen Bedrohung und Verletzlichkeit. Fallada zog sich auf seinen Besitz im mecklenburgischen Carwitz in die (Schein-) Idylle der Familie zurück. Er reagierte sensibel auf die ablehnende Haltung, die seine Bücher von seiten der NS-Literaturkritik erfuhren, und war zu verschiedenen Konzessionen an die neuen Machthaber bereit: Aus dem SA-Mann Lauterbach, von dem es in der ersten Auflage von *Kleiner Mann – was nun?* noch hieß, er sei nur aus Langeweile Mitglied der NSDAP geworden, wurde in der Auflage von 1934 der Torwart und Fußballfanatiker Lauterbach, und die Erstauflage von *Wer einmal aus dem Blechnapf frißt* enthielt ein ausgerechnet auf den ersten Jahrestag der Machtübernahme, den 30. Januar 1934, datiertes Vorwort, in dem Fallada – wenn auch nicht ohne Ironie – die ›Errungenschaften‹ des nationalsozialistischen Justizsystems preist:

> »Mit diesem Roman rennt sein Verfasser offene Türen ein: der sogenannte humane Strafvollzug, dessen lächerliche, wie groteske, wie beklagenswerte Folgen auf seinen Seiten dargestellt werden, ist nicht mehr. Während der Autor noch schrieb, verwandelte sich auch dies Stück der deutschen Wirklichkeit. Wenn nun Willi Kufalt, dieser beschattete Bruder des kleinen Mannes Pinneberg, doch vor die Lesewelt tritt, so darum, weil sein Schöpfer alle Hoffnungen für ihn hat: kein Geschwätz von Humanität für Strafgefangene, sondern Arbeit für Strafentlassene. Keine öde berufsmäßige Betreuung, sondern Verständnis. Keine Gnade, sondern Strich drunter, und nun zeige, wer du bist«.

In dem Roman *Wir hatten mal ein Kind* bediente sich Fallada Elementen der Blut-und-Boden-Ideologie, woraufhin er von der Exilpresse heftig angegriffen wurde, u. a. in dem von Kurt Kersten in Prag publizierten Artikel *Der Weg zu Blubo* (*Neue Deutsche Blätter* 2–1934/35). Allerdings wurde der Roman auch von der NS-Zensur scharf kritisiert, so von Hellmuth Langenbucher als stellvertretendem Leiter der Reichsstelle zur Förderung des deutschen Schrifttums (in: *Deutsches Volkstum* 1934, S. 988).

Fallada saß zwischen den Stühlen, mußte sich ständig vor einem Schreibverbot fürchten und suchte verzweifelt einen Mittelweg zwischen Anpassung und Autonomie. Literarisch wich er auf unverbindliche Unterhaltungsromane aus, veröffentlichte *Das Märchen vom Stadtschreiber, der aufs Land flog* (Berlin 1935), *Altes Herz geht auf Reise* (Berlin 1936), den Band mit Kindererzählungen *Hoppelpoppel, wo bist du?* (Leipzig 1936). *Wolf unter Wölfen* (Berlin 1937), Falladas erneuter Versuch, im ›Dritten Reich‹ einen zeitkritischen Roman zu schreiben, fand keine Zustimmung der Zensurbehörden. Obgleich der *Völkische Beobachter* den Roman um drei ehemalige Soldaten in der Weimarer Republik von 1923 am 20. November 1937 positiv rezensierte, beurteilte das Amt Schrifttumspflege den Text als »nicht förderungswürdig«. Fallada wurde 1938 als »unerwünschter Autor«, seine Bücher als »typische Erscheinung der Zersetzung« eingestuft. Allerdings lag hier ein Fall jener für die Literaturüberwachung im ›Dritten Reich‹ typischen Konkurrenz zwischen Alfred Rosenbergs Amt Schrifttumspflege und dem Ministerium für Volksaufklärung und Propaganda unter Joseph Goebbels vor. Letzterer wollte trotz aller Bedenken nicht auf den populären Schriftsteller verzichten und gab bei ihm sogar ein Filmprojekt in Auftrag: Ende 1937 schloß Fallada mit der Tobis-Filmgesellschaft einen Drehbuch-Vertrag für *Der eiserne Gustav*. Der Streifen sollte die Protestfahrt, die der Droschkenkutscher Gustav Hartmann 1927/28 von Paris nach Berlin unternommen hatte, als deutsche Heldentat darstellen. Falladas ursprüngliches Drehbuch wurde allerdings vom Propagandaministerium zurückgewiesen, da es die Geschichte in der Weimarer Republik beließ. Eine diesbezüglich geänderte Fassung fand Goebbels' Billigung, so daß die Dreharbeiten zwar beginnen konnten, auf Intervention von Rosenberg im Oktober 1938 aber abgebrochen wurden. Dennoch veröffentlichte Fallada 1938 den *Eisernen Gustav*, und zwar mit den meisten der vom Propagandaministerium angemahnten Änderungen, die darin gipfelten, daß der Sohn des Eisernen Gustav in die NSDAP eintritt und am Ende des Romans dafür den Segen seines Vaters erhält. Das Amt Rosenberg ließ den Roman trotz alledem negativ besprechen und ihn auf die ›Liste des schädlichen und unerwünschten Schrifttums‹ setzen.

In der Folgezeit schrieb Fallada weiter Unterhaltungsromane wie *Kleiner Mann, großer Mann – alles vertauscht* (Stuttgart 1939) – noch im selben Jahr unter dem Titel *Himmel, wir erben ein Schloß* verfilmt – und *Der ungeliebte Mann* (Stuttgart 1940) sowie die autobiografischen Bücher *Damals bei uns daheim* (Berlin 1943) und *Heute bei uns zu Haus* (Stuttgart 1943). Eine Veröffentlichung des

Romans *Ein Mann will hinauf* scheiterte, weil Fallada diesmal die Forderung des Propagandaministeriums, die Handlung in die NS-Zeit hinein zu verlängern, ablehnte.

Aber 1943 war Fallada nochmals für den NS-Staat tätig: Er reiste im Auftrag des Reichsarbeitsdienstes nach Frankreich und in das ›Sudetengau‹, um über die dortigen RAD-Lager zu berichten. Im Juni 1943 zeigte das Propagandaministerium zudem besonderes Interesse an einem Roman-Projekt, das Fallada 1941 vorgeschlagen hatte. Es sollte von den Verwicklungen des osteuropäischen Juden Ivan Kutisker in einen Banken- und Spekulationsskandal handeln. Das Propagandaministerium erwartete von Fallada einen antisemitischen Roman über diese Ereignisse, der im Heyne-Verlag erscheinen sollte, und zahlte ihm im April 1944 einen Vorschuß von 1000 Reichsmark. Das Manuskript ist nicht erhalten, und der Roman wurde nie veröffentlicht. Ob er den ideologischen Erwartungen des Propagandaministeriums entsprochen hätte, ist nicht zu sagen, aber aus Falladas Reichsschrifttumskammerakte geht hervor, daß er bereits am 4. Juli 1943 seiner Sekretärin Else Marie Bakonie gegenüber, die sich offenbar geweigert hatte, das Manuskript zu tippen, den Vorwurf des Antisemitismus zurückwies:

> »Wegen Ihrer geradezu gehässigen Bemerkungen über den Kutisker-Roman verdienen Sie gründlich eines auf's Dach. Sie glauben doch nicht, daß der Fallada, der's in der Ungnade nicht getan hat, jetzt, da die Sonne etwas heller scheint, einen billigen antisemitischen Roman im Stürmer-Stil schreiben wird? (Ganz abgesehen davon, daß er das gar nicht könnte!) Sie wissen doch, daß mich dies Kutisker-Thema schon seit über 2 Jahren beschäftigt und daß nur Gründe, die im Stoff liegen, mich von der Ausführung abgehalten haben! Ich kann Ihnen nur sagen, daß mein Roman nicht annähernd so pöbelhaft antisemitisch ausfallen wird, wie ein gewisser Jud Süss von einem gewissen Lion Feuchtwanger (Die gebildeten Juden waren ja überhaupt immer die schlimmsten Antisemiten!).«

Insgesamt war Falladas literarische Tätigkeit im ›Dritten Reich‹ beträchtlich. Davon zeugen auch die noch erhaltenen Einkommens-Angaben gegenüber der Reichsschrifttumskammer. Demnach stiegen seine Einkünfte von 48466 RM im Jahr 1939 bis auf 74891 RM im Jahr 1942. Aber die Kehrseite dieses finanziellen Erfolgs waren erhebliche psychische Belastungen und eine sich kontinuierlich verschlimmernde Drogensucht; denn Fallada wußte um den Argwohn der NS-Behörden ebenso wie um sein Unvermögen, den ständig drohenden Repressionen des nationalsozialistischen Machtapparats dauerhaft zu widerstehen.

Weitere Bücher:

Jeder stirbt für sich allein. Berlin 1947. – Der Trinker. Hamburg 1950.

Literatur:

Jürgen Manthey: Hans Fallada in Selbstzeugnissen und Bilddokumenten. Reinbek bei Hamburg 1963. – Gerhard Terwort: Hans Fallada im Dritten Reich. Frankfurt am Main/Berlin/Bern u.a. 1992. – Werner Liersch: Hans Fallada. Sein großes kleines Leben. Hildesheim 1993. – Gunnar Müller-Waldeck und Roland Ulrich: Hans Fallada – Sein Leben in Bildern und Briefen. Berlin 1997. – Cecilia von Studnitz: Es war wie ein Rausch: Fallada und sein Leben. Düsseldorf 1997. – Jenny Williams: More Lives than One: A Biography of Hans Fallada. London 1998.

FINCK, Werner

**2.5.1902 Görlitz, †31.7.1978 München*

Der Sohn eines Apothekers verließ bereits mit 17 Jahren das Gymnasium in Görlitz, besuchte die Kunstschule Dresden und lernte auf der staatlichen Kunstgewerbeakademie Plakatmalerei. Nach kurzen und erfolglosen Zwischenspielen als Werbeunternehmer und Zeitungsvolontär tingelte Finck als wandernder Märchenerzähler und Mitglied verschiedener Laienspielgruppen durch die Weimarer Republik. Nach Engagements im schlesischen Bunzlau und am Darmstädter Landestheater kam er 1928 nach Berlin. Dort trat er zunächst im jungen Boheme-Kabarett *Die Unmöglichen* auf und eröffnete im Oktober 1929 sein eigenes Kabarett, *Die Katakombe.* Abend um Abend gab Finck hier, zunächst halb verdeckt vom Bühnenvorhang, seine Conférencen. Er vermied jeden Propagandaton und hatte seine angeborene Schüchternheit zu einem Stilmittel ausgebildet. Seine Eigenart, auf humorige Weise zu entlarven, was es zu attackieren galt, wie auch seine Fähigkeit, nuschelnd und stotternd Pointen zu provozieren, ohne sie direkt auszusprechen, machten ihn bald zum Intimfeind des Propagandaministers Joseph Goebbels – zumal Finck sich nicht scheute, diesen persönlich anzugreifen: »Die Lüge«, so eines seiner Bonmots, »hat in Deutschland ein zu kurzes Bein.«

Finck hatte vor allem eine Redeform gefunden, gegen die die NS-Zensoren machtlos zu sein schienen. Seine Technik des Halbsatzes und der beredten Andeutungen war so subtil, daß sie Zensoren, Spitzel und die in sein Kabarett geschickten Provokateure gleichermaßen ratlos ließ; denn Finck zwang sie, jene subversiven Schlüsse zu ziehen, die er selbst nie in den Mund nahm. Wollten die Humor-Kontrolleure sich nicht selbst staatsfeindlicher Gedanken bezichtigen, konnten sie nicht aussprechen, was doch jeder dachte.

1935 war Goebbels schließlich mit seiner Geduld am Ende: Am 9. Mai hatte Finck in der *Katakombe* den Sketch *Beim Herrenausstatter* aufgeführt, in dem anläßlich einer Anzugsanprobe der Repressionscharakter des ›Dritten Reichs‹ Kleidungsstück für Kleidungsstück durchdekliniert wurde. Mit im Publikum saß – wie an fast jedem Abend – ein Beamter der Berliner Gestapo und notierte: »Das Lokal war voll besetzt, und der Saal umfaßte etwa 200 Personen, davon etwa 3 Prozent Juden. Uniformen, Partei- und sonstige Abzeichen waren nicht zu sehen – Bürgerliches Publikum – der Ansager war Werner Finck. Dieser und Heinrich Griesen sind die Witzemacher. Fast jede Darbietung war von Witzen und zum Teil groben Anzüglichkeiten begleitet, welche sich gegen den Staat und einzelne Persönlichkeiten richteten.« Am nächsten Tag wurde *Die Katakombe* polizeilich geschlossen. Finck und andere Kabarettisten wurden von der Gestapo verhaftet und nach mehrtägigem Verhör in das KZ Esterwegen bei Papenburg im Emsland überführt. Goebbels höchstpersönlich hatte ihnen »6 Wochen Lager mit körperlicher Arbeit« verordnet. Am 1. Juli 1935 wurde Finck, mit vorläufigem Arbeits- und Auftrittsverbot belegt, entlassen. Eine Verhandlung vor dem Sondergericht des Landgerichts Berlin wegen Vergehen gegen das ›Heimtückegesetz‹ endete mit einem Freispruch. Finck hatte die inkriminierten Sketche vor Gericht noch einmal vorgespielt, was ein deutlich vernehmbares Gelächter aller Prozeßbeteiligten zur Folge gehabt haben soll.

1936 konnte Finck schon wieder auftreten und schrieb Kolumnen für das *Berliner Tageblatt* – im Jahr der Olympischen Spiele wollte sich das NS-Regime der Welt als liberal präsentieren. Anfang 1939 aber erhielt Finck endgültig Auftrittsverbot und wurde aus der Reichskulturkammer ausgeschlossen. Um weiteren Repressionen zu entgehen, meldete er sich freiwillig zur Wehrmacht.

Nach dem Krieg, den Finck als Unteroffizier und mit dem Eisernen Kreuz zweiter Klasse dekoriert überstand, war ihm die Lust am Kabarett zunächst vergangen. Nach der Hitler-Diktatur, so Finck, gäbe es nichts mehr zu kritisieren. Bereits 1947 aber tourte er wieder durch Deutschland. Sein Soloprogramm *Kritik der satirischen*

Vernunft war die humoristische Aufarbeitung seines Überlebens als Kabarettist im ›Dritten Reich‹.

Weitere Bücher:
Werner Finck: Alter Narr – was nun? Frankfurt am Main 1992.

Literatur:
Volker Kühn (Hrsg.): Deutschlands Erwachen. Kabarett unterm Hakenkreuz. 1933–1945. Weinheim/Berlin 1989.

FINCKH, Ludwig

**21.3.1876 Reutlingen, †8.3.1964 Gaienhofen*

Der Apothekersohn studierte zunächst Jura in Tübingen, München sowie Leipzig und danach in Freiburg und Berlin Medizin (Promotion 1904). Bereits 1900 hatte Finckh mit *Fraue du, du Süße* (Dresden) seinen ersten im Brettlstil gehaltenen Gedichtband veröffentlicht. 1905 ließ er sich mit seinem Studienfreund → Hermann Hesse in Gaienhofen nieder. Für seine zweite Lyriksammlung *Rosen* (Stuttgart 1906) schrieb Otto Julius Bierbaum ein launiges Vorwort und bezeichnete Finckh als »echten Frauenlob«. Die eher anspruchslosen, aber sehr erfolgreichen Erzählungen *Der Rosendoktor* (Stuttgart 1906) und *Die Reise nach Tripsdrill* (München 1911) markieren Finckhs Hinwendung zur Heimatliteratur.

Nach dem Ersten Weltkrieg attackierte er in seinen antirevolutionären Schriften und Reden die Veränderungen in Deutschland und fand vor allem bei der bündischen Jugend Beifall. Sein unreflektiertes Verhältnis zum ›Deutschtum‹ führte ihn zum einen ab 1922 auf Propagandareisen nach Osteuropa und zur Glorifizierung der dort lebenden Deutschen (*Bruder Deutscher.* Stuttgart 1925), zum anderen zur Verehrung der Vorfahren – zuerst im *Ahnenbüchlein* (Stuttgart 1921) und danach in zahlreichen ähnlichen Publikationen, die in der Forderung gipfelten, auf »gute Rasse«, »hochwertige Erbteile« und »unverdorbenes Blut« zu achten. Mit seinen Beiträgen stellte sich Finckh bewußt in den Dienst der nationalsozialistischen Ideologie. In seinen Erzählungen propagierte er die Verbundenheit mit der ›Scholle‹ als positiven Wert: »Im Bauerntum liegt der Keim unserer Wiedergeburt«, heißt es zum Beispiel in *Die Jakobsleiter* (Stuttgart 1920, unter dem Titel *Die Wolkenreiter* 1943 wieder aufgelegt). Die Freundschaft zu Hermann Hesse kühlte deutlich ab: »Jetzt, im Reich der Lautsprecher, hat er mich plötzlich verraten«, notierte Hesse im Sommer 1933 in sein Tagebuch.

Während der NS-Zeit wurde der »Ahnen-Finckh« auf vielfältige Weise gefördert. Unter anderem erhielt er 1936 den Schwäbischen Dichterpreis. Aber an seine früheren Erfolge konnte er nicht mehr anknüpfen. Noch 1937 beklagte Hellmuth Langenbucher in seiner offiziösen Literaturgeschichte *Volkhafte Dichtung der Zeit*, daß der Einsatz Finckhs für die »Erneuerung des deutschen Lebens ... viel zu wenig bekannt sei«. Die völkisch orientierte Literaturbetrachtung hob zwar Finckhs Ahnenbücher (z.B. *Die Ahnenburg*. Stuttgart 1935) und die historisierenden Romane (z.B. *Ein starkes Leben*. Tübingen 1936) immer wieder hervor, aber die ideologisch überfrachteten Bände fanden nur noch verhältnismäßig wenige Käufer.

Nach dem Ende der NS-Herrschaft wandte sich Finckh wieder ausschließlich seiner verklärenden Heimatliteratur zu, die allerdings trotz der Aktivitäten des 1955 gegründeten und 1997 aufgelösten Ludwig-Finckh-Freundeskreises keine überregionale Beachtung fand. In Gaienhofen wird sein Andenken bis heute gepflegt. Im Hegau heißt ein Hauptwanderweg nach ihm, weil er zwischen 1935 und 1939 die Abtragung des (Basalt-)Bergs Hohenstoffeln verhindert hatte – und zwar im Bündnis mit Heinrich Himmler. Die über Finckh erschienenen Bücher haben durchweg apologetischen Charakter.

Weitere Bücher:

Das dichterische Werk. 7 Bde., Stuttgart 1926. – Der Kampf um den Hohenstoffeln (1912–1939). Gaienhofen 1952. – Ausgewählte Werke. 2 Bde., Stuttgart 1956. – Himmel und Erde. Acht Jahrzehnte meines Lebens. Stuttgart 1961.

Literatur:

Gertrud Fink: Ludwig Finckh. Leben und Werk. Tübingen 1936. – Eugen Thurnher: Familiengeschichtliche Fragen in den Werken Ludwig Finckhs. (Diss.) Wien 1937. – Gotthold Wurster: Leben und Werk. München 1941 (= Der deutsche Finckh. Bd. 1). – Werner Dürr (Hrsg.): Aus der Stille kam dir Kraft. Stuttgart 1956. – Ludwig Finckh zum 100. Geburtstag am 21.3.1976. Ulm 1976. – Eugen Wendler: Ludwig Finckh. Ein Leben als Heimatdichter und Naturfreund. Reutlingen 1985. – Kurt Oesterle: Doktor Faust besiegt Shylock. Wie Ludwig Finckh den Hohenstoffeln rettete und wie der Reichsführer-SS Heinrich Himmler als sein Mephisto ihm dabei half. In: Allmende 18 (1998), S. 238–271.

FLAKE, Otto

**29.10.1880 Metz, †10.11.1963 Baden-Baden*

Der Sohn eines Justizbeamten studierte Germanistik, Philosophie, Sanskrit und Kunstgeschichte an der Universität Straßburg. Das Studium schloß Flake nicht ab. Er gab zusammen mit René Schickele und Ernst Stadler von 1902 an die Zeitschrift *Der Stürmer* (1903 umbenannt in *Der Merker*) heraus, wurde 1907 Feuilletonchef des *Leipziger Tageblatts*, arbeitete ab 1909 als freier Schriftsteller und unternahm ausgedehnte Reisen durch Europa. 1918 war Flake kurzzeitig mit den Zürcher Dadaisten assoziiert, wandte sich dann aber wieder konventionelleren Erzählformen zu und verfaßte historische Romane sowie fiktionalisierte Biografien.

Im Oktober 1933 gehörte Flake, der ab 1928 in Baden-Baden lebte, zu jenen 88 deutschen Schriftstellern, die Hitler gegenüber ein »Gelöbnis treuester Gefolgschaft« ablegten. Allerdings gab der kosmopolitisch und antinationalistisch eingestellte Autor diese Loyalitätserklärung in erster Linie seinem Verleger Samuel Fischer zuliebe ab. Das jüdische Verlagshaus hoffte noch, sich mit den neuen Machthabern arrangieren zu können. Flake selbst hatte für die Nationalsozialisten nur Verachtung und Spott übrig. Seine vierte Frau Marianne, Tochter jüdischer Geschäftsleute, wurde in seiner Reichsschrifttumskammerakte als »Mischling I« geführt, die Familie lebte isoliert und sah sich zunehmendem Druck ausgesetzt. In *Anselm und Verena* (Berlin 1935), dem zweiten Teil seiner *Badischen Chronik*, bemerkt die Hauptfigur über das ›Mischblut‹ seiner Frau: »Er fand es schön, daß die Zärtlichkeit und Wärme vieler Rassen sich in ihr vermengten«. Rosenbergs Amt Schrifttumspflege begriff, daß sich hier jemand über die nationalsozialistische Rassenideologie lustig machte und fällte im April 1936 ein eindeutiges Urteil: »[F]ür Volksbibliotheken jeder Art ist das Buch scharf abzulehnen.« Auch Flakes folgende Arbeiten, die Biografien *Türkenlouis* (Berlin 1937) und *Die großen Damen des Barock* (Berlin 1939), wurden von Presse und Buchhändlern gleichermaßen totgeschwiegen.

Flake zog sich zurück und arbeitete in seiner Baden-Badener Abgeschiedenheit an dem 1600seitigen *Fortunat* (Baden-Baden 1946), einem Bildungsroman, der nahezu das gesamte 19. Jahrhundert umspannt. Seine Einsiedelei und Konzentration auf historische Themen – von ihm selbst als »Flucht in die Vergangenheit« bezeichnet (zitiert nach: Schäffner, S. 68) – waren u.a. dafür verantwortlich, daß dieser brillante Stilist nach dem Krieg weitgehend in Vergessenheit geriet.

Weitere Bücher:
Hortense oder die Rückkehr nach Baden-Baden. Berlin 1933. – Der Straßburger Zuckerbeck und andere Märchen. Berlin 1933. – Badische Chronik I: Die junge Monthiver. Berlin 1934. – Die Töchter Noras. Berlin 1934. – Sternennächte am Bosporus. Berlin 1936. – Scherzo. Berlin 1936. – Personen und Persönchen. Berlin 1938. – Das Quintett. Berlin 1943.

Literatur:
Michael Farin: Otto Flake – Annäherungen an einen Eigensinnigen. Baden-Baden 1985. – Gerd Stockbrand: Otto Flake und der literarische Expressionismus. Würzburg 1988. – Ferruccio Delle Cave (Hrsg.): Die Unvollendbarkeit der Welt: Ein Symposium über Otto Flake. Bozen 1992. – Klaus Schäffner: ›Otto Flake‹, in: Hans-Joachim Fliedner (Hrsg.): Dichter am Oberrhein. Offenburg 1993, S. 43–73. – Friedrich Denk: Die Zensur der Nachgeborenen – Zur regimekritischen Literatur im Dritten Reich. Weilheim 1996, S. 320–325.

FRENSSEN, Gustav

**19.10.1863 Barlt/Dithmarschen, †11.4.1945 Barlt*

Der Sohn eines Tischlermeisters studierte in Tübingen, Berlin und Kiel Theologie. 1890 wurde er Diakon in Hennestadt, zwei Jahre später Pastor in Hemme. 1896 veröffentlichte er seinen ersten Roman *Die Sandgräfin* (Berlin). Mit den zunächst als Anregung für die Kollegen gedachten, dann aber überaus populären *Dorfpredigten* (3 Bde., Göttingen 1899–1902) gelang ihm ein Bestseller, dem in den nächsten Jahren zahlreiche weitere folgten: *Jörn Uhl* (Berlin 1901), *Hilligenlei* (Berlin 1905), *Peter Moors Fahrt nach Südwest* (Berlin 1906), *Klaus Hinrich Baas* (Berlin 1909), *Der Untergang der Anna Hollmann* (Berlin 1911) und *Bismarck* (Berlin 1914).

Frenssen, der seit 1902 seinen Beruf nicht mehr ausübte und als freier Schriftsteller in Meldorf, Blankenese und zuletzt wieder in Barlt lebte, zählt zu den erfolgreichsten deutschen Autoren in der ersten Hälfte des 20. Jahrhunderts. Seine Bücher spielen im Milieu von norddeutschen Bauern und Pastoren, der Lebenswelt, die Frenssen am besten kannte. Er lieferte Lesestoff für ein breites (klein-)bürgerliches Publikum, das sich auch mit den gesellschaftspolitischen Inhalten zu identifizieren schien. Denn obwohl

Frenssen von 1896 bis 1903 Mitglied des ›National-Sozialen Vereins‹ Friedrich Naumanns gewesen war und später mit der Sozialdemokratie sympathisierte, zeigten sich schon in seinen frühen Werken, wie Dietrich Stein analysierte, »wesentliche Themen und ideologische Vorstellungen, die Gustav Frenssen in seiner schriftstellerischen Tätigkeit weiterhin beschäftigen werden: Kritik der bürgerlichen Moral, wie sie sich im wilhelminischen Deutschland ausgeprägt hat, und Forderung nach einer Sexualität, die sich wesentlich auf biologistisch-rassistische Vorstellungen gründet, außerdem ein von nationalem Chauvinismus und Rassenideologien geprägtes völkisches Denken«. Im Ersten Weltkrieg ließ sich Frenssen mit dem kleinen Text *Ein Brief* (Berlin 1916) und dem Roman *Die Brüder* (Berlin 1917) in die nationalistische Propaganda einspannen. Trotzdem stand er der Weimarer Republik zunächst nicht ablehnend gegenüber, er begrüßte sogar die Oktoberrevolution. Für einige rechtskonservative Kritiker galt Frenssen sogar als Sozialist. Allerdings sah er in der Demokratie nur eine Übergangsform. Eigentlich strebte Frenssen in seinem recht diffusen Politikverständnis ein wie auch immer geartetes ›Reich‹ an, ein starkes Deutschland mit deutlich autoritären Strukturen.

1926 erschien sein Entwicklungsroman *Otto Babendiek* (Berlin), der seit einem vehementen Plädoyer von Arno Schmidt (*Ein unerledigter Fall*, zuerst als Hörfunksendung des SDR am 4.11.1963, dann in: Ders.: *Die Ritter vom Geist. Von vergessenen Kollegen*. Karlsruhe 1965, S. 90–165) als »gutes Meisterstück zweiten Ranges« und als »exemplarischer Text literarischer und gesellschaftlicher Anti-Moderne« (Norbert Mecklenburg) gehandelt wurde. Die schwierigen wirtschaftlichen Verhältnisse und seine Sorge um die Zukunft Deutschlands ließen Frenssen zu Beginn der dreißiger Jahre in die Nähe der Rechtsparteien rücken. Hitlers Machtübernahme wurde für ihn zum Schlüsselerlebnis. Endlich schien er den von ihm ersehnten politischen Führer gefunden zu haben. Seine Bücher, die nach 1933 herauskamen, sind fast ausnahmslos übelste nationalsozialistische Propaganda, getragen von einer irrationalen Hitler-Verehrung. Frenssen wurde zum willigen Werkzeug. Die NS-Kulturbürokratie war froh, einen populären Schriftsteller fast nach Belieben publizistisch einsetzen zu können; und Frenssen genoß seinerseits die Aufmerksamkeit und die Auszeichnungen, die ihm zuteil wurden. Schon 1933 war er in die ›gleichgeschaltete‹ Dichterakademie aufgerückt. Im selben Jahr erhielt er den Raabe-Preis. 1938 wurde er von Hitler mit der Goethe-Medaille

Gustav Frenssens »Recht oder Unrecht – mein Land«

geehrt. Das Manuskript seines 1936 erschienenen Buchs *Der Glaube der Nordmark* (Stuttgart), in dem Frenssen einen germanisch-völkischen Gottglauben forderte, erwarb der Gauleiter von Schleswig-Holstein für eine monatliche Ehrenrente. Für den NS-Terror fand Frenssen immer wieder neue Begründungen und anerkennende Worte. In *Vorland. Grübeleien* (Berlin 1937) predigte er sogar eine Euthanasiepolitik, die noch über die nationalsozialistische hinausging. Ein Jahr später lieferte er mit *Der Weg unseres Volkes* (Berlin 1938) eine historische Gesamtschau, die in ein emphatisches Lob für Adolf Hitler mündete. In seinem *Lebensbericht* (Berlin 1940) versuchte Frenssen seine eigene Biografie so umzudeuten, daß sie zu einer konsequenten Entwicklung vom deutsch-nationalen zum nationalsozialistischen Schriftsteller wurde. Agitatorischer Höhepunkt seines publizistischen Schaffens ist die in Stil und intellektueller Reflexion äußerst dürftig geratene Kampfschrift *Recht oder Unrecht – mein Land!* (Berlin 1940). Frenssen verteidigte darin die deutsche Aggression, die zum Zweiten Weltkrieg geführt hatte, und die Judenverfolgung:

»Als unser Volk 1918, ausgeblutet ... an seinem eigenen Wesen – man begreife, was das bedeutet! – verzweifelt war ... da geschah etwas Ungeheuerliches. Da griff das kleine fremde jüdische Volk, verlockt von der wunderbaren Gelegenheit, in wilder, in unsagbarer Taktlosigkeit, in toll gewordener Gier nach der Herrschaft über das deutsche Volk ... Da war kein Geldstück in unserem Land, kein Beschluß in Politik und Verwaltung, kein Hörsaal, keine Volksschulklasse, auf denen nicht die Hand der Juden lag. Und da war keine Zeitung und kein Buch im Land, das nicht von jüdischem Geist und jüdischer Macht beleuchtet oder beschattet war! Das deutsche Volk erholte sich vom Mordanschlag von Versailles. Es

erholte sich so weit, daß es auf seinen Knien liegen konnte. Dann kam ein Mann und machte es wach. Noch halb betäubt, erhob es sich von den Knien und stand wieder auf seinen Füßen. Noch betäubt, noch wankend. Es sah sich um. Was sah es? Was war das erste, was es sah? Daß das fremde kleine Volk sein Herr war. Und es verhöhnte. Was geschah? ... Was geschah? Ja, was konnte anders geschehen, als daß dies deutsche Volk rasend wurde? Über solche unsagbare Schmach! Von denen ihm angetan, die es hundert Jahre lang freundlich unter sich geduldet hatte? Es wurde rasend. Es jagte die Meisten weg. Es jagte sie aus dem Land. Es säuberte den Boden seiner uralten Heimat von denen, die das uralte, heilige, allgemein menschliche Recht, das Gastrecht, das beiderseitige Gastrecht, das selbst in Mittelasien heilig gehalten wird, so über die Maßen schandvoll mit Füßen getreten.«
1942 ließ Frenssen mit seiner *Lebenskunde* (Berlin) ein Buch folgen, in dem er sich noch einmal im nationalsozialistischen Sinn mit »Menschenzucht nach biologischen Gesetzen« beschäftigte. Daneben lieferte er in den letzten Kriegsjahren (und damit auch in seinen letzten Lebensjahren) Durchhalteparolen für den Rundfunk und für die Reichspressestelle der NSDAP.

Nach 1945 sind Bücher von Frenssen nur noch vereinzelt und von kleinen Verlagen wiederveröffentlicht worden, zuletzt, 1996, *Otto Babendiek* von dem Edel-Versand Manufactum. Erst in den achtziger Jahren hatte in der Heimat Frenssens eine intensivere Diskussion über den Autor eingesetzt, nach dem noch zahlreiche Straßen in Norddeutschland benannt waren.

Weitere Bücher:
Meino, der Prahler. Berlin 1933. – Von Saat und Ernte. Berlin 1933. – Die Witwe von Husum. Berlin 1935. – Geert Brügge. Berlin 1935 (als Bühnenmanuskript: München 1934). – Prinz Wilhelm. Berlin 1937. – Land an der Nordsee. Leipzig 1938. – Der Landvogt von Sylt. Berlin 1943. – Gesammelte Werke. 6 Bde., Berlin 1943. – Texte (hrsg. von Otto Jordan). Bohmstedt 1978.

Literatur:
Friedrich Wilhelm Kantzenbach: Nationalprotestantismus und Nationalsozialismus. Tatsachen, Beobachtungen, Fragen. Unter besonderer Berücksichtigung des politischen Weges Gustav Frenssens. In: Schriften des Vereins für Schleswig-Holsteinische Kirchengeschichte. II. Reihe. Bd. 26/27 (1970), S. 84–144. – Paul S. Adams: The Vision of Germany's Rebirth in the Novels of Gustav Frenssen, Georg von Ompteda and Jakob Wassermann. Vancouver (Diss.) 1973. – Rita Thalmann: Protestantisme et Nationalisme en Allemagne (de 1900 à 1945). Paris 1976 (bes. S. 67–179). – Otto Jordan: Gustav Frenssen-Bibliographie. Bohmstedt 1978. – Erwin Breßlein: Völkisch-faschistoides und nationalsozialistisches Drama. Frankfurt am Main 1980 (bes. S. 393–412). –

Norbert Mecklenburg: Zwischen ›poetischem‹ Realismus und Faschismus: Gustav Frenssens »Otto Babendiek«. In: Ders.: Regionalismus und Moderne im Roman. Königstein 1982, S. 113–128. – Gerwin Zohlen: Jörn Uhl von Gustav Frenssen. In: Marianne Weil (Hrsg.): Wehrwolf und Biene Maja. Der deutsche Bücherschrank zwischen den Kriegen. Berlin 1986, S. 127–147. – Thomas Krömmelbein: *Gerechtigkeit findet dort statt, wo man trotzdem preist.* Arno Schmidt und Gustav Frenssen. In: ZETTELKASTEN 6. Frankfurt am Main 1988, S. 47–93. – Michael Töteberg: Sorry, Arno Schmidt! Ein kritisches Nachwort zum Frenssen-Funkessay – 25 Jahre später. In: ZETTELKASTEN 8. Frankfurt am Main 1990, S. 189–206. – Walter Ebert: Zum Weltbild konservativer und völkisch-nationaler Autoren um 1900/10: Gustav Frenssens ›Jörn Uhl‹, Paul Ernsts ›Der schmale Weg zum Glück‹ und Hermann M. Poperts ›Helmut Harringa‹. Drei Kapitel zu einer ›anderen‹ Literaturgeschichte. Leipzig (Diss.) 1990. – Uwe-Karsten Ketelsen: Das ›Niederdeutsche‹ als literarisches Konzept emotionaler Krisenbewältigung. Eine historische Analyse der Erzählkonzeption von Gustav Frenssens Roman ›*Jörn Uhl*‹. In: Ders.: Literatur und Drittes Reich. Schernfeld 1992, S. 148- 171. – David Kenosian: The colonial body politic. Desire and violence in the works of Gustav Frenssen and Hans Grimm. In: Monatshefte für deutschsprachige Literatur und Kultur 89 (1997), S. 182–195. – Kay Dohnke/Dietrich Stein: Gustav Frenssen in seiner Zeit (mit Bibliographie). Heide 1997.

FRISCH, Max

**15.5.1911 Zürich, †4.4.1991 Zürich*

Der Sohn eines Schweizer Architekten nahm nach dem Abitur 1930 ein Germanistik-Studium an der Universität Zürich auf. Sein akademisches Umfeld war ausgesprochen reaktionär: Er studierte bei Emil Ermatinger, der 1935 ein Huldigungstelegramm an Hitler unterzeichnen sollte, bei Robert Faesi, der ebenfalls antidemokratisch und konservativ gesinnt war, und freundete sich mit Emil Steiger, Mitglied der profaschistischen »Nationalen Front«, an. Der frühe Tod seines Vaters zwang Frisch 1932, sein Studium abzubrechen. Er mußte den Unterhalt für sich und seine Mutter aufbringen und schrieb Rezensionen, Reise- und Sportberichte sowie kürzere literarische Texte vor allem für die *Neue Zürcher Zeitung*. Faesi hatte ihn Eduard Korrodi, dem Feuilletonchef der *NZZ*, empfohlen, der sich 1936 mit einer Attacke gegen die »Linksemigranten und Juden in der Schweiz« (s. Huonker S. 163f.) hervortun sollte.

Auf einer Balkanreise begann Frisch 1933 mit der Arbeit an seinem ersten Roman (*Jürg Reinhart*. Stuttgart 1934), einem autobiografisch geprägten Entwicklungsroman, den er im darauffolgenden Winter fertigstellte und in der Deutschen Verlagsanstalt veröffentlichte. 1935 reiste Frisch im Auftrag der *NZZ* nach Deutschland. Es entstand das *Kleine Tagebuch einer Deutschen Reise*, das im April/Mai 1935 in vier Folgen in der *NZZ* erschien. Frisch suchte auf dieser Reise durch den NS-Staat das »geistige Deutschland, dessen klassische Sprache uns künstlerisches Vorbild ist«, und das er von der »brüllende[n] Masse« unterschieden sehen wollte. Angesichts einer naturwissenschaftlichen Exposition in Berlin notierte er: »Was diese Ausstellung über die Juden bringt, die sie als auserwähltes Volk verspottet, läßt es uns äußerst schwer werden, über diesem dritten Reich das ewige Deutschland nicht zu vergessen; und man möchte wohl wünschen, daß das heutige Reich nach jenem notwendigen Zurückdämmen die Rassenfrage nicht länger auf die Spitze treibe.« Diese zaghafte Kritik ist charakteristisch für Frischs Äußerungen zum ›Dritten Reich‹. Seine Haltung war geprägt von dem Bewußtsein einer unmittelbaren Bedrohung der Schweiz, die offene Provokationen der Nationalsozialisten verbot. »Geistige Landesverteidigung« nannte Frisch diese Taktik in einem Brief vom 4. August 1938 an den jüdischen Karikaturisten Gregor Rabinovitch, dessen Deutschland-kritische Zeichnungen im *Nebelspalter* er in demselben Schreiben attackierte. Frisch entsprach damit der Politik der Schweizer Regierung, die den Medien eine allgemeine Zurückhaltung dem NS-Staat gegenüber vorschrieb.

Mittlerweile war Frisch allerdings nicht mehr literarisch tätig. Er hatte 1936 seine Manuskripte vernichtet und sich an der Eidgenössischen Technischen Hochschule Zürich für ein Architekturstudium immatrikuliert. Erst 1939, während seines Militärdienstes, begann Frisch wieder regelmäßig zu schreiben. 1940 erschien das *Tagebuch eines Kanoniers* (Zürich 1940), und 1943 veröffentlichte er den Roman *J'adore ce qui me brûle* (Zürich 1943), der auch in Deutschland erschien. Zwar hatte Frisch 1938, als sein erster Verlag, die DVA, mit dem nationalsozialistischen Erler Verlag fusionierte, zum Zürcher Atlantis Verlag gewechselt, seine Präsenz auf dem deutschen Buchmarkt wurde dadurch aber nicht eingeschränkt, denn auch das neue Verlagshaus unterhielt gute Beziehungen zum deutschen Buchmarkt.

Erst gegen Ende des Zweiten Weltkriegs wagte Frisch eine direkte künstlerische Auseinandersetzung mit dem Faschismus: In dem Theaterstück *Nun singen sie wieder. Versuch eines Requiems*, das am 29. März 1945 in Zürich uraufgeführt wurde, thematisierte er die Frage von Schuld und Verantwortung des Einzelnen gegenüber den Verbrechen des NS-Regimes und kam zu dem Schluß, daß »die Schuld nicht der brutalen Unmenschlichkeit, sondern dem Versagen des Geistes vor der Gewalt zugeschrieben wird« (Brief an einen Kritiker des Stücks in der *NZZ* vom 23.5.1945). Damit wandte sich Frisch nicht nur gegen die schweizerische Position einer Neutralität aus Gründen der Staatsraison, sondern auch gegen jene Strategie des vorsichtigen Schweigens, die er selbst als Schriftsteller praktiziert hatte.

Literatur:
Walburg Schwenke: Leben und Schreiben: Max Frisch – Eine produktionsästhetische Auseinandersetzung mit seinem Werk. Frankfurt am Main/Bern 1983. – Walter Schmitz: Max Frisch: das Werk (1931–1961) – Studien zu Tradition und Traditionsverarbeitung. Bern 1985. – Ders. (Hrsg.): Max Frisch. Frankfurt am Main 1987. – Urs Bircher: Vom langsamen Wachsen eines Zorns. Max Frisch 1911–1955. Zürich 1997. – Volker Haage: Max Frisch. Reinbek bei Hamburg 1999.

FUSSENEGGER, Gertrud

**8.5.1912 Pilsen*

Gertrud Fussenegger wurde im galizischen Pilsen geboren, wo ihr Vater als Hauptmann eines K.u.k.-Infanterieregiments stationiert war. Als Folge des Ersten Weltkriegs siedelte die Familie 1921 nach Telfs in Tirol über. Von 1930 an studierte Fussenegger in Innsbruck und München Geschichte, Kunstgeschichte und Philosophie und wurde 1934 mit einer Arbeit über den Rosenroman promoviert. Im Januar desselben Jahres hatte sie an einer illegalen studentischen Demonstration teilgenommen, bei der sie, wie es in den Unterlagen der Disziplinarkammer der Universität Innsbruck heißt, »das Horst Wessellied mitsang und die Hand zum Hitlergruß erhob. Sie wurde mit 150 S Geldstrafe bestraft.« Fussenegger war bereits am 1. Mai 1933 in die NSDAP Österreichs eingetreten, hatte sich im Februar 1935 einer NS-Studentinnengruppe angeschlossen und diese bis zu ihrer Übersiedlung ins »Altreich« im November desselben Jahres geleitet. In Deutschland wurde sie 1938 in die NSDAP aufgenommen (der Mitgliedsantrag vom 22.6.1938 befindet sich in ihrer Reichsschrifttumskammerakte).

1937 debütierte Fussenegger mit dem historischen Roman *Geschlecht im Advent* (Potsdam 1937), einer mythische Familiengeschichte um Arnulf, den Karolingerkönig des 10. Jahrhunderts. Historisch sind auch die Stoffe der nachfolgenden Prosatexte, die im Zeitalter der Kreuzzüge (*Die Mohrenlegende*. Potsdam 1937) bzw. im Dreißigjährigen Krieg (*Der Brautraub*. Potsdam 1939, *Die*

Leute auf Falbeson. Jena 1940) spielen. Neben ihren Buchpublikationen veröffentlichte Fussenegger von 1937 bis 1941 Anekdoten, Rezensionen, Erzählungen und Gedichte im Münchner sowie im Wiener *Völkischen Beobachter*, darunter am 15. März 1938 ein Gedicht auf den von ihr enthusiastisch begrüßten ›Anschluß‹ Österreichs:

Der elfte März
In blutenden Herzen hegten wir diesen Tag,
Der uns die Freiheit brachte zu größ'rem Geschick.
Gestern war er noch Traum, heute brennt er im Licht
Sonnenhaft auf, Glaube wandelt zur Wahrheit.

Führer des Volkes, dem es gegeben war,
Tränen der Freude zu locken aus lange erblindetem Aug',
Der die Hand des Bruders legte in Bruders Hand,
Der den Müttern stillte die wühlende Sorge der Nacht.
Heute stehst du vor Gott. Er, des Schicksals
Ewiger Inbegriff, legt für dich Zeugnis ab,
Heilig dich spiegelnd in der gehorsamen Liebe.

Ein Jahr später feierte sie dasselbe Ereignis nochmals im *Völkischen Beobachter* mit dem Gedicht *Als die Zeit sich erfüllte – Zur ersten Wiederkehr des Tages der Rückkehr der Ostmark ins Reich* (12.3.1939), und ebenfalls 1939 steuerte Fussenegger einen Beitrag zu Heinz Kindermanns Propaganda-Anthologie *Heimkehr ins Reich* (Leipzig 1939) bei. Am 12. November 1939 erschien im *Völkischen Beobachter* Fusseneggers Artikel *Vom Gott der Geschichte*, in dem sie auf das gescheiterte Bürgerbräukellerattentat Georg Elsers vom 9. November 1939 Bezug nahm und es einer »wunderbare[n] Fügung« zuschrieb, daß »der Führer dem ihm zugedachten Los entging ... daß das Große, vor niedriger List behütet, seinen Weg nimmt, nur sich selbst gehorsam und dem Gott der Geschichte, der dunklen Mundes aus ihm spricht.« Das Attentat selbst bewertete Fussenegger als verbrecherischen Anschlag auf einen legitimen Repräsentanten des deutschen Staats.

Aller Begeisterung der Autorin für Partei, Staat und dessen ›Errungenschaften‹ zum Trotz ließen sich Fusseneggers literarische Texte doch nicht nahtlos in das nationalsozialistische Literaturprogramm integrieren. Besonders die *Mohrenlegende*, die Erzählung über ein von Kreuzfahrern in ein Alpendorf verschlepptes

Mohrenkind, propagierte einen Humanismus, der mit dem Rassismus des Nationalsozialismus unvereinbar war. Das Amt Schrifttumspflege kam dementsprechend zu dem Schluß: »Der Natur, dem Blute entgegen gipfelt die Legende in dem Satz: ›Sie sind alle gleich‹. Katholischer Glaube fordert, daß dies geglaubt werden muß. Je mehr der gesunde Verstand und die Stimme des Blutes sich wehren, je widersinniger der Gegenstand des Glaubens, desto größer wird der Verdienst dessen, der den Glauben aufbringt. Eine Widerlegung dieses Satzes erübrigt sich. Das Buch muß abgelehnt werden« (zitiert nach: Denk, S. 335). Ebenso erhob das Amt Schrifttumspflege ideologische Einwände gegen *Die Leute von Falbeson* und die Erzählung *Eines Menschen Sohn* (Leipzig 1939). Der so entstehende Eindruck einer regime- und ideologiekritischen Haltung Fusseneggers wird jedoch durch einen weiteren Text getrübt: 1942/43 veröffentlichte sie in *Das Innere Reich* Berichte von einer Reise in ihre Heimat Böhmen. Darin findet sich eine Passage über den jüdischen Friedhof in Prag, in der sie jüdische mit christlichen Gräbern vergleicht und dabei antisemitische Töne anschlägt: »Welch tiefer Friede geht von den letzten Ruhestätten *unserer* Toten aus! Welche Versöhntheit mit dem Leben ... tragen wir von ihren Gräbern mit uns fort. Hier aber berührt uns der Atem einer fremden, einer feindlichen Welt, einer heimlich noch lauernden Macht, und schaudernd verlassen wir den unseligen Ort« (*Das Innere Reich*. Juni 1943, S. 69).

In ihrer Autobiografie *Ein Spiegelbild mit Feuersäule* (Stuttgart 1979) schildert Fussenegger diesen Besuch des Prager Friedhofs noch einmal, betont nun aber, daß das Gefühl der Befremdung von ihr selbst, der »Österreicherin im Dirndlkleid«, auf die Umgebung ausstrahlte: »Etwas wie Grauen ergriff uns, Grauen vor dem Entsetzen, das wir erregten, das mit uns wanderte, ohne daß wir begriffen, wieso, das uns wie eine schwarze Wolke umgab. Wir ahnten nicht, welche Bedrohung von unserem Anblick ausging, wir fühlten uns selbst bedroht und verließen Friedhof und Stadtteil wie von bösen Geistern gejagt« (S. 377). In *Spiegelbild mit Feuersäule* bekennt sich Fussenegger zu der Begeisterung, die sie als Deutsch-Österreicherin für die ›Heim-ins-Reich‹-Politik empfand (»Ich bekenne, ideologischer Süchtigkeit erlegen zu sein«, S. 289), distanziert sich aber vom Antisemitismus des Hitler-Regimes und reklamiert für sich selbst ein Recht des Wegschauens:

»Die Überlebenden einer Katastrophe wundern sich immer darüber, daß sie das Heraufkommen des Unheils nicht früher empfunden, früher gewittert und an diesen oder jenen Signalen abgelesen haben. ... In jeder Zeit schreiben unsichtbare Finger ihre Menetekel an alle Wände. Wer wagt sie zu entziffern? und *wenn* er sie entziffert hat, aufzuspringen und Wehgeschrei zu erheben. In jeder Zeit sind Elemente des Todes unterwegs, aber wer möchte leben, wenn er nur *sie* sähe, und wer möchte vor allem unter Menschen leben und ihnen nichts, nichts, *nichts* anderes zu sagen haben als: Untergang, Untergang, Untergang?« (S. 287)

Fussenegger, die nach 1945 zahlreiche Romane, historische Studien sowie Essays veröffentlichte, wurde u. a. mit dem Adalbert-Stifter-Preis (1963) und dem Johann-Peter-Hebel-Preis (1969) ausgezeichnet. Als ihr 1993 der Jean-Paul-Preis des Freistaates Bayern verliehen wurde, entfachte dies noch einmal eine heftige Diskussion um ihre NSDAP-Mitgliedschaft und Publikationstätigkeit während des ›Dritten Reichs‹.

Literatur:

Friedrich Denk: Die Zensur der Nachgeborenen – Zur regimekritischen Literatur im Dritten Reich. Weilheim 1996. – Frank-Lothar Kroll (Hrsg.): Grenzüberschreitungen – Festschrift für Gertrud Fussenegger. München 1998.

GAISER, Gerd

**15. 9. 1908 Oberriexingen, † 9. 6. 1976 Reutlingen*

Der Sohn eines schwäbischen Pfarrers und einer Pianistin studierte kurzzeitig Theologie, um dann an den Akademien von Stuttgart und Königsberg sowie den Universitäten in Dresden und Tübingen ein Kunststudium aufzunehmen, das er 1934 mit einer Dissertation über *Die Plastik der Renaissance und des Frühbarock in Neukastilien* (Tübingen 1938) abschloß. 1935 trat Gaiser als Kunstlehrer in den Schuldienst ein. Er war seit 1933 Mitglied der NSDAP und des NS-Lehrerbunds. Schon während des Studiums hatte er sich für das Segelfliegen begeistert und nahm als Fliegeroffizier am Zweiten Weltkrieg teil. Diese Erfahrung wurde zum Gegenstand des Lyrikbands *Reiter am Himmel* (München 1941). Dabei handelt es sich um pathetische und manierierte Gedichte, die den Krieg als Mittel zur Verwirklichung eines großdeutschen Reichs verherrlichen.

Weitaus desillusionierter sollte Gaiser diese Kriegserfahrungen noch einmal 1953 in seinem Fliegerroman *Die sterbende Jagd* (München 1953) verarbeiten. Aber auch in diesem teilweise begeistert aufgenommenen Nachkriegs-Kriegsroman findet sich noch die Unterordnung des einzelnen unter die Erfordernisse eines zuweilen mythisch stilisierten Kollektivs. Vorarbeiten zu diesem Roman waren jene Erlebnisschilderungen, die Gaiser von 1940 an in *Das Innere Reich* veröffentlichte. Außerdem berichtete er 1941 mehrfach für die Joseph Goebbels unterstehende Wochenzeitschrift *Das Reich*. In diesen Artikeln, allesamt Städte- und Landschaftsbilder aus dem Warthegau und der ›Gauhauptstadt‹ Posen, verwendet Gaiser völkische Stereotypen und bedient wiederholt antipolnische und antisemitische Ressentiments: »In der Ferne dahinter dann die erste kleine Landschaft, weiter rechteckiger Markt voll zahlloser Gespanne, Frauen in Kopftüchern und streifig buntem Hauswebstoff, niedrige Häuser, bretterne Teestuben des einstigen Russisch-Polen, in denen vormals der Jude sein: Nehmen Se Taj mit Rum, geehrter Herr – mauschelte. Jetzt lungert er tatenlos in den Ausgängen der Gassen, die vom Hebräerviertel her münden« (*Das Reich*, 22. 6. 1941).

Literatur:
Curt Hohoff: Gerd Gaiser. Werk und Gestalt. München 1962. – Marcel Reich-Ranicki: Der Fall Gerd Gaiser. In: Der Monat 9 (1963), S. 68–84. – Horst Bienek: Werkstattgespräche mit Schriftstellern. München 1965. S. 256–172.– Frank Lilie: Gerd Gaiser (1908–1976). In: Criticón 128–1991, S. 269–272.

GOOTE, Thor

(eigentl.: Werner Schultze von Langsdorff)
(auch: Johannes Berg)
**27. 5. 1899 Forbach, †3. 7. 1940 Nordsee*

Der Offizierssohn meldete sich als Siebzehnjähriger freiwillig zum Ersten Weltkrieg und wurde als Fahnenjunker in einer Munitionskolonne an der Westfront eingesetzt. Nach Kriegsende studierte er Ingenieurwissenschaften bis zur Promotion. Da es ihm nicht gelang, beruflich Fuß zu fassen, ließ er sich zum Flugzeugführer ausbilden. Goote, der sich schon früh der SA angeschlossen hatte, erhielt nach der nationalsozialistischen Machtübernahme eine Professur an der TH Karlsruhe. 1939 wurde er mit dem Kulturpreis des Gaues Hessen-Nassau ausgezeichnet. Im Zweiten Weltkrieg starb er als Pilot einer Aufklärungsmaschine über der Nordsee.

Goote publizierte aeronautische Monografien über das Segel- und das Leichtflugzeug, und er gab u. a. das *Jahrbuch der Luftfahrt* und das *Handbuch der Luftfahrt* heraus. Daneben schrieb er Romane und Erzählungen, die von seinen eigenen Erlebnissen im Ersten Weltkrieg geprägt sind. In seiner Trilogie *Wir fahren den Tod* (Berlin 1930), *Wir tragen das Leben* (Berlin 1932) und *Die Fahne hoch!* (Berlin 1933) schilderte er den Weg eines Kriegsfreiwilligen von der Frontkameradschaft über den Freikorpskampf bis zum bedingungslosen Einsatz für die NSDAP und ihre Ziele. Das von Goote so behauptete »Bewußtsein« der ehemaligen Frontsoldaten, »daß wir ja zusammengehören und immer zusammengehören werden, weil wir gemeinsam durch die Trichter Flanderns gekrochen, weil wir miteinander durch den Leichengestank der Somme gegangen sind« (in: *Wir fahren den Tod*), wird zu einem politischen Läuterungsprozeß umgedeutet. Aus jungen Soldaten, die Goote bewußt aus allen gesellschaftlichen Schichten wählte, sollte die neue Elite eines starken Deutschlands erwachsen. Mit erstaunlich modern anmutenden Stilmitteln, wie Lautmalereien und stakkatohaften Wortfolgen, versuchte er im ersten Roman seiner Trilogie das Apokalyptische der verlustreichen Munitionsfahrten nachvollziehbar zu machen. In *Die Fahne hoch!* stellte er dann, plump agitatorisch und mit antisemitischen Parolen durchsetzt, die Verbindung zur NSDAP her: »Das, was das Programm Hitlers ist, war immer schon die Ansicht der Frontsoldaten.« Auch die folgenden Bücher Gootes feierten »die scheue Seele des kämpferischen Menschen, die, vom Tode beurlaubt, ihre Pflicht taten, Männer in der Bewährung, Sieger über sich selbst« (Klappentext des Bertelsmann Verlags zu *Glühender Tag*. Gütersloh 1940), die zu Vorkämpfern und Trägern des Nationalsozialismus wurden. Nach dem Ende des Zweiten Weltkriegs ist von Goote nichts mehr aufgelegt worden.

Weitere Bücher:
Sie werden auferstehen! Berlin 1931. – Kam'raden, die Rotfront und Reaktion erschossen ... Ein Buch vom Opfertode unserer braunen Kameraden. Mit einer vollständigen Liste der im Kampfe für das neue Deutschland gefallenen Nationalsozialisten. Berlin 1934. – Kamerad Berthold, der ›unvergleichliche Franke‹. Bild eines deutschen Soldaten. Braunschweig/Berlin/Hamburg 1935. – Der F. D. L. Führer der Luftschiffe. Frankfurt am Main 1938. – ... 'rangehn ist Alles! Roman um geschichtliches Geschehen. Berlin 1938. – Fahnenjunker Lingen flieht. Gütersloh 1942.

Literatur:
Günther A. Höfler: Das neue Paradigma des Krieges und seine literarischen Repräsentationen. Dargestellt an Detlev v. Liliencron, Ernst Jünger und Thor Goote. In: Franz Karl Stanzel/Martin Löschnigg (Hrsg.): Intimate Enemies. English and German literary reactions to the Great War 1914–1918. Heidelberg 1993, S. 277–291.

GRIESE, Friedrich

**2.10.1890 Lehsten, †1.6.1975 Lübeck*

Der Sohn eines mecklenburgischen Kleinbauern arbeitete seit 1913 als Volksschullehrer, erst in Strahlendorf und ab 1916 in Kiel. 1935 kehrte Griese als freier Schriftsteller nach Mecklenburg zurück, wo ihm die Landesregierung auf Veranlassung des Reichsstatthalters ein Grundstück bei Parchim geschenkt hatte.
Griese war, wie Marcel Reich-Ranicki in seinem Nachruf schrieb, »kein Prophet des Nationalsozialismus, wohl aber sein williges Werkzeug« (*FAZ* vom 3.6.1975). Schon in seinem Erstlingsroman *Feuer* (Wismar 1921) findet sich die fast alle seine Bücher bestimmende Mystifizierung des erdnahen bäuerlichen Lebens. Beeinflußt von Hamsun, Lagerlöf und Jakobsen, gefördert u.a. von Max Tau, der *Das Korn rauscht* (Trier 1923) in seine ›Bücherei zeitgenössischer Dichtung‹ aufnahm, verklärte Griese die agrarisch-vorindustrielle Gesellschaft und vor allem seine mecklenburgische Heimat. Mit seinen antizivilisatorischen und antiaufklärerischen Büchern, besonders mit seinem mehrfach preisgekrönten und übersetzten Roman *Winter* (Bremen 1927), konnte Griese schon in der Weimarer Republik ein großes Publikum gewinnen. Gegen die für ihn traditionslose und dem Organischen entfremdete Stadt setzte er die dörfliche Gemeinschaft, in der sich jeder einzelne ständig bewähren mußte. Die wiederholt von ihm geforderte »Einheit zwischen dem Blut und dem Boden« (*Mein Leben*. Berlin 1934) ließ Griese zu einem der wichtigsten Repräsentanten der NS-Literatur werden. Er erhielt u.a. den Lessingpreis der Stadt Hamburg (1935), die Goethe-Medaille für Kunst und Wissenschaft (1940) und den Literaturpreis der Stadt Berlin (1940). Er gehörte der ›gleichgeschalteten‹ Deutschen Akademie für Dichtung an und leitete den Ausschuß für ›Fragen des Schul- und Hochschulwesens‹. 1942 trat Griese der NSDAP bei.

In seinen Romanen schilderte Griese das Dorf als Modell für die völkische Lebensgemeinschaft. Diese bäuerliche Welt, so Stefan Busch, »enthält unverkennbar reaktionäre Züge, auch finden sich faschistische Ideologeme wie Fremdenhaß, Irrationalismus und Antimodernismus«. Trotzdem waren Grieses Bücher und Theaterstücke keine platten Propagandaschriften im nationalsozialistischen Sinn. Die NSDAP oder Hitler tauchen in seinen Büchern ebensowenig auf wie antisemitische Ausfälle. Obwohl er 1932 in den *Mecklenburgischen Monatsheften* einen Teil seiner Romane als Ausdruck des Kampfes »der deutschen Welt mit der fremdländischen, vor allem der östlichen« bezeichnet hatte, konnte, wie in *Winter*, der positiv gezeichnete Protagonist ein Slawe sein, während der verhaßte »Blutsfremde« in *Der ewige Acker* (Bremen 1930) aus dem Norden stammte. Hohe Auflagen während der NS-Zeit erzielten auch seine historische Erzählung *Die Wagenburg* (München 1935) und sein Roman eines »starken Geschlechts«, *Die Weißköpfe* (München 1939). Sein politisches Credo, das heißt seinen unerschütterlichen Glauben an die Urkräfte des deutschen Bodens und des deutschen Dorfes, faßte er 1940 in dem 70seitigen Aufsatz *Unsere Arbeit ist Glaube* (Berlin) zusammen, der in der ›Schriftenreihe der NSDAP‹ erschien.

Nach Kriegsende wurde Griese interniert. Über seine Haft berichtete er in *Der Wind weht nicht, wohin er will* (Düsseldorf 1960). Seit 1947 lebte er in Velgen, später in Lübeck, Bevensen und Groß Grönau. Griese publizierte weiter und konnte auf eine treue Leserschaft zählen. Das zeigen u. a. die verschiedenen Buchclub-Ausgaben seiner Romane in den fünziger Jahren. Erst 1964, anläßlich der Verleihung des Mecklenburgischen Kulturpreises an ihn, kam es zu einem von dem Germanisten Karl Otto Conrady ausgelösten Disput über Grieses politische Verstrickungen. Heute sind seine Bücher vergessen und werden nicht mehr aufgelegt.

Weitere Bücher:
Der Ruf der Erde. München 1933. – Das letzte Gesicht. München 1934. – Der Ruf des Schicksals. Hamburg 1934. – Das ebene Land. Mecklenburg. München 1936. – Die Prinzessin von Grabow. Bremen 1936. – Bäume im Wind. München 1937. – Das Kind des Torfmachers. München 1937. – Wind im Luch. Berlin 1937. – Der heimliche König. Berlin 1939.

Literatur:
Kurt Melcher: Friedrich Griese. Berlin 1936. – Emma Luise Kerkhoff: Ausdrucksmöglichkeiten neuhochdeutschen Prosastils. Ein kritischer Versuch an Friedrich Grieses Roman »Die Weißköpfe«. (Diss. Groningen) Amsterdam 1949. – Armand Nivelle: Friedrich Grieses Romankunst. Paris 1951. – Karl Otto Conrady: Ein Disput um die Preisverleihung an Friedrich Griese. Sind wir wieder so weit? In: Ders.: Literatur und Germanistik als Herausforderung. Frankfurt am Main 1974, S. 215–226. – Micheál ODúill: Three twentieth-century novelists of rural life. Friedrich Griese, Pádhraic óg ó Conaire, and Maurice Genevoix. Frankfurt am Main/Bern/New York/Paris/Wien 1992. – Stefan Busch: »Und gestern, da hörte uns Deutschland«. NS-Autoren in der Bundesrepublik. Kontinuität und Diskontinuität bei Friedrich Griese, Werner Beumelburg, Eberhard Wolfgang Möller und Kurt Ziesel. Würzburg 1998.

GRIMM, Hans (Emil Wilhelm)
**22.3.1875 Wiesbaden,*
†27.9.1959 Lippoldsberg

Der Sohn des Juristen und Mitbegründers des Deutschen Kolonialvereins Julius Grimm arbeitete 1897–1908 als Kaufmann in Südafrika und reiste als Presseberichterstatter durch Südwestafrika. Von 1911 bis 1915 studierte Grimm in München Staatswissenschaften und dann am Kolonialinstitut in Hamburg. Am Ersten Weltkrieg nahm er als Kanonier und in der Auslandsabteilung der Obersten Heeresleitung teil. 1918 ließ er sich als freier Schriftsteller in Lippoldsberg nieder.

Grimms Frühwerk ist fast ausschließlich von seinen Erfahrungen in Südafrika geprägt. Für seine in der Sprache einfachen, aber präzis beschreibenden Novellen (u.a. *Südafrikanische Novellen.* Frankfurt am Main 1913, *Der Gang durch den Sand und andere Geschichten aus südafrikanischer Not.* München 1916, *Der Richter in der Karu.* Göttingen 1926) fand er schnell Anerkennung bei der literarischen Kritik. Sie dokumentieren auch Grimms rassistische Vorstellungen von der ›natürlichen Überlegenheit‹ der weißen Rasse, das heißt der Engländer und Deutschen. 1926 erschien sein Hauptwerk *Volk ohne Raum* (2 Bde., München), das später den Nationalsozialisten ein willkommenes Schlagwort liefern sollte. In dieser »Bibel des Deutschtums« (Kurt Tucholsky) ging es Grimm vor allem um einen politischen Gedanken. Den Deutschen fehle es an genügend ›Lebensraum‹. So heißt es schon zu Beginn des Romans:

> »Oder meinst du, daß es irgendein Größeres gebe auf Erden und im Himmel als die letzte Schicksalsfrage unseres Volkes? ... Es lebt der Sieche und lebt der Dieb und lebt die Hure und lebt das Gewürm, das einander frißt, aber der deutsche Mensch braucht Raum um sich und Sonne über sich und Freiheit in sich, um gut und schön zu werden ... Schau um dich, schau vor dich und bedenke die Enkel und Neugeborenen! Es gibt eine Sklavennot der Enge, daraus unverzwungene Leiber und Seelen nie mehr wachsen können. Ich aber, mein Freund, ich weiß, daß meine Kinder und mein Geschlecht und das deutsche Volk ein und dasselbe sind und *ein* Schicksal tragen müssen.«

Der Held des Romans, Cornelius Friebott, entschließt sich, nach Südafrika auszuwandern, und nimmt dort als Mitglied der deutschen Kampftruppe am Burenkrieg teil. Schmerzliche Erfahrungen und persönliche Enttäuschungen lassen ihn in seine Heimat zurückkehren. Er stirbt durch den Steinwurf eines Arbeiters, als er begonnen hat, seine politischen Überzeugungen öffentlich zu vertreten. Der Erfolg des mit nationalistischen und rassistischen Floskeln durchsetzten Romans bestätigte Grimm politisch. 1932 machte er sich dann zum offenen Propagandisten der NSDAP, als er in seiner Broschüre *Von der bürgerlichen Ehre und bürgerlichen Notwendigkeit* (München) schrieb: »Ich sehe im Nationalsozialismus mit einigen andern die *erste* und bisher *einzige echte* demokratische Bewegung des deutschen Volkes. Ich höre die Nationalsozialisten als erste Volksfreie sich nicht zur Gleichheit, sondern zur Gemäßheit, und das heißt, sich zur Führerschaft der jeweils Besten bekennen, wodurch eben *sie* ganze Deutschheit dartun.«

Von den Nationalsozialisten nach der Machtübernahme zum Senator der Dichterakademie und Präsidialrat der Reichsschrifttumskammer ernannt, wahrte Grimm dennoch eine gewisse Distanz. Als zutiefst konservativer und deutsch-national eingestellter Mensch blieb ihm die antibürgerliche Einstellung der NSDAP und ihrer Anführer fremd. Oft zitiert wird sein Protest bei dem damaligen Reichsinnenminister Frick, weil sein ›Nein‹ zur Personalunion von Reichskanzler und Reichspräsident bei der Wahl 1934 unterdrückt worden war. Obwohl er regelmäßig Vorträge hielt und aus seinen Büchern las, entzog er sich weitgehend öffentlichen Verpflichtungen. Zwischen 1935 und 1945 erschienen nur zwei kurze Reden neu von ihm, dafür allerdings zahlreiche Neuauflagen seiner alten Bücher. Sein Verhältnis zu Goebbels blieb gespannt, da es dem Propagandaminister nicht gelang, den Schöpfer des ›deutschen Nationalepos‹ auf die geforderte Parteilinie festzulegen. Einen Literaturpreis hat Grimm während der NS-Zeit nicht erhalten. Vielleicht auch aus Protest gegen die staatliche Reglementierung des Kulturbetriebs veranstaltete Grimm von 1934 bis 1939 seine populären ›Lippoldsberger Dichtertage‹ (→ Einleitung). Er versammelte regelmäßig im Frühsommer in seinem Klosterhof national-konservative Schriftsteller um sich, die das Erlebnis des Ersten Weltkriegs vereinte. Darunter waren neben → Werner Beumelburg, → Börries von Münchhausen, → Hermann Claudius, → Paul Alverdes, → Bruno Brehm, → Georg Friedrich Binding und → Ernst von Salomon auch → Rudolf Alexander Schröder und → Hans Carossa. Der NS-Kulturbürokratie waren die Schriftstellertreffen ein Ärgernis, weil sie keinen Einfluß auf Organisation und Programmgestaltung hatte. Auch Grimm selbst ließ sich nur schwer einordnen: »Seine Haltung mutet höchst merkwürdig an«, schrieb Werner Mittenzwei nach der Lektüre von Grimms Briefen aus der NS-Zeit, »galt er doch einerseits als Wortführer nationalsozialistischer Politik, andererseits aber widersprach er der offiziellen Politik in einem Maße, wie das in Deutschland kaum noch einer wagte ... Seine dichterische Vision, das einige, starke Reich der Deutschen, sah er durch Hitler in die Tat umgesetzt. Ihn betrachtete er als Inkarnation der nationalen Idee. Deshalb unterstützte er Hitler, ohne von ihm sonderlich beeindruckt zu sein.«

Zu einer weitreichenden Verteidigung des Nationalsozialismus setzte Grimm nach dem Ende des Zweiten Weltkriegs an. Im November 1945 hatte der Erzbischof von Canterbury an das deutsche Volk eine vierseitige Botschaft gerichtet, die Hans Grimm 1950 mit einem über 200seitigen Buch, *Die Erzbischofschrift* (Göttingen), beantwortete. Er verteidigte darin den »ursprünglichen Nationalsozialismus«, der sich gegen die »Vermassung« und damit gegen den »Verfall der europäischen Kultur« gewandt habe: »Ich kann von schlechthin Bösem in den Jahren 1933 bis zum Zweiten Weltkriege außer der Röhmangelegenheit und der qualvollen Judennacht innerhalb der eigenen Erfahrung nichts entdecken ... Aber wenn man absieht von diesem Schaden und der Judenangelegenheit, so geschah zwischen 1933 und 1939 im inneren Staatsleben mehr für die Gesundheit und mehr für Mutter und Kind und mehr für die gegenseitige Volkshilfe als jemals, ja – man darf vielleicht sagen – als irgendwo.« Die deutschen Massenmorde an dem jüdischen Volk relativierte er mit dem Hinweis auf die Vertreibung aus dem Osten. Noch einen Schritt weiter ging Grimm 1954, als er in *Warum, woher, aber wohin?* (Lippoldsberg) für Hitler, den »geschichtlich ahnungsvollsten Warner« offen Partei ergriff: »Das deutsche Volk hat dennoch der Welt *gar nichts* angetan, sondern ihm ist angetan worden bis zur schließlichen Verzweiflung und bis zu dem Ziel, an dem das ganze Abendland mit allen, die zu ihm gehören, und allem, das seine Größe ausmachte, in Chaos und an den Untergang herangebracht war.« Die beiden auflagestarken Bücher wurden von der Kritik fast einhellig abgelehnt. Auch die ›Lippoldsberger Dichtertage‹, die Grimm 1949 wiederbelebte, blieben Treffen der ›ewig Gestrigen‹. Die Schriftsteller um

Grimm hielten sich für die letzte Bastion im Kampf um die ›alten Werte‹. Und nicht selten mischten sich unter die nationalistischen Töne auch offene Sympathiebekundungen für den Nationalsozialismus. Die 35bändige *Gesamtausgabe* der Werke von Hans Grimm erscheint seit 1969 im familieneigenen Klosterhaus Verlag in Lippoldsberg.

Weitere Bücher:

Was wir suchen, ist alles. Berlin 1933. – Lüderitzland. München 1934. – Südafrikanische Novellen. Frankfurt/Main 1935. – Amerikanische Rede. München 1936. – Englische Rede. Wie ich Engländer sehe. Gütersloh 1938. – Suchen und Hoffen. Aus meinem Leben 1928–1934. Lippoldsberg 1960.

Literatur:

Kurt Tucholsky: Grimms Märchen. In: Die Weltbühne 36 (1928), S. 353–362. – Dieter Lattmann: Raum als Traum. Hans Grimm und seine Sage von der Volkheit. In: Karl Schwedhelm (Hrsg.): Propheten des Nationalismus. München 1969, S. 243–263. – Birgit Jungwirth: Versuch einer thematischen Untersuchung des literarischen Werkes Hans Grimms. Innsbruck (Diss.) 1972. – Hans Sarkowicz: Zwischen Sympathie und Apologie: Der Schriftsteller Hans Grimm und sein Verhältnis zum Nationalsozialismus. In: Karl Corino (Hrsg.): Intellektuelle im Bann des Nationalsozialismus. Hamburg 1980, S. 120–135. – Klaus van Delft: Kritische Apologie des Nationalsozialismus: Hans Grimms Konservative Revolution? In: Jörg Thunecke (Hrsg.): Leid der Worte. Panorama des literarischen Nationalsozialismus. Bonn 1987, S. 255–277. – John Kenneth Noyes: Kolonisierung, das Fremde und das Tragische. Hans Grimms ›Lüderitzland‹. In: Eijiro Iwasaki u. a. (Hrsg.): Begegnung mit dem »Fremden«. Grenzen – Traditionen – Vergleiche. Akten des VIII. Internationalen Germanisten-Kongresses, Tokyo 1990. Bd. 7. München 1991, S. 493–502. – Klaus van Delft: Die Sozialutopie der konservativen Revolution. Zum Begriff der Zeitwende in Hans Grimms posthum erschienenem Roman ›Heynade und England‹ (1933–45, veröffentlicht 1969/70). In: Eijiro Iwasaki u. a. (Hrsg.): Begegnung mit dem »Fremden«. Band 11. München 1991, S. 287–295. – Werner Mittenzwei: Der Untergang einer Akademie oder Die Mentalität des ewigen Deutschen. Berlin/Weimar 1992. – Günter Hartung: ›Volk ohne Raum‹ von Hans Grimm. In: Günter Hartung/Hubert Orlowski (Hrsg.): Traditionen und Traditionssuche des deutschen Faschismus. 4. Protokollband. Poznan 1992, S. 107–125. – Marian Fratczak: Zum Problem des Rassismus im Werk von Hans Grimm. In: Ebenda, S. 127–139. – Uwe-Karsten Ketelsen: Klaustrophobie im Kloster Lippoldsberg. Hans Grimms Roman ›*Volk ohne Raum*‹: Ein Bilderbuch rechter Ideologie in Deutschland. In: Ders.: Literatur und Drittes Reich. Schernfeld 1992, S. 199–215. – Kai-Uwe Scholz: Prominente Schriftsteller des Dritten Reichs und ihre »Zweite Schuld«. Eine vergleichende Untersuchung von Nachkriegspublikationen der Autoren Erwin Guido Kolbenheyer, Hans Friedrich Blunck und Hans Grimm. Berlin (Diss.) 1993 (Mikrofiche-Ausgabe). – Gerd Koch: Dichtertag bei Hans Grimm in Lippoldsberg. In: Zeitschrift für Germanistik 2 (1994), S. 337ff. – Gerd Koch: Dichtertage bei Hans Grimm, Autor des Romans *Volk ohne Raum*, in Lippoldsberg an der Weser. In: Ders. (Hrsg.): Literarisches Leben, Exil und Nationalsozialismus. Frankfurt am Main 1996, S. 93–151. – Sebastian Hoffmann:

Konzept und Konstanz. Über das Konzept des geistigen und politischen Führertums bei Hans Grimm. In: Christiane Caemmerer/Walter Delabar (Hrsg.): Dichtung im Dritten Reich? Opladen 1996, S. 193–204. – David Kenosian: The colonial body politic. Desire and violence in the works of Gustav Frenssen and Hans Grimm. In: Monatshefte für deutschsprachige Literatur und Kultur 89 (1997), S. 182–195.

GROGGER, Paula

**12. 7. 1892 Öblarn/Steiermark, †1. 1. 1984 ebd.*

Die Tochter eines Landkaufmanns besuchte nach der Volksschule die Lehrerinnenbildungsanstalt der Ursulinen in Salzburg. Von 1912 bis 1929 war Grogger Lehrerin in ihrem Heimatdorf. Aus gesundheitlichen Gründen mußte sie sich pensionieren lassen und lebte als freie Schriftstellerin weiter in Öblarn.

Ihre geliebte Heimat, die sie nie verließ, ist das bestimmende Thema ihrer Bücher. Berühmt wurde Grogger mit dem Roman *Das Grimmingtor* (Breslau 1926), der während der napoleonischen Kriege spielt. In einer eindringlichen, mit altertümlichen Ausdrükken durchsetzten und dialektal gefärbten Sprache erzählte sie die Geschichte eines Bauern aus der Steiermark, der sich dem Freiheitskämpfer Andreas Hofer anschließt, mit seiner Familie (und damit seiner Herkunft) bricht und schließlich als Räuber endet.

Die Wandlung eines Räubers, zu einem guten Menschen, der eine gestohlene Christusstatue zurückbringt und vor den Stufen des Altars zu Gott findet, schilderte Grogger in ihrem zweiten großen Roman, der *Räuberlegende* (Breslau 1929, Neuausgabe Wien 1977).

Was ihre Bücher von der tümelnden Heimatliteratur abhebt, ist zum einen ihre bildkräftige und anschauliche Sprache und zum anderen ein mythisches Element, das die Trennung von Realität und Vision aufhebt. Sie war keine Protagonistin der Blut-und-Boden-Literatur, auch wenn sie von rechts-konservativen Kreisen so gesehen und umworben wurde. In Hellmuth Langenbuchers *Volkhafte Dichtung der Zeit* hieß es 1937: »Paula Grogger hat ein starkes und gesundes, unbedingt zuverlässiges Gefühl für das innerste Wesen einer Landschaft, das hinter den Erscheinungen des alltäglichen Lebens wirkt und die Geschicke der Menschen nachhaltig mitbestimmt.« Politisch neigte die »von Herzen katholische« Autorin nach 1933 dem Nationalsozialismus zu, vielleicht auch, weil ihr Vater, mit dem sie zusammenlebte, der (in Österreich bis 1938) illegalen NSDAP angehörte. Noch 1975 schrieb sie in ihrer Autobiografie *Späte Matura oder Pegasus im Joch* (Graz/Wien/Köln): »Hätte Adolf Hitler nicht sein Taufhemd unter der Partei-Uniform vergessen, wäre sein Feldzug gegen den Antichrist vielleicht zum Kreuzzug geworden.« An den »gesunden Kern« von Hitlers Grundüberzeugungen mochte sie weiterhin glauben. Und sie erinnerte sich daran, daß sie ein (von der Partei verworfenes) »Gedicht an die Mutter des Führers« geschrieben hatte: »Denn es ist ein Zeugnis für meine Annahme, daß die Genialität des einzelnen jeweils von Millionen Menschen elektrisiert wird.«

Grogger war Mitglied in der NS-Tarnorganisation ›Bund deutscher Schriftsteller Österreichs‹, der sich für den ›Anschluß‹ an das Deutsche Reich einsetzte. Und nach dem ›Anschluß‹ gehörte sie zu den ›Nationalen Dichtern der Ostmark‹, die mit dem *Bekenntnisbuch österreichischer Dichter* (Wien 1938) Hitler für die ›Heimholung‹ dankten. Von der NS-Kulturbürokratie wurde Grogger hofiert, in den damaligen Literaturgeschichten finden sich ausführliche Porträts von ihr. Allerdings, behauptete sie später in ihrer Autobiografie, habe sie an der politischen Praxis des Regimes Anstoß genommen und sei in Schwierigkeiten mit der Reichsschrifttumskammer geraten.

In Österreich wurde die Schriftstellerin nach 1945 hoch geehrt und mit zahlreichen Preisen ausgezeichnet.

Weitere Bücher:
Das Spiel von Sonne, Mond und Sternen. Hamburg 1933. – Der Lobenstock. München 1935. – Die Hochzeit. Ein Spiel vom Prinzen Johann. Graz 1937.

Literatur:
Hans Vogelsang: Paula Grogger. Weg, Welt, Werk. Zum 60. Geburtstag der Dichterin. Wien 1952. – Christoph Heinrich Binder: Paula Grogger. Ein biographischer Abriß. Trautenfels 1985. – Johannes Sachslehner: Nachprüfung. Zu den Autobiographien von Robert Hohlbaum, Paula Grogger, Gertrud Fussenegger und Franz Tumler. In: Klaus Amann/Karl Wagner (Hrsg.): Autobiographien in der österreichischen Literatur. Innsbruck/Wien 1998, S. 125–140.

HAUPTMANN, Gerhart (getauft: Gerhard)
**15. 11. 1862 Ober-Salzbrunn/Schlesien, † 6. 6. 1946 Agnetendorf*
Der Literaturnobelpreisträger des Jahres 1912 war in der Weimarer Republik eine Symbolfigur des demokratischen Aufbruchs, der Weltoffenheit Deutschlands, des Liberalismus und des sozialen Engagements. Deshalb zählte er, trotz seiner konservativ-nationalen Einstellung, zu den Schriftstellern, die von den Nationalsozialisten abgelehnt wurden. Nach der Machtübernahme durch Hitler emigrierte Hauptmann nicht, sondern verfolgte die politischen Ereignisse in Deutschland mit großen Erwartungen. Offensichtlich erhoffte er sich – besonders von Hitler – das, was von der NS-Propaganda als ›nationale Wiedergeburt‹ bezeichnet wurde. Nur so ist sein (unveröffentlichtes) Gedicht vom 31. Januar 1933 zu verstehen, das sich handschriftlich erhalten hat:

> Bist du nun da, zeig, was du kannst:
> Du bist kein Philister mit seinem Wanst.
> Du hast dich in zäher Arbeit bewährt! –
> Andre haben sich, ringend, verzehrt –
> Du trugst eine Woge, die dich nun trägt.
> Sie verschlingt dich, wenn du sie nicht durchschlägst:
> Schwimmer, schwimme mit Armen und Beinen,
> sonst werden die Deinen bald um Dich weinen.
>
> *(Zitiert nach Erdmann, S. 223)*

Selbst von *Mein Kampf* war Hauptmann beeindruckt, er nannte das Buch nach Teillektüre in seinen persönlichen Aufzeichnungen »die i[n] der Tat sehr bedeutsame Hitlerbibel«. Gegenüber dem von ihm so begrüßten Regime war Hauptmann zu erstaunlichen öffentlichen Zugeständnissen bereit. So unterzeichnete er am 16. März 1933 die Ergebenheitsadresse der Sektion für Dichtkunst der Preußischen Akademie der Künste, nahm an der feierlichen Eröffnung der Reichskulturkammer am 15. November 1933 teil und unterstützte die Außenpolitik Hitlers mit wohlwollenden Zeitungsartikeln. Auch den Austritt Deutschlands aus dem Völkerbund begrüßte er mit einem Text, den mehrere Zeitungen am 9. und 10. November 1933 unter dem nicht von Hauptmann stammenden Titel *Ich sage ›Ja‹* abdruckten. Die Entscheidung Hitlers war für ihn »eine unumgängliche Maßnahme«, um das »hohe Ziel«, die »Befriedung Europas«, zu erreichen. Und Hitler selbst näherte er sich in einem ungewöhnlich devoten Ton: »Nach der

Rede des Reichskanzlers Adolf Hitler in dieser Sache das Wort zu ergreifen ist vollkommen überflüssig. Diese Rede besitzt bei einer universellen Erfassung ihres Gegenstandes vollkommene Überzeugungskraft. Und was man auch sagen könnte, es würde immer nur auf Wiederholung irgendeines Teiles der weltgeschichtlichen Kundgebung hinauslaufen.«

Nur kurze Zeit vorher, am 15. Oktober 1933, hatte an den Münchner Kammerspielen die Uraufführung von Hauptmanns neuestem Stück, *Die Goldene Harfe,* stattgefunden. Die Inszenierung des für Hauptmanns Werk weniger bedeutenden, in der postnapoleonischen Zeit angesiedelten Schauspiels war von Hitler persönlich angeregt worden.

Wo Hauptmann als international anerkannter Autor seine Stimme hätte erheben müssen, da schwieg er. Selbst in der Bücherverbrennung vom 10. Mai 1933 sah er kein Zeichen für die künftige geistige Uniformierung, sondern, wie er erst im September des Jahres notierte, ein »neues Erlebnis«, das »heut wohl doch als reine Albernheit, oder nur als brenzlicher Geruch zu bewerten ist«.

Verhaltene Kritik am Terrorregime äußerte Hauptmann – wenn überhaupt – in seinen persönlichen Aufzeichnungen, die allerdings unter Verschluß blieben. Das nach außen hin dokumentierte Eintreten für den NS-Staat provozierte die Kritik der Emigranten, die für kurze Zeit Hoffnungen in seine Person gesetzt hatten. Besonders hart ging Alfred Kerr mit ihm ins Gericht, vielleicht auch weil die beiden lange befreundet gewesen waren. Im *Prager Mittag* (vom 30.10.1933) nannte er Hauptmann einen »Feigling«, der »ehrlos geworden« sei: »Dornen sollen wachsen, wo er noch hinwankt. Und das Bewußtsein der Schande soll ihn würgen in jedem Augenblick.«

Allerdings konnte Hauptmann die Vorbehalte, die die NS-Funktionäre gegenüber seiner Person und seinem Werk hatten, mit seinen öffentlich vorgetragenen Ergebenheitsadressen einerseits und seinem Schweigen andererseits nicht entkräften. Vor allem Goebbels sah in ihm einen Repräsentanten der verhaßten Systemzeit und lehnte die Stücke Hauptmanns ab, besonders *Die Weber* und *Die Ratten*. Eine Verfilmung der *Ratten* verbot er sogar ausdrücklich. Aber die weltweite Reputation, die Hauptmann genoß, schloß Maßnahmen gegen ihn aus. »Ein alter Mann«, notierte Goebbels am 7. November 1936 in sein Tagebuch, »etwas selbstgefällig und eitel und vollkommen schimmerlos der modernen Zeit gegenüberstehend. Mit dem kann man keine Lorbeeren mehr ernten. Aber es ist besser, er ist unser Freund als unser Feind.«

Hauptmann spürte die Distanz, ließ sich davon aber nicht irritieren. Ihn beeindruckten die angeblichen außenpolitischen Erfolge Hitlers, der wirtschaftliche Aufschwung und der unbedingte Wille, Deutschland wieder zu einer Weltmacht zu machen. Als Hitler im März 1936 deutsche Truppen in die entmilitarisierte Rheinlandzone einmarschieren ließ, übermittelte Hauptmann telefonisch dem *Berliner Tageblatt*, »daß ich mich in diesem weltgeschichtlichen Augenblick mit dem geschlossenen Willen von Führer und Volk durchaus einig fühle«, und rief dazu auf, Hitler und der NSDAP bei der bevorstehenden Reichstagswahl die Stimme zu geben.

Ähnlich euphorisch äußerte er sich am 2. April 1938, ebenfalls im *Berliner Tageblatt*, zum Einmarsch in Österreich, den er als »unabwendbar folgerichtige Verwirklichung einer geschichtlichen Notwendigkeit« verteidigte: »Es war ein Sohn Deutsch-Österreichs, dessen eisernen Willen die Mächte hinter den Sternen ausersahen, um ihr längst gefallenes Verdikt über Nacht zu verwirklichen.«

Eine sehr ambivalente Haltung nahm Hauptmann zur Judenverfolgung ein. In seinen persönlichen Aufzeichnungen ist ein latenter Antisemitismus spürbar, der sich auf »die Juden« in ihrer Gesamtheit bezieht. So heißt es etwa im Tagebuch unter dem 2. Februar 1940: »Mit dem Judengott hatte ich nie etwas Rechtes zu tun, denn ich bin kein Jude; die Juden haben eine Verachtung für andre Völker in ihrer Ort[h]odoxie, die überhaupt sonst nicht vorhanden und unüberbietbar ist« (zitiert nach Erdmann, S. 218).

Andererseits hielt er seinen jüdischen Freunden die Treue und war bereit, sich für sie einzusetzen. An der Beerdigung seines Freundes und Gönners Max Pinkus nahm er 1934 ebenso teil wie an der Beisetzung von Samuel Fischer. Für seinen Verleger schrieb er in der *Neuen Rundschau* sogar einen Nachruf, der wütende Reaktionen in der NS-Presse hervorrief. Die bedrückenden Ereignisse um die Beerdigung von Max Pinkus verarbeitete Hauptmann im Februar 1937 in dem Requiem *Die Finsternisse*, das allerdings erst nach dem Zweiten Weltkrieg im Druck erscheinen konnte (New York 1947). »Ich könnte aufspringen«, heißt es darin, »ich könnte umherlaufen, ich könnte alle Welt, Gott und den Teufel zum Zeugen aufrufen, daß man uns widerrechtlich, widernatürlich, unsinnig und barbarisch mißhandelt.«

Hauptmann-Feier in der Wiener Burg zum 80. Geburtstag des Dichters am 17. November 1942

Auch wenn dieses Drama wegen seiner (verhaltenen) Kritik an der Judenverfolgung nicht aufgeführt werden konnte, blieb Hauptmann während der NS-Zeit einer der meistgespielten Autoren. Sein 75. Geburtstag wurde feierlich begangen. An der Festaufführung von *Michael Kramer* im Preußischen Staatstheater nahm sogar Goebbels teil. Fünf Jahre später, beim 80. Geburtstag Hauptmanns, sah es anders aus. Um den Anschein zu vermeiden, der Literaturnobelpreisträger würde am Ende seines Lebens noch zum ›Staatsdichter des Dritten Reichs‹ erhoben, wurde der Festakt nach Breslau verlegt. An ihm nahmen nicht mehr Hitler oder Goebbels, sondern nur der Gauleiter von Niederschlesien, Karl Hanke, und Baldur von Schirach teil. Ohne Wissen des Propagandaministeriums gab das Deutsche Institut der Universität eine opulent aufgemachte Festschrift heraus (*Gerhart Hauptmann zum 80. Geburtstag am 15. November 1942*. Breslau 1942), in der auch die von der NS-Kulturbürokratie abgelehnten Stücke ausführlich gewürdigt wurden. In seinem Aufsatz *Sein Werk in der Gemeinschaft der Völker* schrieb der NS-Literaturhistoriker Josef Nadler, daß Hauptmanns Theaterstücke »die Welt des deutschen Geistes und den Gemeinbesitz des europäischen Theaters« verkörperten. Illustrationen zu Hauptmann-Werken von Lovis Corinth, Hans Meid,

Max Slevogt und Alfred Kubin zierten den Band, in dem sieben Farbfotos des Schriftstellers und seines Hauses Wiesenstein in Agnetendorf abgebildet waren. Peter Suhrkamp gelang es außerdem, trotz Papierkontigentierung, eine siebzehnbändige Werkausgabe herauszubringen (*Ausgabe letzter Hand*. Berlin 1942). In Wien wurde Hauptmann dann noch einmal auf Wunsch des Reichsstatthalters Schirach mit Preisen und einer Veranstaltung im Burgtheater geehrt.

Trotz seines hohen Alters blieb Hauptmann publizistisch aktiv. Bereits am 17. Juni 1942 hatte er über den Reichssender Breslau einen ›Gruß an die Front‹ geschickt, der mit dem pathetischen »Es lebe unser unsterbliches Deutschland!« endete. Am 26. Juni 1944 sprach er den Berlinern Mut zu (»Die Art, wie die Stadt die allerfurchtbarste Probe auf innere Lebenskraft bisher überstanden hat und noch übersteht, ist ein Wunder«), und im April 1945 wurde von mehreren Zeitungen sein Bericht über die Bombardierung Dresdens, die er persönlich miterlebt hatte, abgedruckt. Goebbels war davon so bewegt, daß er Hauptmann in seinem Tagebuch »den ersten Dichter des Reiches« nannte.

Literarisch ist Hauptmann während der NS-Zeit mit einem Spätwerk hervorgetreten, das seinen früheren Arbeiten keine Konkurrenz machen konnte. 1934 erschien die phantastische Novelle *Das Meerwunder* (Berlin), 1935 die Shakespeare-Adaption *Hamlet in Wittenberg* (Berlin), 1936 der Entwicklungsroman *Im Wirbel der Berufung* (Berlin) und 1937 die Autobiografie *Das Abenteuer meiner Jugend* (Berlin). 1939 veröffentlichte er zwei Bühnenarbeiten: die in der Minnesängerzeit angesiedelte Komödie *Ulrich von Lichtenstein* (Berlin) und das Schauspiel über einen dynastischen Konflikt in zwei kleinen Pyrenäenstaaten des 13. Jahrhunderts, *Die Tochter der Kathedrale* (Berlin).

Das bedeutendste Werk aus der NS-Zeit ist seine *Atriden-Tetralogie* (*Iphigenie in Delphi*. Berlin 1941, *Iphigenie in Aulis*. Berlin 1944, *Agamemnons Tod. Elektra*. Berlin 1948). Die beiden ersten Teile, in denen Erwin Piscator später Antikriegsdramen sah, wurden 1941 und 1943 von den Staatstheatern in Berlin und Wien uraufgeführt. Hauptmann zeigt in diesen Stücken keine hochstehende, vom Humanismus geprägte Zivilisation, sondern blutrünstige Gottheiten, die ihr Recht über alles stellen. »Wenn man ›Griechenland‹ oder ›Hellas‹ durch Deutschland ersetzt«, schreibt Hans Daiber in seiner Hauptmann-Biografie, »dann wird klar, daß der alte Mann tatsächlich mit dieser Brutalisierung der Antike seinem Herzen Luft gemacht hat.« Die positive Aufnahme von *Iphigenie in Delphi* durch die zeitgenössische Theaterkritik dokumentiert aber dagegen, daß das Stück auch als ›Durchhaltedrama‹ mißverstanden werden konnte.

Nach dem Ende des Zweiten Weltkriegs wurde Hauptmann von dem aus dem Exil zurückgekehrten Johannes R. Becher in Agnetendorf besucht und um Unterstützung des ›Kulturbunds zur demokratischen Erneuerung Deutschlands‹ gebeten. Hauptmann sagte zu, verfaßte noch im Oktober 1945 eine *Botschaft an den Kulturbund*, aber sein Tod verhinderte weitere Aktivitäten. In Anwesenheit sowjetischer Besatzungsoffiziere wurde Hauptmann beerdigt. Seine vor der NS-Zeit entstandenen Stücke gehören bis heute zu den meistgespielten an deutschen Bühnen.

Weitere Bücher:
Das epische Werk. 2 Bde. Berlin 1935. – Ährenlese. Kleinere Dichtungen. Berlin 1939. – Der Dom (Dramenfragment). Chemnitz 1942. – Magnus Garbe. Berlin 1942. – Der Schuß im Park. Berlin 1942. – Der große Traum. Leipzig 1942. – Der neue Christopherus. Ein Fragment. Weimar 1943. – Sämtliche Werke. 11 Bde. Hrsg. von Hans-Egon Hass u. a. Frankfurt am Main u. a. 1962–74. – Gespräche und Interviews mit Gerhart Hauptmann (1894–1946). Hrsg. von H. D. Tschörtner. Berlin 1994.

Literatur:
Hans Daiber: Gerhart Hauptmann oder Der letzte Klassiker. Wien u. a. 1971. – Sigfrid Hoefert: Gerhart Hauptmann. Stuttgart 1976. – Arno Lubos: Gerhart Hauptmann. Zürich 1978. – C. F. W. Behl: Aufsätze, Briefe, Tagebuchnotizen, Autobiographisches und Biographisches zu Gerhart Hauptmann. Hrsg. von Klaus Hildebrandt. München 1981. – Peter Sprengel: Gerhart Hauptmann. Epoche, Werk, Wirkung. München 1984. – Wolfgang Leppmann: Gerhart Hauptmann. Leben, Werk und Zeit. Bern u. a. 1986. – Sigfrid Hoefert: Internationale Bibliographie zum Werk Gerhart Hauptmanns. 2 Bde., Berlin 1986–89. – Eberhard Hilscher: Gerhart Hauptmann. Leben und Werk. Berlin (Ost) 1987. – Ulrich Lauterbach/Eberhard Siebert: Wirklichkeit und Traum. Gerhart Hauptmann 1862–1946. Wiesbaden 1987 – Krzystof A. Kuczynski/ Peter Sprengel (Hrsg.): Gerhart Hauptmann. Autor des 20. Jahrhunderts. Studien und Vorträge des Internationalen Gerhart-Hauptmann-Symposiums. Würzburg 1991. – Walter A. Reichart: Ein Leben für Gerhart Hauptmann. Aufsätze aus den Jahren 1929–1990. Hrsg. von Klaus Hildebrandt. Berlin 1991. – Peter Delvaux: Antiker Mythos und Zeitgeschehen. Sinnstruktur und Zeitbezüge in Gerhart Hauptmanns ›Atriden-Tetralogie‹. Amsterdam 1992. – Gustav Erdmann (Hrsg.): Gerhart Hauptmann. Neue Akzente – neue Aspekte. Berlin 1992. – Sigfrid Hoefert: Gerhart Hauptmann und Goebbels. Zur Situation des schlesischen Dichters im Dritten Reich. In: Michigan Germanic studies. 20 (1994), S. 138–151. – Jan-Pieter Barbian: »Fehlbesetzung«: Zur Rolle von Gerhart Hauptmann im »Dritten Reich«. In: Buchhandelsgeschichte Nr. 4 vom 17. 12. 1996, S. B153-B169. – Krzystof A. Kuczinsky (Hrsg.): Gerhart Hauptmann. Internationale Studien. Lódz 1996. – Peter Sprengel:

Priester und Hanswurst. Inszenierungen der Dichter-Rolle im Spätwerk Gerhart Hauptmanns. In: Christiane Caemmerer/Walter Delabar (Hrsg.): Dichtung im Dritten Reich? Opladen 1996, S. 29–52. – Heinz Dieter Tschörtner: Unaufhörlich bläst das Meer. Neue Hauptmann-Studien. Würzburg 1996. – Ulrich Erdmann: Vom Naturalismus zum Nationalsozialismus? Zeitgeschichtlich-biographische Studien zu Max Halbe, Gerhart Hauptmann, Johannes Schlaf und Hermann Stehr. Frankfurt am Main 1997. – Daria Santini: Gerhart Hauptmann zwischen Modernität und Tradition. Neue Perspektiven zur Atriden-Tetralogie. Berlin 1998. – Rüdiger Bernhardt (Hrsg.): »Nu jaja! – Nu nee nee!« Beiträge eines Colloquiums. Travemünde 1998. – Gerhart Hauptmann. (Ed. Text und Kritik) München 1999.

HAUSHOFER, Albrecht

**7. 1. 1903 München, †23. 4. 1945 Berlin*

Der Sohn des bayerischen Generals und Geopolitikers Karl Haushofer schlug die gleiche Laufbahn wie sein Vater ein. Er studierte in München Geographie und Geschichte und promovierte 1924. Danach war er Assistent für Geographie in Berlin und von 1929 bis 1940 Generalsekretär der ›Gesellschaft für Erdkunde zu Berlin‹, deren Zeitschrift er auch von 1931 bis 1939 herausgab. Der Weimarer Demokratie standen Vater und Sohn Haushofer ebenso ablehnend gegenüber wie dem Ostjudentum. Karl Haushofers expansionistische Geopolitik, die eine mitteleuropäische Großmacht unter deutscher Führung zum Ziel hatte, wurde von den Nationalsozialisten als ›wissenschaftliche‹ Unterstützung der eigenen Lebensraumideologie geschätzt, ohne daß Haushofer oder sein Sohn wirklichen Einfluß auf die NS-Führungsspitze gewinnen konnten – außer auf Rudolf Heß, seit 1919 Schüler und Freund Karl Haushofers. Dem ›Stellvertreter des Führers‹ war es auch zu verdanken, daß Albrecht Haushofer, obwohl seine Mutter, in NS-Diktion, ›Halbjüdin‹ war, nach 1933 zunächst nichts zu befürchten hatte. Als Experte für internationale Beziehungen war er ein geschätzter Berater von Heß und Joachim von Ribbentrop, dem deutschen Botschafter in London und späteren Reichsaußenminister. Nach dem Englandflug von Heß wurde der junge Haushofer 1941 für zwei Monate inhaftiert und danach überwacht. Seit Frühjahr 1940 hatte er Kontakt zu verschiedenen Widerstandsgruppen, vor allem zur konservativen ›Mittwochsgesellschaft‹ um den preußischen Finanzminister Johannes Popitz und zur kommunistischen ›Roten Kapelle‹. Nach dem mißglückten Attentat vom 20. Juli 1944, das er persönlich ablehnte, wurde Haushofer im Dezember 1944 erneut verhaftet und ins Gefängnis Berlin-Moabit gebracht. Wenige Tage vor der Befreiung Berlins durch sowjetische Truppen, in der Nacht vom 23. auf den 24. April 1945, mußte Haushofer seine Zelle verlassen. Auf einem Trümmergrundstück wurden er und 15 weitere Häftlinge von der SS hinterrücks erschossen.

In der Manteltasche Haushofers fand sein Bruder ein Heft mit Gedichten. Als *Moabiter Sonette* wurden sie 1946 zuerst als Privatdruck (Buchausgabe: Berlin 1946) veröffentlicht. Die 79 Gedichte (in der Erstausgabe) sind, wie Hans Christoph Buch schrieb, »die poetische und politische Quintessenz seines jäh beendeten Lebens« (*FAZ* vom 2.6.1984), und sie sind ein in der jüngeren deutschen Literatur fast einmaliges Bekenntnis zur eigenen *Schuld*:

Ich trage leicht an dem, was das Gericht
mit Schuld benennen wird: an Plan und Sorgen.
Verbrecher wär' ich, hätt' ich für das Morgen
des Volkes nicht geplant aus eigner Pflicht.

Doch schuldig bin ich anders als ihr denkt,
ich mußte früher meine Pflicht erkennen,
ich mußte schärfer Unheil Unheil nennen –
mein Urteil hab ich viel zu lang gelenkt ...

Ich klage mich in meinem Herzen an:
Ich habe mein Gewissen lang betrogen,
ich hab mich selbst und andere belogen –

ich kannte früh des Jammers ganze Bahn –
ich hab gewarnt – nicht hart genug und klar!
Und heute weiß ich, was ich schuldig war ...

Haushofers vom christlich-humanistischen Weltbild geprägte Sonette bringen aber nicht nur das Schuldbekenntnis eines vom Nationalsozialismus zutiefst enttäuschten Konservativen zum Ausdruck, sondern sie sind auch verzweifelte Lebensbilanz und Hoffnung, daß geistige Waffen zukünftig Diktaturen besiegen können und werden. Seine Fabeln sind oft in die Geschichte zurückversetzt, wie schon seine drei Römer-Dramen *Scipio* (Berlin 1934, UA Königsberg 1935), *Sulla* (Berlin 1938) und *Augustus* (Berlin 1939, UA Wuppertal 1941). Obwohl die drei Stücke auch eine verschlüsselte Kritik an den Herrschaftsstrukturen des nationalsozialistischen Staats waren, wurden sie politisch mißverstanden und gelegentlich sogar positiv besprochen, allerdings nur selten gespielt. Sie sind ein Beleg dafür, wie früh sich Haushofer schon von der NS-Gewaltherrschaft abgewandt hatte. Daß Haushofer den Krieg als letztes Mittel der Politik ablehnte, machen nicht nur seine Römerdramen deutlich. Schon in seinem zu Weihnachten 1938 als Privatdruck in 200 Exemplaren erschienenen Lyrikband *Gastgeschenk* (Berlin) hatte er neben Naturgedichten und um die griechische Götterwelt kreisenden Texten seine Ängste vor einem neuen, kurz bevorstehenden Krieg artikuliert:

Kriegsfahrt

Auf dieser Fahrt gedeihen keine Lieder –
Zu grell und schwer ist, was sich rings vollzieht.
Kehrt je der Glanz der Kirschenblüte wieder,
Wenn Stämme fallen, eh das Laub entflieht?

Wohl glüht ein Herbst in golden-reifer Farbe,
Vom Wirbel wilder Stürme rings umdroht –
Wer atmet noch den Hauch der vollen Garbe,
Wenn schon die Flamme zuckt und springt und loht?

Nach dem Ende der NS-Zeit ist Haushofers »noble Denk- und Lebensweise«, die sich gerade in den *Moabiter Sonetten* zeigt, immer wieder herausgestellt worden, aber es wurde auch kritisiert, daß, wie Ludwig Harig schrieb, sich »Haushofers dichterisches Vermögen ... im Sprachgestus des verfügbaren klassischen Erbes erschöpft« (*FAZ* vom 22.4.1995).

Weitere Bücher:
Und so wird in Pandurien regiert. München 1932. – Richtfeuer. Leipzig 1932. – Die Makedonen. (Bühnenmanuskript) 1941. – Chinesische Legende. Dramatische Dichtung. Berlin 1949. – Allgemeine politische Geographie und Geopolitik. Heidelberg 1951.

Literatur:
Rainer Hildebrandt: Wir sind die letzten. Aus dem Leben des Widerstandskämpfers Albrecht Haushofer und seiner Freunde. Neuwied/Berlin 1949. – Rolf Italiaander: Begegnungen auf vollendeten Wegen. Gerhart Hauptmann, Ulrich von Hassell, Albrecht Haushofer. Goslar 1949. – Felix M. Wassermann: Macht und Geist in Albrecht Haushofers Römerdramen. In: Monatshefte 46 (1954), S. 213–224. – Eva Preiß: Albrecht Haushofer. Versuch einer Monographie. Wien (Diss.) 1957. – Ursula Laack-Michel: Albrecht Haushofer und der Nationalsozialismus. Stuttgart 1974.

HAUSMANN, Manfred

**10.9.1898 Kassel, †6.8.1986 Bremen*

Der Kaufmannssohn wurde nach dem Notabitur 1916 zum Kriegsdienst eingezogen, aus dem er zwei Jahre später mit einer Kampfgasvergiftung zurückkehrte. Er studierte Philologie, Kunstgeschichte und Philosophie in Göttingen, Heidelberg und München. Nach der Promotion (1922) übte Hausmann verschiedene Berufe aus und zog als Vagabund durch mehrere Länder. Seit 1927 lebte er als freier Schriftsteller, u.a. in Worpswede, wo er von 1923 bis 1933 und von 1945 bis 1950 für die SPD dem Gemeinderat angehörte.

Hausmann ist vor allem mit drei Romanen berühmt geworden: mit den Geschichten über einen Erlösung suchenden Mörder und Landstreicher, *Lampioon küßt Mädchen und kleine Birken* (Bremen 1928) und *Salut gen Himmel* (Berlin 1929), und mit dem Selbstfindungsabenteuer einer Abiturientengruppe, *Abel mit der Mundharmonika* (Berlin 1932, verfilmt 1933). Die an Eichendorff und Hamsun erinnernden Romane wurden zur beliebten Lektüre von jugendlichen Wandervögeln. »Hausmanns lyrisch-impressionistische Prosa«, so Walter Schmiele in der *FAZ* (vom 6.9.1978), »seine Art, die hohe Schule des Weglassens vorzuführen, seine Ironie, die nach Salzwasser und Süßholz schmeckte, die verblüffende Fähigkeit, mit drei hingeschlenzten tonlosen Wörtern den Leserausch der tiefen Blicke zu entfesseln«, erreichten ein breites Publikum. Seine Romane waren Kolportage- oder Unterhaltungsliteratur mit psychologischer Tiefe und biografischen Brechungen.

Als die Nationalsozialisten in Deutschland die Macht übernahmen, geriet auch Hausmann in die Mühlen der offiziellen und selbsternannten NS-Zensoren. Vor allem die Figur des Mörders Lampioon, der auf der Landstraße seinen Frieden sucht, wurde attackiert. → Kurt Ziesel zum Beispiel bezeichnete *Lampioon küßt Mädchen und kleine Birken* als das »Schmutzigste und Gemeinste, was in den Jahren des November-Deutschlands an erotisch-pornographischer Literatur erschienen ist und von der gesamten Judenpresse einem armen deutschen Volk als große deutsche Dichtung aufgeschwätzt wurde« (*Westfälische Landeszeitung* vom 3.11.1935, zitiert nach Strohmeyer). Da sich Hausmann spätestens seit 1933, nach der Lektüre der Schriften Karl Barths, zum Christentum bekannte, blieb er zunächst auf Distanz zu den neuen Machthabern. 1934 hielt er die Grabrede für den Verleger Samuel Fischer; den Kontakt zu seinen jüdischen Freunden pflegte er weiterhin. Seine Romane, Erzählungen und Gedichte konnte er weitgehend ungehindert (die meisten im S. Fischer Verlag) veröffentlichen. Sogar sein *Lampioon*-Roman wurde neu aufgelegt. Dafür war er zu politischen Konzessionen bereit. Als Journalist schrieb er für diverse Blätter, u. a. für die offizielle *Olympia-Zeitung* und für *Das Reich*. Wie weit er dabei ging, zeigt ein Artikel aus dem Jahr 1940, als Hausmann für ein Jahr als Offizier einer Luftlandedivision eingezogen war. Und unter dem Titel *Sport und Krieg* schrieb er im April-Heft des ›Deutschen Kulturrates‹: »Es gibt den kriegerischen Zustand als Ausdruck einer menschlichen, insbesondere einer männlichen Haltung. So gesehen kann der Krieg sich geradezu als die Vollendung dessen darstellen, was das tiefste Geheimnis des Sports ausmacht ... Ein grundsätzlicher Unterschied zwischen Sport und Krieg – beide als menschliche Haltung betrachtet – besteht jedenfalls nicht. Der Krieg ist lediglich eine Steigerung des sportlichen, des kämpferischen Lebens ins Äußerste« (zitiert nach Strohmeyer). Nur wenige Wochen später, am 6. Juni 1940, druckte *Das Reich* seine bereits im Ersten Weltkrieg entstandene Ballade *Die Leuchtkugel* wieder ab, in der sich ein deutscher Soldat die Frage stellt, ob er einen zufällig neben einem toten Kameraden entdeckten gegnerischen Soldaten erschießen darf:

Was tust du, dacht' ich, was zerstörst du da!
Er ist ein Mensch wie du, er ist dir nah.

Er liebt ein Mädchen, blond vielleicht und jung.
Er ist voll Traum und voll Erinnerung.

Er lebt so gern auf Erden, hofft so viel,
bedenkt ein großes oder kleines Ziel.

Bedenkt vielleicht den zauberischen Klang,
der gestern auf der Geige ihm gelang
...
Da hörte ich, wie eine Stimme kam,
vom Jenseits überschattet und von Gram:

»Weh dir, wenn du von dem Gesetz nichts weißt,
das über Völkern und Soldaten kreist!

Es gibt dich nicht. Es gibt nur noch dein Land.
Du bist dem Schicksal durchaus unbekannt.

Du bist nicht du mehr. Er ist nicht mehr er.
Ihr seid Soldaten und nichts andres mehr.

Und wer Soldat ist, ist ein Volk zugleich,
so arm wie keiner und wie keiner reich.

Volk brandet gegen Volk. Du gegen ihn.
Er weiß es wohl. Und du? Willst du entfliehn?

Ich hatte mich schon wieder vorgebeugt
und hatte bebend schon mein Ziel eräugt.

Der Blick glitt über Kimme hin und Korn.
Der Schuß schrie auf. Zwei Tote lagen vorn ...

Von Hausmann erschienen noch weitere Gedichte und Artikel im *Reich*, darunter ein Bericht über das ›Großdeutsche Dichtertreffen in Weimar‹. 1942 zog er sich weitgehend aus dem Literaturbetrieb zurück. Trotzdem erhielt er noch 1944 den Soester Literaturpreis, seine einzige Auszeichnung während der NS-Zeit.

Nach dem Ende der nationalsozialistischen Herrschaft verstand er sich als Repräsentant und Sprecher der ›Inneren Emigration‹, der u. a. Thomas Mann heftig angriff. 1956 hielt er im Bonner Bundeshaus die Rede zum Volkstrauertag. Die von → Kurt Ziesel geleitete Deutschland-Stiftung verlieh ihm 1970 den Konrad-Adenauer-Preis für Literatur. Manfred Hausmann nahm die umstrittene Ehrung an.

Das Werk von Manfred Hausmann liegt bei S. Fischer fast komplett vor.

Weitere Bücher:
Die Begegnung. Leipzig 1936. – Abschied von der Jugend. Bremen 1937. – Demeter. Berlin 1937. – Jahre des Lebens. Berlin 1938. – Mond hinter Wolken. Eisenach 1938. – Alte Musik. Berlin 1941. – Quartier bei Magelone. Aus den Papieren des Oberleutnants Skram. Berlin 1941.

Literatur:
Karlheinz Schauder: Manfred Hausmann. Weg und Werk. Neukirchen-Vluyn o. J. (1974). – Artur Nickel: Zwischen literarischer Tradition und existentiellem Neubeginn: Wolfdietrich Schnurres Kontroversen mit Manfred Hausmann und Walter Kolbenhoff. In: Walter Erhart/Dirk Niefanger (Hrsg.): Zwei Wendezeiten. Blicke auf die deutsche Literatur 1945 bis 1989. Tübingen 1997, S. 71–92. – Arne Stohmeyer: Der Mitläufer. Manfred Hausmann und der Nationalsozialismus. Bremen 1999.

HESSE, Hermann

**2. 7. 1877 Calw, † 9. 8. 1962 Montagnola/Tessin*

Der Sohn einer Missionarsfamilie aus dem pietistischen Schwaben hatte eigentlich Theologie studieren sollen, nahm dann aber eine Buchhändlerlehre in Tübingen auf, arbeitete von 1899 an als freier Schriftsteller (erste Veröffentlichung: *Romantische Lieder.* Dresden 1899) und avancierte in den zwanziger Jahren zu einem profilierten europäischen Erzähler, Publizisten und pazifistischen Zeitkritiker. Ab 1912 lebte Hesse in der Schweiz, 1924 wurde er Schweizer Staatsangehöriger, blieb aber auch während der Zeit des ›Dritten Reichs‹ in Deutschland publizistisch präsent, und das, obwohl er seit 1931 mit der jüdischen Kunsthistorikerin und Publizistin Ninon Dolbin verheiratet war und weder seine pazifistische Grundhaltung noch seine politischen und literarischen Schriften in irgendeiner Weise mit der nationalsozialistischen Ideologie kompatibel waren. Schon 1922 hatte Hesse in dem Essay *Verrat an Deutschland* »die blödsinnige, pathologische Judenfresserei der Hakenkreuzbarden« (zitiert nach: Hesse 1977, S. 929) angeprangert. Im März 1933 verfaßte er das Gedicht *Absage,* das folgendermaßen beginnt:

> Lieber von den Faschisten erschlagen werden
> Als Selber Faschist sein!
> Lieber von den Kommunisten erschlagen werden
> Als selbst Kommunist sein!
>
> Wir haben den Krieg nicht vergessen. Wir wissen,
> Wie das berauscht, wenn man Trommel und Pauke rührt.
> Wir sind taub, wir werden nicht mitgerissen,
> Wenn ihr das Volk mit dem alten Rauschgift verführt. ...

(Typoskript in: Michels 1979, S. 253).

Hesse bewahrte sich in der Tat einen neutralen Standpunkt zwischen den Fronten. In der *Neuen Rundschau* des S. Fischer Verlags und vor allem in den Rezensionen deutscher Literatur, die er 1935–1936 in der angesehenen schwedischen Literaturzeitschrift *Bonniers Litterära Magasin* veröffentlichte, besprach Hesse Texte von Autoren ohne Ansehen ihrer politischen Herkunft, ihres Glaubens oder ihrer ›Rasse‹. Es finden sich hier positive Kritiken über Thomas Mann, Franz Kafka oder Alfred Polgar. Dieser Nonkonformismus wurde von nationalsozialistischer Seite durchaus zur Kenntnis genommen. → Will Vesper warf dem Literaturkritiker Hesse 1935 vor: »Er verrät die deutsche Dichtung der Gegenwart an die Feinde Deutschlands und an das Judentum« (*Die Neue Literatur*, 11–1935, S. 685ff.). Aber auch die deutschen Emigranten kritisierten Hesse und dessen fortwährende Publikationstätigkeit in Deutschland. Nach Angriffen von seiten Georg Bernhards im *Pariser Tageblatt* und weiteren Schmähartikeln Vespers stellte Hesse seine Rezensionstätigkeit Ende 1936 weitgehend ein.

1937 wurden die Angriffe nationalsozialistischer Literaturfunktionäre auf Hesse offiziell unterbunden. In den *Vertraulichen Verlautbarungen der Fachschaft Verlag der Gruppe Buchhandel in der Reichsschrifttumskammer* vom 27. Mai 1937 heißt es: »Entgegen anderslautenden Meldungen stelle ich ausdrücklich fest, daß ich im Einvernehmen mit dem Herrn Reichsminister für Volksaufklärung und Propaganda und der Parteiamtlichen Prüfungskommission zum Schutze des NS-Schrifttums aus bestimmten Gründen die Ansicht vertrete, daß der Schriftsteller Hermann Hesse zukünftig keinerlei Angriffen mehr ausgesetzt und daß demnach die Verbreitung seiner Werke im Reich nicht behindert werden soll.« Die deutschen Literaturbehörden schienen sich mit dem international renommierten Autor arrangieren zu wollen. Der NS-Literaturhistoriker Franz Lennartz stufte Hesse 1938 als »Typ des einsamen, empfindsam-ästhetischen und eigenbrötlerischen Dichters« ein, »der in allen seinen Werken nicht über das Bekenntnis und den Ausdruck eigenen Erlebens hinausfindet« und zudem »kein Verhältnis zur harten Wirklichkeit volkhaften deutschen Werdens« hat, der aber »auch trotz aller Versuche emigrierter Literaten, ihn gegen das neue Deutschland auszuspielen, sich selbst und seinem Werk treu« bleibe.

Hesses Bücher erschienen bis 1943 in Deutschland, auch wenn einzelne schon vor 1933 veröffentlichte Werke (*Unterm Rad*. Berlin

Schutzumschlag zu Hermann Hesses »Kleine Welt«; Gesammelte Werke in Einzelausgaben, Suhrkamp Verlag 1943 (noch mit S. Fischer-Umschlag)

1906, *Kurgast*. Berlin 1925, *Der Steppenwolf*. Berlin 1927, *Betrachtungen*. Berlin 1928, *Narziß und Goldmund*. Berlin 1930) keine neuen Auflagen mehr erfuhren. Zwischen 1933 und 1943 publizierte Hesse in Deutschland keine neuen Romane. Er veröffentlichte neben dem Gedichtband *Neue Gedichte* (Berlin 1937) lediglich Prosasammlungen, die größtenteils Texte der zwanziger Jahre versammelten (den Erzählband *Kleine Welt*. Berlin 1933, die Legendensammlung *Fabulierbuch*. Berlin 1935 sowie *Gedenkblätter*. Berlin 1937). Dennoch blieb die Literatur für Hesse während der NS-Zeit mehr denn je Fluchtweg aus und Gegenwelt zu einer als barbarisch begriffenen Wirklichkeit. In dem Fragment gebliebenen *Rückblick* (1937) heißt es:

> ... Daß ich der Trennung und Ferne bedarf
> Und der frommen Betrachtung,
> Um des Erlebten froh, des Erlebten
> Herr zu werden. Ich weiß:
> Mehr als jemals ist solches Verhalten
> Heut der Menge verhaßt oder lächerlich.
> Lächerlich: weil wir ihr scheu erscheinen, ja feige,
> Weil sie Denken verachtet und Flucht schimpft.
> Und verhaßt: denn wir setzen germanischem Blutkult
> Unseren Glauben entgegen und dienen dem Geiste. ...

Wo Hesse sich mit der politischen Gegenwart des Faschismus auseinandersetzte, folgte er einem platonischen Programm, demzufolge es die verbrecherische, aber vergängliche Realität durch eine ideale und unvergängliche Sphäre des Geistes, des Schönen und letztlich der Kunst zu überwinden gilt (vgl. auch *Das Orgelspiel*. Berlin 1937). Diesem Programm entsprach vor allem *Das Glasper-*

lenspiel (Zürich 1943), jener Roman, mit dessen Entwurf Hesse bereits 1932 begonnen hatte und der exakt jenen ideellen Freiraum schaffen sollte, in dem der Schriftsteller »leben und atmen konnte, aller Vergiftungen der Welt zu Trotz ... um den Widerstand des Geistes gegen die barbarischen Mächte zum Ausdruck zu bringen« (zitiert nach: Hesse 1977, S. 930). Im NS-Deutschland wurde dieser Roman, der im Stile einer mittelalterlichen Legende von der in einer fernen Zukunft lebenden geistigen Elite der Glasperlenspieler berichtet, wegen »eines Kapitels, das im Kloster spielt« (Peter Suhrkamp, zitiert nach: Unseld, S. 183), nicht mehr veröffentlicht. Sein letztes großes Prosawerk, Hesses Antwort auf das ›Dritte Reich‹ und zugleich dessen literarische Transzendierung, erschien in Deutschland erst 1946. Im selben Jahr erhielt Hesse den Literatur-Nobelpreis.

Weitere Bücher:
Stunden im Garten. Wien 1936. – Gesammelte Werke in zwölf Bänden. Frankfurt am Main 1987–1994. – Politik des Gewissens. Frankfurt am Main 1977.

Literatur:
Bernhard Zeller (Hrsg.): Hermann Hesse. Neue Deutsche Bücher. Literaturberichte für Bonniers Litterära Magasin 1935–1936. Marbach am Neckar 1965. – Siegfried Unseld: Hermann Hesse, eine Werkgeschichte. Frankfurt am Main 1973. – Volker Michels: Hesse – Sein Leben in Bildern und Texten. Frankfurt am Main 1979. – Egon Schwarz: Hermann Hesse und der Nationalsozialismus. In: Sigrid Bauschinger und Albert Reh (Hrsg.): Hermann Hesse. Politische und wirkungsgeschichtliche Aspekte. Bern 1986, S. 55–71. – Volker Michels: Zwischen Duldung und Sabotage – Hermann Hesse und der Nationalsozialismus. In: Martin Pfeiffer (Hrsg.): Hermann Hesse und die Politik: in Beziehung zur Zukunft bleiben. Bad Liebenzell 1992, S. 95–111.

HINRICHS, August

**18.4.1879 Oldenburg, †20.6.1956 Huntlosen/Oldenburg*

Der Sohn eines Tischlermeisters ging bei seinem Vater in die Lehre und legte nach einer Wanderung durch mehrere europäische Länder 1905 seine Meisterprüfung ab. Danach eröffnete er eine eigene Werkstatt. Neben seiner Arbeit begann Hinrichs Theaterstücke, Romane, Novellen und Gedichte zu schreiben. Im Ersten Weltkrieg wurde er an der Westfront eingesetzt und mit dem Eisernen Kreuz ausgezeichnet.

Die Gründung der ›Niederdeutschen Bühne Oldenburg‹ (die mit dem Landestheater verbunden war) bestärkte ihn darin, plattdeutsche Stücke zu verfassen. Seinen ersten großen Erfolg hatte er

1930 mit der *Swinskomödie* (Hamburg, UA Oldenburg 1930) über einen erst gepfändeten und dann gestohlenen Eber. Dem mit bauernschlauen Helden, vertrottelten Beamten und deftigen Pointen publikumswirksam gestalteten Stück lag eine wahre Geschichte zugrunde, die sich ein Jahr zuvor in Oldenburg zugetragen und zu einem ›Bauernaufstand‹ geführt hatte. Ebenso wie *Wenn de Hahn kreiht* (Hamburg 1932, UA Oldenburg 1933) wurde auch die *Swinskomödie* ins Hochdeutsche übersetzt und verfilmt. In dieser Zeit gehörte Hinrichs zu den erfolgreichsten deutschen Bühnenautoren. Darüber hinaus hatte er zwei hochdeutsche Romane geschrieben (*Die Hartjes.* Leipzig 1924, und *Das Volk am Meer.* Leipzig 1929), die mit nationalistischen Untertönen und einer Beschwörung erdverbundener Bauerngeschlechter die Blut-und-Boden-Metaphorik bedienten.

Nach 1933 umwarben die Nationalsozialisten den sehr beliebten und politisch als deutsch-national eingestuften Autor heftig. 1935 wurde Hinrichs zum Landesleiter des Gaues Weser-Ems der Reichsschrifttumskammer ernannt; 1937 trat er in die NSDAP ein. Bereits 1934 hatte er im Auftrag der Gauleitung ein Festspiel zur 700-Jahr-Feier der ›Bauernschlacht‹ in Altenesch geschrieben. Damals waren freie friesische Bauern einem Kreuzfahrerheer unter Erzbischof Gebhard II. von Bremen unterlegen. Das Stück *De Stedinge* (*Die Stedinger.* UA 27.5.1934 in Altenesch), das von Gustav Rudolf Sellner inszeniert wurde, gehörte zu den ersten Thing-Spielen und feierte die Tapferkeit, den Mut, den Stolz und die Heimatverbundenheit der bäuerlichen Bevölkerung. Für die zweite Aufführung 1935 wurde die Freilichtbühne Stedingsehre-Bookholzberg geschaffen, auf der das Stück 1937 zum dritten Mal sehr opulent aufgeführt wurde. Anlaß war der fünfte Jahrestag der nationalsozialistischen Machtübernahme in Oldenburg. Das Stedinger-Motiv griff Hinrichs noch einmal 1939 in seinem Stück *Steding Renke. Spiel vom Opfergang eines Volkes* (Berlin) auf, das wieder in Oldenburg uraufgeführt wurde. Im selben Jahr verfaßte er den Einakter *Tilly vor Oldenburg,* der zur Verleihung der Ehrenbürgerschaft an den NSDAP-Gauleiter und Reichsstatthalter Carl Röver im Oldenburger Schloß festliche Premiere hatte. Bereits 1936 war Hinrichs mit einem KdF-Dampfer gereist und hatte seine Eindrükke zu der Komödie *Petermann fährt nach Madeira* (Berlin, UA Oldenburg) verarbeitet. In seinen beiden Volksstücken *Der Musterbauer* (UA Oldenburg 1940, Buchausgabe Berlin 1941) und *Sware Tied* (*Schwere Zeit.* Berlin 1944, UA Oldenburg 1944) setzte Hinrichs Bauernsolidarität und Treue zum Hof gegen ›städtisches‹ Gewinnstreben und persönliches Glücksverlangen. Hinrichs erhielt den Stavenhagen-Preis (1938), die Goethe-Medaille für Wissenschaft und Kunst (1939), den Gaukunstpreis Weser-Ems (1943) und wurde Ehrenbürger von Oldenburg (1944). Die Entnazifizierungsbehörden stuften ihn als ›unbelastet‹ ein.

Hinrichs war auch nach 1945 ein geachteter und in seiner Heimat verehrter Schriftsteller. 1954 wurde ihm das Verdienstkreuz des Verdienstordens der Bundesrepublik verliehen. Seine Volksstücke gehörten bis in die achtziger Jahre zum Repertoire mehrerer Bühnen und fanden, zum Beispiel über das Hamburger Ohnsorg-Theater, ein großes Publikum. Erst 1979, als sein 100. Geburtstag in Oldenburg mit Veranstaltungen und einer Ausstellung gefeiert werden sollte, setzte eine Diskussion über die NS-Vergangenheit des Schriftstellers ein. Dennoch heißt es im Ausstellungskatalog: »Viele Literaten wurden nach 1933 zu billigen Panegyrikern der neuen Machthaber, und es ist heute noch peinlich zu sehen, wer alles darunter war und sich im Dritten Reich anpaßte und offerierte. Bei August Hinrichs ist in keiner Form eine derartige Anbiederung feststellbar.« Sein Hitler-Gedicht aus dem Jahr 1941 (»Unverlöschbar nur dauert, / wer seinen Namen / durch übermenschliche Tat / mitten hinein schrieb / ins lebendig aufglühende / Herz seines Volkes«) wurde in dem Zusammenhang nicht erwähnt.

Weitere Bücher:

An der breiten Straße nach West. Kriegserlebnisse. Leipzig 1935. – Das Volksbuch von Jolanthe. Berlin 1935. – För de Katt. Hamburg 1938. – Mein ernstes Buch. Leipzig 1941. – Mein heiteres Buch. Leipzig 1941. – Rund um den Lappan. Oldenburger Anekdoten. Oldenburg 1943.

Literatur:

Karl Veit Riedel/Armin Dietzel: August Hinrichs 1879–1956. Oldenburg 1979. – Johann Onnen/Gerhard Preuß (Bearb.): Der Nachlass von August Hinrichs in der Landesbibliothek Oldenburg. Oldenburg 1984. – Klaus Dede: Kategorie V: unbelastet. August Hinrichs und die Oldenburgische Landschaft. Oldenburg 1990. – Anke Finster: Der oldenburgische Schriftsteller August Hinrichs (1879–1956). Ein Beitrag zu den biobibliographischen Grundlagen der niederdeutschen Literaturgeschichtsschreibung. Neumünster 1990.

HUCH, Ricarda

**18.7.1864 Braunschweig, †17.11.1947 Schönberg/Taunus*

Ricarda Huch stammt aus einer wohlhabenden Braunschweiger Kaufmannsfamilie, die sich in den 1880er Jahren allerdings im wirtschaftlichen Niedergang befand. Nach dem Tod der Mutter (1883) und des Vaters (1887) zog die 23jährige Huch nach Zürich, wo sie Geschichte, Philosophie und Philologie studierte. Sie wurde 1891 als eine der ersten Frauen promoviert, und zwar mit einer Arbeit über *Die Neutralität der Eidgenossenschaft während des spanischen Erbfolgekrieges*. Anschließend arbeitete sie als Bibliothekarin, dann als Lehrerin an einer Höheren-Töchter-Schule in Zürich. Schon im Jahr der Promotion hatte Huch ihren ersten Gedichtband (*Gedichte*. Dresden 1891) veröffentlicht, von 1897 an lebte sie als freie Schriftstellerin in München.

Neben Romanen, Novellen und Gedichten verfaßte Huch zahlreiche historische und literaturgeschichtliche Studien, in denen auch ihre politischen Auffassungen zum Ausdruck kamen. Der Weimarer Republik stand sie durchaus kritisch gegenüber. In ihrem Porträt des Freiherrn vom Stein (*Stein*. Wien/Leipzig 1925) und der Studie zur deutschen Revolution im 19. Jahrhundert (*Alte und neue Götter*. Berlin/Zürich 1930) vertrat sie das Programm einer Restauration der mittelalterlichen Reichsidee. 1931 schrieb sie an den Verleger Erich Lichtenstein: »[I]ch bin nicht marxistisch, ich bin nicht kapitalistisch, ich bin nicht nationalsozialistisch, aber ich bin auch nicht schlichtweg demokratisch im heutigen Sinne. Ich bin dafür, daß das Bürgertum den Staat mit ethischer Gesinnung erfüllen sollte« (zitiert nach: Bendt/Schmidgal, S. 307).

Am 27. Oktober 1926 war Huch als erste Frau in die Sektion für Dichtkunst in der Preußischen Akademie der Künste gewählt worden. Als nach der nationalsozialistischen Machtübernahme erst Heinrich Mann als Vorsitzender der Sektion zum Rücktritt gezwungen wurde und dann der kommissarische Sektionsleiter → Gottfried Benn den Schriftstellern eine Loyalitätserklärung für das neue Regime zur Unterzeichnung vorlegte, verweigerte Huch diese Unterschrift und schrieb am 24. März 1933 an den Akademiepräsidenten Max von Schillings: »Ich kann dieses Ja [auf die von Benn vorgelegte Frage] um so weniger aussprechen, als ich verschiedene der inzwischen vorgenommenen Handlungen der neuen Regierung aufs schärfste mißbillige. Sie zweifeln nicht, davon überzeugt mich Ihr Brief, daß ich an dem nationalen Aufschwung von Herzen teilnehme; aber auf das Recht der freien Meinungsäußerung will ich nicht verzichten, und das täte ich durch eine Erklärung, wie die ist, welche ich zu unterzeichnen aufgefordert wurde. Ich nehme an, daß ich durch diese Feststellung automatisch aus der Akademie ausgeschieden bin« (zitiert nach: Wulf: *Literatur und Dichtung im Dritten Reich,* S. 25). Gut zwei Wochen später schrieb sie nochmals an die Akademie: »Was die jetzige Regierung als nationale Gesinnung vorschreibt, ist nicht mein Deutschtum. Die Zentralisierung, den Zwang, die brutalen Methoden, die Diffamierung Andersdenkender, das prahlerische Selbstlob halte ich für undeutsch und unheilvoll. Bei einer so sehr von der staatlich vorgeschriebenen Meinung abweichenden Auffassung halte ich es für unmöglich, in einer staatlichen Akademie zu bleiben«. Zudem bezog Huch, die schon Anfang der dreißiger Jahre deutlich gegen einen immer offener zutage tretenden Antisemitismus protestiert hatte, in diesem Brief ausdrücklich Stellung gegen die nationalsozialistische Diskriminierung von Juden und trat *pars pro toto* für den jüdischen Schriftsteller Alfred Döblin ein. Das NS-Regime reagierte auf diese dezidierte Kritik verunsichert: Als im April-Heft der NS-Zeitschrift *Neue Literatur* die aus der Akademie ausgetretenen Mitglieder aufgelistet wurden, fehlte ihr Name, woraufhin Huch schriftlich bei dem Herausgeber der Zeitschrift, → Will Vesper, anmahnte, in der nächsten Ausgabe ihren Austritt anzuzeigen. Noch 1935 vermerkte der NS-Literaturhistoriker Hellmuth Langenbucher in der zweiten Auflage von *Volkhafte Dichtung der Zeit:* »Auch Ricarda Huch trat aus der neuen Akademie aus. Die Gründe für dieses merkwürdige Verhalten sind uns ebensowenig bekannt wie die Gründe, die Hans Carossa veranlaßt haben, die an ihn ergangene Berufung in die Dichterakademie abzulehnen«.

Huchs *Römisches Reich Deutscher Nation,* der 1934 erschienene erste Band ihrer Trilogie *Deutsche Geschichte,* wurde in den *Nationalsozialistischen Monatsheften* scharf attackiert. Insbesondere Huchs Kritik an den Judenverfolgungen des 14. Jahrhunderts und ihre sympathisierende Würdigung des israelischen Volks brachten die Rezensentin zu dem Fazit: »Im Deutschland Adolf Hitlers ist für Magierinnen dieser Art heute kein Platz mehr« (*Nationalsozialistische Monatshefte* 63–1935, S. 72). Auch der zweite Band, *Das Zeitalter der Glaubensspaltung* (Zürich 1937), wurde von den Zensurbehörden argwöhnisch beurteilt, ohne daß jedoch ein Verbot ergangen wäre (vgl. Koepcke, S. 263).

1940 demonstrierte die Reichsschrifttumskammer, daß sich der NS-Staat Huch gegenüber durchaus noch verpflichtet fühlte. Am 14. März schrieb der Referatsleiter Kurt Metzner an den Generalsekretär der Deutschen Schillerstiftung, Heinrich Lilienfein: »Ich werde soeben darauf aufmerksam gemacht, daß es Frau Ricarda Huch wirtschaftlich alles andere als gut gehen soll. Frau Ricarda Huch wohnt nach wie vor in Jena. Bitte eruieren Sie doch in Anbetracht der Bedeutung dieser Berufskameradin mit aller Vorsicht und so schnell als möglich. Helfen Sie, wenn es not tut, unverzüglich.« Die ihr daraufhin angebotene »Ehrengabe der Schillerstiftung« lehnte die Schriftstellerin jedoch postwendend ab.

Illusionen über den wahren Charakter des Hitler-Regimes hatte sich Huch nie gemacht. Bereits am 21. November 1935 schrieb sie an Freunde in Heidelberg: »Die Times hat Judengreuel gesammelt und herausgegeben. In Deutschland ist es natürlich verboten, aber in Freiburg gibt es ein Exemplar, das Franz [ihr Schwiegersohn] eingesehen hat, es stehen entsetzliche Sachen drin, sagt er« (zitiert nach: Baum, S. 360). 1936 zog Huch zusammen mit der Familie ihrer Tochter Marietta nach Jena. Deren Mann Franz Böhm war an die juristische Fakultät der dortigen Universität berufen worden. Auf einem Gesellschaftsabend des Ökonomen Walter Wedding im Mai 1937 trat Huch in Gegenwart eines SS-Hauptsturmführers für die kulturellen und historischen Leistungen der Juden ein und wurde darin von Böhm unterstützt. Ein knappes Jahr später verlor Böhm den Lehrauftrag. In einem Disziplinarverfahren gegen ihn wurde auch Huch mehrmals verhört. Böhm wurde zwar nicht verurteilt, 1940 jedoch von der Universität Jena entlassen.

Schon 1938 hatte die Familie Huch/Böhm den Berliner Theologen Helmut Gollwitzer kennengelernt. Er war häufiger Gast in ihrer Jenaer Wohnung, durch ihn hatte Huch Kontakt zu Kreisen des kirchlichen Widerstands. Außerdem war Huch mit Ernst von Harnack und Elisabeth von Thadden bekannt. Als das Attentat auf Hitler am 20. Juli 1944 scheiterte, verfaßte sie das Gedicht *An unsere Märtyrer* (erschienen in der zweiten Auflage von *Herbstfeuer*. Frankfurt am Main 1947):

Schmerzen, unsägliche, litt der griechische Heros, bevor er
Sterben durfte und die erlösende Flamme noch schmerzte.
Meine Helden, geliebte, ihr littet schwerer als jener,
Schmachvoll, gemartert, verhöhnt, von keinem Freunde getröstet.
Ihr, die das Leben gabt für des Volkes Freiheit und Ehre,
Nicht erhob sich das Volk, euch Freiheit und Leben zu retten.
…

Auch nach dem Krieg setzte Huch sich für das Andenken der Widerstandskämpfer ein: Im Mai 1946 erschien in den *Hessischen Nachrichten* ihr Aufruf *Für die Märtyrer der Freiheit*, mit dem sie nach Informationen über die Hingerichteten suchte. Geplant war ein dreiteiliges Gedenkbuch *Bilder deutscher Widerstandskämpfer*, das den Deutschen Beispiele der aktiven Opposition gegen das NS-Regime in Erinnerung halten sollte. Huch hat dieses Werk nicht abschließen können. Einzelne Porträts wurden postum in der *Neuen Schweizer Rundschau* 5/6–1948 und in den *Gesammelten Werken* (10 Bde., Köln 1966ff.) veröffentlicht.

Weitere Bücher:
Quellen des Lebens. Leipzig 1935. – Frühling in der Schweiz. Zürich 1938. – Weiße Nächte. Zürich 1943. – Herbstfeuer. Leipzig 1944.

Literatur:
Marie Baum: Leuchtende Spur. Das Leben Ricarda Huchs. Tübingen/Stuttgart 1950. – Inge Jens: Dichter zwischen rechts und links. München 1971. – Jutta Bendt und Karin Schmidgall (Hrsg.): Ricarda Huch 1964–1947. Marbach am Neckar 1994. – Cordula Koepcke: Ricarda Huch – ihr Leben und ihr Werk. Frankfurt am Main 1996.

HUCHEL, Peter

**3.4.1903 Berlin, †30.4.1981 Stauten i. Br.*

Der Vater Peter Huchels war Beamter im Preußischen Kultusministerium. 1905 zog die Familie nach Potsdam, wo Huchel 1923 sein Abitur bestand. Noch als Schüler war er 1920 auf seiten der rechtskonservativen Putschisten in den ›Kapp-Putsch‹ verwickelt. Huchel wurde verwundet und soll nach der Lektüre von *Le Feu*, Henri Barbusses' Augenzeugenbericht aus dem Ersten Weltkrieg, noch im Krankenzimmer zum linken Lager konvertiert sein. Nach dem Abitur studierte er Philologie und Philosophie in Berlin, Wien und Freiburg, reiste durch Europa und lernte Ernst Bloch, Alfred Kantorowicz und Willy Haas, den Leiter der *Literarischen Welt*, kennen. Hier sowie in der *Vossischen Zeitung* und in *Die Kolonne* veröffentlichte Huchel von 1930 an Prosa und vor allem Gedichte, mit denen er sich als prominenter Naturlyriker der Weimarer Republik profilierte und für die er 1932 den Lyrikpreis der *Kolonne* erhielt. Zu seinen Freunden zählten außerdem → Oda Schäfer, → Horst Lange und → Günter Eich, der ihn 1934 beim Rundfunk einführte. Von 1935 bis zu seiner Einberufung zum Kriegsdienst 1941 wurden 19 Hörspiele von Huchel gesendet. Sein Einkommen aus diesen Sendungen betrug pro Jahr zwischen 3000 und 3800 Reichsmark.

Schon 1933 hatten die Nationalsozialisten in Huchel einen förderungswürdigen Autor gesehen und gehofft, ihn als Landschaftslyriker in ihrem Sinne, d. h. als Blut-und-Boden-Dichter, vereinnahmen zu können. Allerdings erfüllten sich diese Hoffnungen nicht, auch wenn Huchel nach 1933 in verschiedenen Zeitschriften (*Der weiße Rabe, Die Dame, Das Innere Reich*) Gedichte veröffentlichte. Es sind Naturgedichte, die, wie Huchel in seinem Lebenslauf für die Reichsschrifttumskammer angab, »einen neuen Ausdruck der märkischen Landschaft« geben sollten, die aber das Landschaftserlebnis nicht zum Ursprung eines nationalistischen Kultes um die deutsche Scholle machten. Auch Huchels Radiostücke waren eher humoristische und unpolitische ›Funkmärchen‹ (*Doktor Faustens Teufelspakt und Höllenfahrt.* 1934, *Ein Fahrstuhl ist nicht mehr zu halten.* 1935, *Ballade im Eisfenster.* 1936, *Katzen auf allen Dächern.* 1936, *Der Fesselballon.* 1936). Daneben schrieb er mit *Die Magd und das Kind* (1935) und *Die Herbstkantate* (1935) zwei formal anspruchsvollere Hörstücke, die Themen und Tonlage seiner Lyrik übernahmen. Sechs weitere Hörspiele, die Huchel zwischen 1935 und 1937 veröffentlichte, sind nur dem Titel nach überliefert.

Von Ende 1936 an wurde der Druck von seiten des Propagandaministeriums, das den Rundfunk immer stärker als Mittel zur ›geistigen Mobilmachung‹ einsetzte, auf Huchel massiver. *Brigg Santa Fé* (1937) und *Die Freundschaft von Port Said* (1938) waren zwei Hörspiele, die den Überlebenswillen einer ›Schicksalsgemeinschaft‹ in den Mittelpunkt stellten. 1940 entsprach Huchel, wie auch Eich, dem Verlangen des Propagandaministeriums, ein Hörspiel für eine Anti-England-Kampagne beizusteuern: Huchel bearbeitete George Bernard Shaws *Denshawai Horror*, das Verbrechen britischer Kolonialsoldaten gegen ägyptische Bauern im Jahre 1905 schildert, für das Radio (*Die Greuel von Denshawai.* 1940). Kurz darauf wurde als letztes Hörspiel Huchels vor 1945 *Peter Paul Rubens. Sein Werk und sein Leben* per Kurzwelle auf niederländisch nach Niederländisch-Indien (Indonesien) ausgestrahlt – die deutschen Truppen hatten die Niederlande im Mai 1940 erobert. Darüber hinaus verfaßte Huchel 1938 zwei Filmnovellen (*Das Fräulein von Soor* und *Der Nobiskrug*), deren Umsetzung am Veto des Propagandaministeriums scheiterte (s. Nijssen, S. 131).

Insgesamt spricht Huchels Publizität während des ›Dritten Reichs‹ gegen die von Kantorowicz schon 1947 vertretene und danach nahezu kanonisch gewordene Beurteilung Huchels: »Während der Hitler-Zeit hat er geschwiegen« (Drews/Kantorowicz, S. 77). Wobei die Tatsache seiner Produktivität an sich noch keinen Zweifel an Huchels antinazistischer Grundeinstellung begründet. Hörspiele wie die Fontane-Bearbeitung *Margarethe Minde* oder auch *Herbstkantate* lassen durchaus verdeckte Kritik am Nationalsozialismus erkennen (vgl. Vieregg, Bd. 2, S. 406). Am Fall Huchel zeigt sich das Dilemma eines noch jungen Autors, der trotz innerer Opposition zum NS-Regime gezwungen war, Kompromisse mit diesem einzugehen.

Weitere Bücher:

Gesammelte Werke in zwei Bänden. Hrsg. v. Axel Vieregg. Frankfurt am Main 1984.

Literatur:

Richard Drews und Alfred Kantorowicz (Hrsg.): Verboten und Verbrannt: Deutsche Literatur zwölf Jahre unterdrückt. Berlin/München 1947. – Hub Nijssen: Peter Huchel als Propagandist? Über die Autorschaft des Hörspiels »Die Greuel von Denshawai«. In: Neophilologus 77 (1993), S. 625–636. – Stephen Parker: »Ein hoffnungsvoller Vertreter der Funkdichtung«: Peter Huchel's Radio Work in Nazi Germany. In: Ian Wallace (Hrsg.): Aliens – Uneingebürgerte. Amsterdam/Atlanta 1994, S. 101–134. – Hub Nijssen: Der heimliche König – Leben und Werk von Peter Huchel. Würzburg 1998. – Stephen Parker: Peter Huchel. A Literary life in 20th-Century Gemany. Bern/Berlin/Frankfurt am Main u. a. 1998.

JELUSICH, Mirko

(eigentl.: Vojmir Jelusić)

**12. 12. 1886 Semil/Nordböhmen, †22. 6. 1969 Wien*

Der Sohn eines kroatischen Vaters und einer sudetendeutschen Mutter studierte in Wien Philosophie und promovierte 1912 mit einer Studie über Max Stirner. Bedeutsam wurde für Jelusich die Bekanntschaft mit dem jüdischen Antisemiten, Schriftsteller und Philosophen Arthur Trebitsch, der den Arierkult predigte. Am Ersten Weltkrieg, den er heftig herbeigesehnt hatte, nahm Jelusich als Einjährig-Freiwilliger und, nach einer schweren Verletzung, als Adjutant einer Ersatzbatterie teil.

Nach ersten schriftstellerischen Versuchen, mit denen er allerdings wenig Erfolg hatte, und einem kurzen Zwischenspiel als Bankangestellter wandte er sich dem Journalismus zu und wurde

1923 Kulturredakteur der rechtsradikalen *Deutsch-österreichischen Tageszeitung*, die ab 1926 die Unterzeile »Hauptblatt der NSDAP – Hitlerbewegung« trug. Jelusich wurde spätestens Ende der zwanziger Jahre Nationalsozialist. Mit seinen extrem deutsch-nationalen und antisemitischen Artikeln schrieb er gegen die von ihm behauptete (jüdische) ›Überfremdung‹ des Wiener Kulturbetriebs an. Als österreichischen Ableger von Rosenbergs ›Kampfbund‹ leitete er (wahrscheinlich ab 1932) die Wiener Gruppe des ›Kampfbundes für deutsche Kultur‹ bis zu deren Verbot im November 1933. (Die NSDAP war bereits im Juni verboten worden.) 1936 beteiligte Jelusich sich an der Gründung der NS-Tarnorganisation ›Bund der deutschen Schriftsteller Österreichs‹, dem auch → Paula Grogger und → Franz Tumler angehörten. Nach dem ›Anschluß‹ Österreichs wurde er kommissarischer Leiter des Burgtheaters, mußte aber wohl auf Drängen von Goebbels schon im Juli 1938 wieder gehen. Er schrieb weiterhin Theaterkritiken und Bücher, die hohe Auflagezahlen erreichten. 1943 wurde er mit dem Grillparzer-Preis der Stadt Wien ausgezeichnet.

Vor allem mit seinen historischen Romanen, an denen sich kein literarischer Maßstab anlegen läßt, erreichte er ein breites Publikum, das seine Bewunderung für ›große Männer‹ und ihre Taten teilte. Jelusich lieferte Elogen auf die Führergestalten der Gegenwart und entwarf den Idealtypus des Herrschers. So ist sein Roman *Caesar* (Wien 1929) eine kaum verhüllte Huldigung Mussolinis, die auch als solche gelesen wurde. Mit *Cromwell* (Wien/Leipzig 1933, als Theaterstück Wien/Leipzig 1934) schuf Jelusich ein, ebenfalls nur wenig kaschiertes, Hitler-Porträt, das seiner Verehrung für den NSDAP-Führer pathetischen Ausdruck verlieh.

»All das für die bürgerliche Erfolgsmentalität so schrecklich Quälende«, faßt Johannes Sachslehner zusammen, »– der verlorengegangene Krieg, die ruhmlose und triste Gegenwart – kann hier im Kult der geschichtsmächtigen Persönlichkeit übertüncht und vergessen werden. Aber was noch mehr wiegt: Jelusich schrieb im Grunde die Geschichte eines Sieges, präziser gesagt, die Vorgeschichte des Endsieges des verheißenen Dritten Reiches.«

In diesem Sinn ist auch seine Trilogie über Heinrich den Löwen, Sickingen und Scharnhorst (*Der Löwe*. Wien/Leipzig 1936, *Der Ritter*. Wien/Leipzig 1937, *Der Soldat*. Wien/Leipzig 1939) zu verstehen, die als Vorkämpfer des NS-Staats dargestellt werden. Sein Roman *Der Traum vom Reich* (Berlin 1941, Neuausgabe unter dem

Titel *Prinz Eugen, der Feldherr Europas*. Graz 1979) handelt vordergründig von Prinz Eugen von Savoyen, tatsächlich geht es Jelusich um eine historische Rechtfertigung der nationalsozialistischen Gewaltherrschaft. So werden an die Reichspogromnacht erinnernde Ausschreitungen mit dem Verhalten der Juden begründet, von denen »alle Welt betrogen war«: »Jeder hat Schaden von den Juden gehabt oder von solchen gehört. Wucher, Betrügerei, Vorenthaltung des verdienten Lohnes, Übervorteilung beim Ein- oder Verkauf haben sie alle erfahren, alle haben sich über das anmaßende, herausfordernde Benehmen der Juden geärgert ... es wird erst Ruhe sein im Lande, bis alle Juden ausgewiesen sind.« Und an anderer Stelle heißt es ganz im Sinn nationalsozialistischer Weltverschwörungstheorien: »Sie werden es auch nicht lieben, Sire, wenn sie erst erkennen müssen, daß nicht sie die Entscheidung über Wohl und Wehe haben, sondern die Judenschaft aller Länder.« Bereits 1940 hatte Jelusich die Idee für den antisemitischen Film *Die Rothschilds* geliefert, der u. a. mit Erich Ponto und Bernhard Minetti gedreht wurde.

Als ›Durchhalteroman‹, der die Wehrbereitschaft der deutschen Bevölkerung stärken sollte, ist *Bastion Europas. Das Heldenlied einer Stadt* (Wien/Leipzig 1944) konzipiert. Der Roman handelt von der erfolgreichen Verteidigung Wiens 1683 gegen die Türken.

Nach dem Ende des Zweiten Weltkriegs wurde Jelusich von den sowjetischen Besatzungsbehörden als Hochverräter angeklagt, aber im November 1946 freigesprochen. Bereits einen Monat später erging erneut ein Haftbefehl gegen ihn. Zum Prozeß kam es jedoch nicht mehr. Im Februar 1948 wurde Jelusich wegen Haftunfähigkeit entlassen. Er schrieb weiterhin Romane, die, wie die Neuauflagen seiner alten Bücher, vor allem über die Lizenzausgaben der Buchgemeinschaft Donauland eine treue Lesergemeinde in Österreich erreichten.

Weitere Bücher:
Hannibal. Wien/Leipzig 1934. – Geschichten aus dem Wiener Wald. Wien/Leipzig 1937. – Streit um Agnes. Leipzig 1937. – Margreth und der Fremde. Leipzig 1942. – Eherne Harfe. Wien/Leipzig 1942. – Samurai. Wien/Leipzig 1943. Die unvollständige Kompanie. Wien 1944.

Literatur:
Johannes Sachslehner: Führerwort und Führerblick. Mirko Jelusich. Zur Strategie eines Bestsellerautors in den Dreißiger Jahren. Königstein/Taunus 1985.

JOHST, Hanns

**8.7.1890 Seehausen bei Oschatz/Sachsen, †23.11.1978 Ruhpolding*

Der Sohn eines Lehrers wollte zunächst Missionar werden und trat deshalb 1907 in die Bodelschwingschen Anstalten in Bethel ein. Danach studierte er in Leipzig Medizin, später in München, Wien und Berlin Philologie und Kunstwissenschaften. 1914 meldete Johst sich als Kriegsfreiwilliger und veröffentlichte sein erstes Drama *Die Stunde der Sterbenden* (Leipzig). Darin stellte er den Opfertod für das Vaterland in Frage und forderte eine Verbrüderung aller Menschen über nationale Grenzen hinweg. Auch sein erster Lyrikband *Wegwärts* (München 1915) ist vom Pazifismus geprägt. Die Suche nach dem Sinn des Lebens beschäftigte Johst auch in dem »ekstatischen Szenarium« *Der junge Mensch* (München 1916) und in dem pathetischen Grabbe-Drama *Der Einsame* (München 1917), das Bertolt Brecht zu seinem ersten Bühnenwerk *Baal* anregte. In seinem 1919 verfaßten Essay *Vom Ethos der Begrenzung* (In: Hanns Johst: *Wissen und Gewissen*. Essen 1924, S. 13–49) manifestiert sich dann aber Johsts Wandlung vom (möglicherweise nur vordergründigen) Expressionisten zum Nationalisten, der sich angesichts der revolutionären Ereignisse der Jahre 1918/19 und des verlorenen Kriegs vom Weltbürgertum abwendet und zu Deutschland bekennt. Wenig später entwickelte er in seinem Aufsatz *Bekenntnis zur Bühne* (In: *Das literarische Echo* 25–1923, S. 681–83) sogar eine eigene, rudimentäre Dramentheorie: »Wir sehen im Theater (die) letzte Kultstätte einer bedrohten, verschütteten Volksgemeinschaft, eine letzte pädagogische Möglichkeit, das Volk vor der Vermaterialisierung einer rein aktuellen Welt zu bewahren. Wir erleben im lebendigen Theater ein letztes Asyl völkischer Diskussion und völkischer Erhebung, wir erfühlen einen Weg, der über das Recht und das Gesetz die schöpferische Idee einer Metaphysik setzt und so die Untiefen sozialistischer und kapitalistischer Maximen mit der Tiefe ideeller Sittlichkeit und gläubiger Übersinnlichkeit erfüllt.« Seine Forderung nach einem »heroisch-kultischen Theater« setzte Johst mit dem Luther-Drama *Propheten* (München 1923) und dem Schauspiel *Thomas Paine* (München 1927), die mit deutsch-nationalen Ressentiments operieren, konsequent um. Mit dem Stück *Schlageter*, das zu Hitlers Geburtstag am 20. April 1933 im Staatlichen Schauspielhaus Berlin uraufgeführt wurde, schuf er das nationalsozialistische Drama schlechthin. Darin wird das Leben des jungen Nationalsozialisten Albert Leo Schlageter geschildert, den die Franzosen während der Ruhrbesetzung 1923

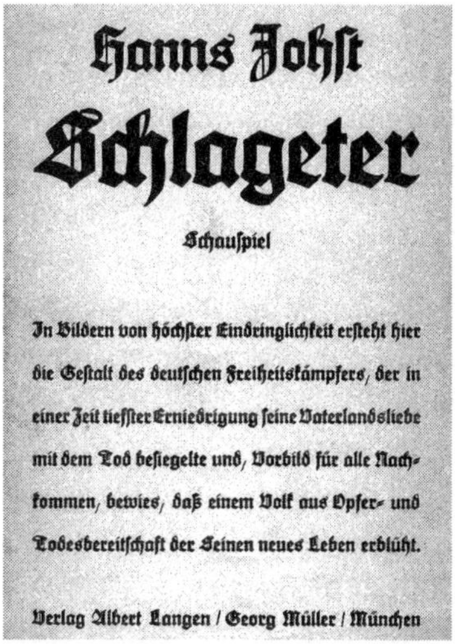
Hanns Johst

Schlageter

Schauspiel

In Bildern von höchster Eindringlichkeit ersteht hier die Gestalt des deutschen Freiheitskämpfers, der in einer Zeit tiefster Erniedrigung seine Vaterlandsliebe mit dem Tod besiegelte und, Vorbild für alle Nachkommen, bewies, daß einem Volk aus Opfer- und Todesbereitschaft der Seinen neues Leben erblüht.

Verlag Albert Langen / Georg Müller / München

Das Schauspiel »Schlageter« von Hanns Johst (1933)

hingerichtet hatten: »Wir Jungen, die wir zu Schlageter stehen, wir stehen nicht zu ihm, weil er der letzte Soldat des Weltkrieges ist, sondern weil er der erste Soldat des Dritten Reiches ist!!« Im Gegensatz zu anderen Propagandastücken war *Schlageter* außerordentlich erfolgreich und wurde auf fast allen Bühnen gespielt. Einzelne Sätze daraus, wie »Wenn ich Kultur höre ... entsichere ich meine Browning!«, verselbständigten sich zu vielzitierten Redewendungen. Besonders die Schlußszene mit der Erschießung Schlageters verfehlte ihre Wirkung nicht:

Schlageter
(wendet sein Gesicht nach links.)
Deutschland!
Ein letztes Wort! Ein Wunsch! Befehl!!
Deutschland!!!
Erwache! Entflamme!!
Entbrenne! Brenn ungeheuer!!
(Nach dem Hintergrund, befehlend)
Und ihr ... Gebt Feuer!!
Stimme des französischen Kommandanten
A mon commandement – feu!
(Vorher werden die Scheinwerfer langsam eingezogen, so daß die Feuergarbe der Salve wie greller Blitz durch Schlageters Herz in das Dunkel des Zuschauerraums fetzt. Alles Licht erlöscht jäh. Vorhang stürzt herab. Die Motoren donnern, die Clairons gellen Triumph. Einen Augenblick lang, dann jähe und unbedingte Stille ... Totenstille. Licht im Zuschauerraum.)

Walter Hinck hat zu Recht darauf hingewiesen, daß gerade der Schluß, der die nationale Empörung in den Zuschauerraum tragen soll, mit Wirkungsmitteln arbeitet, die denen des Piscatorschen Theaters verwandt sind. Die NS-Theaterkritik war begeistert. Obwohl ihm der Makel des (frühen) Expressionismus anhaftete, wurde Johst nicht in die Gruppe der literarischen Opportunisten eingereiht, die sich, etwa wie → Hanns Heinz Ewers, den neuen Machthabern andienten. *Schlageter* war, wie Hellmuth Langenbucher in seinem Buch über ›volkhafte Dichtung‹ befand, »der Gipfelpunkt« von Johsts literarischem Schaffen: »Wir besitzen darin eine Dichtung, in der sich die Meisterschaft des Wortes mit der Deutschheit des Gefühls vereinigt zu einer leidenschaftlichsten dichterischen Gestaltung, die das Schicksal des deutschen Volkshelden bisher gefunden hat.«

Johst, der bereits 1932 in die NSDAP eingetreten war, wurde nach der Machtübernahme durch Hitler für kurze Zeit Dramaturg am Staatlichen Schauspielhaus in Berlin und begann seinen Marsch durch die Institutionen, bis er schließlich zum wichtigsten Schriftstellerfunktionär des NS-Staats aufstieg. Er wurde u. a. Preußischer Staatsrat, Präsident der Deutschen Akademie der Dichtung, der Union nationaler Schriftsteller und der Reichsschrifttumskammer, Reichskultursenator, Reichsfachschaftsleiter für Schrifttum im Kampfbund für deutsche Kultur, Mitglied des Reichsbauernrates, Träger der Wartburg-Dichter-Rose und SS-Gruppenführer. 1935 erhielt er den Preis der NSDAP für Kunst und Wissenschaft und 1940 die Goethe-Medaille. Sein enges Verhältnis zur NSDAP-Spitze und besonders zu Himmler, bei dem er sich u. a. für → Gottfried Benn einsetzte, verlieh ihm zusätzlich Gewicht und Macht. Johst glaubte inbrünstig an den Nationalsozialismus, in dem er sich geborgen fand und dem er sein Leben widmete. Ein leidenschaftliches Bekenntnis zu Hitler ist sein Bericht *Maske und Gesicht. Reise eines Nationalsozialisten von Deutschland nach Deutschland* (München 1935): »Ich bin ein alter Anhänger der Adolf-Hitler-Bewegung ... Ich bin kein Politiker, noch weniger Diplomat. Ich mühe mich, ein Deutscher zu sein, der voll Lobgesang ist und voller Liebesdienst für seine Heimat, sein Volk und dessen Schicksal.« Johst war stolz darauf, ein williges Werkzeug in der Hand des ›Führers‹ zu sein, dem er bis zum Schluß die Treue hielt. Als Funktionär war er vor allem darum bemüht, konservative und deutsch-nationale Schriftsteller auf die NS-Ideologie festzulegen oder sie als Propagandisten zu gewinnen. Sein eigenes literarisches Schaffen blieb dabei weitgehend auf der Strecke. Neben Reden, politischen Essays, tendenziösen Reiseberichten und Weihe-Gedichten auf NS-Größen schrieb er so gut wie nichts mehr. Als

Drehbuchautor (1934 für *Wilhelm Tell* von Heinz Paul mit Conrad Veidt und Emmy Sonnemann) hatte er nur mäßigen Erfolg. Ausschließlich der politischen Propaganda dienten seine beiden letzten Werke in der NS-Zeit. In *Ruf des Reiches – Echo des Volkes. Eine Ostfahrt* (München 1940) lieferte er »ergreifende Stimmungsbilder aus den unvergeßlichen Tagen der Rückwanderung der Volksdeutschen aus Wolhynien ins Großdeutsche Reich, die Hanns Johst an der Seite des Reichsführers SS Himmler miterleben konnte« (Verlagswerbung). Das Requiem *Fritz Todt* (München 1943) war ein mit Gedichten und persönlichen Erinnerungen durchsetztes Gedenkbuch für den tödlich verunglückten Begründer der ›Organisation Todt‹. Johst hatte inzwischen jede Kraft als Erzähler verloren.

Nach dem Ende des Zweiten Weltkriegs wurde Johst interniert und 1949 als ›Mitläufer‹, im Revisionsverfahren als ›Hauptschuldiger‹ eingestuft. Die Berufungskammer München erkannte schließlich 1951 auf ›Belasteter‹. Das bedeutete zwei Jahre Sonderarbeit, die durch die Haft als verbüßt galten, und Einzug der Hälfte des Vermögens. Außerdem erhielt er ein zehnjähriges Publikationsverbot. Johst hat nur noch ein Buch veröffentlicht, den Roman *Gesegnete Vergänglichkeit* (Frankfurt am Main 1955), von dem die Kritik aber kaum Notiz nahm. Von seinen Büchern ist heute keines mehr lieferbar.

Weitere Bücher:

Ave Eva. München 1933. – Die Begegnung. München 1933. – Mutter ohne Tod. München 1933. – Standpunkt und Fortschritt. Oldenburg 1933. – Erkenntnis und Bekenntnis. Kernsätze aus den Werken und Reden. München 1940. – Hanns Johst spricht zu dir. Eine Lebenslehre aus seinen Werken und Reden. Berlin 1944.

Literatur:

Helmut F. Pfanner: Hanns Johst. Vom Expressionismus zum Nationalsozialismus. Den Haag/Paris 1970. – Walter Riedel: Hanns Johst. Der neue Mensch auf dem Wege zum Nationalsozialismus. In: Ders.: Der neue Mensch – Mythos und Wirklichkeit. Bonn 1970, S. 66–83. – Walter Hinck: Das moderne Drama in Deutschland. Göttingen 1973 (bes. S. 142–151). – Günther Rühle: Hanns Johst »Schlageter«. In: Ders.: Zeit und Theater. Bd. 3: Diktatur und Exil 1933 -1945. Berlin 1974, S. 729–741 (Kommentar). – Helmut G. Hermann: Ausgebeutete Amerika-Romantik. Hanns Johst und der ›Parteigenosse‹ Thomas Paine. In: Sigrid Bauschinger u. a. (Hrsg.): Amerika in der deutschen Literatur. Stuttgart 1975, S. 315–322. – Hans-Jörg Knobloch: Hanns Johst. Das Ethos der Begrenzung. In: Ders.: Das Ende des Expressionismus. Bern/Frankfurt am Main 1975, S. 17–34. – Franz Norbert Mennemeier: Vom Expressionismus zum Faschismus. In: Ders.: Modernes Deutsches Drama. Kritiken und Charakteristiken. Bd. 2, München 1975, S. 101–109. – Werner

Mittenzwei: Der Untergang der Akademie oder Die Mentalität des ewigen Deutschen. Berlin/Weimar 1992. – Uwe-Karsten Ketelsen: Hanns Johsts *Thomas Paine.* Ein imaginierter Held der Nationalsozialisten und das rechte Weltanschauungstheater der 20er und 30er Jahre. In: Ders.: Literatur und Drittes Reich. Schernfeld 1992, S. 216–240. – Hans-Wolf Jäger: Missionsreise eines Nationalsozialisten. In: Anne Fuchs/Theo Harden (Hrsg.): Reisen im Diskurs. Modelle der literarischen Fremderfahrungen von den Pilgerberichten bis zur Postmoderne. Heidelberg 1995, S. 542–551. – Helmut Göbel: Zum politischen Drama und Theater im Nationalsozialismus. Hanns Johsts ›Schlageter‹ als politisches Märtyrerdrama und die nationalsozialistischen Massenveranstaltungen. In: Horst Turk/Jean-Marie Valentin (Hrsg.): Aspekte des politischen Theaters und Dramas von Calderón bis Georg Seidel. Bern u.a. 1996, S. 269–288.

JÜNGER, Ernst

**29.3.1895 Heidelberg, †17.2.1998 Wilflingen*

Der Sohn eines Apothekers und Chemikers und ältere Bruder des Schriftstellers → Friedrich Georg Jünger meldete sich nach dem Notabitur 1914 freiwillig zum Kriegsdienst, den er verwundet und hochdekoriert (Orden »Pour le mérite«) überlebte. Seine literarischen Umsetzungen der Kampf- und Todeserfahrungen (*In Stahlgewittern.* Hannover 1920, *Der Kampf als inneres Erlebnis.* Berlin 1922, *Das Wäldchen 125. Eine Chronik aus den Grabenkämpfen 1918.* Berlin 1925, *Feuer und Blut. Ein kleiner Ausschnitt aus einer großen Schlacht.* Magdeburg 1925) ließen Jünger zu einem der bekanntesten Weltkriegsautoren werden. Charakteristisch für diese Bücher ist eine ästhetische Überhöhung des Kriegserlebnisses, das Jünger zur existentiellen Bewährungsprobe schlechthin (»Leben heißt töten«) stilisierte.

Nach einem Studium der Zoologie und Philosophie in Leipzig und Neapel (1923/24) lebte Jünger als freier Schriftsteller in Berlin und war Beiträger und Herausgeber verschiedener radikal-nationalistischer Zeitschriften (*Die Standarte,* das publizistische Organ der Frontkämpfervereinigung »Stahlhelm«; deren radikale Abspaltung *Standarte; Kampfschrift für Deutsche Nationalisten: Arminius; Der Vormarsch. Blätter der Nationalistischen Jugend; Die Kommenden. Überbündische Wochenschrift der deutschen Jugend*). Darüber hinaus schrieb Jünger vereinzelt für mehrere Zeitungen und Zeitschriften – vom *Völkischen Beobachter* über *Eckart* bis zu Ernst Niekischs *Widerstand*. Jüngers Artikel und Essays – die er nach 1945 nicht in seine Werkausgabe aufnahm – zeugen von einer radikal antidemokratischen, antipazifistischen und antibürgerlichen Haltung. Ihr Autor galt als intellektueller Wortführer eines ›neuen Nationalismus‹, dessen »rechts-anarchistische« (Assheuer/Sarkowicz, S. 171) Zielsetzungen die Vorstellungen anderer nationalistischer Gruppierungen wie z. B. des »Stahlhelms« oder der NSDAP an Radikalität übertrafen: »Der behördlich wohlgeregelte Patriotismus ebensowohl wie die Kräfte, die sich ihm entgegenstellen, müssen von einem dämonisch aus allen Schichten auflodernden Glauben an Volk und Vaterland verschlungen, jeder anders Fühlende muß mit dem Brandmal des Ketzers behaftet und ausgerottet werden. Wir können gar nicht national, ja nationalistisch genug sein« (*Das Wäldchen 125*, S. 185).

Trotz partieller ideologischer Übereinstimmungen läßt sich Jünger keiner der nationalistischen Bewegungen der zwanziger Jahre eindeutig zuordnen. Im Gegensatz zu Vertretern der ›Konservativen Revolution‹, wie z. B. → Rudolf Borchardt, vertrat Jünger nicht das Programm einer monarchistischen Restauration, sondern erstrebte eine Revolution auf der Grundlage eines mythisch verklärten Nationenbegriffs, der wiederum nur teilweise Affinitäten zu nationalsozialistischen Vorstellungen der ›Volksgemeinschaft‹ aufweist: Jünger beschwört das ›Blut‹ bzw. die ›Blutgemeinschaft‹ metaphorisch als Chiffren für die rational nicht faßbaren Bindungskräfte einer ›Schicksalsgemeinschaft‹, und nicht biologistisch als Ausschlußkriterien einer Rassenideologie. Zudem wertet Heimo Schwilk antisemitische Äußerungen in Jüngers Publikationen der Weimarer Zeit als »in keinem Fall rassenideologisch motiviert, sondern [als] Ausdruck seiner damaligen antibürgerlichen und antikapitalistischen Liberalismuskritik« (Schwilk 1995, S. 22). Allerdings sprach Jünger tatsächlich von Juden als »Geschmeiß« (*Die antinationalen Mächte*. In: *Arminius* 8–1927, S. 5) und schrieb 1930:

> »Die Antisemiten gleichen einer Art von Bakterienjägern, die, wenn sie einen Keim ausgerottet zu haben glauben, sich tausend neuen gegenübersehen. Dies ist eine Methode, die mit der Manie enden muß und die dazu führt, daß man auf Schritt und Tritt die Juden wimmeln sieht wie die weißen Mäuse im Delirium. Nein, hier gibt es eine bessere Medizin, die darin besteht,

daß man sich Schritt für Schritt der großen feurigen Sonne nähert, die das heroische Leben bestrahlt – Temperaturen entgegen, die auch der feinste, verborgenste Keim nicht mehr zu ertragen vermag« (*Schlußwort zu einem Aufsatz*. In: *Die Kommenden* 5–1930, S. 90).

Jünger muß sich vorwerfen lassen, am rassistischen Diskurs seiner Zeit partizipiert und ihn bewußt vorangetrieben zu haben: »Die Schriften und Artikel Jüngers in der Weimarer Zeit ... brachten den deutschen Faschismus nicht hervor, aber sie wirkten mit, den Resonanzboden für die Faschisierung der Mentalitäten und Gemüter zu verstärken« (Reimann/Haßel, S. 31).

Trotz wiederholt geäußerter Zustimmung zum Nationalsozialismus (»Wir wünschen den Nationalsozialisten von Herzen den Sieg; wir kennen seine besten Kräfte, deren Begeisterung ihn trägt, und deren Wille zum Opfer über jeden Zweifel erhaben ist«, *(Reinheit der Mittel*. In: *Die Kommenden* 52–1929, S. 617)) ging Jünger letztlich auf Distanz zur NSDAP. Dabei mag zum einen sein »elitäres Unbehagen gegen eine sich pöbelhaft gerierende Ausdrucksweise der faschistischen Vollzugsorgane« (Dietka 1994, S. 65) eine Rolle gespielt haben, zum anderen wurde die Entscheidung Hitlers, nicht revolutionär, sondern im legalen Marsch durch die Institutionen an die Macht zu gelangen, von Jünger als Konzession an den verhaßten Parteienstaat abgelehnt. Das ihm 1927 (und dann noch einmal 1933) angetragene Reichstagsmandat der Nationalsozialisten lehnte er ab, weil »er das Schreiben eines einzigen Verses für verdienstvoller [hielt] als 60 000 Trottel zu vertreten« (Paetel, S. 89). Jünger bevorzugte den Standpunkt des einsamen Beobachters. Die von dieser erhöhten Warte aus entwickelten Zeitdiagnosen und Gesellschaftsutopien (*Das Abenteuerliche Herz*. Berlin 1929, *Die totale Mobilmachung*. Berlin 1930) wurden aber auch von nationalsozialistischer Seite zunehmend mißtrauisch rezipiert. *Der Arbeiter. Herrschaft und Gestalt* (Hamburg 1932), Jüngers Vision einer Auflösung des bürgerlichen Subjekts in einem totalitären Staatswesen, provozierte scharfe Angriffe der NS-Presse – man drohte dem Autor »Kopfschüsse« an (*Völkischer Beobachter* vom 23. Oktober 1932).

Nach der Machtübernahme Hitlers verwahrte sich Jünger mehrfach deutlich gegen jede Vereinnahmung durch das neue Regime. Seine Berufung in die gleichgeschaltete Deutsche Akademie der Dichtung lehnte er 1933 mit der Begründung ab: »Die Eigenart meiner Arbeit liegt in ihrem wesentlich soldatischen Charakter, den ich durch akademische Bindungen nicht beeinträchtigen will. ... Ich bitte Sie daher, meine Ablehnung als ein Opfer aufzufassen, das mir meine Teilnahme an der deutschen Mobilmachung auferlegt, in deren Dienst ich seit 1914 tätig bin« (zitiert nach: Wulf: *Literatur und Dichtung im Dritten Reich,* S. 37). Im Juni 1934 protestierte Jünger, der inzwischen von Berlin nach Goslar gezogen war, schriftlich gegen die Veröffentlichung eines Ausschnitts aus dem *Abenteuerlichen Herzen* in der Mai-Ausgabe des *Völkischen Beobachters.*

Jüngers Publikationstätigkeit im ›Dritten Reich‹ beschränkte sich zunächst auf weitgehend unpolitische Texte wie die Sammlung *Blätter und Steine* (Hamburg 1934) – die neben älteren Essays, Naturskizzen und sprachphilosophischen Betrachtungen auch Aphorismen wie »Die schlechte Rasse wird daran erkannt, daß sie sich durch den Vergleich mit anderen zu erhöhen, andere durch den Vergleich mit sich selbst zu erniedrigen sucht« (S. 220) enthielt. Darüber hinaus veröffentlichte er den Abenteuerroman *Afrikanische Spiele* (Hamburg 1937) sowie eine zweite Fassung von *Das Abenteuerliche Herz* (Hamburg 1938), das weitaus stärker als die erste Fassung den Naturbeobachter und spekulativen Metaphysiker Jünger zeigte.

Als ›Widerstandsautor‹ der ›Inneren Emigration‹ profilierte Jünger sich erst mit der Erzählung *Auf den Marmorklippen* (Hamburg 1939), der Geschichte um zwei Brüder, die als Botaniker in einer mythischen Klippenlandschaft der Gewalt eines despotisch-verbrecherischen »Oberförsters« ausgesetzt sind. Der Roman wurde vielfach als Allegorie des NS-Terrors gelesen, die »Schinderhütte« des Oberförsters als Hinweis auf die Konzentrationslager verstanden. Allerdings erklärte Jünger 1946, »daß die Vorgänge in Deutschland zwar in seinen [des Romans] Rahmen paßten, daß er aber nicht speziell auf sie zugeschnitten war« (*Sämtliche Werke,* Bd. 3, S. 615). In *Auf den Marmorklippen* agieren künstliche Figuren in einer nicht identifizierbaren Landschaft; allen Anspielungen auf die politische Situation in Deutschland zum Trotz transzendiert dieser Kunstroman jede historische Realität ins Mythische. Wie Ralf Schnell bemerkt, wird »die Aktualität der Aussagen ... um den Preis einer fiktiven ontologischen und anthropologischen Existentialität [erreicht], deren Entstehungsbedingungen im Dunkel prähistorischer Zeiträume verborgen bleiben« (Schnell 1976, S. 117). Jüngers Kritik der Gewalt ist keine Kritik an konkreten gesellschaftlichen Verhältnissen, sondern eine Darstellung überhistorischer Verläufe: »Der ›Oberförster‹ sollte bald Hitler, bald Göring, bald Stalin sein. Dergleichen hatte ich zwar vorausgesehen, doch nicht beabsichtigt« (*Sämtliche Werke*, Bd. 3, S. 436). Trotz des latent regimekritischen Inhalts befürchtete die Hanseatische Verlagsanstalt, ihrem Lektor Paul Weinreich zufolge, kein Verbot des Buchs: »Wir rechneten damit, daß die Partei das Bild, das Jünger zeichnete, nicht auf sich beziehen konnte, wenn sie sich nicht selbst bezichtigen wollte« (zitiert nach: Schwilk 1995, S. 20). Aber auch in NS-Kreisen wurde die Erzählung offensichtlich als Schlüsselroman gelesen. In einem Schreiben des Volksgerichtshofs-Präsidenten Roland Freisler an Martin Bormann vom 1. Dezember 1944 heißt es: »Jünger war insbesondere wegen angeblicher defaitistischer Äußerungen während seiner Zeit im Stabe des Militärbefehlshabers Frankreich und seiner Schrift ›Die Marmorklippen‹ aus dem Jahr 1939 zur Anzeige gebracht worden. ... Am 20. 1. ... hat der Führer von Wolfsschanze aus mir fernmündlich den Befehl erteilt, die Sache nicht weiter zu verfolgen« (zitiert nach: Bluhm, S. 134). Jünger bestätigt in seinen Memoiren mehrfach, daß Hitler selbst ihn vor Repressionen bewahrt habe (vgl. *Siebzig verweht III*. Stuttgart 1993, S. 577 und *Jahre der Okkupation*. Stuttgart 1958, S. 256).

In der Tat hatte Jünger bis 1942 keine Publikationsprobleme und genoß das Ansehen eines Kriegsteilnehmers und Weltkriegsautors, dem weitgehende Freizügigkeit und Reisemöglichkeiten gewährt wurden. Seine Werke der zwanziger Jahre gehörten weiterhin zum Kanon der Literatur des ›Dritten Reichs‹. Auszüge jener Bücher wurden in diversen Schulanthologien sowie in Zeitschriften wie der *Deutschen Rundschau*, dem *Deutschen Adelsblatt* oder dem *Literarischen Centralblatt* veröffentlicht. 1934 erschien zudem eine erste Jünger-Biografie (Wulf Dieter Müller, *Ernst Jünger*. Berlin), die den Kriegsautor als Vorbild der Jugend pries.

1939 wurde Jünger als Offizier zum Kriegsdienst eingezogen, den er von 1941 an als Besatzungsoffizier in Paris versah. Hier verkehrte er in literarischen Salons und begegnete Vertretern der europäischen literarischen und künstlerischen Avantgarde. 1942 erschien sein Kriegstagebuch *Gärten und Straßen* (Berlin) sowie der erste Band seines sechsteiligen Tagebuchs *Strahlungen* (Tübingen 1949), das ihn noch einmal als genauen, aber distanzierten Beobachter des Kriegsgeschehens wie auch – in den nach dem Krieg publizierten Teilen – der Verbrechen deutscher Besatzungstruppen zeigt. In der Folge des Attentats vom 20. Juli 1944 wurde er wegen Kontakten zu Mitgliedern des Widerstands aus der Wehrmacht entlassen.

Nach dem Krieg erhielt Jünger von 1945 bis 1949 Publikationsverbot, da er sich weigerte, die Entnazifizierungsfragebögen der Alliierten zu beantworten. Jünger war wiederholt Gegenstand kontrovers geführter öffentlicher Diskussionen v. a. in der Bundesrepublik. Er wurde einerseits als »Europäer und Humanist« gewürdigt (vgl. Dietka 1987, S. 59f.), andererseits als »bedenkenloser Alchemist« und »einer der deutschen Hauptkriegsschuldigen« verurteilt (ibid., S. 69). Jünger antwortete auf derartige Angriffe mit der Beschreibung seiner selbst als »Seismograph« (*Strahlungen*, S. 9), der die ›Verwerfungen‹ des Jahrhunderts lediglich genau registriert habe.

Weitere Bücher:
Der Friede. Ein Wort an die Jugend Europas. Ein Wort an die Jugend der Welt. Zürich 1949. – Sämtliche Werke in 20 Bänden. Stuttgart 1980.

Literatur:
Karl O. Paetel: Ernst Jünger in Selbstzeugnissen und Bilddokumenten. Reinbek bei Hamburg 1962. – Ralf Schnell: Literarische Innere Emigration 1933–1945. Stuttgart 1976. - Norbert Dietka: Ernst Jünger nach 1945. Das Jünger-Bild der bundesdeutschen Kritik (1945 bis 1985). Frankfurt am Main/Bern/New York 1987. – Heimo Schwilk: Ernst Jünger. Leben und Werk in Bildern und Texten. Stuttgart 1988. – Lothar Bluhm: Das Tagebuch zum Dritten Reich: Zeugnisse der Inneren Emigration von Jochen Klepper bis Ernst Jünger. Bonn 1991. – Wolfgang Brekle: Das Unbehagen Ernst Jüngers an der Nazi-Herrschaft. In: Weimarer Beiträge 40 (1993), S. 335–349. – Martin Meyer: Ernst Jünger. München 1993. – Thomas Assheuer/Hans Sarkowicz: Rechtsradikale in Deutschland – Die alte und die neue Rechte. München [2]1994. – Norbert Dietka: Ernst Jünger – vom Weltkrieg zum Weltfrieden. Biografie und Werkübersicht 1895–1945. Bad Honnef 1994. – Bruno W. Reimann und Renate Haßel: Ein Jünger-Brevier. Jüngers politische Publizistik 1920 bis 1933. Marburg 1995. – Heimo Schwilk: Ernst Jünger im Dritten Reich. In: Gegengift 9 (1995), S. 13–24. – Thomas Nevin: Ernst Jünger and Germany. Into the Abyss, 1914–1945. London 1996. – Ernst Noack: Ernst Jünger – Eine Biographie. Berlin 1998.

JÜNGER, Friedrich Georg

**1. 9. 1898 Hannover, †20. 7. 1977 Überlingen*

Der jüngere Bruder → Ernst Jüngers wuchs ebenfalls in Hannover auf, meldete sich freiwillig zum Ersten Weltkrieg und wurde 1917 schwer verwundet. Nach dem Krieg studierte er Jura in Leipzig, arbeitete kurzzeitig als Assessor in Freiburg und lebte von 1926 an als freier Schriftsteller in Berlin. Bis 1934 veröffentlichte Jünger

Essays in verschiedenen ultranationalistischen Zeitschriften: in der *Standarte. Wochenzeitschrift des neuen Nationalismus*, im *Arminius*, im *Vormarsch*, in *Der Tag, Das Reich* und *Die Kommenden*. Außerdem gehörte Jünger zum national-revolutionären Kreis um Ernst Niekisch und dessen Zeitschrift *Widerstand*, in der er ab 1929 publizierte.

Jüngers in der Weimarer Republik erschienene Essays waren explizit antirepublikanisch und antiparlamentarisch. Der Parteienstaat wurde von Jünger als Verrat der nationalen Einheit an Partikularinteressen verstanden. Im Nationalismus sah er demgegenüber eine revolutionäre Bewegung, deren Ziel die Überwindung der gesellschaftlichen Fragmentierung sei. Die Nation, so Jünger, sei eine »Kampfgemeinschaft blutmäßiger Bindung« (*Aufmarsch des Nationalismus*. Leipzig 1926, zitiert nach: Fröschle, S. 46).

Erstaunlicherweise verstummte Jünger mit der Machtübernahme der Nationalsozialisten. 1933 erschien kein Artikel von ihm. Erst im April 1934 publizierte er den Lyrikband *Gedichte* (Berlin 1934). Die darin enthaltene Elegie *Der Mohn* artikulierte Jüngers kritische Distanz zu dem als plebejisch empfundenen Nazismus:

...
Mohnsaft, du stillst uns den Schmerz. Wer lehrt uns das Nied're vergessen?
Schärfer als Feuer und Stahl kränkt uns das Niedere doch.
Wirft es zur Herrschaft sich auf, befiehlt es, so fliehen die Musen.
...
Bunt ist von Fahnen die Stadt, immengleich summet der Schwarm.
Lauter als der Cherusker, der Romas stolze Legionen
Weihte der Nacht und dem Tod, stimmen den Siegruf sie an.
Habt ihr feindliche Heere geschlagen, die Fürsten gefangen,
Risset ihr Ketten entzwei, die euch der Sieger gestückt?
Nein, sie bejubeln den Sieg, der über Brüder erfochten,
Süßer als Siege sie dünkt, die man in Schlachten erstritt.
Schmerzend hallt in den Ohren der Lärm mir, mich widert der Taumel,
Widert das laute Geschrei, das sich Begeisterung nennt....

In einem kurze Zeit später publizierten Aufsatz äußerte Jünger deutlich seine Enttäuschung über die von den Nationalsozialisten propagierte ›Volksgemeinschaft‹, die er als kleinbürgerliche egalitäre Profanisierung seines Nationalgedankens ablehnte (vgl. *Über die Gleichheit.* In: *Widerstand* 4–1934, S. 97–101). Zudem verhöhnte er in *Wahrheit und Wirklichkeit. Rückblick auf den Verfall der bürgerlichen Welt* (in: *Widerstand* 5–1934, S. 138–147) die neuen Machthaber als Taschen- und Schauspieler.

Jüngers kritischer Gestus war der eines aristokratischen Beobachters, der sich angewidert von dem ordinären Treiben der NS-Bewegung abwandte und sich auf eine klassizistisch-ästhetizistische Position zurückzog. Neben Lyrik- und Prosapublikationen in Zeitschriften des gehobenen intellektuellen Niveaus wie *Corona, Die Neue Rundschau* und *Die Literatur* veröffentlichte Jünger Gedichtbände, die – strengen antiken Versformen gehorchend – von epischer Weltkriegsdichtung (*Der Krieg.* Berlin 1936) bis zur gegenwartskritischen Evokation einer mythischen Urwelt (*Griechische Götter.* Frankfurt am Main 1943) reichten. Erst 1944 trat Jünger noch einmal mit einem umfangreichen Essay an die Öffentlichkeit, in dem er die besinnungslose Technisierung der Lebenswelt als Grund einer existent iellen Entfremdung des Menschen kritisierte (*Über die Perfektion der Technik.* Frankfurt am Main 1944). 1946 erneut aufgelegt, wurde diese Abhandlung zum Gegenstand einer kontrovers geführten Technik-Diskussion und begründete Jüngers Rolle als zivilisationskritischer Mahner im Nachkriegsdeutschland. Im Gegensatz zu seinem Bruder Ernst erhielt Friedrich Jünger nach dem Krieg kein Publikationsverbot. Das ›Chambre d'épuration‹ der französischen Besatzungszone stufte ihn 1948 als unbelastet ein. Insbesondere in den fünfziger Jahren wurde Jünger als Essayist und Autor wissenschaftskritischer Abhandlungen hoch geschätzt und erhielt zahlreiche Auszeichnungen, u. a. den Literaturpreis der Bayrischen Akademie der Schönen Künste (1950), den Wilhelm-Rabe-Preis der Stadt Braunschweig (1958) und den großen Kunstpreis des Landes Nordrhein-Westfalen (1960).

Weitere Bücher:
Werke in zwölf Bänden. Stuttgart 1978–1987.

Literatur:
Volker Beismann: Spurensuche im Labyrinth – Politische Publizistik im Frühwerk Friedrich Georg Jüngers. In: Etappe 11 (1995), S. 104–125. – Ulrich Fröschle: Friedrich Georg Jünger (1898–1977) – kommentiertes Verzeichnis seiner Schriften. Marbach am Neckar 1998. – Lovis Maxim Wambach: Grenzgänger zwischen Jurisprudenz und Literatur – Werner Krauss, Kurt Tucholsky, Friedrich Georg Jünger und Martin Beradt. Baden-Baden 2000.

KÄSTNER, Erich

**23.2.1899 Dresden, †29.7.1974 München*

Der Sohn eines Sanitätsrats oder Sattlermeisters (die Vaterschaft ist umstritten) wurde 1917 als Einjährig-Freiwilliger zur schweren Artillerie eingezogen. Ein schwaches Herz verhinderte seinen Einsatz an der Front. Nach dem Krieg holte Kästner sein Abitur nach und studierte in Leipzig, Rostock und Berlin Germanistik, Geschichte, Theaterwissenschaft, Zeitungskunde, französische Literatur und Philosophie. 1925 promovierte er in Leipzig über *Die Erwiderung auf Friedrichs des Großen Schrift ›De la Littérature Allemande‹: Ein Beitrag zur Charakteristik der deutschen Geistigkeit um 1780.* Zu dieser Zeit war Kästner bereits Redakteur bei der Leipziger Verlagsdruckerei. Nach der Veröffentlichung eines erotischen Gedichts (*Abendlied des Kammervirtuosen*) wurde er entlassen, durfte dann aber im Sommer 1927 als (freier) Kulturkorrespondent der *Neuen Leipziger Zeitung* nach Berlin gehen. Von dort aus belieferte er zahlreiche Blätter mit Gedichten, Rezensionen, Glossen, Satiren und Kritiken. 1928 erschien Kästners erster Gedichtband *Herz auf Taille* (Leipzig/Wien), dem *Lärm im Spiegel* (Leipzig/Wien 1929), *Ein Mann gibt Auskunft* (Stuttgart/Berlin 1930) und *Gesang zwischen den Stühlen* (Stuttgart/Berlin 1932) folgten. Mit seinen satirischen, zeitkritischen Gedichten, die der Neuen Sachlichkeit zugerechnet werden, hatte Kästner ebenso Erfolg wie mit seinem Roman *Fabian* (Stuttgart/Berlin 1931) und seinen Kinderbüchern *Emil und die Detektive* (Berlin 1929), *Arthur mit dem langen Arm* (Berlin 1930), *Das verhexte Telefon* (Berlin 1930), *Pünktchen und Anton* (Berlin 1931) und *Der 35. Mai oder Konrad reitet in die Südsee* (Berlin 1932).

Weil er sich schon früh gegen den Nationalsozialismus engagiert hatte (vor allem in Gedichten und Satiren für die *Weltbühne*) und für die NS-Kulturzensoren als ›Asphaltliterat‹ galt, mußte Kästner nach dem 30. Januar 1933 mit dem Schlimmsten rechnen. Er blieb trotzdem in Deutschland, vor allem wegen seiner Mutter, die er sehr liebte, vielleicht auch, weil er den großen Roman über die NS-Zeit schreiben wollte und hoffte, der ganze Spuk würde nicht lange dauern. Aus dem Kulturleben wurde er innerhalb kürzester Zeit verbannt. Obwohl seine Schriften zunächst nicht verboten waren, wurden seine Artikel und Gedichte entweder gar nicht mehr oder nur unter Pseudonym gedruckt. Eine Ausnahme machte die *Literarische Welt*, in der Kästner am 17. März 1933 über seine Kollegen schrieb: »Es gibt Schriftsteller, die fordern, daß man die Anschauungen der anderen verbieten soll. Und es gibt Schriftsteller, die glauben, daß man ihre eigenen Anschauungen verbieten kann. Die Wenigen, die übrigbleiben, gehören, trotz aller Differenzen, zusammen. Und nur sie sind wichtig.« Am 10. Mai 1933 ging Kästners Werk bei den in Berlin und anderen deutschen Universitätsstädten stattfindenden Bücherverbrennungen in Flammen auf. In Berlin war es der zweite ›Rufer‹, der »Gegen Dekadenz und moralischen Verfall!« und »Für Zucht und Sitte in Familie und Staat!« die Bücher von Heinrich Mann, Ernst Glaeser und Erich Kästner ins Feuer warf. Obwohl Kästners Name auf (noch geheimgehaltenen) Schwarzen Listen auftauchte, konnte Ende 1933 *Das fliegende Klassenzimmer* (Stuttgart) ungehindert erscheinen. Die Geschichte einer Schulklasse und ihres Lehrers Justus, die im Internat gemeinsam ein Theaterstück für den letzten Tag vor den Weihnachtsferien proben, war die letzte Buchveröffentlichung Kästners im nationalsozialistischen Deutschland. Bis Anfang 1936 waren alle Kästner-Bücher im Handel und in den Bibliotheken beschlagnahmt und verboten. Trotzdem blieb er, abgesehen von zwei kurzen Verhaftungen, weitgehend unbehelligt. Seine Anträge aber, in die Reichsschrifttumskammer aufgenommen zu werden, um wieder in Deutschland publizieren zu können, wurden zum Teil barsch abgelehnt. Es blieb ihm nur die Möglichkeit, im Ausland zu veröffentlichen. Bis 1938 erschienen: *Drei Männer im Schnee* (Zürich 1934), *Emil und die drei Zwillinge* (Zürich 1935), *Doktor Erich Kästners lyrische Hausapotheke* (Basel/Wien/Mährisch-Ostrau 1936), *Die verschwundene Miniatur oder Die Abenteuer eines empfindsamen Fleischermeisters* (Basel/Wien/Mährisch-Ostrau 1936), *Georg und die Zwischenfälle* (Basel/Mährisch-Ostrau 1938) und *Till Eulenspiegel* (Zürich 1938). In seinen zumeist heiteren Gedichten, Romanen und Kindergeschichten vermied Kästner jede politische Anspielung, um sich nicht zu gefährden. Seine Bücher wurden vielfach übersetzt und dienten zum Beispiel in den Niederlanden, den USA und Großbritannien als Basislektüre im Deutschunterricht oder in Germanistik-Seminaren. Der Roman *Drei Männer im Schnee* wurde in der Tschechoslowakei, Frankreich, Schweden und den USA Mitte der dreißiger Jahre verfilmt. Die amerikanische MGM hatte sich auch die Rechte an der *Verschwundenen Miniatur* gesichert. Zum Dreh kam es durch den Kriegsausbruch aber nicht mehr. In Deutschland selbst schrieb Kästner zusammen mit befreundeten Schriftstellern und unter deren Pseudonym leichte Komödien, die zum Teil auch verfilmt wurden. Der Anteil Kästners an *Das lebenslängliche Kind* (UA Bremen 1934) oder *Das goldene Dach* (UA Berlin 1939) ist heute nicht mehr genau zu ermitteln. Für ihn überraschend erhielt er 1941 den Auftrag, das Drehbuch für den Ufa-Jubiläumsfilm zu schreiben. Offensichtlich fehlten dem Propagandaministerium in Deutschland Drehbuchautoren, die einen so herausragenden Film adäquat gestalten konnten. Kästner hatte auch nach 1933 seine guten Kontakte zur Filmindustrie halten können. Mit einer Sondergenehmigung von Goebbels verfaßte Kästner unter dem Pseudonym Berthold Bürger zunächst das Drehbuch für *Münchhausen* (UA 1943) und dann für *Der kleine Grenzverkehr* nach seinem romantischen Liebesroman *Georg und die Zwischenfälle* (UA 1943).

Am 12. Dezember 1942 wurde Kästner zusammen mit → Arnolt Bronnen und Ernst Glaeser auf die Liste der verbotenen Autoren gesetzt. Hitler persönlich hatte entweder durch Zufall oder durch eine gezielte Denunziation von Goebbels Sondergenehmigung für Kästner erfahren. Damit war ihm jede schriftstellerische Betätigung im In- und Ausland untersagt. Kästner konnte nur noch für die Schublade schreiben, zum Beispiel sein Stück *Zu treuen Händen*, das erst 1949 uraufgeführt wurde. Im März 1945 rettete er sich mit einem Filmteam ins Zillertal, wo der Streifen *Das verlorene Gesicht* gedreht werden sollte, allerdings nur noch zum Schein. Kästner hatte bereits am 7. Februar 1945 in Berlin begonnen, sein Tagebuch mit Notizen zu füllen. In Mayrhofen beobachtete er nicht nur das Verhalten des Filmteams, sondern auch den Opportunismus der Bevölkerung, die den Wechsel von der NS-Diktatur zur alliierten Besatzung routiniert und ohne Skrupel vollzog. Kästner hat sein »Kriegstagebuch 1945« fünfzehn Jahre später für den Druck bearbeitet. Die Fassung, die 1961 unter dem Titel *Notabene 45* (Zürich 1961) erschien, weicht erheblich vom Original ab, das sich als Typoskript im Nachlaß befindet. Ein Vergleich zeigt, daß Kästners viel zitierte politische Klarsicht nicht immer die des Jahres 1945 war. Die Reflexionsebene ist erst nachträglich eingefügt worden. Den von ihm immer wieder angekündigten großen Roman über die NS-Zeit hat Kästner nicht mehr geschrieben.

Weitere Bücher:

Schriften für Erwachsene. 8 Bde., München/Zürich 1969. – Mein liebes, gutes Muttchen, Du! Dein oller Junge. Briefe und Postkarten aus 30 Jahren. Hrsg. von Luiselotte Enderle. Hamburg 1981. – Werke in neun Bänden. Hrsg. von Franz Josef Görtz. München/Wien 1998.

Literatur:
Luiselotte Enderle: Erich Kästner. Reinbek bei Hamburg [17]1998. – Franz Josef Görtz/Hans Sarkowicz: Erich Kästner. Eine Biographie. München/Zürich 1998. – Isa Schikorsky: Erich Kästner. München 1998. – Ingo Tornow: Erich Kästner und der Film. München 1998. – Manfred Wegner (Hrsg.): »Die Zeit fährt Auto«. Erich Kästner zum 100. Geburtstag. Berlin/München 1999 (Ausstellungskatalog). – Esther Steck-Meier: Erich Kästner als Kinderbuchautor. Eine erzähltheoretische Analyse. Bern u.a. 1999. – Sven Hanuschek: Das Leben Erich Kästners. München/Wien 1999.

KALÉKO, Mascha

(eigentlich: Mascha Aufen-Engel
**7. 6. 1907 Schidlow/Galizien, †21. 1. 1975 Zürich*
Die Tochter des russisch-jüdischen Kaufmanns Fischel Engel wurde in einem westgalizischen Dorf nahe Krakau geboren. Ihre Mutter, Rozalia Chaja Reisel Aufen, hatte die österreichische Staatsbürgerschaft. 1914 siedelte die Familie nach Frankfurt am Main über, wo der Vater als Staatsbürger eines Kriegsgegnerlandes interniert wurde. Nach dem Ersten Weltkrieg zog Mascha mit ihren Eltern nach Berlin. Sie arbeitete als Bürolehrling im ›Arbeiterfürsorgeamt der jüdischen Organisationen Deutschlands‹, besuchte Abendkurse in Philosophie und Psychologie an der Humboldt-Universität und heiratete 1928 den Philologen und Hebräisch-Lehrer Saul Kaléko.

Mitte der zwanziger Jahre hatte sie begonnen, Gedichte zu schreiben, und verkehrte bald in der literarischen Boheme Berlins, die sich im *Romanischen Café* traf. Insbesondere der Chefredakteur der *Vossischen Zeitung*, Monty Jacobs, erkannte Kalékos Talent und veröffentlichte regelmäßig Gedichte in der Rubrik »Bericht vom Alltag für den Alltag«. Auch in der Berliner Wochenzeitung *Die Welt am Montag* erschienen bis Mai 1932 Kalékos Gedichte. Ihre frech-pointierten Großstadtbeobachtungen fanden auch bei Schriftstellerkollegen wie Thomas Mann und → Hermann Hesse ein begeistertes Echo. Ihr erster Gedichtband *Lyrisches Stenogrammheft* erschien im Januar 1933 im Berliner Rowohlt Verlag und war schnell vergriffen.

Von den Nationalsozialisten ließ Kaléko sich zunächst keineswegs einschüchtern. Dem Schriftsteller Walter Mehring zufolge rettete ihm diese furchtlose Frau sogar das Leben, als sie sich 1933 im *Romanischen Café* geistesgegenwärtig Polizisten in den Weg stellte, die Mehring verhaften wollten, und ihm so die Flucht ermöglichte (vgl. Zoch-Westphal, S. 51). Zunächst schien auch eine weitere literarische und publizistische Arbeit durchaus möglich, zumal der Reichsbund deutscher Schriftsteller noch Anfang 1934 entschieden hatte, Kaléko sowie einige andere ›nichtarische‹ Schriftsteller vorläufig weiterarbeiten zu lassen (vgl. Barbian: *Literaturpolitik im ›Dritten Reich‹* S. 368). 1935 wurden jedoch jeweils die zweiten Auflagen des *Lyrischen Stenogrammhefts* und des erst im selben Jahr erstveröffentlichten *Kleinen Lesebuchs für große Leute* (Berlin 1935) in der Druckerei beschlagnahmt und verbrannt. Dennoch blieb Kaléko in der Berliner Kunstszene präsent. Ihre Gedichte wurden auf der Bühne des *Künstlerkabaretts* vorgetragen, sie wurden abgeschrieben und weiterverbreitet.

1937 verließ Kaléko ihren Mann und zog zu dem Dirigenten und Musikwissenschaftler Chemjo Vinaver, mit dem sie einen Sohn bekam. Zusammen emigrierten sie 1938 nach New York, wo Mascha Kaléko als Werbetexterin arbeitete und Gedichte in der Exilzeitschrift *Aufbau* veröffentlichte. Sie wurde 1944 amerikanische Staatsbürgerin und wanderte 1960 nach Jerusalem aus. Noch 1945 erschienen in den USA ihre *Verse für Zeitgenossen* (Cambridge), Gedichte, die die freche Unbekümmertheit ihrer Großstadtverse aus den dreißiger Jahren abgelegt hatten und sich in dunklen Tönen mit dem Thema ihrer jüdischen Identität befaßten – so beispielsweise die Totenklage *Kaddish*:

Rot schreit der Mohn auf Polens grünen Feldern,
In Polens schwarzen Wäldern lauert Tod.
Verwest die gelben Garben.
Die sie gesät, sie starben.
Die bleichen Mütter darben.
Die Kinder weinen. Brot.

Vom Nest verscheucht, die kleinen Vögel schweigen.
Die Bäume klagen mit erhobnen Zweigen,
Und wenn sie flüsternd sich zur Weichsel neigen,
Gen Osten wehend ihren trüben Psalm
In bärtiger Juden betender Gebärde,
Dann bebt die Weite, blutgetränkte Erde,
Und Steine weinen.

Wer wird in diesem Jahr den Schofar blasen
Den stummen Betern unterm fahlen Rasen,

Den Hunderttausend, die kein Grabstein nennt,
Und die nur Gott allein bei Namen kennt.
Saß der doch wahrlich strenge zu Gericht,
Sie alle aus dem Lebensbuch zu streichen.
Herr, mög der Bäume Beten dich erreichen.
Wir zünden heute unser letztes Licht.

Literatur:

Irene Astrid Wellershoff: Vertreibung aus dem ›kleinen Glück‹. Das lyrische Werk von Mascha Kaléko. Aachen 1982. – Gisela Zoch-Westphal: Aus den sechs Leben der Mascha Kaléko. Berlin 1987. – Birgit Lermen: Deutsche Dichtung jüdischer Herkunft: Mascha Kaléko – Hilde Domin. Aachen 1990.

KASACK, Hermann

**24. 7. 1896 Potsdam, †10. 1. 1966 Stuttgart*

Der Sohn eines Arztes meldete sich 1914 nach dem Notabitur freiwillig zum Kriegsdienst, wurde aber aus gesundheitlichen Gründen noch im selben Jahr für wehruntauglich erklärt. Kasack studierte dann Germanistik und Philosophie in Berlin und später in München. Bereits 1915 veröffentlichte er seine ersten, expressionistischen Gedichte in der Zeitschrift *Aktion*, und drei Jahre später erschien der Gedichtband *Der Mensch* (München 1918). 1920 wurde Kasack Lektor beim Verlag Gustav Kiepenheuer in Potsdam, 1926 Verlagsdirektor bei S. Fischer in Berlin. 1941 übernahm er das Cheflektorat des S. Fischer Verlags als Nachfolger seines Freundes → Oskar Loerke. Er leitete nach der Verhaftung Peter Suhrkamps den Verlag bis zum Kriegsende und blieb Cheflektor bis 1949.

1927 gab er den Posten im Fischer Verlag jedoch zwischenzeitlich auf, um als freier Autor arbeiten zu können. Neben Lyrik- und Dramenveröffentlichungen hatte sich für Kasack die Möglichkeit kontinuierlicher Arbeit beim Berliner Rundfunk ergeben: Von 1925 an gestaltete Kasack Radiosendungen, in denen er zeitgenössische Literatur vorstellte, und er verfaßte für die Geschichte der Radiokunst wegweisende Hörspiele (z.B.: *Stimmen im Kopf*. 1930, *Tull der Meisterspringer*. 1932). Noch am 12. Dezember 1932 war sein Hörspiel *Der Ruf* ausgestrahlt und sogar am 20. März 1933 wiederholt worden. Allerdings hatten Mitarbeiter des Berliner Rundfunks das Hörspiel überarbeitet und eine Hitler-Rede in das ursprünglich sozialkritische, die Massenarbeitslosigkeit während der Weimarer Republik thematisierende Hörspiel montiert, um es so zu einer Eloge auf Hitler als Kämpfer gegen die Arbeitslosigkeit umzudeuten. Kasacks Protest an die Adresse der neuen Leiter der ›Funkstunde‹ beim Berliner Rundfunk, → Arnolt Bronnen und Richard Kolb, führte schließlich zu seiner Entlassung. Am 28. März 1933 wurde Kasack Sendeverbot erteilt.

Eine weitere Konfrontation mit den neuen Machthabern suchte Kasack nicht, sondern zog sich ins Private zurück. In einem Tagebucheintrag vom 26. Juni 1933 prägte er selbst den Begriff des »Emigranten im Innern«. Eine Woche später notierte er: »Unwichtig ist es, in der Gegenwart zu leben, wichtig nur, diese Gegenwart zu überleben« (*Tagebuch*, 3.7.1933). Heribert Besch bewertet diesen Versuch, »das zu Verachtende (= Nazibarbarei) zu ignorieren und jegliche Reibungsfläche mit der ›falschen Realität‹ zu vermeiden«, als »Schutz und Abgrenzungsbedürfnis des sensiblen Schriftstellers« (S. 161). Tatsächlich konnte Kasack sich im ›Inneren Exil‹ eine moralische Integrität und einen klaren, kritischen Blick auf die ›Nazibarbarei‹ bewahren. So beurteilte er bereits die ersten Ausschreitungen gegen Juden mit Abscheu gegen die Täter und Mitgefühl für die Opfer (vgl. *Tagebuch*, 15.4.1933). Allerdings bestärkten ihn solche Einsichten in die Brutalität des NS-Regimes in der resignativen Überzeugung von der Notwendigkeit des gesellschaftlich-politischen Rückzugs. Eine Folgerung aus den Pogromen vom 9. November 1938 lautete: »Nur tiefstes Vergraben in die dichterische Arbeit wird unsereins noch leben lassen« (*Tagebuch*, 13.11.1938).

Kasack publizierte im ›Dritten Reich‹ anfangs nur noch vereinzelt Gedichte in verschiedenen Zeitschriften, in der *Rabenpresse* (1933), im Almanach der Zeitschrift *Die Dame* (1934, 35 und 38), in *Das Gedicht* (1939 und 41), *Neue Linie* (1936), *Die Koralle* (1935 und 36) sowie kontinuierlich in der *Neuen Rundschau* des S. Fischer Verlags. 1940 und 1943 erschien noch jeweils ein Gedichtband (*Der Strom der Welt*. Hamburg 1940, *Das ewige Dasein*. Berlin 1943). In einigen dieser Gedichte, wie auch in dem 1937 öffentlich vorgetragenen Lesedrama *Das Erbe von Syrakus*, sind Beispiele versteckter Regimekritik zu entdecken (vgl. Besch) – so etwa in dem Gedicht *Nebelreiter*, für das Kasack 1935 den Lyrikpreis der *Dame* erhielt und in dem er die nationalsozialistische Gewalt als apokalyptische Reiter aus der Offenbarung des Johannes von Patmos allegorisiert. Allerdings sprechen aus all diesen Texten weniger Anklage oder Herausforderung des NS-Staates als vielmehr fatalistische Verzweiflung und Ohnmacht angesichts des faschistischen Terrors.

Auch die wiederholt als ›Widerstandstext‹ apostrophierte Erzählung *Der Totentraum* erfordert eine differenzierte Betrachtung: Kasack selbst betonte nach dem Krieg den regimekritischen Charakter dieser vierseitigen Vision eines Hingerichteten, als er in einem Vorwort eine »Schmähung der damals Parteigewaltigen« als Vergehen des zum Tode Verurteilten identifizierte (*Mosaiksteine.* Frankfurt am Main 1956, S. 355). Tatsächlich beginnt die Erzählung: »Bei den Toten war ich. Um zu ihnen zu gelangen, hatte ich eine Tat begehen müssen, auf welche die Todesstrafe durch Enthauptung stand. Der Anlaß schien gering: es war *ein Schmähruf gegen die Götter des Staates* [unsere Hervorhebung], den ich mitten über die Menge hin ausgestoßen hatte.« So lautete Kasacks Nachkriegsversion. Im Februarheft 1942 der *Neuen Rundschau,* in dem die Erzählung zunächst erschienen war, war »Schmähruf gegen die Götter des Staates« lediglich ein atheistischer »Schmähruf gegen die Götter« gewesen. Dieses Beispiel bestreitet nicht den oppositionellen Geist Kasacks, zeigt aber die Ohnmacht einer Kritik vom Standpunkt des ›Inneren Exils‹ her.

Problematisch erscheint auch die ›Vergangenheitsbewältigung‹, die Kasack mit seinem Roman *Die Stadt hinter dem Strom* (Frankfurt am Main 1947) unternahm, an dem er von 1942 an gearbeitet hatte und dessen ersten Teil (Kapitel 1–12) er 1944 fertigstellte. Dieser Roman, der das ›Dritte Reich‹ in eine mythische Ruinenstadt und unheimliche Schattenwelt transformiert und den Faschismus im Sinne einer zyklischen Geschichtsmetaphysik zu deuten versucht, gilt als herausragendes Exempel einer aus der ›Inneren Emigration‹ heraus entstandenen regimekritischen Literatur. 1949 erhielt Kasack für *Die Stadt hinter dem Strom* den Fontane-Preis der Stadt Berlin. Mit Theo Elm läßt sich dem Roman jedoch eine Tendenz zur Enthistorisierung der NS-Geschichte vorwerfen, die für einige Autoren der ›Inneren Emigration‹ durchaus charakteristisch ist (vgl. → Ernst Jünger): »Kasacks Romanmodell will NS-Geschichte in elitärer Geschichtsdistanz überwinden. Solche Abkehr von der Geschichte verrät jedoch nur einen Bedingungsfaktor der NS-›Bewegung‹ ... Bildungsbewußt geht es hier um die Entfernung von der konkreten Geschichte in Mystik und Mythos.«

Nach 1945 wurde Kasack zu einer einflußreichen Figur des bundesrepublikanischen Literaturbetriebs. Er war Mitglied und ab

1953 Präsident der Deutschen Akademie für Sprache und Dichtung und setzte sich u.a. für das Werk der im ›Dritten Reich‹ ermordeten → Gertrud Kolmar sowie das Andenken seines Freundes → Oskar Loerke ein.

Weitere Bücher:
Echo 38 – Gedichte. Berlin 1933.

Literatur:
Reinhard Tgahrt/Jutta Salchow (Hrsg.): Hermann Kasack: 1896–1966. Marbach am Neckar 1976. – Theo Elm: Vom Nachteil der Historik und Nutzen der Literatur – »Vergangenheitsbewältigung« in der frühen Bundesrepublik. Hessischer Rundfunk/Abendstudio vom 12.7.1990. – Martina Fromhold: Hermann Kasack und der Rundfunk der Weimarer Republik. Aachen 1990. – Heribert Besch: Dichtung zwischen Vision und Wirklichkeit – Eine Analyse des Werkes von Hermann Kasack mit Tagebuchedition (1930–1943). St. Ingbert 1992. – Helmut John/Lonny Neumann (Hrsg.): Hermann Kasack – Leben und Werk. Frankfurt am Main/Berlin/Bern 1994. – Steffen Richter: Hermann Kasack: 1896–1966 – eine Bibliographie. Potsdam 1996.

KASCHNITZ, Marie Luise

**31.1.1901 Karlsruhe, †10.10.1974 Rom*

Die Tochter einer adligen Offiziersfamilie (von Holzing-Berstett) heiratete nach dem Abitur und einer Buchhändlerlehre 1925 den Archäologen Guido von Kaschnitz-Weinberg. Ihr literarisches Debüt feierte Kaschnitz 1930 mit den Erzählungen *Spätes Urteil* und *Dämmerung*. Sie erschienen in der von Max Tau herausgegebenen Anthologie *Vorstoß, Prosa der Ungedruckten* (Berlin 1930), die Texte eines Wettbewerbs versammelte, den der Verlag Bruno Cassirer für unbekannte Autoren veranstaltet hatte. Auch *Liebe beginnt* (Berlin 1933), Kaschnitz' erster Roman, erschien im jüdischen Cassirer Verlag. Der Roman erzählt eine Liebesgeschichte in einem faschistischen Italien, das Kaschnitz mit Zügen des nationalsozialistischen Unterdrückungsstaats ausstattete. Dennoch konnte der Roman 1933 in der *Vossischen Zeitung* abgedruckt werden. In den folgenden Jahren veröffentlichte Kaschnitz vereinzelt Gedichte in diversen Zeitungen. 1935 gewann ihr Gedicht *Die Wellen* den ersten Preis des von der Zeitschrift *Die Dame* ausgeschriebenen Lyrikpreises – bis 1938 erschien jährlich ein Text in jener Illustrierten des 1934 ›arisierten‹ Ullstein Verlags. *Die Wellen*, in dem die Sprecherin sich sehnsuchtsvoll einem als urmächtigen Kampf aufgefaßten Wellenspiel hingibt, weist durchaus Affinitäten zu nationalsozialistischen Kriegs- und Todesstilisierungen auf. Allerdings standen sowohl Kaschnitz als auch ihr Mann dem NS-Regime fern und erwogen zeitweilig die Emigration.

Literarisch reagierte Kaschnitz auf die politische Situation mit einer Rückwendung zu historischen Stoffen. Ihr zweiter Roman, *Elissa* (Berlin 1937), ist eine Adaption des Dido-und-Aeneas-Stoffs. Über diesem Werk zerbrach das Verhältnis zu ihrem Verleger, der zunächst im Besitz des Manuskripts war. Als Cassirer sich 1936 jedoch mit wachsenden Restriktionen von seiten der Nationalsozialisten konfrontiert sah und von seinen Autoren eine Solidaritätserklärung verlangte, wurde ihm diese von Kaschnitz, wie auch von anderen Autoren, verweigert. Als dem Verlag 1937 die Lizenz entzogen wurde, übertrug Kaschnitz die Rechte an ihrem Roman dem Universitas Verlag, der das Buch noch im selben Jahr veröffentlichte. Cassirer zeigte sich enttäuscht, entband Kaschnitz aber dennoch von ihrem Vertrag. *Elissa* wurde zu ihrer erfolgreichsten Publikation während des ›Dritten Reichs‹: Die 1375 Reichsmark, die Kaschnitz der Reichsschrifttumskammer für das Jahr 1937 als Verdienst aus schriftstellerischen Einnahmen angab, dürften dem Verkauf dieses Romans zu verdanken sein, der erst im Oktober des Jahres ausgeliefert worden war. Für die übrigen Jahre sind in der Akte keine nennenswerten Einnahmen verzeichnet. Daß *Elissa* für das Folgejahr keine Verkaufszahlen vorwies, muß in Zusammenhang mit einem negativen Gutachten des Amtes Schrifttumspflege gesehen werden: Die Rosenberg-Behörde hatte den Roman in ihrem *Jahresgutachtenanzeiger* von 1938 nur »mit Einschränkung« gebilligt und »keine besonderen Förderungsmaßnahmen seitens der Reichsstelle« empfohlen (vgl. Dohle, S. 68).

1940 wurde Kaschnitz von der Mitgliedschaft in der Reichsschrifttumskammer befreit, weil ihre »schriftstellerische Arbeit nur gelegentlicher Art oder geringfügigen Umfangs« sei. Dennoch schrieb Kaschnitz weiter. Das Märchen *Der alte Garten* (postum Düsseldorf 1975) und die Biografie des Malers Gustave Courbet (Baden-Baden 1949) entstanden in dieser Zeit, blieben allerdings unveröffentlicht. 1944 erschienen ihre Nacherzählungen griechischer Sagenstoffe (*Griechische Mythen*. Hamburg 1946) auszugsweise in der *Frankfurter Zeitung*. Es läßt sich also für die Zeit vor 1945 eine kontinuierliche Produktivität Kaschnitz' nachweisen. Wie ihre wiederholten Anfragen bei der Reichsschrifttumskammer betreffs einer Reaktivierung ihrer Mitgliedschaft belegen, war sie durchaus entschlossen, sich innerhalb der Literatur des ›Dritten Reichs‹ zu profilieren – ohne sich jedoch ideologisch vereinnahmen zu lassen. So entwarf Kaschnitz in ihrem 1943 in der *Frankfurter Zeitung* publizierten Hölderlin-Aufsatz wie auch in dem 1944 entstandenen Eichendorff-Essay *Florens* (postum Düsseldorf 1984) Schriftstellerporträts, die der üblichen völkischen Instrumentalisierung jener romantischen Dichter widersprachen. Zudem erschienen in der *Frankfurter Zeitung* 1942 und 1943 Gedichte, die offen Stellung gegen den Krieg bezogen. So beginnt beispielsweise das Sonett *Strom der Zuversicht*: »Kommt ein Sommer, da das Sensenläuten / Und das Korn, das tief in Reihen fällt, / Und die Blitze nicht den Tod bedeuten, / Der allmächtig seine Ernte hält. ...« (*Frankfurter Zeitung* vom 29. 8. 1943). Schon Ende August 1939 hatte Kaschnitz in ihr Tagebuch notiert: »Man kann nichts tun, nichts denken, nichts fühlen als nur das eine: keinen Krieg« (*Gesammelte Werke*, Bd. 1, S. 274). Der weitaus größte Teil ihres Werks erschien nach 1945.

Weitere Bücher:
Gesammelte Werke in sieben Bänden. Hrsg. v. Christian Büttrich/Norbert Miller. Frankfurt am Main 1981–89.

Literatur:
Theodor Eduard Dohle: Marie Luise Kaschnitz im Dritten Reich und in der Nachkriegszeit. München 1989. – Dagmar von Gersdorff: Kaschnitz. Frankfurt am Main 1992.

KEUN, Irmgard

**6. 2. 1910 Berlin, † 5. 5. 1982 Köln*

Die Tochter eines Kaufmanns aus Berlin-Charlottenburg zog mit ihrer Familie 1913 nach Köln und arbeitete nach der Schulzeit viereinhalb Jahre als Schreibkraft im Büro der väterlichen Benzin-Raffinerie. 1925 begann sie eine Schauspielausbildung, an die sich Engagements in Hamburg und Greifswald anschlossen. 1929 lernte Keun auf einer Lesung Alfred Döblin kennen, der sie ermunterte, Schriftstellerin zu werden. Zwei Jahre später veröffentlichte sie ihren ersten Roman *Gilgi – eine von uns* (Berlin 1931), die tragische Geschichte einer Stenotypistin im Köln der zwanziger Jahre. Keun heiratete 1932 den Theaterregisseur und Schriftsteller Johannes Tralow (Tralow diente sich dem NS-Staat mit völkischen Erzählungen an und publizierte bis 1945 acht Bücher. Die Ehe wurde 1937 geschieden). Im selben Jahr erschien ihr zweiter Roman *Das kunstseidene Mädchen* (Berlin 1932). Wie schon *Gilgi* handelt auch dieser

Text im Stil der ›Neuen Sachlichkeit‹ vom Aufstiegswillen und Scheitern einer jungen Frau aus dem Kleinbürgermilieu.

Beide Romane waren ausgesprochen erfolgreich, wurden jedoch schon 1933 von der nationalsozialistischen Zensur als »Asphaltliteratur mit antideutscher Tendenz« eingestuft und auf den Index gesetzt. Noch nicht verkaufte Ausgaben von *Das kunstseidene Mädchen* wurden beschlagnahmt und makuliert. Gegen *Gilgi* gingen mehrere Beschwerden beim Propagandaministerium ein, so zum Beispiel vom Reichsbund der deutschen Beamten, der die Postbeamtinnen durch folgendes Zitat herabgesetzt sah: »... an der Passage standen ein paar Nutten, brav, bieder und schlecht gelaunt. Ohne Schminke und Atropin könnte man sie für entlassene Telefonbeamtinnen halten« (vgl. Kreis, S. 110). Von 1934 an durfte *Gilgi* nur noch zu wissenschaftlichen Zwecken und gegen eine Bescheinigung ausgegeben werden. Im Buchhandel oder in Bibliotheken war das Buch nicht erhältlich. Keuns gerichtliches Vorgehen gegen die Beschlagnahmung ihrer Bücher hatte keine Aussicht auf Erfolg. Ein Roman mit dem Titel *Der hungrige Ernährer*, an dem Keun 1933 arbeitete, wurde vom Ullstein Verlag abgelehnt und ist nie erschienen.

Von Verlagen und Zeitungen wurde der Autorin wiederholt beschieden, daß sie nichts veröffentlichen könne, ohne Mitglied in der Reichsschrifttumskammer zu sein. Um eine Reihe von Kindererzählungen publizieren zu können, beantragte Keun 1935 die Mitgliedschaft in der NS-Schriftstellervereinigung. Nachdem sie keine Antwort erhalten, ihr aber der Amsterdamer Emigranten-Verlag Allert de Lange angeboten hatte, die Erzählungen zu veröffentlichen, siedelte sie in das belgische Ostende über. Im Juni 1936 erschienen die Kindergeschichten unter dem Titel *Das Mädchen, mit dem die Kinder nicht verkehren durften*. Aber auch in Holland gab es Probleme mit ihrem nächsten Roman: *Nach Mitternacht* wurde Ende 1936 in der *Pariser Tageszeitung* vorabgedruckt, die geplante Veröffentlichung bei Allert de Lange scheiterte jedoch. Der Leiter des Verlags, Philip van Alfen, hatte das Buch abgelehnt, da es »gehässig, ungültig und ohne Verständnis für die Menschen in Deutschland« sei; es greife »einen Mann wie Hitler an, der von unzähligen Menschen verehrt wird« – so Keuns Protokoll des Gesprächs mit van Alfen am 6. November 1936 (in: *Nach Mitternacht*. Frankfurt am Main 1998, S. 170). In der Tat ist *Nach Mitternacht* ein bitterböses Sittenbild des nationalsozialistischen Terror- und Spitzelstaats. Nachdem van Alfen seine Anzeigengeschäfte mit

Kunden in Deutschland nicht über Gebühr gefährden wollte, erschien das Buch 1937 im zweiten Amsterdamer Emigranten-Verlag Querido.

In Ostende lernte Keun → Stefan Zweig und Joseph Roth kennen. Bis 1938 war Roth, der im Mai 1939 an den Folgen seiner Trunksucht starb, fast immer an ihrer Seite. Sie schrieben zusammen und reisten quer durch Europa. Diese Exilreisen verarbeitete Keun zu dem Roman *Kind aller Länder* (Amsterdam 1938). Im selben Jahr war schon bei Querido ihr dritter Roman, *D-Zug dritter Klasse*, erschienen, die tragische Geschichte einer Beziehung zwischen einer Frau und einem Alkoholiker, der eine gewisse Ähnlichkeit mit Roth aufweist.

1938 besuchte Keun im amerikanischen Norfolk ihren langjährigen Freund und Geliebten, den Juden und ehemaligen Charité-Arzt Arnold Ferdinand Strauss. Sie besaß aber lediglich ein Touristenvisum und kehrte zwei Monate später nach Europa, diesmal nach Amsterdam, zurück. In den folgenden Monaten bemühte sie sich vergeblich um eine Einwanderungserlaubnis in die USA. Der Ausbruch des Zweiten Weltkriegs machte ihre Situation immer bedrohlicher. Etliche ihrer Exil-Bekannten gingen ›freiwillig‹ in den Tod. → Will Vespers NS-Zeitschrift *Die neue Literatur* meldete im September 1940 fälschlicherweise, auch Keun habe sich das Leben genommen. Sie war jedoch illegal nach Deutschland zurückgekehrt und überstand den Krieg, bei Freunden und bei ihren Eltern versteckt, unter dem Namen Charlotte Tralow.

An ihre Vorkriegserfolge konnte die Schriftstellerin nach 1945 nicht anknüpfen. Gleichzeitig stellte Keun verbittert fest, daß für etliche Autoren, die sich mit den Nationalsozialisten arrangiert hatten, das Ende des ›Dritten Reichs‹ keine Zäsur darstellte, und so lehnte sie 1947 in einem Brief an Hermann Kesten eine Mitgliedschaft im deutschen P.E.N. mit der Begründung ab: »Ich habe keine Lust, hier jetzt mit anderen deutschen Halb-Nazi-Schriftstellern Reihe zu stehen, um im internationalen P.E.N. aufgenommen zu werden ... Die Leute haben alle so glücklich konstruierte Gedächtnisse. Das aber nur nebenbei. Ich möchte jedenfalls nicht in diesen neuen deutschen P.E.N. Dann verzichte ich lieber. Aber ich sehe noch kommen, daß [ihr Ex-Mann] Tralow und → Frank Thieß und → Hans Friedrich Blunck für den P.E.N. nach New York reisen, und ich darf noch nicht mal das Flugzeug streicheln, mit dem sie abbrausen, weil ich erst von Winifred Wagner entnazifiziert werden muß« (zitiert nach: Marchlewitz, S. 52f.).

Weitere Bücher:
Ich lebe in einem wilden Wirbel – Briefe an Arnold Strauss 1933 bis 1947. München 1990. – Wenn wir alle gut wären. Köln 1983.

Literatur:
Gabriele Kreis: »Was man glaubt, gibt es«: Das Leben der Irmgard Keun. Zürich 1991. – Heike Beutel/Anna Barbara Hagin (Hrsg.): Irmgard Keun: Zeitzeugen, Bilder und Dokumente erzählen. Köln 1995. – Karl Kröhnke: Vor Mitternacht ein Glanz: Die »Asphaltliteratin« Irmgard Keun. In: Irmgard Keun: Nach Mitternacht. Frankfurt am Main 1998. – Ingrid Marchlewitz: Irmgard Keun: Leben und Werk. Würzburg 1998.

KLEPPER, Jochen

**22.3.1903 Beuthen, †11.12.1942 Berlin*

Der Pfarrerssohn studierte ab 1922 Theologie in Erlangen und Breslau. Ohne Abschluß ging Klepper 1927 als Redakteur zum Evangelischen Preßverband Schlesien in Breslau. 1931 heiratete er die Witwe eines angesehenen Breslauer Rechtsanwalts, Johanna Stein, die aus ihrer ersten Ehe zwei Töchter mitbrachte, und zog mit der Familie nach Berlin. Ende 1932 fand Klepper eine Stelle beim Berliner Rundfunk, die er allerdings wieder aufgeben mußte, weil er mit einer Jüdin verheiratet war. Bis September 1935 konnte er im ›arisierten‹ Ullstein Verlag als Redaktionssekretär einer Radioillustrierten arbeiten. Dann wurde er erneut entlassen und lebte seither als freier Schriftsteller. Nachdem seine Mitgliedschaft in der Reichsschrifttumskammer aufgehoben worden war, konnte er ab 1937 nur noch mit Sondergenehmigungen publizieren.

Nach ersten lyrischen und dramatischen Versuchen hatte Klepper zu Beginn der dreißiger Jahre einen Roman mit dem Titel *Die große Direktrice* über die Modebranche und eine jüdische, aber evangelisch getaufte Theologin geschrieben, für den er allerdings keinen Verlag fand. Dagegen konnte er 1933 eine für ihn untypische heitere Erzählung, *Der Kahn der fröhlichen Leute* (Stuttgart), veröffentlichen, die überraschend Erfolg hatte. Noch 1933 begann er mit seinem großen Roman über den preußischen König Friedrich Wilhelm I., der 1937 unter dem Titel *Der Vater* von der Deutschen Verlags-Anstalt Stuttgart herausgebracht wurde. Über seine Beweggründe, sich dem historischen Roman zuzuwenden, schrieb Klepper 1940 in der Monatsschrift *Zeitwende*:

»Tatsächliches Leben wirklicher Menschen unter der ewigen Wahrheit in Worten der Dichtung nachzugestalten; was ist's anderes als Kunde zu geben von der Führung menschlichen Lebens durch Gott? Und diese Führung ist freilich am klarsten abzulesen aus der abgeschlossenen Geschichte, zu der wir den für alle künstlerische Gestaltung erforderlichen Abstand besitzen« (*Besonderheit des christlichen Romans*, zitiert nach Bluhm).

Aus christlich-konservativer Sicht versuchte Klepper eine breitangelegte und sorgfältig recherchierte Ehrenrettung für den – nach seiner Überzeugung verkannten – Vater Friedrichs des Großen, der sein Gottesgnadentum annahm, für die Einheit seines Landes kämpfte und ein fast bürgerliches Familienglück anstrebte. Der König als Werkzeug und Sprachrohr Gottes, der Herrscher, der nicht absolut regiert und regieren kann, weil ein noch Mächtigerer über ihm steht – diese Aussage des Buchs waren Trost und Ermutigung für Klepper selbst und für die Leser seines Romans. »Doch«, resümiert Wulf Koepke, »außer den eskapistischen Aspekten, die zweifellos wichtig waren, fanden die Leser etwas anderes, was sie dringend brauchten: die Darstellung des positiven Preußentums und ein großes menschliches Beispiel ... Ich sehe das Geheimnis des Erfolges gerade darin, daß es einerseits nur wenige kritische Parallelen zur Gegenwart gibt, daß jedoch andererseits das Buch ganz klar erkennbar kein nationalsozialistisches ist.« Das hieß nicht, daß es von der NS-Kulturbürokratie abgelehnt wurde. Die Begeisterung für Preußen und seine militärischen Erfolge war gerade in den Jahren, als der Roman erschien, besonders groß. Und dem preußischen Heer als Garanten der staatlichen Souveränität stand Klepper durchaus positiv gegenüber. Ein Roman des Widerstands ist *Der Vater* damit nicht, aber ein Zeugnis für das, was unter ›Innerer Emigration‹ verstanden werden kann.

Klepper blieb seinem Sujet zunächst treu und gab in der Folge noch zwei Bände über den Soldatenkönig heraus: *In tormentis pinxit* (Stuttgart 1938), Briefe und Bilder Friedrich Wilhelms I., und *Der Soldatenkönig und die Stillen im Lande* (Stuttgart 1938), Berichte, Briefe und Gespräche von und mit Zeitgenossen des preußischen Regenten.

Sein Roman über die Frau des von ihm verehrten Martin Luther und das Wittenberger Pfarrhaus blieb Fragment. Er sollte den Titel *Das ewige Haus* tragen. Der erste Teil wurde 1951 als *Die Flucht der Katharina von Bora* (Stuttgart) veröffentlicht.

Einen großen Einfluß auf die Kirchenmusik seiner Zeit (und bis heute) übte Klepper mit seinen Liedern aus, in denen Bibelworte als positive Zeichen göttlicher Allmacht und Heilsgewißheit ausgelegt werden (*Kyrie*. Berlin 1939).

Die nachhaltigste Wirkung erzielte Klepper mit seinem posthum in Teilen publizierten Tagebuch *Unter dem Schatten deiner Flügel.* (Stuttgart 1956), das er, mit Unterbrechungen durch seine Soldatenzeit, von Ende März 1932 bis zum 10. Dezember 1942 geführt hatte. Es zeigt einen auf Luthers Obrigkeitsdenken festgelegten Menschen, dessen Staatstreue geradezu pathologische Züge annahm und der deshalb zur Bekennenden Kirche Distanz hielt. Der (groß-) bürgerliche Protestant, der infolge seiner Heirat mit einer Jüdin Ausgrenzung und Verfolgung erdulden mußte, war ein deutsch-nationaler Idealist, der lange Zeit mehr Verbindendes als Trennendes zum Nationalsozialismus fand. So heißt es in der Eintragung vom 22. März 1934:

»Die Berührungspunkte sind: daß der NS weiß, die Deutschen können ohne eine mitreißende Ideologie auch in wirtschaftlichen Kämpfen nichts beginnen. Dann die Abkehr vom ›Asphalt‹. Die Ablehnung des Intellektualismus. Der unkriegerische Militarismus als soldatische Lebensform (unsere Rettung vor dem Kommunismus; das, was uns vor dem Aufstand der Straße bewahrte, als man es den enttäuschten jungen Arbeitslosen gab). – Sonst große Trennung, mir sehr fern wie aller Aktivismus, und furchtbar die Verbannung des Alten Testaments, die Gleichsetzung von Reformation und Revolution ... Ich finde, der NS muß ausgezeichnete Kenner der preußischen Geschichte gehabt haben, die eine Synthese mit dem modernen italienischen Faschismus möglich machten. Es gibt heut nichts, was man an die Stelle des NS setzen könnte. An dieser Erkenntnis kommt keiner vorbei.«

Erst Ende 1938 fand Klepper »die Obrigkeit zertrümmert« (15.12.1938), aber seine deutliche Unterscheidung von Deutschland und dem ›Dritten Reich‹ mochte er noch immer nicht aufgeben. Deshalb konnte er sich auch nicht zur Emigration durchringen und war glücklich, als er 1940 zur Wehrmacht einberufen wurde: »Hanni fällt es doch schwerer, als ich dachte, daß ich Soldat werde. Aber sie versteht vollkommen, daß ich, trotz meiner mangelhaften Eignung und trotz alles Negativen, das wir wissen, Soldat sein will ... Dies bedeutet nun etwas für das ganze Leben. Dies muß der Mann erfahren haben« (16.10.1940). Aber nach Einsätzen auf dem Balkan und in Rußland wurde er im Oktober 1941 wieder als ›wehrunwürdig‹ entlassen. Wie stark seine Familie bedroht war, wußte Klepper, auch wenn es gelegentlich Zeichen der Hoffnung gab. So konnte beispielsweise seine älteste Tochter im Mai 1939 nach England gehen. Für die Ausreise seiner jüngeren

Tochter nach Schweden kämpfte er jedoch vergeblich. Als es nach einem letzten Gespräch mit Adolf Eichmann keine Hoffnung mehr gab, beschloß die Familie den gemeinsamen Suizid. Die letzte Eintragung in seinem Tagebuch lautet:

> Nachmittags die Verhandlung auf dem Sicherheitsdienst.
> Wir sterben nun – ach, auch das steht bei Gott –
> Wir gehen heute nacht gemeinsam in den Tod.
> Über uns steht in den letzten Stunden das Bild des Segnenden Christus, der um uns ringt.
> In dessen Anblick endet unser Leben.

Weitere Bücher:
Nachspiel. Erzählungen, Aufsätze, Gedichte. Witten 1960. – Gast und Fremdling. Briefe an Freunde. Hrsg. von Juliane Meschke. Witten/Berlin 1960. – Ziel der Zeit. Die gesammelten Gedichte. Witten/Berlin 1962. – Briefwechsel 1925–42. Hrsg. von Ernst G. Riemenschneider. Stuttgart 1973.

Literatur:
Rita Thalmann: Jochen Klepper. Ein Leben zwischen Idyllen und Katastrophen. München 1977. – Gérard Imhoff: Jochen Klepper. Contribution à l'étude de l'Emigration intérieure. Bern/Frankfurt am Main 1982. – Lothar Bluhm: Das Tagebuch zum Dritten Reich. Zeugnisse der Inneren Emigration. Bonn 1991. – Emiko Dorothea Araki: Jochen Klepper – Aufbruch zum ewigen Haus. Eine Motivstudie zu seinen Tagebüchern. Frankfurt am Main u.a. 1993. – Wulf Koepke: Die Ausweglosigkeit der Nicht-Emigration. Jochen Klepper und die Verfolgung eines Patrioten. In: Claus-Dieter Krohn u.a. (Hrsg.): Aspekte der künstlerischen inneren Emigration 1933–1945. München 1994, S.70–81. – Martin Johannes Wecht: Jochen Klepper – Ein christlicher Schriftsteller im jüdischen Schicksal. Düsseldorf 1998.

KOEPPEN, Wolfgang

**23.6.1906 Greifswald, †15.3.1996 München*

Der uneheliche Sohn eines Augenarztes lebte mit seiner Mutter in Greifswald, Thorn (Westpreussen), Ortelsburg (Masuren) und wieder in Greifswald. Nach journalistischen Anfängen bei der *Greifswalder Zeitung* sowie einer Regieassistenz und Dramaturgietätigkeit am Würzburger Stadttheater zog Koeppen 1928 nach Berlin, wo er sich mit Gelegenheitsarbeiten durchschlug, Artikel für die kommunistische *Rote Fahne* sowie *Die Weltbühne* schrieb und von 1931 an unter Herbert Ihering zunächst als Volontär und dann als Feuilletonredakteur für den *Börsen-Courier* arbeitete. Bis zur Zwangsschließung dieser jüdisch geleiteten Zeitung veröffentlichte Koeppen hier insgesamt 206 Rezensionen, Reportagen, Prosastücke und Essays. 1934 erschien sein erster Roman *Eine unglückliche Liebe* (Berlin), die Liebesgeschichte eines Philologiestudenten und einer Varietékünstlerin, die Koeppen unter Einsatz verschiedener Stilmittel des modernen Romans, wie wechselnde Erzählperspektive und montageartige Schnittechnik, erzählt. Der Roman wurde im Jahresgutachtenanzeiger des Amts für Schrifttumspflege von 1936 bis 1941 negativ beurteilt. Das Propagandaministerium stufte das Werk als »schädliches und unerwünschtes Schrifttum« ein (vgl. Strothmann, S. 247). Gleiches galt für Koeppens zweiten Roman *Die Mauer schwankt* (Berlin 1935), der in weitaus konventionellerer, auktorialer Erzähltechnik von dem preußischen Baumeister Johannes von Süde handelt, der sich einem unbedingten Pflichtbegriff gemäß für eine ostpreußische Kleinstadt aufopfert. Max Tau, Koeppens Lektor im Cassirer Verlag, hatte ihm nahegelegt, den Roman in Ostpreußen anzusiedeln. Daß der Roman dennoch nicht den Beifall der Nationalsozialisten fand, mag darin begründet sein, daß der jüdische Cassirer Verlag 1935 bereits zu den verfemten Verlagshäusern zählte.

Ende 1934 hatte Koeppen Deutschland verlassen, um zusammen mit jüdischen Freunden nach Holland ins »freiwillige Exil« zu gehen. Dieser Schritt ist insofern erstaunlich, als Koeppen sich noch Mitte 1933 in einem Reisebericht aus Paris über die deutschen Exilanten amüsiert hatte, deren Rückkehr »in den meisten Fällen nichts als Verwirrung entgegensteht« (*Börsen-Courier* vom 4.6.1933). In den folgenden eineinhalb Jahren sollte sich aber Koeppens Hoffnung, innerhalb des NS-Staats ließen sich moderne ästhetische Positionen verwirklichen, als Illusion erweisen. Im Juli 1933 hatte er in dem Aufsatz *Die Jugend und die schönen Künste* (in: *Melos*) dem Nationalsozialistischen Deutschen Studentenbund beigepflichtet, der zuvor jene expressionistische Kunst verteidigt hatte, die vom kulturreaktionären Flügel der NSDAP um Alfred Rosenberg als »kulturbolschewistisch« angeprangert worden war. Ein halbes Jahr später verteidigte Koeppen in dem Essay *Myrons Kuh und des Gelehrten Affen* (*Gesammelte Werke*, Bd. 4, S. 57–60) nochmals den Expressionismus und unterstützte → Gottfried Benns Plädoyer für eine moderne Kunstauffassung gegen die »halbgebildeten Spießer der Städte«. Aber Koeppen erkannte – wie auch Benn –, daß er mit dieser Haltung auf verlorenem Posten stand, und verließ Deutschland.

In Holland trat er in Kontakt zu Erika und Klaus Mann, die ihm vorwarfen, daß seine Bücher weiterhin in Deutschland veröffentlicht würden. Koeppen fühlte sich isoliert und sah letztlich keine Möglichkeit, durch Schreiben seinen Unterhalt zu verdienen: »Holland war eine Falle, Holland war ein Irrtum. ... Ich war abgeschnitten von dem literarischen Leben in Deutschland« (zitiert nach: Durzak, S. 94). 1938 kehrte Koeppen nach Berlin zurück. Den deutschen Behörden war sein Exil entgangen, da Koeppen durch eine bürokratische Nachlässigkeit kontinuierlich bei einer Tante im holsteinischen Rheinfeld gemeldet war. In Berlin reaktivierte er die Kontakte zur nationalsozialistischen Unterhaltungsindustrie und begann auf Vermittlung des Regisseurs Paul Verhoeven seine Tätigkeit als Drehbuchautor, die – Koeppens Einkommenserklärungen für die Reichsschrifttumskammer zufolge – seinen jährlichen Verdienst von gut 1200 RM im Jahre 1940 auf jeweils rund 12 000 RM in den Jahren 1941 und 42 hochschnellen ließ.

Das erste Drehbuch, an dem Koeppen mitwirkte, war *Das Leben gehört uns*. In seinem erneuten Aufnahmeantrag für die Reichsschrifttumskammer vom 14. Januar 1939 gibt er an, 1938/39 für die Tobis-Sascha, Wien, an einem Exposé zu diesem Unterhaltungsfilm gearbeitet zu haben, der jedoch noch nicht gedreht worden sei – und offensichtlich auch nie gedreht wurde. Außerdem heißt es in dem beigefügten Lebenslauf: »Auch habe ich mich neuerdings der Manuskript-Arbeit für den Film zugewandt.« 1985 sprach Koeppen in einem Interview mit Marcel Reich-Ranicki davon, daß der Film ihm »in gewissem Sinne ... das Leben gerettet« habe, und erwähnt »vielleicht vier« Filme, an deren Drehbüchern er mitgearbeitet habe (zitiert nach: Döring. 1998, S. 37). Neben *Das Leben gehört uns* zählt zu diesen Filmen eine Adaption von Gottfried Kellers *Romeo und Julia auf dem Dorfe*. Der Film, an dem Koeppen als Koautor beteiligt war, wurde 1943 unter dem Titel *Jugendliebe* realisiert und wies signifikante Unterschiede zu Kellers Novelle auf: So spielte die Liebesgeschichte der Bauernkinder Vreni und Sali nun in einem deutschen Alpendorf der ›Ostmark‹, erhielt eine positive, »lebensbejahende Lösung« (laut Ankündigung der Tobis), und Sali – als Kurzform von Salomon – wurde in den ›arischen‹ Friedel umbenannt. Darüber hinaus entdeckte Alfred Estermann bei einer Sichtung des Koeppen-Nachlasses Hinweise auf ein Exposé zu einem Film über die Befreiung Revals »von bolschewistischer Herrschaft« sowie einen Vertrag über ein »Rohdrehbuch nach dem Roman *Shiva und die Nacht der Zwölf* von Felizitas von Reznicek«.

Für Koeppen war es aber nicht nur finanziell opportun, der NS-Propaganda derartige Konzessionen zu machen. Die Kooperation mit den Literatur- und Propagandabehörden des NS-Staats eröffnete ihm auch die Möglichkeit, vom Kriegsdienst freigestellt zu werden. Koeppen war zum 20. April 1940 einberufen worden. Drei Tage vorher schrieb der Universitas Verlag an die Reichsschrifttumskammer und bat, die Einberufung um vier Wochen zurückzustellen, damit Koeppen einen bereits bevorschußten Text – den heute verschollenen Roman *Advent* – fertigstellen könne. Die Reichsschrifttumskammer leitete daraufhin diese Bitte per Eilboten an das Propagandaministerium weiter, das wiederum Koeppen empfahl, bei seinem Truppenteil einen Antrag auf Beurlaubung zu stellen – handschriftlich ist in den Akten vermerkt, daß diese Notwendigkeit entfallen sei, da Koeppen akut an einer Nierenentzündung erkrankt und daher noch nicht eingezogen worden sei. Koeppen war jedenfalls bereit, »sich mit den offiziellen Körperschaften einzulassen, und sei es nur, um sein Einkommen zu erhalten und Zivilist zu bleiben« (Basker 1993, S. 685 [unsere Übersetzung]). Tatsächlich wurde Koeppen nicht zum Kriegsdienst eingezogen und blieb auch bis mindestens 1943 im ›Dritten Reich‹ publizistisch aktiv: 1939 war bereits der Roman *Die Mauer schwankt* im Universitas Verlag unter dem Titel *Die Pflicht* neu aufgelegt worden. Außerdem erschienen Anfang 1941 zwei Erzählungen in der *Kölnischen Zeitung* (*Die Verlobung* und *Am frühen Morgen*). Nachweisen lassen sich darüber hinaus zwei Beiträge in der Illustrierten *Die Woche* (16–1941 und 2–1943) sowie ein Artikel in der Wochenzeitschrift *Das Reich* (9. 3. 1941). In allen Fällen handelt es sich um kurze Rezensionen (von Büchern über die Antike, über Sexualaufklärung sowie über Zen-Buddhismus), die sich jeder politischen Stellungnahme enthalten. 1943 – so Koeppens Selbstauskunft – forderte ihn die Bavaria zur Bearbeitung eines eindeutig propagandistischen Stoffs auf. Dieser Verpflichtung will er sich durch die Flucht in ein Versteck am Starnberger See entzogen haben, wo er die Restzeit des ›Tausendjährigen Reichs‹ verlebt habe – diese Darstellung wird allerdings von Estermann angesichts jenes Drehbuchvertrags aus dem Jahre 1944 in Zweifel gezogen.

Koeppen, der mit seiner Trilogie *Tauben im Gras* (Stuttgart 1951), *Das Treibhaus* (Bonn 1953) und *Der Tod in Rom* (Stuttgart 1954) zu einem Protagonisten der gesellschaftskritischen Literatur der Bundesrepublik wurde, hatte sich schon kurz nach dem Zweiten Weltkrieg mit dem Holocaust auseinandergesetzt – wenngleich diese

Auseinandersetzung lange Zeit unerkannt blieb: 1948 publizierte der Münchner Kluger-Verlag *Jakob Littners Aufzeichnungen aus dem Erdloch*. Der scheinbar autobiografische Leidensbericht eines jüdischen Briefmarkenhändlers und Holocaust-Überlebenden stieß bei seiner Erstveröffentlichung auf keine nennenswerte Resonanz. 1992 erschien der Text erneut im Frankfurter Jüdischen Verlag. In einem Vorwort gab Koeppen sich als Autor der nun als »Roman« bezeichneten »Leidensgeschichte eines deutschen Juden« zu erkennen. Einige Notizen eines Gesprächs mit dem realen Jakob Littner hätten ihn zu diesem Werk angeregt. Das Buch wurde von der deutschen Kritik als früher Roman eines seit den fünfziger Jahren verstummten Autors begeistert aufgenommen. 1999 wiesen die Germanisten Reinhard Zachau und Roland Ulrich jedoch nach, daß Koeppen weit mehr als Gesprächsnotizen zu seinem »Roman« verarbeitet hatte (in: *Colloquia Germanica* 32–1999). Große Teile des Texts stimmen mit dem von Littner 1945 tatsächlich verfaßten Erlebnisbericht *Mein Weg durch die Nacht. Ein Dokument des Rassenhasses* (Typoskript im Holocaust Memorial Museum, Washington, D.C.) überein. Diese Aufzeichnungen hatten Koeppen 1947 offensichtlich zur Verfügung gestanden, wurden von ihm aber durch Straffungen, Ergänzungen und Dramatisierungen so bearbeitet, daß er 1992 behaupten konnte, es sei »meine Geschichte«

Weitere Bücher:

Gesammelte Werke in sechs Bänden Hrsg. v. Marcel Reich-Ranicki. Frankfurt am Main 1986.

Literatur:

Dietrich Strothmann: Nationalsozialistische Literaturpolitik. Bonn 1963. – Manfred Durzak: Überleben im Dritten Reich: Gespräch mit Wolfgang Koeppen. In: Die Neue Rundschau, 95 (1984), S. 88–98. – Eckhart Oehlenschläger (Hrsg.): Wolfgang Koeppen. Frankfurt am Main 1987. – David Basker: Chaos, Control, and Consistency: The Narrative Vision of Wolfgang Koeppen. Bern/Berlin/Frankfurt am Main u.a. 1993. – Ders.: »Für einen werdenden Schriftsteller keine schlechte Lehre«: Wolfgang Koeppen's Literary Career pre-1945. In: The Modern Language Review 83 (1993), S. 666–686. – Jörg Döring: Eulenspiegel schreibt Gespenstergeschichten – Wolfgang Koeppen im Dritten Reich. In: Christiane Caemmerer/Walter Delabar (Hrsg.): Dichtung im Dritten Reich. Opladen 1996, S. 97–118. – Josef Quack: Wolfgang Koeppen – Erzähler der Zeit. Würzburg 1997. – Jörg Döring: »... und dann habe ich mich beim Film untergestellt« – Koeppen als Drehbuchautor während des »Dritten Reichs«. In: Gunnar Müller-Waldeck/Michael Gratz (Hrsg.): Wolfgang Koeppen – Mein Ziel war die Ziellosigkeit. Hamburg 1998, S. 25–45. – Stefan Eggert: Wolfgang Koeppen. Berlin 1998. – Alfred Estermann: Ein riesiger Steinbruch aus Anfängen – Wolfgang Koeppens literarischer Nachlaß – Ein Überblick. In: Frankfurter Allgemeine Zeitung Nr. 283 vom 5.12.1998.

KOLBENHEYER, Erwin Guido
**30.12.1878 Budapest,*
†12.4.1962 München

Nach dem Tod seines Vaters, eines karpathendeutschen Architekten, zog Kolbenheyer mit seiner Mutter nach Karlsbad. In Wien studierte er Philosophie und Naturwissenschaften und promovierte 1904 über *Die sensorielle Theorie der optischen Raumempfindung* (Leipzig 1905). Bereits 1902 hatte er mit dem Drama *Giordano Bruno* (Wien) debütiert, das allerdings zunächst nicht auf die Bühne gelangte.

Bekannt wurde Kolbenheyer mit seinen zum Teil in altertümlicher Sprache geschriebenen Romanen, die die »im tiefsten Grunde politisch-volksmäßige(n) Wurzeln« des »Reformationskampfes« (*Die volksbiologischen Grundlagen der Freiheitsbewegung*. München 1933) aufzeigen sollten: *Amor Dei. Ein Spinoza-Roman* (München 1908), *Meister Joachim Pausewang* (München 1910) und die *Paracelsus*-Trilogie (München 1917–26). Schon in der deutschen Mystik sah Kolbenheyer »ein erstes Zeichen des erwachenden Selbstbewußtseins ... Aber erst der Ausgang des sechzehnten Jahrhunderts bringt das volle Bewußtsein eigener Mündigkeit, das Erwachen ... Das wesentliche des Reformationszeitalters ist die *Freiheitsbewegung:* Der deutsche Geist löst sich vom mediterranen Denken und behauptet eigene Art und Sprache« (*Für den Geist, wider den ›Geist‹*, 1930, zitiert nach: *Gesammelte Werke*. Bd. 8, S. 489). Die philosophischen Grundlagen seiner faustisch-nationalen Blut- und Bodenbeschwörung lieferte Kolbenheyer selbst: mit seiner »Metaphysik der Gegenwart«, *Die Bauhütte* (München 1925, revidiert München 1939 und Wien/Berlin/Stuttgart 1952). Er verband neovitalistische Ideen seiner Zeit mit nationalistischen und dem Glauben an die Überlegenheit der germanisch-nordischen ›Rasse‹. Kolbenheyers ›vis vitalis‹ ist das »Plasma«, das in zwei voneinander abhängigen Formen auftritt: »Der eine Teil dieses Verhältnisses wird gebildet von jenen plasmatischen Beständen, die in der Erbfolge der Geschlechter oder auch nur während des individuellen Lebens eine feste Ausformung erfahren haben, so zwar, daß diesen Beständen im Organismus eine bestimmte Funktion zu eigen bleibt. Sie sind also zu Funktionsanlagen geworden. Der andere Teil dieses Verhältnisses besteht in den plasmatischen Beständen, die funktionell noch nicht beansprucht sind, noch nicht ausgeformt wurden: Entwicklungsstände also oder gegenwärtiges Plasma.« So gibt es, nach Kolbenheyer, Völker, »deren plasmatische Kapazität die Verhältnisse des Altern zeigt«. Dazu gehören die Siegerstaaten des Ersten Weltkriegs, die durch ihren gesteigerten Militarismus gewaltsam durchsetzen wollten, »was den biologischen Verhältnissen der eigenen Völker unter normaler Lage der Gleichberechtigung (allgemeine Bewaffnung oder Entwaffnung) nicht zugetraut werden konnte«. Selbstverständlich hatte das deutsche Volk noch ungenutzte plasmatische Kapazitäten, so daß sich damit sein Führungsanspruch in dem »gewaltigen Anpassungsprozeß« begründen ließ, »dem Anpassungssturm der weißen Rasse, den unsere Zeit erlebt«. Kolbenheyer konnte mit seiner Bauhütten-›Philosophie‹ fast alles erklären: von der besonderen ›musischen Begabung‹ der Österreicher über die »gefühlsbegnadete Gattenwahl« bis zur besonderen Rolle des »Bauerntums« als »Quellboden einer Blutzufuhr und Bluterneuerung aller Lebensstände des Volkes«. Nicht der Stärkere oder Bessere setzte sich also durch, sondern »das anpassungsfähige Plasma«. Das bedeutete aber auch »das unveräußerliche Lebensrecht einer Gemeinschaft, die aktive Devastation [Vernichtung, d. A.] des Anpassungsunfähigen zu beschleunigen, wie dies z. B. in der sozialen und gesetzlichen Entrechtung bis zur Vertilgung der verbrecherischen Individualität geschieht. Solche Entrechtungen werden als moralisch empfunden, sie sind metaphysische Funktionen und durch das Leben geheiligt.« Damit lieferte er, unbewußt, schon früh eine ›Rechtfertigung‹ der nationalsozialistischen Mordprogramme.

Kolbenheyer verstand sich immer als politischer Schriftsteller, das zeigen auch seine Reden und Aufsätze. In der Weimarer Republik sah er sich als Sprecher der national-konservativen Autoren, deren Einfluß er stärken wollte. Als es ihm nicht gelang, die Sektion Dichtkunst der Preußischen Akademie der Künste in seinem Sinn zu beeinflussen, trat er 1931 unter Protest aus und versuchte (erfolglos) eine Gegeninstitution ins Leben zu rufen. Damit und mit völkischen Agitationsstücken wie *Jagt ihn – ein Mensch* (München 1931) empfahl er sich nachdrücklich bei den nationalsozialistischen Kulturfunktionären, die in dem umtriebigen Kolbenheyer einen willkommenen Propagandisten sahen. Allerdings ließ der komplizierte Stil der Romane und der ›Bauhüttenphilosophie‹, die zudem noch die Darwinsche Selektionstheorie ablehnte, auch Zweifel daran aufkommen, ob Kolbenheyers Werk das richtige für die ›breite Masse‹ sei. Kolbenheyer, den → Oskar Loerke in seinem Tagebuch als »das tückische aufgeblasene breiige Nichts« beschimpfte (Eintragung vom 9. 6. 1933), fiel deshalb ab 1933 die Rolle des ›Dichters‹ und ›Philosophen‹ zu, der ›deutsche Geistigkeit‹ verkörpern sollte. Triumphal kehrte er in die jetzt ›neugeordnete‹ Dichterakademie zurück und begann seine publizistische Tätigkeit im Dienst des Nationalsozialismus mit einem offenen Brief an Romain Rolland, der die Politik der neuen Machthaber scharf angegriffen hatte (→ Rudolf Georg Binding). Kolbenheyer warf dem französischen Schriftsteller vor, er sei »entweder nicht fähig oder nicht willens ... die volksbiologischen, also naturhaften Beweggründe, die unerhörte Disziplin der nationalen Revolution und deren evolutionelle Bedeutung für Europa zu erwägen« (*Sechs Bekenntnisse zum neuen Deutschland.* Hamburg 1933). Es folgten zahlreiche Aufsätze, Reden und auch zwei Führergedichte. Das literarische Werk trat dabei in den Hintergrund. 1934 veröffentlichte er das Schauspiel *Gregor und Heinrich* (München), in dem er den Canossa-Gang Heinrichs IV. zu einem Sieg des germanischen Kaisers über den mediterranen (und falschen) Papst Gregor VII. umdeutete. Auch in dem an sein frühes Werk anknüpfenden Roman *Das gottgelobte Herz* (München 1938), der eigentlich die Lebensgeschichte der Nonne Margarete Eberin nacherzählt, wurde dieser Konflikt wieder aufgenommen: als Kampf zwischen Meister Eckhart und dem Papst. Den Bogen von der deutschen Mystik bis zum Ersten Weltkrieg spannte dann seine »dramatische Tetralogie« *Menschen und Götter,* die 1944 nur noch als Privatdruck erscheinen konnte und nicht mehr aufgeführt wurde. Sie versammelt noch einmal alle Themen, die für Kolbenheyers biologistisches und antipapistisches Weltbild bestimmend waren.

Kolbenheyer, der als literarischer Repräsentant der nationalen Rechten schon in der Weimarer Republik zahlreiche Auszeichnungen erhalten hatte, wurde nach 1933 mit Ehrungen und Preisen geradezu überschüttet. Unter anderem erhielt er den Goethepreis der Stadt Bremen (1935), den Literaturpreis der Stadt München (1936), den Goethepreis der Stadt Frankfurt (1937), den Adlerschild des Deutschen Reiches (1938), die Kant-Plakette der Stadt Königsberg (1941), den Paracelsuspreis der Stadt Villach (1942) und den Grillparzer-Preis der Stadt Wien (1944). 1943 stiftete Karlsbad einen mit 10 000 Reichsmark ausgestatteten E. G. Kolbenheyer-Preis. Nach Eva Dambachers Dokumentation über *Literatur- und Kunstpreise 1859–1949* (Marbach 1996) war Kolbenheyer mit zwölf Preisen der am meisten ausgezeichnete Schriftsteller seiner Zeit. Und er gehörte in der NS-Zeit auch zu den literarischen Spitzenverdienern. Allein 1943 nahm er über 150 000 Reichsmark ein.

Versuche von Freunden Kolbenheyers, ihn nach 1945 als unabhängigen Geist darzustellen, der immer wieder in Konflikt mit NS-Funktionären geraten war, entbehrten jeder Grundlage. Wie sehr Kolbenheyer, der 1948 wegen eines Durchhalteartikels im *Völkischen Beobachter* und seiner Hitlergedichte als ›Belasteter‹ eingestuft worden war (in der Revision 1950: ›Mitläufer‹), auch nach dem Ende der NS-Zeit noch an den Nationalsozialismus und Hitler glaubte, macht seine (Roman-)Autobiografie *Sebastian Karst über sein Leben und seine Zeit* (3 Bde., o. O. 1957/58) deutlich. Trotzdem erhielt er 1958 den Sudetendeutschen Kulturpreis des Bundesverbandes der Sudetendeutschen Landsmannschaft und wurde im selben Jahr zu seinem 80. Geburtstag mit einer Matinee im Wiener Burgtheater geehrt, an der u. a. Hanns Ernst Jäger und Victor de Kowa mitwirkten. Um das Werk und das Andenken des Schriftstellers kümmert sich die 1951 gegründete Kolbenheyer-Gesellschaft, die seit 1957 mit dem *Bauhüttenbrief* eine Zeitschrift für die Kolbenheyer-Exegese herausgibt. Fast alle Bücher über Kolbenheyer stammen von Mitgliedern oder aus dem Umfeld der Gesellschaft und haben einen dementsprechend apologetischen Charakter.

Weitere Bücher:

Die Begegnung auf dem Riesengebirge. München 1933. – Deutsches Bekenntnis. Unser Leben. Dichtungen für Sprechchöre. München 1933. – Der Lebensstand der geistig Schaffenden und das neue Deutschland. München 1934. – Neuland. Zwei Abhandlungen. München 1935. – Das Kolbenheyer-Buch (Auswahl Ernst Frank). Karlsbad 1937. – Gesammelte Werke in acht Bänden. München o. J. (1939–41). – Vox humana. Gedichte. München 1940. – Bauhüttenphilosophie. Ergänzende und erläuternde Abhandlungen. München 1942. – (Übs.) Johannes von Saaz: Der Ackermann aus Böhmen. Prag 1943. – Gesamtausgabe der Werke letzter Hand in zwei Abteilungen. 18 Bde., o. O. 1956–78.

Literatur:

Hermann Kunisch: Margarete Ebner oder das gottgelobte Herz. In: Ders.: Kleine Schriften. Berlin 1968, S. 157–163. – Jürgen Lütge: Der Mensch als Material. Erwin Guido Kolbenheyers ›Bauhütten‹-Konzept. In: Karl Schwedhelm (Hrsg.): Propheten des Nationalismus. München 1969, S. 228–242. – Ernst Frank: Jahre des Glücks, Jahres des Leids. Eine Kolbenheyer-Biographie. Velbert 1969. – Ernst Keller: Der Weg zum deutschen Gott: Erwin Guido Kolbenheyer. In: Ders.: Nationalismus und Literatur. Bern/München S. 110–121. – Günther Rühle: Erwin Guido Kolbenheyer. Gregor und Heinrich. In: Ders.: Zeit und Theater. Bd. 3. Diktatur und Exil 1933–1945. Berlin 1974, S. 766–

776 (Kommentar). – Bodo Heimann: Die Konvergenz der Einzelgänger. Literatur als Integration des problematischen Individuums in die Volksgemeinschaft: Hermann Stehr – Emil Strauß – Erwin Guido Kolbenheyer. In: Horst Denkler/Karl Prümm (Hrsg.): Die deutsche Literatur im Dritten Reich. Stuttgart 1976, S. 118–137. – Peter Dimt: Schlederloher Tagebuch 1946. Ein Jahr mit Erwin Guido Kolbenheyer. Berg 1982. – Kirsten Schrick/Siegfried Wagner: Aus der Geschichte des Münchener Literaturpreises. Ränkespiel gegen Ina Seidel. Warum Erwin Guido Kolbenheyer 1939 in der »Hauptstadt der Bewegung« dem Berliner Propagandaministerium unterlag. In: Literatur in Bayern. Heft 21 (1990), S. 15–18. – Kai-Uwe Scholz: Prominente Schriftsteller des Dritten Reichs und ihre »Zweite Schuld«. Eine vergleichende Untersuchung von Nachkriegspublikationen der Autoren Erwin Guido Kolbenheyer, Hans Friedrich Blunck und Hans Grimm. Berlin (Diss.) 1993 (Mikrofiche-Ausgabe).

KOLMAR, Gertrud

(eigentlich: Gertrud Chodziesner)

**10. 12. 1894 Berlin, † 1943 Todesort unbekannt*

Die Tochter des prominenten jüdischen Rechtsanwalts Ludwig Chodziesner wuchs im assimilierten jüdischen Großbürgertum Berlins auf. Die Familie des Vaters stammte aus Posen, genauer aus dem Dorf Chodziesnen, dessen eingedeutschte Form, Kolmar, Gertrud Chodziesner als literarisches Pseudonym verwendete. Schon ihr erster Lyrikband (*Gedichte.* Berlin 1917) kam unter diesem Namen im Berliner Fleischel-Verlag heraus, in dem auch → Agnes Miegel, → Börries von Münchhausen und → Ina Seidel publizierten. Im selben Jahr erschienen weitere Gedichte von Kolmar in *Westermanns Monatsheften.* In der Folgezeit arbeitete sie aber zunächst als Postzensorin in einem Potsdamer Kriegsgefangenenlager, dann als Erzieherin und Sprachlehrerin in Hamburg, Peine und Dijon, bevor sie 1928 wieder nach Berlin zurückkehrte, um ihre kranken Eltern zu versorgen.

Unter Vermittlung ihres Cousins Walter Benjamin wurden 1928/29 Gedichte Kolmars in der *Literarischen Welt* bzw. der *Neuen Schweizer Rundschau* abgedruckt. Zwei Gedichte im *Insel-Almanach auf das Jahr 1930* erregten das Interesse Seidels und → Elisabeth Langgässers, die 1933 Texte Kolmars in die Anthologie *Herz zum Hafen: Frauengedichte der Gegenwart* (Leipzig 1933) aufnahmen. Seidel, die sich bereits vor 1933 für Kolmar eingesetzt hatte, distanzierte sich nach Hitlers Machtübernahme von der jüdischen Schriftstellerin, die trotz aller Repressionen weiter arbeitete und publizierte. 1933 erschien nochmals ein Gedicht von Kolmar in der *Literarischen Welt,* und 1934 veröffentlichte Viktor Otto Stomps

Verlag *Die Rabenpresse* ihre zweite Buchpublikation, die Lyriksammlung *Preußische Wappen*. Dabei handelte es sich um Gedichte nach den alten Wappen deutscher Städte, die Kolmar auf Sammelbildern der Firma Kaffee Hag gefunden hatte und deren einfache Bildelemente sie zum Ausgangspunkt symbolisch aufgeladener Miniatur-Erzählungen nahm. Der Verleger Stomps hatte schon 1933 und 1934 Gedichte Kolmars in seiner Literaturzeitschrift *Der Weiße Rabe* abgedruckt.

Von 1935 an war der literarische Wirkungskreis Kolmars auf jenes publizistische Ghetto beschränkt, das – von Gnaden des NS-Regimes – jüdische Verlage, der jüdische Kulturbund und die jüdische Presse in Berlin bildeten. Per Gesetz vom 20. Oktober 1935 wurde jüdischen Künstlern das Tragen von Pseudonymen verboten, so daß in der *CV-Zeitung* des Centralvereins deutscher Staatsbürger jüdischen Glaubens vom 9. April 1936 das Gedicht *Die Tochter* von Gertrud Chodziesner erschien. Darüber hinaus wurden ihre Texte bis 1940 im Rahmen von Veranstaltungsreihen wie »Ungehörte Stimmen« des jüdischen Frauenbunds, »Jüdisches Wort und Jüdischer Ton« oder »Jüdische Dichter in dieser Zeit« des Kulturbunds vorgetragen. Im September 1938 erschien im Jüdischen Buchverlag Erwin Loewe Kolmars dritte und letzte Anthologie *Die Frau und die Tiere*. Unter diesen Gedichten, an denen Kolmar teilweise seit 1927 gearbeitet hatte, befindet sich auch *Die Jüdin*

Ich bin fremd.

Weil sich die Menschen nicht zu mir wagen,
Will ich mit Türmen gegürtet sein,
Die steile, steingraue Mützen tragen
In Wolken hinein.
…
Ich möcht eine Forscherreise rüsten
In mein eigenes uraltes Land.

Ich kann das begrabene Ur der Chaldäer
Vielleicht entdecken noch irgendwo,
Den Götzen Dagon, das Zelt der Hebräer,
Die Posaunen von Jericho. …

1939 trug Kolmar sich mit Auswanderungsplänen, entschied sich jedoch, bei ihrem kranken Vater in Berlin zu bleiben. Sie lernte

Hebräisch und versuchte, hebräische Gedichte zu schreiben: »Ich berichtete wohl gelegentlich schon, daß ich ein paar hebräische Gedichte gemacht, die eine Lehrerin, nach etlichen Verbesserungen, für druckreif erklärt hatte. Das mag nun stimmen oder nicht, jedenfalls weiß ich nur zu gut, daß diese Gedichte, wenn auch nicht wortwörtlich, so doch in einem feineren Sinne, Übertragungen aus dem Deutschen sind, daß ein wirklich hebräisches Gedicht ganz anders aussehen, ganz anders klingen müßte« (Brief an die Schwester Hilde vom 24. November 1940). Auch die ›Forscherreisen‹ in die jüdische Kultur und die hebräische Sprache konnten sie nicht aus ihrer Isolation retten.

Von 1941 an mußte Kolmar Zwangsarbeit in einer Kartonagefabrik leisten. Ihr Vater wurde im September 1942 einundachtzigjährig nach Theresienstadt deportiert, wo er im Februar 1943 starb. Ende 1942 beging Kolmar noch einmal ihren Geburtstag in Berlin: »Nun hatte ich doch die heimliche Hoffnung gehegt, daß einer kommen und den heutigen Tag mit mir feiern würde – wer wußte ich freilich nicht. (Vielleicht mein Kamerad ...) Aber es ist niemand gekommen, und jetzt kommt wohl auch keiner mehr« (27. Dezember 1942 an Hilde Wenzel). Am 27. Februar 1943 wurde auch sie deportiert.

Nach dem Krieg bemühten sich vor allem ihr Schwager Peter Wenzel und → Hermann Kasack um Kolmars Werk. Kasack gab 1947 den Lyrikband *Welten* mit 17 Gedichten der Schriftstellerin heraus. Schon 1946 war – auf Betreiben Seidels – Kolmars Gedicht *Gebet* in der von Otto Freiherr von Taube herausgegebenen Anthologie *Licht der Welt* (München) erschienen – eine Auslese, die, wie es im Vorwort hieß, Texte »heutiger christlicher deutschsprachiger Lyriker« versammeln sollte. Posthum wurden noch weitere Gedichte und Prosaarbeiten Kolmars erstveröffentlicht, darunter die Erzählungen *Eine jüdische Mutter* (1930/31 entstanden) und *Susanna* (1939/40) sowie das Gedicht *Wir Juden*, das mit den Zeilen endet:

... Ich liebe dich, mein Volk im Plunderkleide
Wie der heidnischen Erde, Gäas Sohn entkräftet zur Mutter glitt,
So wirf dich du dem Niederen hin, sei schwach, umarme das Leid,
Bis einst dein müder Wanderschuh auf den Nacken der Starken tritt!

Literatur:
Johanna Woltmann: Gertrud Kolmar: Leben und Werk. Göttingen 1994. – Ulrich Ott (Hrsg.): Gertrud Kolmar: 1894–1943. Marbach am Neckar 1997. – Gudrun Jäger: Gertrud Kolmar: Publikations- und Rezeptionsgeschichte. Frankfurt am Main/New York 1998. – Chryssoula Kambas (Hrsg.): Lyrische Bildnisse: Beiträge zu Dichtung und Biographie von Gertrud Kolmar. Bielefeld 1998.

KOMMERELL, Max

**25.2.1902 Münsingen, †15.7.1944 Marburg*

Der Sohn eines Oberamtsarztes begann nach dem Abitur sein Studium der Philosophie, Literatur und Religionsgeschichte in Tübingen. 1920 wechselte Kommerell nach Heidelberg zu dem Literaturwissenschaftler Friedrich Gundolf, zum Wintersemester ging er nach Marburg, wo er 1924 mit einer Dissertation über *Jean Pauls Verhältnis zu Rousseau* bei Ernst Elster promovierte. Noch in Heidelberg hatte er 1921 Stefan George kennengelernt, als dessen Sekretär er von 1924 bis 1928 quer durch Europa reiste. Nebenbei schrieb Kommerell an einem Buch über die deutsche Klassik, das unter dem Titel *Der Dichter als Führer in der deutschen Klassik* (Berlin 1928) erschien. Leitgedanke dieser philologischen Untersuchung ist die ebenso elitäre wie konservative Vorstellung einer deutschen Nation des Geistes, die in dem (imaginären) Kreis der deutschen Klassiker (Klopstock, Herder, Goethe, Schiller, Jean Paul, Hölderlin) verwirklicht gewesen und deren Wiederherstellung Aufgabe der gegenwärtigen Schriftsteller sei. Ähnlich wie → Rudolf Borchardt war auch Kommerell Vertreter eines elitären Kulturkonservatismus, der von den Intellektuellen forderte, die Nation aus einer als geistfeindlich empfundenen Gegenwart herauszuführen. In der Gedächtnisrede auf seinen langjährigen Lehrer Friedrich Wolters schrieb Kommerell 1930: »So war ihm der Dichter ein Machthaber, das Wort ein verpflichtendes Zeichen, die von ihm Ergriffenen eine beinahe wehrhafte Gemeinde, das Wissen ein Werkzeug des Führertums und Gesinnung ein nach innen gütig werbender, nach außen gewaltsamer Bodengewinn.« Auf der Suche nach einer zeitgenössischen Version dieser »wehrhaften Gemeinde« zog Kommerell, der sich 1930 vom George-Kreis trennte, auch den Nationalsozialismus in Betracht. Am 19. Juni 1930 schrieb er an seine Schwester Hedwig: »Den ersten Band Hitler *Mein Kampf* las ich. Borniert, bäurisch ungeschlachtet, aber in den Instinkten vielfach gesund und richtig. Die Leistung nötigt zum Respekt und in unserem breiigen Zeitalter ist so eine Faust immerhin eine Wohltat«. Mit den Nationalsozialisten teilte Kommerell eine antibürgerliche und antidemokratische Einstellung, seinem Kulturidealismus mußte der faschistische Populismus allerdings fremd bleiben. 1932 schrieb er an Jul Strebel: »Ob sich aus der jetzigen Diktatur ein wirkliches Führertum entwickelt, in das die Nazis nolens volens als bewegte Masse einmünden ..., verfolge ich mit großer Spannung«.

In den folgenden Jahren emanzipierte sich Kommerell immer stärker von dem Führer- und Gefolgschaftsdenken der George-Zeit und zog sich auf den unpolitischen Standpunkt des Literaturwissenschaftlers zurück. Als Germanist, der sich 1930 habilitierte und noch im selben Jahr eine Privatdozentur an der Frankfurter Universität antrat, um 1941 Ordinarius für deutsche Literatur an der Universität Marburg zu werden, erblickte er in der Dichtung der Vergangenheit immer weniger einen Fundus patriotischer Visionen, sondern las die Texte vielmehr als Herausforderung der individuellen Erfahrungsbereitschaft. 1936 schrieb er an Karl Schlechta über Hölderlin: »Er ist mir intimer, leiser, künstlerischer geworden, und es scheint mir beinah roh, ihn immer nur als Prophet zu hören«.

Kommerell publizierte Gedichte und Essays in verschiedenen Zeitschriften, so z.B. in der von Martin Bodmer und Herbert Steiner herausgegebenen *Corona*. 1938 veröffentlichte er im S. Fischer Verlag den Gedichtband *Mein Anteil*, der eine Art Selbstbeschreibung beinhaltet: In dem Gedicht *Eichen bei Schwanheim* wird der vom Blitz getroffene ›deutsche‹ Baum zur Allegorie des sich als unzeitgemäß empfindenden Dichters:

> ... In Zacken wirft sich aufwärts das Geäst,
> Weil es mit einem Krampf geschlagen war
> Vom Ungeheuren, das zu sagen war;
> Und biegt, weil es sich doch nicht sagen läßt,
> Selbeinwärts sich und dauert so und ragt,
> Nur weil es war, nicht mehr, damit es werde. ...

Diese Strategie, den literarischen Text verschlüsselt von der eigenen prekären künstlerischen Tätigkeit handeln zu lassen (siehe auch das Gedicht *Die Festgemeinde der kleinen Puppenträgerinnen*), ist auch in der groß angelegten Erzählung *Der Lampenschirm aus den drei Taschentüchern* (Berlin 1940) zu beobachten. Hier erzählen sich acht Personen im Rahmen einer Abendgesellschaft ihre Träume und wagen damit – ganz im Stile der Freudschen *Traumdeutungen* –, anderen ein ihnen selbst nicht vollständig bekanntes *Ich* zu offenbaren. Dieses Ineinander von Offenbarung und Verschlüsselung bewertete Helmut Heißenbüttel als typisch dafür, »was im Dritten Reich literarisch möglich war«.

Eine direktere Auseinandersetzung mit der verbrecherischen Staatsmacht findet sich in Kommerells Drama *Die Gefangenen,* das in der Gestalt eines sowjetischen Gefängnisoffiziers jede totalitäre Gewalt- und Folterpraxis anprangert und das im NS-Deutschland weder veröffentlicht noch gespielt werden durfte. In einem Gutachten, das die Abteilung Theater der Reichskulturkammer für das Propagandaministerium verfaßte, heißt es am 14. Oktober 1943:

> »... Dem Verfasser darf in seiner Absicht, eine Anklage gegen den Bolschewismus zu erheben, nicht getraut werden. Sein Stück richtet sich, durch eine eigenwillig schöne Sprache und wirksame Bühnenform getarnt, im Grunde gegen jede Art von Macht. Die Macht ist dem Verfasser ein ›Trug von Größe‹, den Mächtigen nennt er ›unrein‹, er trage in sich selbst die Vernichtung. Während das geschichtliche Ereignis des Bolschewismus sich auf einer rein spirituellen Ebene verflüchtigt und als Anlaß zu einem für unsere Begriffe ungesunden religiösen Bekenntnis genommen wird, das die Selbstüberwindung predigt, bezieht sich die Auseinandersetzung in Wahrheit auf das ›Gesetz des neuen Denkens‹ überhaupt und bewegt sich gegen den Willen, neue politische und soziale Verhältnisse in die Struktur einer vom Untergang bedrohten Welt zu bringen. Vorsorglich schlage ich daher vor, dem Verlag Ralph Steyer bedeuten zu dürfen, das Werk bis auf weiteres wegen seines unfraglich depressiven Charakters den Bühnen nicht anzubieten.«

Wenngleich Kommerell sich während des ›Dritten Reichs‹ vorwiegend als unpolitischer Literat verstand, so vertrat er doch mit seinen Texten einen idealistischen Ästhetizismus, dessen regimekritische Implikationen von der nationalsozialistischen Zensur nicht geduldet werden konnten. Aber auch nach 1945 fand das Werk Kommerells jenseits germanistischer Fachkreise kaum Verbreitung.

Weitere Bücher:
Michelangelo. Dichtungen. Frankfurt am Main 1931. – Jean Paul. Frankfurt am Main 1933. – Das letzte Lied. Gedichte. Frankfurt am Main 1933. – Die Le-

gende von den vier Teilen des Tages. Frankfurt am Main 1934. – Schiller als Gestalter des handelnden Menschen. Frankfurt am Main 1934. – Dichterisches Tagebuch. Gedichte. Frankfurt am Main 1935. – Das Volkslied und das deutsche Lied. Frankfurt am Main 1936. – Das kaiserliche Blut. Ein Drama im barocken Stil. Frankfurt am Main 1938. – Geist und Buchstabe der Dichtung. Goethe, Kleist, Hölderlin. Frankfurt am Main 1940. – Die Lebenszeiten, Gedichte. Berlin 1941. – Gedanken über Gedichte. Frankfurt am Main 1943. – Mit gleichsam chinesischem Pinsel. Frankfurt am Main 1944. – Beiträge zu einem deutschen Calderón. Frankfurt am Main 1946. – Kasperle – Spiel für große Leute. Krefeld 1948. – Hieronyma. Frankfurt am Main 1954. – Werke und Briefe aus dem Nachlaß. Freiburg 1967.

Literatur:

Dorothea Hölscher-Lohmeyer: Lehrer in beschädigter Zeit. Max Kommerell in den dreißiger Jahren. In: Süddeutsche Zeitung 47 (1977). – Helmut Heißenbüttel: Rückeroberung eines Dichters, Max Kommerells »Lampenschirm aus den drei Taschentüchern« oder: Was im Dritten Reich literarisch möglich war. In: Süddeutsche Zeitung 34 (1980). – Bernhard Zeller (Hrsg.): Max Kommerell: 1902–1944. Marbach am Neckar 1985. – Gert Mattenklott: Max Kommerell – Versuch eines Porträts. In: Merkur 7 (1986), S. 541–554.

KROLOW, Karl

**11.3.1915 Hannover, †21.6.1999 Darmstadt*

Der Sohn eines Verwaltungsbeamten studierte von 1936 an zunächst evangelische Theologie, dann Germanistik, Kunstgeschichte sowie Philosophie in Göttingen und Breslau. Bereits am 10. April 1934 war Krolow in die Hitlerjugend eingetreten, am 1. Mai 1937 wurde der 22jährige Mitglied der NSDAP. 1938/39 schrieb er für die Studentenzeitschrift *Junge Geisteswissenschaft*, die ein Jahr später einging. 1941 brach Krolow das Studium ab und zog 1942 wieder nach Göttingen, um als freier Schriftsteller zu arbeiten. Aus seinem Aufnahmeantrag für die Reichsschrifttumskammer vom 16. Januar 1941 geht hervor, daß Krolow bereits in den letzten drei Monaten des Jahres 1940 in verschiedenen Zeitungen (*Deutsche Allgemeine Zeitung, Berliner Börsenzeitung, Schlesische Tageszeitung, Hannoverscher Kurier, Münchner Neueste Nachrichten*) insgesamt elf Gedichte veröffentlicht hatte, was ihm ein Einkommen von rund 150 Reichsmark einbrachte. Wegen »Geringfügigkeit« der schriftstellerischen Arbeit wurde allerdings eine »vorläufige Befreiung« von der Mitgliedschaft in der Reichsschrifttumskammer vereinbart. Krolow schien die Zugehörigkeit zur Schriftstellerorganisation jedoch ein wichtiges Anliegen gewesen zu sein, denn am 8. März 1942 bat er erneut um Aufnahme: »Im vergangenen Jahre veröffentlichte ich laufend in einer großen Anzahl deutscher Zeitungen ca. 75

Beiträge (ausschließlich Lyrik). Mit dem Ausbau meiner Mitarbeit an deutschen Großzeitungen ist zu rechnen. Zudem bin ich mit einem Verlag in Verhandlungen über Buchveröffentlichung getreten. Ich halte daher meine Anmeldung mit der Bitte um Aufnahme für unumgänglich.« Ein Vermerk über eine Aufnahme Krolows ist in seiner Reichsschrifttumskammerakte nicht vorhanden, aber Krolow baute seinen publizistischen Aktionsradius tatsächlich aus: 1943 erschien in Zusammenarbeit mit Hermann Gaupp im Hamburger Verlag Heinrich Ellermann die Gedichtsammlung *Hochgelobtes gutes Leben* (je sechs Gedichte von Krolow und von Gaupp). Zudem veröffentlichte Krolow 1943 und 1944 Lyrik und Prosastücke in der Goebbels unterstehenden Renommierzeitschrift *Das Reich*. Diese Texte haben keinen explizit politischen Inhalt, es handelt sich um melancholische Idyllen, von → Wilhelm Lehmann und → Oskar Loerke beeinflußte Evokationen einer Natur, der immer schon ihre Vergänglichkeit eingeschrieben ist. Ein Extrem markiert in dieser Hinsicht die Prosaminiatur *Die Tulpen* (*Das Reich* 18–1944), in der das Vergehen als ebenso natürlicher wie heldenhafter Todeskampf erscheint:

> »... Das Erregende war für mich jedesmal, zu sehen, wie die sterbenden Blumen von wilder Bewegung gepackt wurden, die eine nach der anderen ergriff. Einzelne krochen über den Krugrand und wollten zu Boden, begaben sich in tiefste Demut. Welche warfen sich nach hinten, bäumten sich, stemmten sich gegen das Unsichtbare, das ihnen Gewalt antat. Etwas Verzweifeltes war an diesen Blumen. Sie wehrten sich und mußten doch unterliegen. Welche schienen in der Schräge zu drehen und brachen auseinander. Ein Tulpenglas konnte über Nacht zu einem Schlachtfeld werden. Verwüstung war mit der Finsternis eingebrochen, vor der es keine Rettung gab. Und man mußte es geschehen lassen und vielleicht noch einen halben Tag zusehen oder einen vollen, wie sie der Reihe nach verdarben. Für Viertelstunden war ich manchmal im Anblick dieses blumenhaften Sterbens versunken, das gar nicht unauffällig und wehrlos geschah, wie man uns gern erzählt hatte, bei dem erbittert Widerstand geleistet wurde, wenn auch schrecklich lautlos. Und es ist sicher ein großes Wort, aber man erfuhr dabei ein wenig über die schwer beschreibbare Tapferkeit der Geschöpfe. Die Tulpe hat eine gute und bäurische Gesundheit....«

Von den in *Das Reich* veröffentlichten Gedichten fand keines Aufnahme in Krolows *Gesammelte Gedichte* (Frankfurt am Main 1965), die lediglich neun Texte aus den Jahren 1944/45 aufweisen. Krolow selbst schien das Kriegsende als Zäsur seiner literarischen Produktion begriffen zu haben. Das Gedicht *Selbstbildnis 1945* ließ er 1948 mit den Zeilen »Aus dem Schweigen bin ich kaum entlassen,/ Das mir bitter aus der Kehle steigt ...« beginnen.

Literatur:

Rolf Paulus: Lyrik und Poetik Karl Krolows 1940–1970 – Produktionsästhetische, poetologische und interpretatorische Hauptaspekte seines »offenen Gedichts«. Bonn 1980. – Vera B. Profit: Menschlich – Gespräche mit Karl Krolow. New York/Washington/Bern u. a. 1996.

KURZ, Isolde

**21. 12. 1853 Stuttgart, † 5. 4. 1944 Tübingen*

Die Tochter des schwäbischen Dichters Hermann Kurz lebte von 1877 an bis zum Ersten Weltkrieg in Italien. In Forte dei Marmi, nahe Florenz, entstand ihr erster großer literarischer Erfolg, die *Florentiner Novellen* (Stuttgart 1890). Es folgten weitere Erzählungen, Reiseberichte und Aphorismen. Berühmtheit errang Kurz in Deutschland mit dem Lyrikband *Schwert aus der Scheide* (Heilbronn 1916). Das titelgebende Gedicht beschwört ein friedliebendes Deutschland, das sich von mißgünstigen Nachbarn umgeben sieht, und endet mit der pathetischen Aufforderung: »Schwert, nun tu dein heiliges Amt! Schwert aus der Scheide!« In dem noch kriegsbegeisterten Deutschland fand es große Verbreitung, wurde in Schulen wie auch an der Front rezitiert und trug der Autorin den Titel »Deutsche Mutter« ein.

Obgleich Kurz sich selbst wiederholt als unpolitisch charakterisierte, lehnte sie die Weimarer Republik ebenso ab wie den Sozialismus oder gar den Kommunismus. Der Machtübernahme durch die Nationalsozialisten stand sie insgesamt positiv gegenüber, erhoffte sich sogar eine Erneuerung der von ihr als dekadent empfundenen zeitgenössischen Kunst, insbesondere eine Überwindung der ›Neuen Sachlichkeit‹: »Der Einzelne war machtlos gegen die Verderbnis ... Jetzt hieß es nur Tür und Fenster schließen gegen die Ausdünstung, bis unerwartet mit Gewalt ein gänzlich veränderter Zeitstrom hereinbrach und von dem Vaterlandsboden den Unrast wegschwemmte für eine künftig zu erhoffende neue gesunde Saat« (*Die Pilgerfahrt nach dem Unerreichlichen.* Tübingen 1938, S. 642). Kurz selbst veröffentlichte 1933 die Erzählung *Die Nacht im Teppichsaal. Erlebnisse eines Wanderers* (Tübingen) sowie die Gedichtauswahl *Aus dem Reigen des Lebens* (Tübingen), die das *Börsenblatt für den Deutschen Buchhandel* am 9. September 1933 mit den Worten pries: »Vor allem für junge Menschen, die sich ja wieder von der billigen Ironie der ›Lyrik der neuen Sachlichkeit‹ abwenden und echte, unzerstörerische Werte suchen, eignet sich dieser Band.« Aber auch in politischer Hinsicht hatte die Autorin zunächst wenig gegen die neuen Machthaber einzuwenden: Sie begrüßte die Besetzung des Rheinlands: »Das Schwert des Wälsungen ist wieder heil und hütet die Grenze. Es hat den Schimpf des Wehrlosseins in einer Welt, wo Recht ohne Macht nur Kinderspott ist, von uns genommen. Ohne die Scheide zu verlassen, hat es uns das Rheinland von fremder Einmischung wieder frei gemacht« (in: *Pilgerfahrt*, S. 677) wie auch den ›Anschluß‹ Österreichs (s. ebd., S. 678). Zwar war Kurz eine offene Gegnerin des Antisemitismus – 1930 unterzeichnete sie einen Aufruf des »Vereins zur Abwehr des Antisemitismus« –, erklärte sich aber bereit, positive Äußerungen über jüdische Intellektuelle wie Freud, Heine oder Varnhagen aus ihren Büchern zu tilgen. Über solch eine pragmatische Kooperation hinaus finden sich in ihrem Werk auch ideologische Berührungspunkte mit den Nationalsozialisten. So hatte Kurz bereits in ihren 1905 erschienenen und 1940 zum dritten Mal aufgelegten Aphorismen *Im Zeichen des Steinbocks* ein eugenisches Zuchtprogramm vertreten:

> »Alle Ethik der Zukunft wird sich mit der physischen Veredlung der menschlichen Rasse zu beschäftigen haben. ... Im Altertum pflegte man die schwächlich Geborenen auszusetzen. Unsere moderne philantrophische [sic!] Gesellschaft behütet gerade diese wie ihren kostbarsten Schatz und baut sogar Brutkästen für Siebenmonatskinder. Aber den unehelich gezeugten, den einzigen, von denen man mit einiger Wahrscheinlichkeit annehmen kann, daß sie gesunde Ergebnisse einer natürlichen Wahl, also die wahrhaft ›Wohlgeborenen‹ sind, gönnt sie keinen Platz, sie zeichnet sie mit einem Makel, übergibt sie wohl gar den ›Engelmacherinnen‹. Sie zieht das Schwächliche und Unfähige mit Opfern auf und räumt das Starke, Gesunde aus dem Weg. Wir schlagen über die Grausamkeit der Alten die Hände zusammen, aber was wird eine spätere Zeit von der Philanthropie der unsrigen sagen?«.

Der NS-Staat wiederum erwies Kurz seine Referenz durch Auszeichnungen, positive Rezensionen und offizielle Geburtstagsgratulationen. 1937 wurde sogar eine Schule in Reutlingen nach ihr benannt. Dessenungeachtet zeugen Kurz' private Notizbücher wenn schon nicht von Kritik am Nationalsozialismus, so doch von ihrer Ablehnung des deutschen Angriffskriegs. Als letztes Buch vor ihrem Tod erschien *Das Haus des Atreus* (Tübingen 1939), eine Nachdichtung der Atridensage.

Literatur:

Marion Onodi: Isolde Kurz – Leben und Prosawerk als Ausdruck zeitgenössischer und menschlich-individueller Situation von der Mitte des 19. bis zur Mitte des 20. Jahrhunderts. Frankfurt am Main/Bern/New York u.a. 1989. – Charlotte Nittke: Isolde Kurz und ihre Verleger – Geschichte der Buchveröffentlichungen einer Erfolgsautorin zwischen 1888 und 1944. In: Archiv für Geschichte des Buchwesens 34 (1990), S. 1–115. – Eva Walter: Isolde Kurz und ihre Familie – Biographie. Mühlacker/Irdning/Steiermark 1996.

LAMPE, Friedo

**4.12.1899 Bremen, †2.5.1945 Kleinmachnow*

Der Sohn eines Bremer Versicherungskaufmanns war von Jugend an durch die Folgen einer Knochentuberkulose gehbehindert und wurde daher nicht zum Ersten Weltkrieg eingezogen. Nach einem Studium der Literaturwissenschaften, Kunstgeschichte und Philosophie in Heidelberg, München und Freiburg, das er 1928 mit einer Promotion über Goeckings *Lieder zweier Liebenden* abschloß, arbeitete Lampe als Kunstkritiker für die *Weserzeitung* und die *Bremer Nachrichten* sowie als Redakteur und Mitherausgeber von *Schünemanns Monatsheften*. Als die *Monatshefte* eingestellt wurden, ließ er sich 1931 als Volksbibliothekar ausbilden und wurde Filialleiter der Hamburger Öffentlichen Bücherhallen, wo er sich vor allem für die Anschaffung moderner amerikanischer und englischer Literatur einsetzte (u.a. Sherwood Anderson, Virginia Woolf, Thomas Wolfe, James Joyce). Lampe nahm an den Dichtertreffen im Hause des jüdischen Arztes Lothar Luft teil und schrieb an seinem ersten Roman, *Am Rande der Nacht* (Berlin 1933). Dieses düstere Sittengemälde voller Randgestalten einer norddeutschen Hafenstadt wurde kurz nach der Auslieferung wegen seiner expliziten Darstellung homoerotischer Beziehungen beschlagnahmt, auf die ›Liste 1 des schädlichen und unerwünschten Schrifttums‹ gesetzt und noch im selben Jahr verboten (vgl. Barbian: *Literaturpolitik im ›Dritten Reich‹*, S. 290). Wegen seiner eigenen, durchaus bekannten Homosexualität wurde Lampe aber nicht weiter belangt. Ohne Probleme konnte er die Ballade *Das dunkle Boot* (Hamburg 1936) und den Kurzroman *Septembergewitter* (Berlin 1937) publizieren. Wie schon *Am Rande der Nacht* verwendet auch dieser Prosatext das modernistische Verfahren einer filmartigen Montage von Einzelsequenzen: Von einem Ballon aus wird auf eine Stadt und die in ihr verborgenen Einzelschicksale geblickt. Szene um Szene wird die kleinbürgerliche Schein-Idylle eines schwülen Septembernachmittags aufgedeckt. Der Roman, der eine avancierte Erzähltechnik mit versteckter Zeitkritik verbindet, wurde ein finanzieller Mißerfolg, zumal er verspätet, erst nach dem Weihnachtsgeschäft, ausgeliefert wurde.

Seit 1937 war Lampe als Lektor tätig – zunächst im Berliner Rowohlt Verlag, nach dessen Zwangsfusionierung mit dem nationalsozialistischen Eher-Konzern (1939) bei den Verlagen Goverts, Karl Heinz Hensel und Diederichs. Außerdem veröffentlichte Lampe Erzählungen in verschiedenen Zeitungen und Zeitschriften. Eine Sammlung dieser Prosa unter dem Titel *Von Tür zu Tür. Zehn Geschichten und eine* (Hamburg 1945) erschien erst nach seinem Tod. Sechs Tage vor Ende des Krieges wurde Lampe von russischen Soldaten, die ihn für einen SS-Mann hielten, erschossen.

1955 veröffentlichte der Rowohlt Verlag *Das Gesamtwerk* (Hamburg) Lampes. Seit 1995 pflegt die Bremer Friedo-Lampe-Gesellschaft das Andenken dieses »magischen Realisten« (Dierking, S. 11), dessen Modernität nach 1945 weitgehend in Vergessenheit geraten ist.

Weitere Bücher:
Ratten und Schwäne. Hamburg 1950.

Literatur:
Friedo-Lampe-Gesellschaft e.V. (Hrsg.): Ein Autor wird wiederentdeckt – Friedo Lampe 1899–1945. Mit Beiträgen von Jürgen Dierking, Elisabeth Emter, Johannes Graf und Johann-Günther König. Göttingen 1999.

LANGE, Horst

** 6. 10. 1904 Liegnitz, † 6. 7. 1971 München*

Der Sohn eines Vizefeldwebels wurde in der Liegnitzer Kaserne des Königsgrenadier-Regiments Nr. 7 geboren. Lange wollte zunächst Kunst am Weimarer Bauhaus studieren, begann aber 1925 ein Studium der Kunstgeschichte, Germanistik sowie Theaterwissenschaft in Berlin und Breslau. Bereits in Berlin publizierte Lange erste Gedichte und Prosastücke in der *Deutschen Allgemeinen Zeitung*. Er lernte → Günter Eich und Martin Raschke kennen und gehörte bald zum Boheme-Kreis junger Schriftsteller, der sich um die Zeitschrift *Die Kolonne* und den Verleger V. O. Stomps gebildet hatte. Von 1930 an lebte Lange als freier Schriftsteller und publizierte in Stomps Zeitschriften *Der Fischzug* und *Der weiße Rabe* sowie im *Inneren Reich*. 1933 heiratete er die Schriftstellerin → Oda Schaefer, Trauzeuge war Günter Eich.

Noch im selben Jahr erschien in Stomps Rabenpresse Langes erste längere Prosaarbeit (*Die Gepeinigten*. Berlin 1933). *Der weiße Rabe* veröffentlichte zudem seinen Aufsatz *Landschaftliche Dichtung* (1933, S. 21–26), in dem er eine »Wiederentdeckung Deutschlands« und die literarische Aufwertung von »Äckern, Teichen und Flüssen« als den »Urgründen des Lebens« forderte. Damit schien der Schlesier zum Heimat- und Grenzlanddichter im Sinne der nationalsozialistischen Blut-und-Boden-Ideologie prädestiniert zu sein, aber Langes erster Roman – wenngleich im ländlichen Milieu angesiedelt – enttäuschte diese Erwartungen: *Schwarze Weide* (Hamburg 1937) erzählt eine dunkle Geschichte um Mord und Sühne in einem ostschlesischen Dorf nach dem Ersten Weltkrieg, das als Folge der Industrialisierung einem sozialen Erosionsprozeß unterworfen ist. Die schlesische Landschaft erscheint nicht als Heimat einer ›gesunden Volksgemeinschaft‹; die Figuren dieser Grenzregion werden als naturwüchsig im Sinne einer düster rohen Triebbestimmtheit geschildert. Der Roman wurde von prominenten Rezensenten wie Sebastian Haffner und Karl Korn, aber auch von → Gottfried Benn und → Ernst Jünger positiv aufgenommen. Das Amt Schrifttumspflege kritisierte hingegen Lange als »Zwischenreichautor«, d. h. als Autor, der, wie Erhard Schütz interpretiert, »ambivalent bis indifferent gegenüber Polarisierungen von Land und Stadt, Agrarischem und Industriellem« (Schütz, S. 78) blieb und damit das einfache Werteschema der nationalsozialistischen Ideologie unterlief. Noch 1941 kritisierte Eberhard Ter-Nedden in *Die Weltliteratur* 3 (1941) Lange unter dem Titel *Zerrbilder aus Schlesien*: »Langes Bücher haben … durchaus ihre Logik. Um so stärker aber ist der Protest, den wir gegen die von Lange vorgebrachte Anschauung von Mensch, Natur und Gott erheben müssen. Denn hier werden wir vollends im Häßlichen und Gemeinen festgehalten … Es darf nicht sein, daß Bücher erscheinen und gepriesen werden, die eher einen Abscheu vor dem deutschen Osten erwecken als Begeisterung für die Bewältigung der Aufgaben, die dort unser harren« (zitiert nach: Schäfer 1981, S. 254).

Auch Langes zweiter Roman – eine tragische Liebesgeschichte vor dem Hintergrund eines Manövers des Jahres 1913 – polarisierte seine Leserschaft. Neben enthusiastischen Besprechungen u. a. im *Völkischen Beobachter* wurde *Ulanenpatrouille* (Hamburg 1940) wegen »Verächtlichmachung der Wehrmacht« denunziert. Ein NSDAP-Mitglied hatte in dem beschriebenen Manöver von 1913 eine Kritik am Polenfeldzug von 1939 erkannt und Lange angezeigt. Die Denunziation blieb allerdings ohne Konsequenzen.

Im Frühjahr 1940 wurde Lange zum Kriegsdienst einberufen. Er wurde zunächst in Polen und vom Herbst 1941 an in Rußland stationiert. Langes *Tagebücher aus dem Zweiten Weltkrieg* (Mainz 1979) geben Zeugnis von seiner Ablehnung des Kriegs und dessen national-rassistischer Motivation. Im Dezember 1941 wurde er schwer verwundet, und noch im Lazarett verfaßte er die Kriegserzählungen *Die Leuchtkugeln* (Hamburg 1944), die teilweise auf bereits in den *Tagebüchern* notierte Ereignisse des Rußlandfeldzugs zurückgriffen und abermals NS-Ideale konterkarierten: Lange beschreibt die Kriegsereignisse aus einer Perspektive der Humanität, für die Freund und Feind, deutsche Soldaten und russische Bauern gleichermaßen Opfer eines irrationalen Geschehens sind.

Nach dem Krieg fand Lange keinen Anschluß an die literarische Szene der Bundesrepublik, deren modernistischen Experimenten er ablehnend gegenüberstand.

Weitere Bücher:
Auf dem östlichen Ufer. Berlin 1939. – Das Irrlicht. Hamburg 1943.

Literatur:
Hans Dieter Schäfer: Horst Langes Tagebücher 1939–1945. In: Horst Lange: Tagebücher aus dem Zweiten Weltkrieg. Mainz 1979, S. 291–322. – Ders.: Das gespaltene Bewußtsein. München 1981. – Erhard Schütz: Zwischen »Kolonne« und »Ethos des bescheidenen Standhaltens« – Zu den Romanen von Horst Lange und August Scholtis während des Dritten Reichs. In: Christiane Caemmerer/Walter Delabar (Hrsg.): Dichtung im Dritten Reich? Opladen 1996, S. 77–96.

LANGGÄSSER, Elisabeth

**23. 2. 1899 Alzey, †25. 7. 1950 Karlsruhe*

Die Tochter eines Baurats und katholisch getauften Juden begann nach dem Abitur 1918 eine Ausbildung als Lehrerin und arbeitete bis 1928 an verschiedenen Schulen. Von 1920 an publizierte Langgässer in Zeitungen und Zeitschriften Rezensionen, Essays, Erzählungen sowie Lyrik. Anfang 1929 wurde ihre Tochter Cordelia geboren. Vater war der jüdische Staatsrechtler Hermann Heller.

Langgässer übersiedelte zusammen mit ihrer Tochter nach Berlin, wo sie als freie Schriftstellerin arbeitete, zum Kreis um die Literaturzeitschrift *Die Kolonne* gehörte und bis 1934 Hörspiele für die ›Berliner Funkstunde‹ verfaßte. Bei dieser Arbeit lernte sie den Heidegger-Schüler und Rundfunkredakteur Wilhelm Hoffmann kennen, den sie 1935 heiratete. Unmittelbar nach der Eheschließung verlor Hoffmann wegen der Ehe mit einer ›Halbjüdin‹ seinen Posten bei der ›Funkstunde‹.

1932 waren zwei Publikationen von Langgässer erschienen, die sich um das Thema des besetzten Rheinlands drehten: *Triptychon des Teufels* (Dresden 1932) und *Grenze: Besetztes Gebiet* (Berlin 1932). Letztere, eine Novellensammlung, hatte Langgässer schon 1930 vergeblich zur Veröffentlichung angeboten: »Linksstehende, demokratische Blätter wie die Ullsteinpresse vermeiden natürlich alles peinlich, was die Entente aufs Pfötchen treten könnte – und rechtsstehenden Blättern ist es, wie ich fürchte, nicht nationalistisch genug. Es ist nämlich ganz einfach weder rechts noch links, sondern: *wahr* – und deswegen schwer an den Mann zu bringen« (Brief an Martha Friedländer vom 11.4.1930). Das Werk konnte letztlich im jüdischen Berliner Morgenland-Verlag erscheinen. Langgässers Äußerung ist symptomatisch für ihre politische Haltung, weder links, noch rechts, sondern *wahr* sein zu wollen, wobei unter dieser ›Wahrheit‹ vor allem eine spirituelle Wahrhaftigkeit zu verstehen ist. Langgässer, die nachhaltig durch die katholische Jugendbewegung geprägt worden war, vertrat zeitlebens den Standpunkt einer überkonfessionellen Religiosität. Sie kritisierte die real existierende katholische Kirche und verteidigte zugleich »die wahren, überirdisch schönen Gedanken der Kirche« (Brief an Karl Thieme vom 20.11.1931), die Gedanken von Schuld, Sühne und Gnade als Elemente einer Heilsgeschichte jenseits der Tagespolitik.

Wenngleich Langgässer noch im März 1933 für Hitler gestimmt hatte, verstand sie sich als unpolitische Schriftstellerin, die ihr Wirkungsfeld allein im Bereich der Dichtung sah. In den ersten Jahren des ›Dritten Reichs‹ war es ihr tatsächlich möglich, weitgehend unbehindert zu publizieren. Ihre Gedichte und Prosa wurden in Zeitungen, Zeitschriften und Anthologien wie dem *Almanach der Dame*, dem *Eckart* oder der *Frankfurter Zeitung* abgedruckt. 1933 veröffentlichte Langgässer einen weiteren Erzählungsband (*Proserpina*. Leipzig), und 1935 erschienen die *Tierkreisgedichte*, die in der Zeitschrift *Das Innere Reich* kritisiert wurden, weil ihre Autorin, so der NS-Literaturwissenschaftler Hermann Pongs, von der »Dämonie des Volksgeistes« nicht mitgerissen worden sei. Auch der ein Jahr später erschienene Roman *Gang durch das Ried* (Leipzig 1936) wurde von der NS-Presse negativ aufgenommen. In Langgässers Texten, meinte der Rezensent der NS-Zeitung *Rheinfront* am 23. Mai 1936, »drängt sich zwischen Zeitgestaltung, Seelengemälde und Anklage ein Ton destruktiver, niederziehender, im letzten nicht mehr kontrollierbarer Darstellung, der seinen Gefallen an einer genießerischen Hinwendung zum Entblößen, Darbieten und Anpreisen gerade dessen findet, das verhüllt, verdammt und zerschlagen werden sollte ... Es bleibt ein Sud ausgebreiteter Untermenschlichkeiten ...«

Bereits am 20. Mai 1936 war Langgässer als ›Halbjüdin‹ aus der Reichsschrifttumskammer ausgeschlossen, ihre Tochter ein Jahr zuvor im Sinne der Nürnberger Rassengesetze als ›Volljüdin‹ eingestuft worden. Mit ihrem Ausschluß aus dem NS-Schriftstellerverband wollte sich Langgässer jedoch nicht abfinden. Sie wandte sich am 17. August 1937 an Hans Hinkel, den »Sonderbeauftragten für die Überwachung der geistig und kulturell tätigen Juden« in der Reichsschrifttumskammer, und brachte dabei die Ablehnung ihres Erzählungsbandes *Proserpina* durch die liberale *Vossische Zeitung*, den jüdisch geleiteten S. Fischer Verlag sowie durch Alfred Döblin als Argument für ihre Staatsverbundenheit ins Spiel. Ohne Erfolg. Anthony Riley spekuliert, daß Langgässer die »peinlichen Bemerkungen über Döblin« auf Initiative → Ina Seidels eingefügt habe (s. Riley, S. 192). 1933 hatte Langgässer zusammen mit Seidel die Anthologie *Herz Hafen. Frauengedichte der Gegenwart* (Leipzig 1933) herausgegeben und noch 1935 eine Geburtstagshuldigung für die im ›Dritten Reich‹ hoch geachtete Dichterin veröffentlicht (*Ina Seidel zum 50. Geburtstag*. In: *Frauenkultur im Deutschen Frauenwerk* 10–1935, S. 7). Anfang 1938 weigerte sich Seidel jedoch, Langgässer mit einem Gutachten zu unterstützen (vgl. Riley, S. 193). Daraufhin wandte sich Langgässer persönlich an Goebbels. Das Publikationsverbot blieb jedoch bestehen.

Noch zu Beginn des Jahres 1938 gelang es ihr, im Salzburger Verlag Otto Müller den Erzählungsband *Rettung am Rhein* herauszubringen, aber nach dem vollzogenen ›Anschluß‹ Österreichs waren ihr alle Publikationsmöglichkeiten genommen. Ihrer Freundin Anna von Philipsborn vertraute sie am 9. Juni 1938 an: »Ich bin tot und ausgelöscht für den Bezirk der Reichsschrifttumskammer. Daß ich arbeite, als lebte ich trotzdem, ist selbstverständlich – verbiete der Drossel das Singen ohne den Zulassungsschein! Aber – wer hört mir zu?« Fortan schrieb Langgässer, die 1942 zur Zwangsarbeit in einer Munitionsfabrik verpflichtet wurde, ohne Aussicht auf Veröffentlichung und Rezeption. 1944 wurde die Tochter Cordelia nach Theresienstadt und von dort aus nach Auschwitz deportiert. Sie überlebte den Holocaust. Das Verhältnis zur Mutter blieb zeitlebens gespannt, zumal Langgässer 1948 die entsetzlichen Erfahrungen ihrer Tochter in einem Zeitungsartikel für die *Frankfurter Rundschau* verarbeitete (*Schreiben Sie, Fräulein, schreiben Sie!*, 6.7.1948). Bereits 1946 erschien der Roman *Das unauslöschliche Siegel* (Hamburg), Langgässers Hauptwerk, an dem sie seit 1937 gearbeitet hatte und das der nationalsozialistischen Barbarei die Vision einer christlichen Heilsgeschichte entgegenstellt. Ihrer eigenen Rolle im ›Dritten Reich‹ stand Langgässer nach 1945 ebenso kritisch gegenüber wie der gesamten ›Inneren Emigration‹, der sie ein »anakreontische[s] Tändeln mit Blumen und Blümchen über dem scheußlichen, weit geöffneten, aber eben mit diesen Blümchen überdeckten Abgrund der Massengräber« (*Schriftsteller unter der Hitlerdiktatur*, In: *Ost und West* 4–1947, S. 39) vorwarf. Riley gelangt zu dem Urteil: »Die tiefe Tragik der politisch naiven Langgässer besteht darin, daß sie von der Magie des dichterischen Wortes so verblendet war, daß sie die wirklich teuflisch-bösen Kräfte der vor 1933 schon beschlossenen Realpolitik ... zu Beginn nicht erkannte, ja nicht einmal erahnte« (S. 197).

Weitere Bücher:
Gesammelte Werke in Einzelausgaben. Hamburg 1959ff.

Literatur:
Cordelia Edvardson. Gebranntes Kind sucht das Feuer. München/Wien 1986. – Anthony W. Riley: Alles Außen ist Innen. Zum Leben und Werk Elisabeth Langgässers unter der Hitler-Diktatur. In: Wolfgang Frühwald (Hrsg.): Christliches Exil und christlicher Widerstand. Regensburg 1987, S. 186–224. – Karlheinz Müller: Elisabeth Langgässer – Eine biographische Skizze. Darmstadt 1990. – Ulrich Ott (Hrsg.): Elisabeth Langgässer – 1899–1950. Marbach am Neckar 1999.

LE FORT, Gertrud (Auguste Lina Elsbeth Mathilde Petrea), Freiin von,
**11.10.1876 Minden,*
†1.11.1971 Oberstdorf

Die Tochter eines preußischen Majors entstammte einer streng protestantischen Adelsfamilie, fühlte sich aber schon als junge Frau von der katholischen Kirche angezogen. Nach mehreren Rom-Aufenthalten und einem Theologie- und Geschichtsstudium in Heidelberg (u.a. bei Ernst Troeltsch) konvertierte Le Fort 1926 zum Katholizismus. Bereits in dem Gedichtzyklus *Hymnen an die Kirche* (München 1924) hatte sie den Gedanken eines transnationalen und überkonfessionellen christlichen Reichs lyrisch gefeiert. Entsprechend findet sich in Le Forts Werk der zwanziger und frühen dreißiger Jahre eine für die christlich-konservative Literatur charakteristische Engführung von Heiligem Deutschen Reich und Heiliger Römischer Kirche als den ideellen Garantien einer heilsgeschichtlichen Einheit jenseits aller konfessionellen und politischen Zersplitterungen der Moderne (vgl. *Hymnen an Deutschland.* München 1931).

Dieser ›Reichsgedanke‹ Le Forts war nie mit dem rassistischen oder chauvinistischen Nationalismus des deutschen Faschismus vereinbar. Im Gegenteil: Der Glaube an einen christlichen Universalismus brachte Le Fort fortwährend in bewußte Opposition zur nationalsozialistischen Ideologie. So hatte sie, eigenem Bekunden zufolge, den Anstoß zu ihrem Roman *Der Papst aus dem Ghetto* (Berlin 1930) von einem Plakat der Münchner NSDAP, auf dem »Juda verrecke« zu lesen war, empfangen: »[I]n diesem unvergeßlichen Augenblick stand es bereits in mir fest, daß ich diesem Hitler nie Gefolgschaft leisten konnte« (zitiert nach: Pottier, S.165). Auch in ihren weiteren frühen Romanen (*Das Schweißtuch der Veronika.* München 1928, *Die Letzte am Schafott.* München 1931) dominiert ein christlich-humanistischer, ökumenischer Grundton.

Le Forts Essayband *Die Ewige Frau. Die Frau in der Zeit. Die zeitlose Frau* (München 1934), in dem die Autorin – tief beeindruckt von der Begegnung mit Edith Stein – jenen tief religiösen (Jung-)Frauen huldigte, die sich jenseits von allem Individualismus ganz dem Glauben hingaben, wurde von nationalsozialistischer Seite scharf kritisiert: In der Zeitschrift *Nationalsozialistische Mädchenerziehung* (9–1933) wurde Le Fort als »fanatisch gläubige Katholikin« stigmatisiert, und noch 1937 rechnete ihr ein Illustrierten-Artikel vor: »Rund 74 000 Nonnen in Deutschland bedeuten bei Annahme von nur zwei Kindern je Familie einen Bevölkerungsverlust von etwa 150 000 Kindern in einer Generation. Hier wirkt sich eine lebensfeindliche Einstellung aus, wie sie ganz ungeschminkt bei Gertrud von Le Fort in dem von der katholischen Kirche genehmigten Buch *Die Ewige Frau* zum Ausdruck kommt« (zitiert nach: Volke, S. 22f.).

Die Anfrage nach einem Geburtstagsgedicht für den ›Führer‹ lehnte Le Fort 1942 mit der Begründung ab, es sei ihr »niemals möglich[,] von außen an [sie] herantretende dichterische Aufträge zu erfüllen« (Brief an Regierungsrat M. Bäumel, zitiert nach: Pottier, S. 164). Wenngleich sie im ›Dritten Reich‹ wiederholt als »unerwünschte Autorin« eingestuft wurde (s. Strothmann, S. 444) und damit von allen staatlichen Literaturförderungsprogrammen ausgeschlossen war, konnte Le Fort weiterhin schreiben und publizieren, und das, obwohl ihre thematisch ins 16. bzw. 17. Jahrhundert verlegten Erzählungen und Romane mehr oder weniger verdeckte Kritik an der nationalsozialistischen Gewaltherrschaft enthielten. Die 1943 im Insel Verlag erschienene (und noch vor der Auslieferung durch den Bombenangriff auf Leipzig vernichtete) Erzählung *Das Gericht des Meeres* kommentiert den Fall eines politischen Kindsmordes mit den Worten: »Wenn man zu einem Verbrechen schweigt, so willigt man in dasselbe ein, und ich habe doch dazu geschwiegen – jede einzelne von uns –, der ganze Hof hat es getan; wir haben geschwiegen, daß es zum Himmel schrie« (S. 25).

Diese Haltung ethischer Aufrichtigkeit motivierte → Hermann Hesse, Gertrud von Le Fort 1949 als »die wertvollste, begabteste Vertreterin der intellektuellen und religiösen Widerstandsbewegung« – wenn auch erfolglos – für den Nobelpreis vorzuschlagen (zitiert nach: Volke, S. 28). Le Fort, deren Werke nach 1945 vielfach übersetzt wurden, erhielt zahlreiche Ehrungen der Bundesrepublik (u. a. den Münchner Literaturpreis (1947) sowie den Bayrischen Staatspreis (1959)) und wurde im In- und Ausland als christliche Autorin gewürdigt, die dem NS-Regime geistig Widerstand geleistet habe.

Weitere Bücher:
Das Reich des Kindes. Legende der letzten Karolinger. München 1934. – Die

Magdeburgische Hochzeit. Leipzig 1938. – Die Opferflamme. Leipzig 1938. – Die Abberufung der Jungfrau von Barby. München 1940.

Literatur:

Gisbert Kranz (Hrsg.): Gertrud von Le Fort, Leben und Werk in Daten, Bildern und Zeugnissen. Frankfurt am Main 1976. – Werner Volke (Hrsg.): Gertrud von Le Fort. Marbach am Neckar 1976. – Dietrich Strothmann: Nationalsozialistische Literaturpolitik. Bonn [4]1985. – Nicholas J. Meyerhofer: Gertrud von Le Fort. Berlin 1993. – Joël Pottier: Der Widerstand der deutschen christlichen Dichter gegen den Nationalsozialismus am Beispiel Gertrud von Le Forts und Werner Bergengruens. In: Lothar Bossle/Joël Pottier (Hrsg.): »...aus einer chaotischen Gegenwart hinaus...«. Paderborn 1996, S. 151–183.

LEHMANN, Wilhelm

**4.5.1882 Puerto Cabello/Venezuela, †17.11.1968 Eckernförde*

Als Sohn des Filialleiters einer deutschen Firma in Venezuela geboren, wuchs Lehmann nahe Hamburg auf. Er studierte Anglistik und Germanistik in Kiel, schloß das Studium 1905 mit einer Dissertation ab und arbeitete danach als Lehrer an mehreren Schulen, von 1923 an als Studienrat an einer Realschule in Eckernförde. Um diese Position nicht zu gefährden, trat er am 1. Mai 1933 der NSDAP bei.

Lehmann war zunächst als expressionistischer Romancier und Erzähler in Erscheinung getreten und hatte für seine ersten drei Romane (*Der Bilderstürmer* (Berlin 1917), *Die Schmetterlingspuppe* (Berlin 1918), *Der Weingott* (Trier 1921)) 1923 den Kleist-Preis erhalten. Nach der 1932 verfaßten Erzählung *Die Hochzeit der Aufrührer* (Ende 1933 in der *Vossischen Zeitung* abgedruckt) zog er sich literarisch vor allem auf die Lyrik zurück und schrieb bedeutende poetologische Essays. Seine Gedichte wurden in verschiedenen Zeitungen und Zeitschriften abgedruckt. 1935 konnte Lehmann in Ernst Niekischs Berliner Widerstands-Verlag seine erste Lyriksammlung unter dem vielsagenden Titel *Die Antwort des Schweigens* veröffentlichen, der der Gedichtband *Der grüne Gott* (Berlin 1942) folgte. Die Gedichte des letzteren Bandes waren größtenteils zuvor in der *Neuen Rundschau* sowie der *Kölnischen Zeitung* erschienen. Bis zu ihrem Verbot 1943 publizierte auch die *Frankfurter Zeitung* Gedichte und Essays von Lehmann, der aufgrund seiner Lyrik zum Begründer einer ›naturmagischen Schule‹ wurde, zu der auch Lehmanns Freund → Oskar Loerke gezählt wurde und die großen Einfluß auf jüngere Autoren wie → Karl Krolow, → Elisabeth Langgässer oder → Günter Eich ausübte.

Die Natur wurde Lehmann zum Refugium, das »Erdreich«, das »immer sauber blieb« (Loerke an Lehmann am 9.1.1937), hatte für ihn nichts mit dem ›blutdurchtränkten Boden‹ der nationalsozialistischen Ideologie gemein. Jenseits pathetischer Stimmungen ist die Natur der Ort überzeitlicher Gesetze, die sich der präzisen Beobachtung erschließen. Dem genauen, unvoreingenommenen Blick offenbaren sich magische Zusammenhänge, so beispielsweise in dem Gedicht *Tag in Jütland:* »... Als ich in glühendem Sande / Durch Ginsterwälder stieg, / Knallten die schwarzen Schoten, / Es bedeutete keinen Krieg. ...« Bis auf wenige Ausnahmen (z.B. das Gedicht *Signale*: »Seewärts hör ich Signale tuten: / Sie schießen die Torpedos ein. / Auf fernen Meeren, nah dem Ohre, / Gesprengter Leiber letztes Schrein ...«) blenden Lehmanns Texte das realpolitische Geschehen aus. Sie transzendieren eine technisch-industrielle und als chaotisch erfahrene Gegenwart auf »den Himmel der lyrischen Genauigkeit« hin, wie Karl Krolow 1962 zum 80. Geburtstag Lehmanns schrieb. Diesem Rückzug aus der gesellschaftlichen Realität zugunsten des Einblicks in eine höhere Ordnung der Natur ist allerdings auch ein regressiver Charakter eigen: »Das lyrische Ich, das sich in der Dichtung Lehmanns in die ›Magie‹ der Natur integriert, dokumentiert damit, daß es sich als historisches Subjekt aufgegeben hat« (Schnell 1976, S.75).

Weitere Bücher:
Dichtung als Dasein. Hamburg 1956. – Gesammelte Werke in acht Bänden Hrsg. v. Agathe Weigel-Lehmann. Stuttgart 1982ff.

Literatur:
Hans Dieter Schäfer: Wilhelm Lehmann – Studien zu seinem Leben und Werk. Bonn 1969. – Ralf Schnell: Literarische Innere Emigration 1933–1945. Stuttgart 1976. – Ute Doster (Hrsg.): Wilhelm Lehmann. Marbach am Neckar 1982.

LEIP, Hans

**22.9.1893 Hamburg, † 6.6.1983 Fruthwilen/Schweiz*

Der Sohn eines Hamburger Hafenarbeiters ließ sich als (Zeichen-)Lehrer ausbilden. 1914 wurde er Gardeinfanterist in Berlin. Vor dem Abmarsch an die Ostfront schrieb Leip im April 1915 das Gedicht *Lili Marleen* (das allerdings erst 1937 in Hamburg in seinem Lyrikband *Die kleine Hafenorgel* veröffentlicht wurde). Nach einer Kriegsverletzung in den Karpathen wurde er 1916 entlassen und arbeitete als Grafiker, u.a. mit Ausstellungen in Hamburg, Dresden und Kopenhagen. 1920 debütierte Leip als Schriftsteller mit dem

Erzählungsband *Laternen, die sich spiegeln* (Hamburg-Altona). Seinen ersten großen Erfolg hatte er 1925 mit dem Störtebeker-Roman *Godekes Knecht* (Leipzig/Zürich), für den ihm Thomas Mann den 1. Preis im Wettbewerb der *Kölnischen Zeitung* zusprach.

Leip verstand es, Seefahrerabenteuer spannend und ohne falsche Sentimentalität zu erzählen. Aber nicht immer sind seine kräftig konturierten Geschichten frei von Kolportageelementen. Literarische Ambitionen lassen *Der Nigger auf Scharhörn* (Hamburg 1927) und *Jan Himp und die kleine Brise* (Hamburg 1934) erkennen. Mit seinen Abenteuerromanen über starke Seemänner, die nichts und niemanden fürchten, hatte Leip zunächst keine Probleme mit der NS-Kulturbürokratie. Seine Bücher wurden gern gelesen und in hohen Stückzahlen verkauft. Allein von seiner Erzählung *Die Bergung* (Stuttgart 1939) übernahm die Wehrmacht als sog. ›Dr. Goebbels-Spende‹ 200 000 Exemplare. Für die Ufa verfaßte Leip die Drehbücher zu *Gasparone* (1937), *Nordlicht* (1938) und *Der letzte Appell* (1939). Noch einmal ein großes Historiengemälde schuf er mit dem Riemenschneider-Roman *Das Muschelhorn* (Stuttgart 1940). Gelegentlich schrieb er für Goebbels' Illustrierte *Das Reich*.

Bereits 1939 hatte ihn Norbert Schultze, der Komponist von *Bomben auf Engelland* und zahlreicher Musiken zu NS-Propagandafilmen, gebeten, *Lili Marleen* vertonen zu dürfen. Schultze schuf einen überaus populären Schlager mit Lale Andersen als Interpretin, der ab Mitte August 1941 täglich kurz vor 22 Uhr vom Soldatensender Belgrad ausgestrahlt wurde und über die Fronten hinweg zu einem – auch wirkungsvoll parodierten – Symbol der Ängste und Hoffnungen wurde. Alle Versuche des Propagandaministers, den Titel (wohl auch wegen der von ihm nicht geschätzten Lale Andersen) aus dem Radioprogramm zu verbannen, schlugen fehl. Leip selbst galt, gerade nach der Uraufführung seiner satirischen Komödie über den Trojanischen Krieg, *Idothea oder Die ehrenwerte Täuschung* (Stuttgart 1941, UA 14.4.1942 am Deutschen Theater in Berlin), als politisch nicht zuverlässig. So heißt es in einem Gutachten der Hauptstelle Kulturpolitisches Archiv über ihn: »Obwohl der Hoheitsträger gewisse Bedenken gegen die Persönlichkeit Leips hat, sind diese nicht so konkret umrissen, daß wir uns veranlaßt sehen müßten, seinen Einsatz völlig zu unterbinden. Wir wollen mit Rücksicht und Bedarf an volkstümlichen und aufmunternden Dichterlesungen seine Verwendung vorläufig gestatten, bitten, uns jedoch über den Erfolg eingehend zu berichten und unter allen

Umständen einen Einsatz in seinem Heimatgau Hamburg zu unterlassen« (Brief vom 28.4.1943 an die Reichsdienststelle Deutsches Volksbildungswesen, Vortragswesen Dichterlesungen). Daß die Vorsicht aus nationalsozialistischer Sicht begründet war, zeigt beispielsweise das Gedicht *Lied im Schutt.* In neun Strophen beschäftigt es sich mit den verheerenden Bombenangriffen auf Hamburg und erschien gleich zweimal: zunächst im *Simplicissimus* und dann in dem von Leips Freundin Kläre Buchmann herausgegebenen Band *Der Widerschein. Eine Rückschau. 1893–1943* (Stuttgart 1943). Das *Lied im Schutt* ist ein bemerkenswertes Zeugnis dafür, was in dieser späten Phase des Krieges, nach Stalingrad, trotz immer härter werdender Zensur Kritik noch möglich war – und ein Beleg für den Mut von Leip. Offen bleibt, ob der, der in das zerstörte Hamburg zurückkehrt, ein Soldat ist oder nicht:

Und als ich über die Brücke kam,
Schutt, nichts als Schutt,
als ich über die tote Brücke kam,
da stand mein Vater und drohte mir,
als wollte er sagen: das dank ich dir!
Und suchte und suchte, was er nicht fand,
und hob gegen mich die alte Hand,
der ich im Wege stand.
...
Und als ich über den Torweg kam,
Schutt, nichts als Schutt,
als ich über den toten Torweg kam,
da stand mein Bruder und lachte mich aus
und war von den Flammen ganz klein und kraus
und sang von unserer Kindheit ein Lied,
von der Zeiten Glück und Unterschied
ein trauriges Lied.
...
Welchen Ruhm und Preis
forderst du, unerforschliches Walten?
Wie weit
sind wir gekommen,
was hast du uns genommen,
Ungeheuerlichkeit!
Bist du noch das ewige Licht?
So mach uns wieder jung!

O schmales grünes Reis,
das unsere Hände halten,
welke nicht,
Hoffnung!

Neben diesem Gedicht ist in den Würdigungen nach dem Krieg übersehen oder vergessen worden, daß Leip bereits 1942 in seinem Lyrikband *Kadenzen* (Stuttgart) mehrere Gedichte veröffentlicht hatte, die die offizielle Kriegsbegeisterung konterkarierten, zum Beispiel *Totenehrung*:

Sinkt dir dein Knie
vor dem finsteren Boten,
wisse, kein Weinen
kann den Toten
dienen.

Und was wir an Ehre vermeinen,
ihnen
schmeckt schal,
was den Lebenden süß deucht.

Klage und Lob und Heldenmal
ist nicht ihres Opfers wert.
Sie zögern nicht,
um Schwereres aufzuerlegen.

Schwereres noch als ihre tödliche Pflicht
und schwerer als das, was uns beugt:
Daß wir, durch ihren Tod belehrt,
dankbar an des Daseins Segen
uns freuten, und weiser als sie.

1943 zog sich Leip nach Tirol zurück. In der Bundesrepublik gehörte er mit seinen Büchern über Seefahrt und Meer zu den erfolgreichen (Unterhaltungs-)Autoren. Sein Leben beschrieb er in der 1979 herausgekommenen Autobiografie *Das Tanzrad* (Frankfurt am Main). Um sein Andenken kümmert sich die Hans-Leip-Gesellschaft.

Weitere Bücher:
Die Lady und der Admiral. Hamburg 1933. – Segelanweisung für eine Freun-

din. Hamburg 1933. – Max und Anny. Romantischer Bericht vom Aufstieg zweier Sterne. Hamburg 1935. – Fähre sieben. Hamburg 1937. – Begegnung zur Nacht. Geschichten zwischen Süß- und Salzwasser. Stuttgart 1938. – Eulenspiegel. Abwandlungen eines alten Themas in elf Gesängen. Stuttgart 1941. – Die schwebende Jungfrau und andere Spiele. Stuttgart 1942. – Die Laterne. Stuttgart 1942. – Der Gast. Stuttgart 1943. – Das Hans-Leip-Buch. Zusammengestellt von Joachim Jessen und Detlef Lerch. Hamburg 1985.

Literatur:

Rolf Italiaander (Hrsg.): Hans Leip. Leben und Werk. Hamburg 1958. – Hamburger Bibliographien. Hans Leip. Hamburg 1968. – Hans Leip und die Hamburger Künstlerfeste. Ausstellung in der Staats- und Universitätsbibliothek Hamburg. Herzberg 1993.

LENZ, Hermann

**26.2.1913 Stuttgart, †12.5.1998 München*

Der Sohn eines Zeichenlehrers studierte erst Theologie in Tübingen, dann Kunstgeschichte und Germanistik in Heidelberg und München. 1940 wurde Lenz Soldat und in Frankreich, Rußland, Polen und schließlich an der Westfront eingesetzt.

Seine erste Buchveröffentlichung kam durch die Vermittlung Georg von der Vrings zustande. Im Hamburger Ellermann Verlag erschienen im Winter 1936 als 9. Sonderdruck der *Blätter für die Dichtung* zehn *Gedichte* von ihm, die zur Naturlyrik zählen. Im November 1938 brachte die *Neue Rundschau* die erste Fassung seiner Wien-Erzählung *Das stille Haus,* eine Kindheitsgeschichte vor dem Hintergrund der K.u.k.-Monarchie. Während seiner gesamten Soldatenzeit arbeitete Lenz an dieser Erzählung weiter, die 1947 in der Deutschen Verlags-Anstalt, Stuttgart, herauskam. 1943 nahm Georg von der Vring fünf Gedichte in die von ihm zusammengestellte Anthologie *Die junge Front. Gedichte junger Soldaten* (München) auf, darunter *Russischer Herbst*:

Prall hängen überall die Preiselbeeren.
Am Baumstamm spür ich eine rauhe Hand.
Die Mäuse sich umsonst der Schlangen wehren.
Ihr Blut ist naß, das Laub ist rot entbrannt.

Es wehn der Erde offne rote Wunden.
Der Tag geht grau vorbei und wird nicht hell.
Tautränen habe ich im Gras gefunden,
Und Schlehdorn ritzt des weichen Schafes Fell.

Die dunkle Wolke kommt und geht vorüber.
Der Herbst kocht heuer einen seltnen Wein:
Von lauter Asche wird er dunkler, trüber
Und von der Totenerde bitter sein.

Im selben Jahr, am 23. Januar 1943, veröffentlichte die *Kölnische Zeitung*, in der auch → Alfred Anderschs erste Arbeit erschien, die Prosaskizze *Ein schwäbischer Lebenslauf.*

In der Bundesrepublik gehörte Hermann Lenz, vor allem nachdem Peter Handke 1973 nachdrücklich auf ihn hingewiesen hatte, mit seinem autobiografisch angelegten Romanzyklus über den Schriftsteller Eugen Rapp zu den von der Kritik besonders geschätzten Autoren.

Weitere Bücher:
Neue Zeit. Frankfurt am Main 1975. – Zeitlebens. Gedichte 1934–1980. München 1981.

Literatur:
Ingrid und Helmut Kreuzer (Hrsg.): Über Hermann Lenz. München 1981. – Hans Dieter Schäfer (Hrsg.): Am Rande der Nacht. Moderne Klassik im Dritten Reich. – Rainer Moritz: Schreiben, wie man ist. Tübingen 1989.

LERSCH, Heinrich

**12.9.1889 Mönchengladbach,*
†19.6.1936 Remagen

Der Sohn eines Kesselschmieds wanderte nach der Lehre bei seinem Vater als Tagelöhner durch Europa. Erste Anerkennung als Schriftsteller fand Lersch beim ›Volksverein für das katholische Deutschland‹ von Carl Sonnenschein und bei den christlichen Gewerkschaften in Wien. Seine Gedichte mit Beschreibungen des Wiener Proletariermilieus erschienen 1914 in dem Band *Abglanz des Lebens* (Mönchengladbach).

Berühmt wurde Lersch mit seinem 1914 verfaßten Gedicht *Soldatenabschied* (»Deutschland muß leben, und wenn wir sterben müssen!«), das die Kriegsbegeisterung der um gesellschaftliche Anerkennung ringenden Arbeiter artikulierte. (Das Gedicht stand noch 1958 in bundesdeutschen Lesebüchern für die Grundschule.)

Seine eigenen Erlebnisse als Freiwilliger faßte Lersch allerdings später auch in geradezu pazifistisch anmutende Gedichte, die neben seinen patriotischen Gesängen in *Herz! Aufglühe dein Blut* (Jena 1916) und *Deutschland* (Jena 1918) veröffentlicht wurden.

Nach dem Krieg fand er Kontakt zu dem ›Bund der Werkleute auf Haus Nyland‹, blieb aber im Literaturbetrieb der Weimarer Republik ein Außenseiter, nicht zuletzt wegen seiner nationalen und den Klassenkampf ablehnenden Haltung. In dem epischen Gedicht *Mensch im Eisen* (Stuttgart 1925), vor allem aber in dem autobiografischen Roman *Hammerschläge* (Hannover 1930) schilderte Lersch in seiner an sich schlichten, manchmal trotzdem pathetischen Sprache die unmenschlichen Bedingungen, unter denen Proletarier wie er leben mußten, aber er klagte nicht an. Im Gegenteil: seine Helden finden Erfüllung in der Arbeit; die Trennung von Mensch und Maschine scheint aufgehoben. So beschrieb er die Nietkolonne als ein »werklustdurchbraustes, fünffachgekuppeltes, tatlustdurchbraustes Mensch-Maschinen-Werk«, und die Arbeit selbst wird zum Gottesdienst: »Nur Gott und ich waren noch auf der Welt, ich sah den Allmächtigen, der früher ein milder Greis gewesen, nun ein bärtiger Ingenieur, ernst und doch überlegen lächelnd, mir diesen Hammer aus dem Weltall hinunterreichte ... wie der Geist in der Flasche, saß der Welt-Gott in dem Nietloch, ein Pinn kam heraufgesaust, ich kippte den Döpper darüber und nun nietete ich Gott in die Brücke hinein.«

Obwohl die Nationalsozialisten den Katholizismus im Werk von Lersch ablehnten, waren sie dankbar für einen ›Arbeiterdichter‹, der sich offen zu ihrer ›Bewegung‹ bekannte. Lersch tat das. Denn den von ihm propagierten Kameradschaftsbegriff sah er im Scheinkollektivismus der NSDAP erfüllt, den er für die wahre Arbeiterbewegung hielt. So schrieb er an seinen Freund Carl Winter-Hoym im November 1933: »Jetzt sind die marxistischen Korsettträger, die Bürgerjüngelchen, die ja mehr vom Arbeiter wußten als wir, die ihr Leben unterm Proletariat verbrachten, zum Teufel! Dies hat mich zuerst bewogen: Heil Hitler! zu sagen. Und dann die Befreiung an allen Enden.« Auch erhoffte er sich (vergebens), von seinen drängenden materiellen Sorgen befreit zu werden. Und er war zu weitreichenden literarischen Konzessionen bereit. Er gehörte zu den ersten Unterzeichnern des Treuegelöbnisses für Hitler. Ältere Gedichte formulierte er im Sinn der neuen Machthaber um. Es wurde ihm gedankt: Im Oktober 1933 wurde er in die ›gleichgeschaltete‹ Preußische Dichterakademie berufen und 1935 mit dem Rheinischen Literaturpreis ausgezeichnet. Ruhelos zog Lersch durch Deutschland und las fast täglich vor Publikum, meist ohne Honorar. »Überall steh ich gedruckt und photographiert«, resümierte er am 29. Juli 1934 in einem Brief. »An Berühmtheit fehlt es mir nicht. Ich habe von Januar bis Mai für die Hitler-Jugend, für Kraft durch Freude, für NSBO [Nationalsozialistische Betriebszellenorganisation, d. A.] und viele andere Formationen kostenlos vorgelesen, in Fabriken und Arbeitslagern, in den Führerschulen, und wohin man mich rief ... Kostenlos und ohne Gegenleistung druckte man meine Vaterlandslieder aus alter und neuer Zeit. Alle Schulbücher und Ausgaben von Sammelbüchern bringen mich mit Beiträgen. Am 1. Mai bin ich der Dichter der Arbeitsfront.« Trotz dieser offiziellen Anerkennung, die sich auch darin ausdrückte, daß er in den ersten drei Monaten des Jahres 1936 mit 90 Lesungen der meistbeschäftigte deutsche Schriftsteller war, verschlechterte sich seine finanzielle Situation weiterhin. Schließlich mußte er sogar den Oberbürgermeister von Mönchengladbach um den Erlaß einer (geringen) Steuerschuld bitten. Entkräftet starb Lersch Mitte 1936 an Lungen- und Rippenfellentzündung. Von der NSDAP erhielt er ein Ehrenbegräbnis.

Alle Versuche nach 1945, ihn wieder ins Gespräch zu bringen (u. a. von Martin Walser), sind an Lerschs Engagement für den NS-Staat gescheitert. Für eine heftige Kontroverse sorgte in den achtziger Jahren ein 1936 errichtetes Kriegerdenkmal auf dem Stephansplatz in Hamburg, das mit Lerschs »Deutschland muß leben, und wenn wir sterben müssen« geziert ist. Ein Gegendenkmal Alfred Hrdlickas in unmittelbarer Nähe blieb unvollendet.

Teilweise sind Lerschs Werke heute noch lieferbar.

Weitere Bücher:
Christian Jenssen (Hrsg.): Briefe und Gedichte aus dem Nachlaß; Skizzen und Erzählungen aus dem Nachlaß; Siegfried und andere Romane aus dem Nachlaß. 3 Bde., Hamburg 1939–41. – Ausgewählte Werke. Hrsg. von Johannes Klein. 2 Bde., Düsseldorf 1965/66.

Literatur:
Fritz Hüser (Hrsg.): Heinrich Lersch. Kesselschmied und Dichter. 1889–1936. Dortmund 1959. – Martin Walser: Vielen ein Greuel. In: Heinrich Lersch: Hammerschläge. Frankfurt am Main 1980, S. 261–268.

LICHNOWSKY, Mechtilde Fürstin von
**8.3.1879 Schloß Schönburg/Niederbayern, †4.6.1958 London*
Die geborene Gräfin von und zu Arco-Zinneberg, eine Ururenkelin Kaiserin Maria Theresias, heiratete aus Standesgründen 1904 den schlesischen Fürsten Karlmax Lichnowsky (1860–1928), der von 1912 bis 1914 deutscher Botschafter in London war. Sie debütierte 1912 mit einem Reisetagebuch (*Götter, Könige und Tiere in Ägypten.* München) und verfaßte in den Folgejahren Romane, Gedichte und Dramen. 1930 brachte → Oskar Loerke Lichnowsky zum S. Fischer Verlag, der die allegorische Tiergeschichte *An der Leine* (Berlin 1930), den autobiografisch gefärbten Roman *Kindheit* (Berlin 1934) sowie den Eheroman *Delaïde* (Berlin 1935) veröffentlichte.

René Schickele zufolge kursierte in Deutschland bereits 1934 eine Broschüre von Lichnowsky über »Das Deutsch des Führers«, sarkastische Untersuchungen zur Sprache von Hitlers *Mein Kampf* (vgl. Schickeles Tagebucheintrag vom 1.6.1934). 1936 mußte der Verleger Gottfried Bermann Fischer Deutschland verlassen. Lichnowsky, die aus Abneigung den Nationalsozialisten gegenüber den Beitritt zur Reichsschrifttumskammer verweigert hatte, blieb ihrem Verleger treu. Die Bestände ihrer bisher bei S. Fischer erschienenen Bücher wurden nach Wien geschafft. 1936 veröffentlichte Fischer dort ihren Roman *Der Lauf der Asdur,* aber als der jüdische Verleger nach dem ›Anschluß‹ Österreichs in die Schweiz fliehen mußte, gab es für Lichnowsky praktisch keine Publikationsmöglichkeiten im deutschsprachigen Raum mehr. Der ›arische‹ Marion von Schröder Verlag hatte zwar noch 1936 zwei ältere Texte Lichnowskys neu aufgelegt (*Das Rendezvous im Zoo* von 1928, Hamburg, *Der Stimmer* von 1917, Hamburg), aber die Veröffentlichung von *Worte über Wörter,* ihre pointierten Untersuchungen über »Sprachverwendung und Sprachverbrechen«, wurde am 31. August 1939 von Peter Suhrkamp, dem Bermann Fischer das Buch empfohlen hatte, mit Blick auf die politischen Verhältnisse abgelehnt. Allerdings wurden Auszüge aus *Worte über Wörter* 1941 in der *Frankfurter Zeitung* abgedruckt. Als Buch erschien die Studie 1949.

Den Zweiten Weltkrieg erlebte Lichnowsky gezwungenermaßen in Deutschland. Sie hatte 1937 ihren früheren Verlobten, den Engländer Ralph Harding Peto, geheiratet und war britische Staatsbürgerin geworden, doch die Gestapo verhinderte ihre Ausreise. Ohne Aussicht auf Publikation arbeitete sie an der Tragödie *Gespräche in Sybaris* (Wien), die ein Jahr nach Kriegsende verlegt wurde. Das dialoghafte Drama schildert das Schicksal einer Stadt, die von dem intriganten Gesandten eines militaristischen Volkes in den Untergang getrieben wird. Lichnowsky gestaltete diesen kriegerischen Gesandten in deutlicher Ähnlichkeit zu Hitler: »Er ist dunkeläugig, auch das spärliche Haar ist dunkel. Sein Schritt ist rasch und geräuschvoll. Es mag an der etwas groben Fußbekleidung liegen. Er steckt den Daumen gern unter den reichverzierten Ledergürtel und spielt darauf mit den übrigen Fingern, oder er stemmt beide Fäuste über die Hüften, oder er kreuzt die Arme.«

Nach dem Krieg konnte Lichnowsky Deutschland in Richtung London verlassen. Ihren Mann sah sie aber nicht wieder. Er war im September 1945 gestorben. Lichnowsky blieb bis zu ihrem Tod 1958 in Großbritannien. Allerdings erschienen ihre Bücher bald wieder auf dem deutschen Markt. Sie veröffentlichte *Wörter über Wörter* sowie ihre Autobiografie *Heute und Vorgestern* (1958) im Wiener Berglandverlag. Essays und Gedichte waren in deutschen Zeitschriften zu lesen, und der Esslinger Bechtle Verlag legte ihre Romane neu auf, ohne jedoch »das Verständnis des Publikums für die wahre künstlerische und intellektuelle Bedeutung Mechtilde Lichnowskys zu wecken« (Fliessbach, S. 21).

Literatur:
René Schickele: Werke in drei Bänden. Köln 1959. – Holger Fliessbach: Mechtilde Lichnowsky. Eine monographische Studie. München 1973. – Ulrich Ott: Mechtilde Lichnowsky 1879–1958. Marbach am Neckar 1993.

LOERKE, Oskar

**13.3.1884 Jungen/Weichsel, †24.2.1941 Berlin-Frohnau*

Der Sohn eines westpreußischen Hof- und Ziegeleibesitzers studierte in Berlin Philosophie, Geschichte, Germanistik und Musik. Von 1917 bis zu seinem Tod arbeitete Loerke im Lektorat des S. Fischer Verlags. 1926 wurde er in die Preußische Akademie, Sektion für Dichtung gewählt, deren Sekretär er von 1928 an war. Als die Akademie 1933 ›gleichgeschaltet‹ wurde, verlor Loerke seinen Posten: Der Lektor eines jüdisch geleiteten Verlags, der zudem Freunde unter regimekritischen Autoren hatte, war als Sektionssekretär nicht mehr akzeptabel. Loerke blieb allerdings Akademiemitglied. In der Folge mußte er einen Großteil seiner Energie darauf verwenden, zusammen mit Samuel Fischer und nach dessen Tod mit Gottfried Bermann Fischer und Peter Suhrkamp den Verlag gegen immer neue Repressionen und Zensurmaßnahmen zu verteidigen. Diesem Zweck dienten auch die 1933 unterzeichneten Ergebenheitsadressen an die neuen Machthaber, um die, wie → Hermann Kasack und → Otto Flake übereinstimmend erklärten, Fischer seinen Lektor gebeten hatte, weil er auf ein Entgegenkommen der Nationalsozialisten hoffte.

Loerke selbst stand den Nationalsozialisten von Beginn an mit Ekel und Angst gegenüber. Bereits am 4. August 1932 hatte er in sein Tagebuch notiert: »Mit Zwang ans Verreisen gedacht. Gefühl: ich werde vertrieben werden. Die Totengräber Deutschlands werden mich bei lebendigem Leibe begraben.« Einen Vortrag Goebbels kommentierte er am 21. Mai 1933 abwägend und mit dem Bemühen um Objektivität: »Mancherlei interessant und zweifellos begabt. Gefährlich das ewige Herumreiten auf dem Begriffe Volk. Wer entscheidet, was es sei? Wer weiß genau, was es will? Wer kennt bestimmt sein Heil? Ist das Ganze am Ende nicht doch die Ausprägung und Aufzwingung des Willens Einzelner? Ganz gefährlich wird derlei Unduldsamkeit für die Kunst!« Nach dem ›Röhmputsch‹ hatte Loerke für die Situation in Deutschland nur noch ein einziges Wort übrig: »Sumpf!« (1.7.1934). Er beschimpfte die Nationalsozialisten in seinem Tagebuch als »Verbrecher«, »Popel« und »Drecktreter« und litt unter dem Gefühl einer wachsenden Isolation, das sich immer wieder in Depressionen und quälender Schlaflosigkeit äußerte.

Allerdings entsprach diesem Empfinden der Einsamkeit nicht Loerkes tatsächliche literarische Präsenz während des ›Dritten Reichs‹. Loerke, der seine Karriere vor allem mit expressionistischer Prosa begonnen hatte, zog sich Ende der zwanziger Jahre fast vollkommen auf die Lyrik und später die Essayistik zurück. 1933 hatte Suhrkamp die Publikation des Gedichtbands *Der Silberdistelwald* (Berlin 1934) angeregt. Zwei Jahre darauf erschien *Der Wald der Welt* (Berlin 1936) und wiederum zwei Jahr später *Der Steinpfad* (Berlin 1938). Diese Bände sowie der von → Hermann Kasack publizierte Nachlaß (*Die Abschiedshand.* Berlin 1949) begründeten Loerkes Ruf als Dichter der ›Inneren Emigration‹ und Vertreter der ›naturmagischen Schule‹, als deren Begründer sein enger Freund → Wilhelm Lehmann galt. Im Gegensatz zu Lehmanns Lyrik finden sich bei Loerke durchaus Bezüge auf die gesellschaftliche Realität, so z.B. in dem Gedicht *Das schlimme Märchenschloß*, in dem Loerke einen Tyrannenmord imaginierte:

Auf seinem Thron schlief der Despot,
Der jede Regung Geist verbot,

Wo's nur auf seinen Wink geschah,
Daß ihm der Mond durchs Fenster sah,

Wo sich kein Kater unterfing,
Daß er aus Eignem mausen ging.

Wie kam ich zum gewölbten Gang?
Mein Herzschlag widerhallte bang.

Ein Gitter! Ein Papier! Ein Stift!
Im Schein der Nacht die Aufschrift: Gift!

Ein Scherge packt: »Hast du gedacht?«
Da hab ich den Kotau gemacht.

Und es entging ihm, wie ich log,
Als er mich rauh zum Felsen zog

Und in die schroffe Tiefe stieß –
Doch mein Verborgnes leben ließ.

Der Morgenvogel sang es schon.
Der Fürst fiel davon tot vom Thron.

Weitere Schlüsselgedichte, die mehr oder weniger chiffriert Einspruch gegen totalitäre Gewalt formulieren, sind *Genesungsheim* (1932), *Das Gedicht* (1934), *Der Traum von den Disteln* (1936), *Bemalte Vasen von Atlantis* (1935), *Der Magier vor der großen Flut* (1936), *Die Hand des Gemordeten* (1935), *Timur und die Seherin* (1940). An Loerkes Dichtung der dreißiger Jahre läßt sich exemplarisch erkennen, daß die Hinwendung zum Mythos und zur Natur als dem Ort transhistorischer Prozesse und Gesetzmäßigkeiten bei allem Rückzugscharakter auch die Möglichkeit zur Gesellschafts- und Zeitkritik eröffnet. Allerdings hat Ralf Schnell nachgewiesen, daß »Loerkes Denunziation der ihn umgebenden Realität sich nicht nur auf die Phänomene des Faschismus [richtet], sondern darüber hinaus auf die ›industrielle Gesellschaft‹ insgesamt, deren Verkehrsformen ihm als Götzendienst erscheinen« (Schnell, S. 71f.).

Auch in Loerkes Essayistik, insbesondere in der Studie über Johann Sebastian Bach, die unter dem bezeichnenden Titel *Das unsichtbare Reich* (Berlin 1935) erschien, kommt Loerkes kulturkonservative Haltung zum Ausdruck. Hier artikulierte er die Hoffnung, mittels einer raum- und zeitenthobenen Kunst das profane und chaotische Diesseits auf eine ewige Ordnung hin zu transzendieren – ganz so wie Bach mit Luther verfuhr: »[E]r tötete ihn durch Musik, er ließ Luthers Geist auferstehen durch Musik. ... Was auf den halben Hunderttausend Seiten flammte, angefacht manchmal durch maßlosen Haß, maßlose Streitsucht, was in den Brand geschüttet war, an Karren voll Traktaten, Predigten, Auslegungen, Vorlesungen, war nun Ruhe und Härte einer Staatsverfassung geworden. Der Staat war das geistätherdurchdrungene All« (Loerke 1958, S. 86).

Weitere Bücher:
Anton Bruckner. Berlin 1938. – Hausfreunde. Berlin 1939. – Gedichte und Prosa. Frankfurt am Main 1958.

Literatur:
Wolf Peter Schnetz: Oskar Loerke – Leben und Werk. München 1967. Ralf Schnell: Literarische Innere Emigration 1933–1945. Stuttgart 1976. – Reinhard Tgahrt (Hrsg.): Oskar Loerke – Marbacher Kolloquium 1984. Mainz 1986. – Walter Gebhard: »Was Du verachtest, hüte dich zu hassen« – Innere Emigration, Haß und poetisch-politischer Widerstand beim späten Oskar Loerke. In: Wolfgang Frühwald und Heinz Hürten (Hrsg.): Christliches Exil und christlicher Widerstand. Regensburg 1987, S. 123–149. – Matthias Ulrich: »Weil ich den Weg zur Freiheit nicht finden kann« (Loerke aus seinen Tagebüchern). In: Flugasche 2 (1991), S. 46–50.

LÜTZKENDORF, Felix

**2. 2. 1906 Leipzig, † 19. 11. 1990 München*

Der Sohn eines Drogisten studierte Germanistik, Geschichte und Philosophie in Leipzig, wo er 1931 über → Hermann Hesse promovierte. Ab 1932 arbeitete Lützkendorf in der Schriftleitung der *Neuen Leipziger Zeitung*, ab 1934 in der Feuilletonredaktion der Berliner *Nachtausgabe* und von 1937 bis 1943 als Chefdramaturg der Berliner Volksbühne. Während des Zweiten Weltkriegs war er auch als Kriegsberichterstatter tätig. Seit 1950 lebte er in München.

Lützkendorf, der der sozialistischen Jugend angehört hatte, debütierte mit dem antipolnischen Stück *Grenze* (UA Leipzig 1933), das das Schicksal einer ostdeutschen Gemeinde schildert. Er verstand sich als »geistiger Soldat« und Vertreter einer »Neuen Männlichkeit«, die er folgendermaßen definierte: »Knabenhaftigkeit, ewige Sehnsucht nach dem Abenteuer, Ernst, Verantwortung und eine gemessene Haltung des Herzens inmitten von Begierden« (1936 in *Die Bühne*). Diese Vorstellungen bestimmen seine historisierenden Dramen und seine Romane, vor allem die Konradin-Tragödie *Alpenzug* (UA Dresden 1936, als Buch Berlin 1936) und die stellenweise mit expressionistischer Emphase verfaßte Geschichte eines tödlich verunglückten Fliegeroffiziers, *Märzwind* (Berlin 1938). Ganz in den Dienst der NS-Propaganda stellte sich Lützkendorf mit den Kriegsbüchern *Völkerwanderung neunzehnhundertvierzig* (Berlin 1940) und *Söhne des Krieges* (Berlin 1942) sowie mit Drehbüchern wie *Wunschkonzert* (1940), *Stukas* (1940), *»Über alles in der Welt«* (1941), *GPU* (1942) und mit dem antisemitischen Machwerk *Der ewige Quell* (1940). 1934 erhielt er den Dichterpreis der Stadt Leipzig, 1936 den Biennale-Filmpreis.

Auch nach dem Zweiten Weltkrieg schrieb Lützkendorf zahlreiche Drehbücher. In seiner dem bürgerlichen Bildungsroman verpflichteten Trilogie *Brüder zur Sonne* (München 1955–58) versuchte er den Weg der sozialistischen Jugend von 1910 bis 1945 nachzuzeichnen. Sein dokumentarisches Spiel über den Kennedy-Mörder Oswald, *Dallas – 22. November* (UA Aachen 1965, als Buch München u. a. 1965), wurde von der Kritik fast einhellig abgelehnt. Seitdem verfaßte er vor allem Unterhaltungsliteratur.

Weitere Bücher:

Der Zeppelin-Spion von York. Leipzig 1935. – Kadetten des Großen Königs. Berlin 1938. – Opfergang. Tragödie des Gefühls. Berlin 1939. – Das Jahr tausend. Ein Mysterium. Berlin 1940. – Wiedergeburt. Lieder aus dem Osten. Berlin 1943. – Friedrich der Zweite. Berlin 1944.

Literatur:

Anita Bernstetter: Felix Lützkendorf. In: Wulf Segebrecht: Der Bamberger Dichterkreis 1936–1943. Bamberg 1985, S. 187–191.

MENZEL, Herybert
**10. 8. 1906 Obernik/Posen,*
† Februar 1945 Tirschtiegel/Posen (gefallen)
Der Sohn eines Postbeamten wuchs in der ostdeutschen Grenzstadt Tirschtiegel auf. Nach dem Abitur studierte er zwei Semster Jura und ließ sich als freier Schriftsteller in seiner Heimat nieder. Die Spannungen zwischen Deutschen und Polen in der ›Grenzmark Posen-Westpreußen‹, die er zum Teil selbst miterlebt hatte, wurden prägend für seine literarische Arbeit. Nach noch unpolitischen lyrischen Versuchen (*Mond und Sonne und Stern und ich.* Leipzig 1926) schilderte er schon in seinem ersten Roman *Umstrittene Erde* (Berlin 1930) mit nationalistischem Pathos »das Heldentum deutscher Grenzwachtkämpfer« (Franz Lennartz 1941) in den Jahren 1918/19. Ihm folgte *Der Grenzmark-Rappe. Grenzmärkische Sagen, Erzählungen, Balladen und Gedichte* (Berlin 1933). Bekannt wurde Menzel, der unterdessen zur NSDAP gefunden hatte, vor allem mit seinen in den dreißiger Jahren verfaßten Gedichten, Liedern und Kantaten: Mit *Im Marschtritt der SA* (Berlin 1933), *Gedichte der Kameradschaft* (Hamburg 1936) und *Wenn wir unter Fahnen stehen* (Wolfenbüttel 1937) zählte Menzel neben → Anacker, → Baumann, → Eggers und → Schumann zu den bekanntesten Lyrikern der NS-›Bewegung‹. Seine Kantaten schufen den zeremoniell-agitatorischen Rahmen für Parteifeiern. So heißt es in *Das große Gelöbnis* (München 1934):

Deutschland, heiliges Vaterland,
du schaust aus der Jungen Gesicht,
Deutschland, heiliges Deutschland,
in Ewigkeit stirbst du nicht.
Wo stehen wie hier die Söhne
so leuchtend dem Ewigen treu?
Deutschland, in blühender Schöne
immer erhebst du dich neu.

Wie die anderen Dichter, die die NS-Ideologie in eingängige Reime und Sprachbilder verpackten, war auch Menzel als Propagandist von erheblicher Wirkung, vor allem bei Angehörigen der Hitlerjugend und jüngeren Mitgliedern der SA. Seine Lieder und Gedichte halfen mit, eine Generation auf den ›Führer‹ Adolf Hitler einzuschwören, auf den Krieg vorzubereiten und den Durchhaltewillen zu stärken:

Wenn einer von uns müde wird,
der andre für ihn wacht.
Wenn einer von uns zweifeln will,
der andre gläubig lacht.

Wenn einer von uns fallen soll,
der andre steht für zwei.
Denn jedem Kämpfer gibt ein Gott
den Kameraden bei.

(Aus: Gedichte der Kameradschaft)

Neben diesen formal und inhaltlich anspruchslosen Texten schrieb Menzel auch Prosagedichte, die teilweise mit expressionistischer Emphase den Krieg als radikalen Neubeginn feierten, besonders in dem Band *Anders kehren wir wieder* (Hamburg 1943):

Diese Erde ist reif des Untergangs, dann vergeht sie,
Oder ihr findet euch neu zu den Gesetzen der Kraft.
Heere marschieren. Die Fahnen rot wie der Himmel
Sind Himmel, sind Blut, sind Feuer, oder es wäre besser,
Wir wären niemals geboren. Siegen kann nur, wer
Opfert. In Reinheit neues Gestirn steigt.

Menzel wurde 1938 mit einem Drittel des Literaturpreises der Reichshauptstadt Berlin, 1939 mit dem Kulturpreis der SA und 1940 mit dem Ertrag der Harry-Kreismann-Stiftung für 1939 ausgezeichnet. Er starb kurz vor Ende des Zweiten Weltkriegs. Nach 1945 erschienen keine Bücher mehr von ihm.

Weitere Bücher:
Die große Ernte. München 1935. – In unsern Fahnen lodert Gott. München 1935. – Alles Lebendige leuchtet. Hamburg 1938. – Deutschland, heiliges Deutschland! Das große Gelöbnis. München 1938. – Ewig lebt die SA. München 1938. – (Hrsg.): Das Lied der Karschin. München 1938. – Herrn Figullas Schaufenster. Heitere Geschichten. Hamburg 1941. – Das Siebengestirn. Hamburg 1942. – Noch einmal Napoleon? Berlin 1943. – Der Pope. Berlin 1944.

Literatur:
Lisa Lader/Wulf Segebrecht: Herybert Menzel. In: Wulf Segebrecht (Hrsg.): Der Bamberger Dichterkreis 1936–1943. Bamberg (Ausstellungskatalog) 1985, S. 192–197.

MIEGEL, Agnes
**9.3.1879 Königsberg,*
†26.10.1964 Bad Salzuflen

Die Tochter eines Kaufmanns wurde nach ihrer Pensionatszeit in Weimar ab 1902 für zwei Jahre im englischen Bristol als Lehrerin ausgebildet und unternahm Studienreisen durch Frankreich und Italien. Von 1920 bis 1926 leitete Miegel das Feuilleton der *Ostpreußischen Zeitung*. Danach arbeitete sie als freie Schriftstellerin in Königsberg. 1945 mußte sie fliehen und ließ sich 1948 in Bad Nenndorf nieder.

1901 erschienen im *Göttinger Musenalmanach*, den → Börries von Münchhausen herausgab, ihre ersten Balladen. Noch im selben Jahr brachte Cotta in Stuttgart *Gedichte* von Miegel heraus. Ihren frühen Ruhm begründeten die *Balladen und Lieder* (Jena 1907), die trotz formaler Brillanz dem 19. Jahrhundert verhaftet blieben. Miegel wählte zunächst vor allem Gestalten aus der Geschichte, der Sage oder dem Märchen, die sie mythisch überhöhte. Später kamen sentimentale Gedichte und archaisch anmutende Erzählungen (*Geschichten aus Alt-Preußen*. Jena 1926, *Die Fahrt der sieben Ordensbrüder*. Jena 1933, oder *Noras Schicksal*. Königsberg 1936) hinzu, in denen sie ihre ostpreußische Heimat fast hymnisch verklärte.

Ihren konservativen Zeitgenossen galt sie als »größte lebende Balladendichterin«. Bereits 1916 hatte Miegel den Kleist-Preis erhalten; 1924 wurde sie mit der Ehrendoktorwürde der Königsberger Universität ausgezeichnet. Als »Droste Ostpreußens« gefeiert, zählte sie zu den besonders privilegierten Autoren der NS-Zeit, die mit Ehrungen und Preisen überhäuft wurden. Seit 1933 gehörte sie der ›gleichgeschalteten‹ Preußischen Dichterakademie an, 1936 erhielt sie den Herderpreis, 1939 den Königsberger Literaturpreis und 1940 den Frankfurter Goethe-Preis. Dafür war sie zu weitreichenden Konzessionen bereit. So unterschrieb sie 1933 zusammen mit 87 Kollegen das Treuegelöbnis für Adolf Hitler, gehörte der NS-Frauenschaft an, war seit 1940 Mitglied der NSDAP und verfaßte manche Hymne auf den Krieg im Osten und »An den Führer«. So heißt es zum Beispiel in ihrem Gedichtband *Ostland* (Jena 1940), der Texte voller Pathos zum Polenfeldzug versammelt, über Hitler:

Nicht mit der Jugend
überschäumenden Jubel erlebt ich das Wunder
Deines Nahns.
...
Übermächtig
füllt mich demütiger Dank, daß ich dieses erlebe,
Dir noch dienen kann, dienen den Deutschen
mit der Gabe, die Gott mir verlieh!

Trotzdem reklamierte Miegel nach 1945 für sich, eine unpolitische Dichterin gewesen zu sein. Sie publizierte unausgesetzt weiter und wurde vor allem von Vertriebenenorganisationen gefördert. Unter anderem erhielt sie die Ehrenplakette des Ostdeutschen Kulturrates (1957), den Literaturpreis der Bayerischen Akademie der Schönen Künste (1959) und den Westpreußischen Kulturpreis (1961). Von den Städten Hameln und Duisburg wurde ihr ein Ehrensold ausgesetzt, Schulen trugen ihren Namen, und zu ihrem 100. Geburtstag, 1979, ließ die Deutsche Bundespost sogar eine Sonderbriefmarke drucken. Um ihr Andenken bemüht sich heute die apologetisch ausgerichtete Agnes-Miegel-Gesellschaft, u. a. mit zahlreichen Publikationen.

Weitere Bücher:
Gesammelte Werke. 7 Bde., Düsseldorf/Köln 1953–65. – Gedichte aus dem Nachlaß. Hrsg. von Anni Piorreck. Düsseldorf/Köln 1979.

Literatur:
Ruth Maria Wagner (Hrsg.): Leben, was war ich dir gut. Agnes Miegel zum Gedächtnis. Leer 1966. – Anni Piorreck: Agnes Miegel. Ihr Leben und ihre Dichtung. Düsseldorf/Köln 1967 (Neuausgabe München 1990). – Klaus-D. Hoffmann: Das Menschenbild bei Agnes Miegel. Dortmund 1969. – Alfred Podlech: Agnes-Miegel-Bibliographie. Detmold/Minden 1973. – Harold Jensen: Agnes Miegel und die bildende Kunst. Leer 1982. – Ruth-Maria Wagner: Agnes Miegel. Bonn ²1985. – Marianne Kopp: Untersuchungen zur dichterischen Wirklichkeit im Werk Agnes Miegels. München 1988. – Bärbel Beutner: Agnes Miegel. Eine Persönlichkeit der neueren Literatur. Hamburg 1991 und Hamburg 1992 (Neuauflage). – Christa Benz: Dreißig Jahre Agnes-Miegel-Gesellschaft 1969–1999. Bad Nenndorf 1999.

MÖLLER, Eberhard Wolfgang
(auch Anatol Textor)
**6. 1. 1906 Berlin, † 1. 1. 1972 Bietigheim*

Der Sohn eines Bildhauers studierte in Berlin Philosophie, Literatur-, Theater- und Musikwissenschaft sowie Geschichte, bevor er als Dramaturg am Berliner Staatstheater und in Königsberg zu arbeiten anfing. Für sein mit modernen Theatermitteln operierendes Weltkriegsdrama *Douaumont oder die Heimkehr des Soldaten Odysseus* (UA Essen und Dresden 1929) wurde Möller von der national-konservativen Kritik gefeiert. Möller schloß sich der SA an und stellte sich mit seinen historisierenden Dramen (zum Beispiel der antisemitischen ›Komödie‹ *Rothschild siegt bei Waterloo*, UA Weimar und Aachen 1934) ganz in den Dienst der NS-Ideologie. 1934 wurde er Theaterreferent im Propagandaministerium und erhielt 1935 von Goebbels den Nationalen Buchpreis für seine pathetisch-agitatorische Lyrik (*Berufung der Zeit*. Berlin 1935).

Im Auftrag von Goebbels, der ihn als »wahres Sprachgenie« (Tagebucheintrag vom 15.4.1936) schätzte, verfaßte er das bei den Olympischen Spielen 1936 uraufgeführte *Frankenburger Würfelspiel*, das eine Episode aus dem Kampf zwischen Bauern und Adel zu Beginn des 17. Jahrhunderts schilderte. Es wurde zum »Modellstück« (Günther Rühle) für die kurzlebige Thingspiel-Bewegung, die Theater als kultischen Staatsakt zelebrierte. Möller selbst verstand sich als Protagonist des nationalpolitischen Theaters, das mit dramatischen Effekten Emotionen hervorrufen und damit ideologische Probleme besonders wirkungsvoll an das Publikum heranbringen sollte. Als Gebietsführer im Stab der Reichsjugendführung und Referent im Reichsjugendministerium verfaßte er das von → Baldur von Schirach herausgegebene »Weihnachtsbuch der deutschen Jugend« *Der Führer* (München 1938), das auf die Kritik Rosenbergs stieß. In einer von Joseph Wulf veröffentlichten Aktennotiz des Adjutanten Rosenbergs wird Möller »Verkitschung des großen Kampfes« vorgeworfen: »Der Führer und die nationalsozialistische Bewegung« würden »beinahe wie eine frühchristliche franziskanische Gemeinde und nicht wie eine der größten Kampfbewegungen der deutschen Geschichte« erscheinen (zitiert nach Joseph Wulf: *Literatur und Dichtung im Dritten Reich*. Frank-

Programmheft »Frankenburger Würfelspiel«

furt am Main u.a. 1983, S. 240). Trotz dieses Angriffs durfte Möller 1940 das Drehbuch für den antisemitischen Hetzfilm *Jud Süß* von Veit Harlan mitverfassen. In einem Interview stellte Möller klar: »Wir lassen die Geschichte sprechen. Und sie zeigt nicht, daß ›der Jude auch ein Mensch‹ ist, nein, sie stellt klar, daß *der Jude ein ganz anderer Mensch* ist als wir, und daß ihm die uns angeborene sittliche Kontrolle über sein Handeln überhaupt fehlt« (zitiert nach: Busch, S. 157). Im selben Jahr ließ er sich als Kriegsberichter einziehen. Unterdessen häuften sich die Angriffe, vor allem von seiten Rosenbergs, gegen ihn – wegen angeblich ideologischer Unzuverlässigkeit. Als Möller 1941 in der HJ-Zeitschrift *Wille und Macht* ein Gedicht über einen gefallenen Soldaten veröffentlichte, wurde ihm von Hans W. Hagen in der *Weltliteratur* »ästhetisierende Leichenschändung« vorgeworfen. Möller mußte zur Bewährung an die Front und wurde noch Anfang 1945 zum SS-Obersturmbannführer befördert. Seine Bücher konnten ungehindert weiter erscheinen.

Von 1945 bis 1948 war Möller in verschiedenen Lagern der Alliierten interniert. Er verfaßte weiterhin Bücher, die aber keine Beachtung mehr fanden.

Weitere Bücher:
Die erste Ernte. München 1934. – Das Schloß in Ungarn. München 1935. – Der Admiral. München 1937. – Der Untergang Karthagos. Berlin 1938. – Der Reiterzug. Schicksalsminuten der deutschen Geschichte. Berlin 1939. – Die Maske des Krieges. Berlin 1941. – Das Opfer. Berlin 1941.

Literatur:
Herbert A. Frenzel: Eberhard Wolfgang Möller. München 1938. – Günther Rühle: Eberhard Wolfgang Möller. Das Frankenburger Würfelspiel. In: Ders.: Zeit und Theater 1933–1945. Bd. 3, Frankfurt am Main/Berlin/Wien 1974, S. 177–193. – Henning Eichberg/Michael Dultz/Glen Gadberry/Günther Rühle: Massenspiele. NS-Thingspiel, Arbeiterweihespiel und olympisches Ze-

remoniell. Stuttgart/Bad Cannstatt. 1977. – Johannes M. Reichl: Das Thingspiel. Über den Versuch eines nationalsozialistischen Lehrstück-Theaters (Euringer – Heynicke – Möller). Frankfurt am Main 1988. – Jay W. Baird: Hitler's muse. The political aesthetics of the poet and playwright Eberhard Wolfgang Möller. In: German studies review 17 (1994), S. 269–285. – Stefan Busch: »Und gestern, da hörte uns Deutschland«. NS-Autoren in der Bundesrepublik. Kontinuität und Diskontinuität bei Friedrich Griese, Werner Beumelburg, Eberhard Wolfgang Möller und Kurt Ziesel. Würzburg 1988.

MOLO, Walter von

**14. 6. 1880 Sternberg/Mähren, †27. 10. 1958 Murnau*

Der aus einer alten schwäbischen Reichsritterfamilie stammende Walter Rudolf Max Ritter von Molo arbeitete nach dem Maschinenbau- und Elektrotechnikstudium in Wien zunächst als Diplom-Ingenieur. 1914 ging er als freier Schriftsteller nach Berlin. Mit seinen historischen Romanen und Theaterstücken gehörte er bald zu den (kommerziell) erfolgreichsten Autoren in Deutschland. Seine zwischen 1912 und 1916 erschienenen vier Schiller-Romane, die Trilogie über Friedrich den Großen *Ein Volk wacht auf* (München 1918–22) wie auch das Theaterstück über *Friedrich List* (Berlin 1934) waren Heldenepen, die die geistige, militärische und wirtschaftliche Leistung von Deutschen feierten, allerdings ohne in blindes nationalistisches Pathos zu verfallen. Molo verstand es geschickt, große historische Tableaus spannend zu arrangieren. Deshalb waren gerade seine Romane als Vorlagen für Hörspiele und Filme gefragt. Sie blieben aber in rechts-konservativen Kreisen teilweise umstritten, weil sie als zu liberalistisch, freizügig und zu wenig nationalistisch galten. 1919 gehörte Molo zu den Gründern des Deutschen PEN-Clubs, von 1928 bis zu seinem Rücktritt 1930 war er Präsident der Sektion Dichtkunst in der Preußischen Akademie der Künste. Bis 1932 leitete er als Präsident den ›Schutzverband deutscher Schriftsteller‹.

Zur NSDAP blieb Molo auf Distanz. Er polemisierte sogar mehrfach öffentlich gegen zunehmende völkische Tendenzen in der Literatur. Auf Druck von → Erwin Guido Kolbenheyer, der Molo nicht schätzte, sollte er 1933 aus der ›gleichgeschalteten‹ Akademie ausgeschlossen werden. Dazu kam es zwar nicht, aber Molos Aktivitäten wurden von der NS-Kulturbürokratie mißtrauisch verfolgt. In seiner Autobiografie *So wunderbar ist das Leben* (Stuttgart 1957) berichtet Molo davon, wie Goebbels 1933 erfolglos versucht hatte, ihn für die NS-Propaganda zu gewinnen. Ob er Goebbels tatsächlich so mutig, schlagfertig und anspielungsreich geantwortet hatte, wie er seinen (Nachkriegs-)Lesern glauben machen wollte, sei dahingestellt. Molo wurde zwar kein NS-Propagandist, er gehörte jedoch zu den Unterzeichnern des Treuegelöbnisses für Hitler. Unklar ist, wie stark er 1936 an der Verteidigungsschrift *Walter Molo – ein Dichter des deutschen Menschen* (Leipzig) seines Freundes Gustav Christian Rassy mitgewirkt hat, die sein Werk in eine vermeintliche nationalsozialistische Tradition stellt. Ein weiterer Anbiederungsversuch war der Aufsatz *Was ist nordisch?*, der im Juni 1939 im *Deutschen Kulturwart* erschien. Molo galt als literarischer Opportunist. So schrieb zum Beispiel → Börries von Münchhausen über den Roman *Holunder in Polen* (Wien 1933) in der *Neuen Literatur*: »Alles in allem ein unerfreuliches Buch eines Mannes, der ganz gewiß eine schöne Erzählgabe hatte, sich aber sprachlich und seelisch hat verwildern lassen. Sein Bemühen, sich in die heutige deutsche Lage einzupassen, hat für den Wissenden etwas Rührendes« (zitiert nach Gisela Berglund). Auch andere Bücher Molos, wie der psychologisierende Kleist-Roman *Geschichte einer Seele* (Berlin 1938), wurden von der NS-Literaturkritik abgelehnt. Trotzdem blieb Molo, der seit 1933 zurückgezogen in Murnau lebte, weitgehend unbehelligt. Seine Bücher konnten ohne Einschränkungen erscheinen und fanden ein großes Publikum, das historische Romane ohne Nazikitsch bevorzugte.

Nach dem Ende der nationalsozialistischen Herrschaft war es Molo, der im August 1945 mit seinem offenen Brief an Thomas Mann die »große Kontroverse« über das Verhältnis von Exil und ›Innerer Emigration‹ auslöste. In der Bundesrepublik war er Ehrenmitglied der Mainzer Akademie der Wissenschaften und der Literatur, Mitglied der Akademie der Künste in Berlin und Ehrenvorsitzender aller deutschen Schriftstellerverbände. 1955 wurde die Walter-von-Molo-Gesellschaft gegründet, die aber keine nennenswerten Aktivitäten entfaltete. Walter von Molos Bücher sind heute nur noch antiquarisch erhältlich.

Weitere Bücher:
Der kleine Held. Berlin 1934. – Eugenio von Savoy. Heimlicher Kaiser des

Reichs. Berlin 1936. – Der Feldmarschall. Wien 1940. – Das kluge Mädchen. Hamburg 1940. – Im Sommer. Prag/Berlin/Leipzig 1943. – Sie sollen nur des Gesetzes spotten. Graz 1943. – Lyrisches Tagebuch. Hamburg 1943. – Wo ich Frieden fand. Erlebnisse und Erinnerungen. München 1959.

Literatur:

Walter von Molo. Erinnerungen, Würdigungen, Wünsche. Zum 70. Geburtstag des Dichters am 14. Juni 1950. Berlin/Bielefeld/München 1950. – Gisela Berglund: Der Kampf um den Leser im Dritten Reich. Worms 1980. – Tadeusz Namowicz: Zur Thematisierung der Führergestalt in den biographisch-historischen Romanen Walter von Molos. In: Günter Hartung/Hubert Orlowski (Hrsg.): Traditionen und Traditionssuche des deutschen Faschismus. 4. Protokollband. Poznan 1992, S.73–91. – Werner Mittenzwei: Der Untergang einer Akademie oder Die Mentalität des ewigen Deutschen. Berlin/Weimar 1992. – Babette Dietrich: »Ein Auftrag von höherer Macht ...« Walter von Molo und die Mainzer Literaturklasse 1949–1956. Marburg (Diss.) 1995 (Mikrofiche-Ausgabe).

MÜNCHHAUSEN, Börries Freiherr von

(auch: H. Albrecht)
**20.3.1874 Hildesheim,*
†16.3.1945 Windischleuba b. Altenburg

Der aus einem alten niedersächsischen Adelsgeschlecht stammende Sohn eines Kammerherrn, zu dessen Vorfahren u.a. der ›Lügenbaron‹ zählte, studierte in Heidelberg, Berlin, München sowie Göttingen Rechts- und Staatswissenschaft, später auch Philosophie, Literaturgeschichte und Naturwissenschaften. Am Ersten Weltkrieg nahm Münchhausen zunächst als Offizier im sächsischen Garde-Reiter-Regiment teil und wurde 1916 zum Auswärtigen Amt abkommandiert.

Seit 1920 lebte er als Domherr und Kammerherr auf seinem Gut Windischleuba. Seine Balladen und Lieder, die nationalistische Töne anschlagen, verraten die adlige Herkunft des Autors: Sie glorifizieren das ritterliche ›Heldentum‹ und andere lange überlebte Ideale. Münchhausen bot damit der wilhelminischen Führungsschicht eine scheinbar historische Legitimation, die die tatsächlichen gesellschaftlichen Konflikte verbergen sollte. Zu Unrecht wurde er von seinen Zeitgenossen in eine Reihe mit Detlev von Liliencron und Theodor Fontane gestellt. Denn seine erklärte Absicht, die Form der Ballade weiterzuentwickeln, konnte er nicht erreichen.

Bereits mit seinem ersten Band *Gedichte* (Göttingen 1897) war Münchhausen der Durchbruch gelungen. Um der Balladendichtung ein eigenes Forum zu geben, gründete er 1898 den *Göttinger Musenalmanach* (Göttingen 1898–1922), in dem u.a. → Agnes Miegel und → Lulu von Strauß und Torney ihre ersten Arbeiten veröffentlichten. Als Plädoyer für die zionistische Bewegung wurden seine Gesänge *Juda* (Goslar 1900) verstanden, in denen Münchhausen Motive aus dem Alten Testament verarbeitete. In dem Gedicht *Die Hesped-Klage* (in: *Balladen*. Berlin 1906) griff er dann auch ein aktuelles Ereignis aus der jüdischen Leidensgeschichte auf: das Pogrom vom 6. April 1903 im russischen Kischinew. Trotz dieser eindeutigen Parteinahme hielt er an seinen abstrusen Vorstellungen über ›Rassereinheit‹ fest. So schrieb er zum Beispiel 1924 im *Deutschen Adelsblatt*: »Eine Ehe zwischen Arier und Juden ergibt immer einen Bastard, der den Sprung, den Riß, im Aeußeren und Inneren, in Sprache und Bewegung, in Geist und Seele, in Sittlichkeit und Denken nie los wird. Der reine jüdische Stamm ist durch eine Mischehe ebenso auf Geschlechter hinaus vernichtet, wie der reine blaublonde Stamm.«

Große Beliebtheit verdankte Münchhausen seinen zum Teil derben Ritterballaden und Liedern, die vielfach vertont wurden und dadurch auch in der Jugendbewegung ihre Anhänger fanden. Während der Weimarer Republik, als das Interesse an Balladen nachließ, stand er den konservativen Neuromantikern nahe. Literarische Aufbruchsbewegungen wie den Expressionismus lehnte er vehement ab.

In den Nationalsozialisten glaubte er Bundesgenossen gefunden zu haben. Er unterzeichnete das ›Treuegelöbnis‹ für Adolf Hitler und ließ sich zum Senator der Deutschen Akademie der Dichtung ernennen. Im *Deutschen Almanach für das Jahr 1934* (Leipzig 1933) polemisierte Münchhausen gegen die Literatur der »Systemzeit«, die »schlechthin *alles Deutsche* ... niedergetreten« habe. Obwohl er immer wieder betonte, ›nur‹ »in einigen Fragen« Antisemit zu sein, beklagte er in diesem Schmähartikel, der von 34 Zeitungen nachgedruckt wurde, daß bei den schreibenden »Deserteuren, Verbrechern, Zuchthäuslern« der Anteil der Juden »etwa hundert- bis zweihundertmal so stark wie der Anteil an der Bevölkerungszahl« sei. An der Spitze der Namensliste, die er zusammengestellt hatte, stand → Gottfried Benn, der sich erbittert dagegen wehrte. Denn, so schrieb Benn an seinen Freund Oelze am 25. April 1934, »was der Schlossherr von Windischleuba offenbar gar nicht weiss, das ist, wie unser Aller bürgerliche Existenz zu schwanken anfängt, wenn unser Ariertum in Zweifel gezogen wird«. In dem Briefwechsel mit Benn wurde Münchhausen nicht müde, auf seinen jüdischen Freundeskreis zu verweisen: »Wenn ich also von jemandem sage, daß er nach meiner Überzeugung jüdischen Blutes sei, so ist das durchaus nicht ›überaus abfällig gemeint‹, wie Sie schreiben, ja, ich wehre mich gegen diese Behauptung im Sinne meiner jüdischen Freunde aufs Heftigste« (Brief vom 17.4.1934). Obwohl er sich danach weitgehend aus der Tagespolitik zurückzog, verteidigte er immer wieder den nationalsozialistischen Staat, besonders dessen Sozialpolitik lobte er. Er wußte, wie Iring Fetscher in der *FAZ* am 24. Juni 1989 schrieb, von der Existenz der Konzentrationslager, »und er kannte die gesetzlose Willkür der Behörden«. Aber sein »unkritischer, traditioneller Patriotismus« hinderte Münchhausen daran, sich gegen dieses Deutschland zu stellen. Auch sein Verhältnis zu den verfolgten und ermordeten Juden blieb bis zuletzt ambivalent. Noch 1942 ließ er *Die Hesped-Klage* in der Neuauflage seines Balladen-Bandes drucken. Andererseits entfernte er jüdische Balladen aus seinen Gedichtsammlungen und schrieb autobiografische Texte um. So erwähnt Werner Mittenzwei in seinem Buch über die (Preußische) Dichterakademie einen Tagebucheintrag von 1940, in dem es heißt: »Es ist, als ob man eine Geschichte ohne den Buchstaben b schreiben müßte, dieses Herauslösen alles Jüdischen aus den Erinnerungen eines Mannes, der zwischen 1890 und 1930 im literarischen Leben stand.« Die NS-Literaturkritik feierte Münchhausen als »die beste Kraft deutschen Wesens« (Hellmuth Langenbucher) und ignorierte die »Balladen aus der jüdischen Geschichte« fast ganz. Scharfe Angriffe zog Münchhausen 1937 auf sich, als er sich in einer Rezension für verfemte Autoren einsetzte. Auch als Mentor der ›Wartburgdichtertage‹ kam er mehr als einmal in Konflikt mit der NS-Kulturbürokratie. In den Jahren nach 1933 veröffentlichte Münchhausen fast nur noch Neuausgaben oder Bearbeitungen seiner früheren Bücher.

Als sich die Alliierten seinem Gutshof näherten, gab er sich selbst den Tod. Posthum erschienen zwei Ausgaben seines dichterischen Werks. Bis in die Mitte der sechziger Jahre waren seine Balladen in fast allen bundesdeutschen Schullesebüchern vertreten. Heute sind der Autor und sein Werk so gut wie vergessen.

Weitere Bücher:
Die Garbe. Ausgewählte Aufsätze. Stuttgart 1933. – Geschichten aus der Geschichte, einer alten Geschlechtshistorie nacherzählt. Leipzig 1934. – (Hrsg.) Arbeiten zur Familiengeschichte der Freiherrn von Münchhausen. 2 Bde., Windischleuba 1935–37. – Das dichterische Werk in zwei Bänden. Stuttgart 1950–53. – Das dichterische Werk. Ausgabe letzter Hand. 2 Bde., Stuttgart 1959/60.

Literatur:
Reinhard Alter: Gottfried Benn und Börries von Münchhausen. Ein Briefwechsel aus den Jahren 1933/34. In: Schillerjahrbuch 25 (1981), S. 139–170. – Werner Mittenzwei: Börries von Münchhausen, der heimliche Gegenspieler. Der Wartburgkrieg gegen die Preußische Akademie der Künste. In: Sinn und Form 44 (1992), S. 566–589. – Werner Mittenzwei: Der Untergang einer Akademie oder Die Mentalität des ewigen Deutschen. Berlin/Weimar 1992.

NOSSACK, Hans Erich

**30.1.1901 Hamburg, †2.11.1977 Hamburg*

Der Sohn eines Hamburger Importkaufmanns studierte von 1919–22 (ohne Abschluß) in Jena Jura und schlug sich danach als Hilfsarbeiter durch. 1926 entstand sein erstes Drama *Ilnin. Szenen aus der Russischen Revolution*, das der Verlag Gustav Kiepenheuer ohne Erfolg in sein Programm aufnahm. 1930 wurde Nossack Mitglied der KPD, der er bereits von 1922 bis 1925 angehört hatte. Nachdem er 1933 mehrere Hausdurchsuchungen über sich ergehen lassen mußte und Schreibverbot erhielt, trat er in die väterliche Firma ein. Neben seinem Brotberuf verfaßte Nossack weiterhin Gedichte, setzte den *Hessischen Landboten* als Drama um und schrieb Prosatexte. Am 5. Oktober 1942 stellte er den Antrag auf Aufnahme in die Reichsschrifttumskammer, weil der Suhrkamp-Verlag beabsichtigte, »Ende dieses oder Anfang nächsten Jahres einen Band Gedichte von mir herauszugeben«. Nossack wurde von der Mitgliedschaft befreit, aber zur geplanten Veröffentlichung kam es nicht. Lediglich in der *Neuen Rundschau* erschienen 1942 und 1944 Gedichte von ihm. Die meisten seiner Manuskripte und Tagebücher verbrannten im Sommer 1943 bei den Bombenangriffen der Engländer auf Hamburg. Im November 1943 entstand sein Prosatext *Der Untergang*. Nossack schilderte darin gleichsam dokumentarisch, wie er die Zerstörung Hamburgs erlebt hatte: »Für mich ging die Stadt als ein Ganzes unter, und meine Gefahr bestand darin, schauend und wissend durch Erleiden des Gesamtschicksals überwältigt zu werden. Ich fühle mich beauftragt, darüber Rechenschaft zu geben.« Der Text, der den Ruhm Nossacks als deutscher Existentialist begründete, konnte erst 1948 in dem Erzählungsband *Interview mit dem Tode* (Hamburg) publiziert werden. Im Nachwort zu einer Neuausgabe (Frankfurt 1976) nannte Siegfried Lenz den Autor einen »epische(n) Experten für Katastrophen«, der »das Unglaubliche denkbar« mache, »indem er es minutiös von den Rändern her beschreibt, von den Ausläufern; Reaktionen, mit grandioser Genauigkeit erforscht, geben der düstern Vision Lebensfähigkeit«. Ebenfalls in der letzten Kriegsphase schrieb Nossack *Nekyia. Bericht eines Überlebenden* (Hamburg 1947). Es ist eine Geschichte über die Zeit nach dem alles zerstörenden Krieg, in Trostlosigkeit und ohne Hoffnung. Mythologisch überhöht wird das Schicksal eines Überlebenden erzählt, der in die verlassene Stadt zurückkehrt und bemerkt, daß er sein Spiegelbild verloren hat. Er beginnt, die Vergangenheit zu rekonstruieren bis zu den Anfängen der Menschheitsgeschichte.

Nossack zählt zu den wichtigsten Autoren der bundesdeutschen Nachkriegsliteratur.

Weitere Bücher:

Gedichte. Hamburg 1947. – Christof Schmid (Hrsg.): ›Dieser Andere‹. Ein Lesebuch mit Briefen, Gedichten und Prosa. Frankfurt am Main 1976 (mit Bibliografie). – Die Tagebücher 1943–1977. Hrsg. von Gabriele Söhling. 3 Bde., Frankfurt am Main 1997.

Literatur:

Christof Schmid (Hrsg.): Über Hans Erich Nossack. Frankfurt am Main 1970. – Manfred Durzak: Gespräche über den Roman. Frankfurt am Main 1976. – Renate Hauser: Auf der Suche nach der verlorenen Zukunft. Studien zur Biographie und zum Werk Hans Erich Nossacks. Karlsruhe (Diss.) 1981. – Joseph Kraus: Hans Erich Nossack. München 1981. – Karl-Otto Maue: Aufbruch – Skepsis – Rechtfertigung. Drei Strategien im literarischen Feld der Nachkriegszeit am Beispiel der Hamburger Autoren Axel Eggebrecht, Hans Erich Nossack und Hans Friedrich Blunck. In: Inge Stephan/Hans-Gerd Winter (Hrsg.): »Liebe, die im Abgrund Anker wirft«. Autoren und literarisches Feld im Hamburg des 20. Jahrhunderts. Berlin 1990, S. 175–196. – Gerhard Baumgaertel: Hans Erich Nossack. Die frühen Dramen (1925–1934). In: Euphorion 85 (1991), S. 147–167. – Wolfgang M. Buhr: Hans Erich Nossack. Die Grenzsituation als Schlüssel zum Verständnis seines Werkes. Studien zur Grenzsituation und Grenzüberschreitung in Prosa, Künstlerverständnis und Biographie Hans Erich Nossacks. Frankfurt am Main u. a. 1994. – Birgit Kawohl: Hans-Erich-Nossack-Bibliographie. Wetzlar 1995. – Günter Dammann (Hrsg.): Hans Erich Nossack. Leben, Werk, Kontext. Würzburg 2000.

PLEYER, Wilhelm
**8.3.1901 Eisenhammer/Böhmen,*
†14.12.1974 Pöcking
Der Sohn eines Hammerschmieds studierte an der Deutschen Universität Prag Germanistik, Slawistik, Geschichte, Kunstgeschichte und Philosophie. Er promovierte mit einer Arbeit über → Erwin Guido Kolbenheyer. 1924 ging Pleyer nach Reichenberg, wo er die Schriftleitung der Zeitschrift *Rübezahl* und ein Jahr später die des deutschnationalen Wochenblatts *Norden* übernahm. Von 1926 bis zu ihrem Verbot im Jahre 1933 war er Gaugeschäftsführer der Deutschen Nationalpartei. 1929 wurde er Schriftleiter des *Gablonzer Tageblatts* und des *Reichenberger Tagesboten*. Wegen seiner antitschechischen Agitation wurde er mehrfach in Haft genommen. So hatte er im *Gablonzer Tageblatt* geschrieben: »Wer nationalen Willens ist und sich nicht seines besseren Teiles begeben hat, wird der Blutopfer des sudetendeutschen Kampfes um die völkische Selbstbestimmung in tiefer Ehrfurcht und Dankbarkeit gedenken und ihre Namen in sich tragen als ernste Mahnung, in seiner Person und seinem Stande stets dem Volke zu dienen, das ja nichts anderes ist als die gottgewollte, zur allgemeinen Wertesteigerung notwendige Lebensgemeinschaft.«

Von 1934 bis 1943 leitete Pleyer die Zeitschrift des Bundes der Deutschen in der Tschechoslowakei (später des Gauvereins Sudetenland des Deutschen Heimatbundes), die *Sudetendeutschen Monatshefte*, die trotz ihrer relativ geringen Auflage von knapp 17000 Exemplaren eine erhebliche politische Wirkung hatten. Bereits seit 1921 veröffentlichte Pleyer neben heiteren Geschichten und einem Märchen auch Romane, die den ›Anschluß‹ des Sudetenlands an das Deutsche Reich emotional vorbereiten sollten. Mit der Machtübernahme der Nationalsozialisten in Deutschland war sein aggressiv-chauvinistischer Einsatz für den ›Volkstumskampf‹ auf eine neue Basis gestellt. Seine Bücher, vor allem die Romane *Der Puchner. Ein Grenzlandschicksal* (München 1934) und *Die Brüder Tommahans* (München 1937), lieferten eine willkommene literarische Schützenhilfe für die ins Auge gefaßte Annektion des Sudetenlandes. Vor allem im *Puchner* predigte Pleyer einen ungehemmten Nationalismus, der in dem Ausspruch gipfelt, »daß überall dort, wo Menschen leben, die deutsch reden und deutsch fühlen, deutsch Land ist, also *Deutschland*«. Die als Entwicklungsroman angelegte Biografie eines völkischen ›Helden‹ war über weite Strecken rassistisch und antisemitisch: zum Beispiel wird der als neuer Rektor der Deutschen Universität in Prag vorgesehene jüdische Hochschullehrer als die »Standarte Judas auf den Mauern der ältesten deutschen Universität« bezeichnet und vom Ich-Erzähler massiv bekämpft. Dem, so der NS-Literaturwissenschaftler Langenbucher, »Katechismus des Auslandsdeutschen« (der wie die meisten Bücher von Pleyer nach 1945 wieder aufgelegt wurde) verlieh → Hans Grimm 1934 den Schünemann-Preis. Außerdem wurde Pleyer mit dem Literaturpreis der Reichshauptstadt Berlin (1939) und dem Volksdeutschen Schrifttumspreis (1941) ausgezeichnet. Anfang des Zweiten Weltkriegs wurde Pleyer als Kriegsberichter u.a. in Rußland eingesetzt. Daran erinnerte er 1942 in *Dichterfahrt durch Kampfgebiete* (Karlsbad).

Nach der Kapitulation Deutschlands floh Pleyer nach Süddeutschland, geriet in amerikanische Gefangenschaft, wurde an die Tschechoslowakei als Kriegsverbrecher ausgeliefert und 1947 nach Deutschland abgeschoben. Pleyer blieb seinen politischen Überzeugungen treu. In *Europas unbekannte Mitte* (München/Stuttgart 1957) behauptete er beispielsweise, daß es besser für die Tschechen gewesen wäre, unter deutscher Herrschaft geblieben zu sein: »Dem tschechischen Arbeiter ging es gut wie nie. Auch die tschechischen Bauern, die sich glänzend entschulden konnten und deren Erben nicht in den Krieg zu ziehen brauchten, fanden gegen die deutsche Herrschaft wenig einzuwenden. Heydrich mußte fallen, bevor noch mehr zur Versöhnung geschehen konnte.« 1956 erhielt Pleyer den Förderpreis der Sudetendeutschen Landsmannschaft. Er stieg zum Vertriebenenfunktionär auf und wurde als sudetendeutscher Heimatdichter geehrt. Erst 1964 distanzierte sich die Sudetendeutsche Landsmannschaft von ihm, als Pleyer für die rechtsradikale *National-Zeitung* Kommentare schrieb und bei Versammlungen der neugegründeten NPD auftrat.

Weitere Bücher:
Aus Bauernland. Teplitz-Schönau 1933. – Im Gasthaus »Zur deutschen Einigkeit«. Geschichten aus Böhmen. München 1937. – Der Kampf um Böhmisch-Rust. München 1938. – Lied aus Böhmen. München 1938. – Tal der Kindheit. München 1940. – Der Gurkenbaum. München 1941. – Kämpfen und Lachen. Erlebnisse. Leipzig 1941. – Bismarck durchschreitet die Nacht. Karlsbad 1942.

RECK-MALLECZEWEN, Friedrich Percyval
**11.8.1884 Malleczewen bei Neuendorf/Ostpreußen,*
†16.2.1945 Konzentrationslager Dachau
Das jüngste Kind eines masurischen Gutsbesitzers und Landtags- und Reichstagsabgeordneten der Konservativen Partei wollte zunächst Offizier werden, ließ sich aber nach einem halben Jahr Waffendienst beurlauben und studierte von 1904 bis 1909 Medizin in Königsberg, Innsbruck, Rostock und Jena. Nach der Approbation und Promotion arbeitete Reck-Malleczewen kurzzeitig als Vertretungsarzt, schrieb aber nebenbei Reiseberichte für die *Ostpreußische Zeitung* und lebte von 1913 an als freier Journalist in München sowie auf Gut Poing in Oberbayern. Er debütierte als Schriftsteller mit dem Unterhaltungsroman *Frau Übersee* (Berlin 1918) und landete mit *Bomben auf Monte Carlo* (Berlin 1930) einen Bestseller. Der Roman wurde 1931 mit Hans Albers und Heinz Rühmann verfilmt. 1933 konvertierte Reck-Malleczewen zum Katholizismus, der »ihm als letztes Bollwerk gegen die zunehmende Verrohung und Vermassung erschien« (Irmgard Reck-Malleczewen).

Während des ›Dritten Reichs‹, das dieser »stockkonservative, weißblaue und schwarzgelbe Monarchist« (Carl Amery) als plebejisch und amoralisch ablehnte, konnte Reck-Malleczewen weitgehend ungehindert publizieren. Seine Reichsschriftumskammerakte weist für die Jahre 1940 bis 1943 jährliche Einnahmen von ca. 20 000 RM aus. Die Einkünfte der vorangegangenen Jahre dürften nicht geringer gewesen sein. Reck-Malleczewen veröffentlichte Unterhaltungsromane und Essays, er schrieb für Zeitungen und Zeitschriften und war für Rundfunk und Film tätig: 1934 verfaßte er zusammen mit → Richard Billinger das Drehbuch zu einer Peer-Gynt-Verfilmung, und noch im August 1939 bot ihm die Ufa auf Initiative Goebbels an, das Drehbuch für einen antisemitischen Film zu verfassen – Reck-Malleczewen lehnte ab und begründete dies damit, daß er jüdische Freunde habe, denen er verpflichtet sei (vgl. Kappeler, S. 452).

Reck-Malleczewens publizistische Freiräume sind insofern erstaunlich, als während des ›Dritten Reichs‹ auch Texte von ihm erschienen, die als Widerstandsbücher intendiert waren und als solche gelesen werden konnten: 1937 erschien *Bockelson – Geschichte eines Massenwahns* (Berlin), ein Roman über das Münsteraner Wiedertäuferreich von 1534/35, das von ihm mit allen Zügen des Hitlerstaats ausgestattet wurde. In seinem Tagebuch notierte Reck-Malleczewen: »Wie das heutige Deutschland, so löst für Jahre sich auch jener Münstersche Stadtstaat völlig aus der zivilisierten Welt ... Wie bei uns, so ist auch dort ein Mißratener, ein sozusagen im Rinnstein gezeugter Bastard der große Prophet, wie bei uns kapituliert vor ihm, unbegreiflich für die staunende Umwelt, jeder Widerstand...« (*Tagebuch eines Verzweifelten* (Lorch 1947), S. 19). Das Buch wurde entgegen der nach dem Krieg vielfach wiederholten Behauptung nicht verboten (»Es gab keine ›Ächtung‹ Reck-Malleczewens!« Kappeler, S. 433). Ebensowenig gab Rosenbergs Amt Schrifttumspflege negative Gutachten über Reck-Malleczewen ab (vgl. Strothmann, S. 444ff.). Der Folgeroman, *Charlotte Corday. Geschichte eines Attentats* (Berlin 1937), der als camouflierter Aufruf zum Tyrannenmord verstanden werden konnte, fand sogar den Beifall der Zensurbürokratie. Die Mörderin Jean Paul Marats, des französischen Revolutionsführers, den Reck-Malleczewen mit Zügen Hitlers versah, wurde von der Reichsstelle zur Förderung des deutschen Schrifttums am 1. März 1938 »als Symbol völkischen Ehrbewußtseins und nationaler Tradition« bewertet, während Marat als »französischer Anarchist und Psychopath« galt (zitiert nach: Kappeler, S. 443). Sichtbar wird hier ein wiederholt zu beobachtender blinder Fleck der NS-Zensur, die die historisch verdeckte Darstellung politischer Verbrechen nicht auf das eigene Regime beziehen konnte, ohne sich selbst zu bezichtigen.

Erst am 9. August 1944 verfügte Goebbels einen Boykott über Reck-Malleczewens Schriften: »Jegliche Veröffentlichung von Romanen, Aufsätzen und sonstigen Arbeiten von Friedrich Reck-Malleczewen ist gesperrt« (zitiert nach: Kappeler, S. 449). Bis zu diesem Zeitpunkt hatte Reck-Malleczewen als entschiedener Gegner der Nationalsozialisten in Deutschland publizistisch aktiv sein können. Von der Entschlossenheit dieser Opposition zum NS-Staat zeugen vor allem jene geheimen Tagebücher, die er von Mai 1936 bis Oktober 1944 verfaßte und die erst postum veröffentlicht wurden. In diesem *Tagebuch eines Verzweifelten* äußert Reck-Malleczewen immer wieder seinen Haß auf die Nationalsozialisten (»Horde böser Affen«, und ihren ›Führer‹ (»Ich hasse Dich ... ich hasse Dich im Schlafen und im Wachen, ich hasse Dich als Verderber der Seelen«, und verurteilt deren Terror- und Mordsystem. Daneben verleiht Reck-Malleczewen in diesen Aufzeichnungen aber auch seiner kulturpessimistischen Kritik an den Entfremdungsprozessen der modernen Industriegesellschaft Ausdruck; er mokiert sich über das moderne »Massenwesen«, den »zufällig weißhäutig gebliebenen Nigger, [der] sich all der modernen technischen Apparaturen mit einer an Frechheit grenzenden Selbstverständlichkeit bedient, ohne jene Gedankenwelt, aus der diese Apparaturen erwuchsen, auszufüllen«. Reck-Malleczewens Antinazismus korrespondiert hier mit einer Technik- und Fortschrittsfeindlichkeit (»die Nazis, mit Leib und Seele ihren blöden technokratischen Zielen verschworen ...«), die den deutschen Faschismus als Konsequenz einer Modernisierungsbewegung (»Entgötterung blutvollen Lebens«,) begreift, die mit der französischen Revolution begann und vom Wilhelminismus sowie der Weimarer Republik vorangetrieben wurde. Joachim Fest bewertete das *Tagebuch eines Verzweifelten* anläßlich seiner Neuauflage (Stuttgart 1967) als »das Resultat der rückwärts gewandten Fluchtträume eines entfremdeten Intellektuellen in der modernen Welt«, der »aller begründbaren Wahrscheinlichkeit nach auch zu den Gegnern unserer heutigen staatlichen und gesellschaftlichen Ordnung zählen würde« (in: *Der Spiegel* 3–1967).

Diese Ordnung erlebte Reck-Malleczewen nicht mehr: Am 13. Oktober 1944 wurde er wegen Wehrkraftzersetzung – er war einem Aufruf zum Volkssturmappell nicht gefolgt – zu einer Woche Arrest verurteilt. Zwei Monate später wurde er von der Gestapo verhaftet. Ein Denunziant hatte ihn beschuldigt, die »deutsche Währung verunglimpft zu haben« (Brief Irmgard Reck-Malleczewens vom 26.12.1945, in: Kappeler, S. 8). Reck-Malleczewen wurde zunächst in das Münchner Gestapo-Gefängnis verbracht und am 9. Januar 1945 in das KZ Dachau überstellt, wo er gut einen Monat später an Fleckfieber starb.

Nach seinem Tod geriet Reck-Malleczewens literarisches Werk größtenteils in Vergessenheit. Lediglich das *Tagebuch eines Verzweifelten* erfuhr mehrere Neuauflagen (zuletzt 1994) und wurde als Zeugnis des kompromißlosen Widerstands eines konservativen Intellektuellen gegen das ›Dritte Reich‹ rezipiert.

Weitere Bücher:
Acht Kapitel für die Deutschen. Großschönau 1934. – Ein Mannsbild namens Prack. Berlin 1935. – Sophie Dorothee. Berlin 1936. – La Paloma. Berlin 1937. – Der grobe Brief. Berlin 1940. – Der große Tag des Leutnants Passavant. Berlin 1940. – Der Richter. Berlin 1940. – Spiel im Park. Berlin 1943. – Briefe der Liebe. Berlin 1943. – Diana Pontecorvo. Berlin 1944. – Das Ende der Termiten. Ein Versuch über die Biologie des Massenmenschen. Fragment. Lorch 1946.

Literatur:
Alphons Kappeler: Ein Fall von ›Pseudologia phantastica‹ in der deutschen Literatur: Fritz Reck-Malleczewen. Göppingen 1975.

RINSER, Luise

**30.4.1911 Pitzling/Obb.*

Die Tochter eines Volksschullehrers besuchte von 1924 bis 1930 das staatliche Seminar für Volksschullehrerinnen in München und war daneben Gasthörerin in Kunstpädagogik und Psychologie an der Universität. 1934 legte Rinser die Staatsprüfung für den Volksschuldienst ab und arbeitete als Lehrerin in verschiedenen oberbayerischen Dörfern. Im Mai 1939 heiratete sie den Kapellmeister am Staatstheater Braunschweig, Horst-Günther Schnell, von dem sie sich 1942 wieder scheiden ließ (noch bevor er Soldat wurde und im März 1943 an der Ostfront starb). Sie zog in die Nähe von Salzburg und ging mit dem (homosexuellen) Schriftsteller Klaus Herrmann eine Scheinehe ein. Nach ihren Bewerbungsunterlagen für die Reichsschrifttumskammer vom 24. Januar 1940 gehörte Rinser folgenden Partei-Gliederungen an: »N.S. Frauenschaft M.Nr. 2037240 seit 1.1.36 / früher B.J.M.-Führerin / bis 1.5.39 Mitgl. des N.S. Lehrerbundes«. Im Sommer 1944 wurde sie von einer früheren Freundin aus dem Lehrerseminar denunziert und am 12. Oktober 1944 wegen Wehrkraftzersetzung verhaftet. Sie kam in das Gefängnis Traunstein, wo sie heimlich ihr *Gefängnistagebuch* (München 1946) schrieb. Das Kriegsende verhinderte die Verurteilung und möglicherweise auch die Hinrichtung.

Rinser hatte schon 1930 begonnen, kleine Abhandlungen in Lehrerzeitungen zu veröffentlichen. »Die ersten ›dichterischen‹ Arbeiten«, heißt es in ihrem Lebenslauf (ebenfalls vom 24.1.1940), »druckte die Zeitschrift *Herdfeuer* der Hanseatischen Verlagsanstalt, 1933/34–36, die durch Zufall ein Gedicht von mir in die Hand bekommen hatte.« Neben Gedichten und Erzählungen im Blut-und-Boden-Stil erschien dort auch eine Reportage Rinsers über ein von ihr initiiertes BDM-Führerinnen-Lager. Über ein den »großen Führer« feierndes Gedicht, *Junge Generation*, das unter ihrem Namen im Januar 1935 im *Herdfeuer* erschienen war, kam es in den sechziger und siebziger Jahren zu gerichtlichen Auseinandersetzungen. Rinser behauptete zunächst, nicht die Autorin des Gedichts gewesen zu sein, und bezeichnete es später als eine Satire, die sie zusammen mit anderen NS-Gegnern im Arbeitsdienst geschrieben hätte. Eine satirische Absicht ist nicht zu erkennen. Eine Anhängerin des Nationalsozialismus war Rinser aber nicht. Im November 1938 brachte die *Neue Rundschau* des S. Fischer Verlags erstmals eine Erzählung von ihr. Weitere Texte von ihr erschienen in verschiedenen Zeitungen,

Zeitschriften und in dem von → Weyrauch herausgegebenen Sammelband *1940. Junge deutsche Prosa* (Berlin 1940). Ihr erstes Buch, die autobiografisch geprägte Erzählung *Die gläsernen Ringe* (Berlin), nahm Peter Suhrkamp 1941 in sein Verlagsprogramm auf. Sie wurde als geglückte Talentprobe positiv besprochen, allerdings merkte Weyrauch in einer Rezension für *Das Reich* (vom 21.12.1941) einschränkend an: »Man kann einem Schriftsteller seine Stoffe nicht anraten; er ist souverän, er muß wissen, was er tut, er muß seine Grenzen selbst abstecken. Aber vielleicht ist es doch erlaubt, einer Autorin von der einwandfreien Begabung Luise Rinsers zu sagen, daß sie sich recht bald einer Fabel annehmen möge, einer erfundenen oder womöglich einer in einer Nuß schon vorgeformten, einer geschichtlichen etwa. Die Beschäftigung mit sich selbst ist nicht immer fruchtbar.«

Ein in der Folge gegen sie ausgesprochenes Publikationsverbot ist in den Unterlagen der Reichsschrifttumskammer nicht überliefert. Sie erhielt regelmäßig Schreibpapier zugeteilt, und noch am 2. Mai 1944, also ein knappes halbes Jahr vor ihrer Verhaftung, wehrte sie sich brieflich gegen die Beschlagnahme eines Zimmers »zur Unterbringung Evakuierter«: »Ich arbeite gegenwärtig, nachdem ich meinen zweiten Roman für den Suhrkamp-Verlag beendet habe, an einem vierbändigen Kinderbuch für den Atlantis-Verlag. Der erste Band ist bereits fertiggestellt. Das Ganze bringt in Form einer Erzählung eine geographische, historische und volkskundliche Darstellung Deutschlands und soll das deutsche Gegenstück zu Selma Lagerlöfs ›Wunderbarer Reise‹ werden. Eine Bestätigung kann der Atlantis-Verlag geben. Ferner bin ich ständige Mitarbeiterin der Kölnischen Zeitung und Autorin der Berlin-Film.«

Die Chance, sich und ihren Lesern in ihrer Autobiografie *Den Wolf umarmen* (Frankfurt am Main 1981) ehrlich Rechenschaft über die eigenen Aktivitäten während der NS-Zeit zu geben, hat Rinser nicht genutzt. Sie stilisierte sich zu einer von Anfang an überzeugten Antifaschistin, die alle Parteigliederungen mied und wegen ihrer politischen Einstellung den Lehrerdienst verlassen mußte. Rinser erhielt u. a. Auszeichnungen 1987 den Heinrich-Mann-Preis der Akademie der Künste der DDR.

Weitere Bücher:
Tiere in Haus und Hof. Berlin 1942.

Literatur:
Hans-Rüdiger Schwab (Hrsg.): Luise Rinser. Materialien zu Leben und Werk.

Frankfurt am Main 1986. – Henning Falkenstein: Luise Rinser. Berlin 1988. – Diana Orendi Hinze: The Case of Luise Rinser. A Past that will not die. In: Elaine Martin (Hrsg.): Gender, Patriarchy and Fascism in the Third Reich: The Response of Women Writers. Detroit 1993, S. 143–168. – Elke Frederiksen: Luise Rinser: Im Dialog mit der Vergangenheit? Zur Schwierigkeit der ›Vergangenheitsbewältigung‹. In: Elrud Ibsch/Ferdinand van Ingen (Hrsg.): Literatur und politische Aktualität. Amsterdam/Atlanta, GA 1993, S. 225–238.

SALOMON, Ernst von

**25. 9. 1902 Kiel, † 9. 8. 1972 Stoeckte bei Winsen*

Der Sohn eines preußischen Offiziers und späteren Kriminalrats wurde ab 1913 in den Kadettenanstalten Karlsruhe und Berlin-Lichterfelde erzogen. Nach dem Ende des Ersten Weltkriegs meldete Salomon sich zunächst freiwillig zu den regierungstreuen Truppen und schloß sich 1919 den Freikorpskämpfern im Baltikum und in Oberschlesien an. 1920 beteiligte er sich aktiv am sogenannten Kapp-Putsch und gehörte danach zum Kreis um den ehemaligen Freikorpsführer Kapitän Ehrhardt und dessen militante ›Organisation Consul‹. Wegen Beihilfe zur Ermordung von Außenminister Rathenau wurde Salomon 1922 zu fünf Jahren Zuchthaus und weiteren vier Jahren Ehrverlust verurteilt. In seinem Roman *Die Geächteten* (Berlin 1930), mit dem er als Schriftsteller debütierte, beschreibt Salomon mit zeithistorischer Akribie seinen politischen Werdegang vom preußisch-nationalen Kadetten zum antidemokratischen Vorkämpfer für ein mythisch verklärtes ›neues Deutschland‹, das vor allem eines sein sollte: Antipode zur verhaßten Weimarer Republik, die nationale Ehre, Heldentum und Elitedenken verachte. Mit der angeblich nicht antisemitisch motivierten Ermordung des für sie führenden Repräsentanten der demokratischen Entwicklung, Walther Rathenau, wollten die Verschwörer, so Salomon, einen revolutionären Umsturz auslösen. Trotz seiner eindeutig rechtsradikalen Einstellung wurde Salomon wegen seiner stilistischen und analytischen Brillanz von zahlreichen Kritikern, u. a. von Robert Musil, mit großem Lob bedacht.

Bei der NS-Literaturkritik dagegen stieß Salomon, vor allem nach seinem zweiten Roman, der Geschichte eines scheiternden Revolutionärs (*Die Stadt.* Berlin 1932), auf wenig Zustimmung, weil er, so Hjalmar Kutzleb 1933 in der *Neuen Literatur,* den ›Nihilismus‹ predige, statt aus seiner antibürgerlichen Haltung heraus den Nationalsozialismus zu propagieren. In NS-Literaturgeschichten taucht sein Name deshalb auch nur äußerst selten auf, obwohl

Salomon mit seinen Veröffentlichungen, u.a. seinen preußisch-nationalen Jugenderinnerungen *Die Kadetten* (Berlin 1933) und dem von ihm herausgegebenen *Buch vom deutschen Freikorpskämpfer* (Berlin 1938), hohe Auflagen erzielte. Salomon arbeitete während der nationalsozialistischen Herrschaft zunächst als Lektor für Ernst Rowohlt und seit 1936 als Autor für die Ufa und die Bavaria. Er verfaßte zahlreiche Drehbücher, vorwiegend für Unterhaltungsfilme (u.a. für *Sensationsprozeß Casilla*. 1938, *Kautschuk*. 1939, *Münchnerinnen*. 1944), aber auch für den antienglischen und antisemitischen Kolonialfilm *Carl Peters* (1941). Nach dem sogenannten Röhm-Putsch desillusioniert und von der Hitler-›Bewegung‹ enttäuscht, weil sie nicht die von ihm erhoffte ›nationale Erneuerung‹ gebracht hatte, blieb Salomon den politischen Zielen der Freikorpsbewegung verbunden. Seit 1934 gehörte er zum Kreis um die Zeitschrift *Reiter gen Osten*, für die er zeitweise auch als Hauptschriftleiter fungierte. Die letzten Kriegsjahre verbrachte er als Drehbuchautor zusammen mit seiner jüdischen Lebensgefährtin Ille Gotthelft in Oberbayern.

Nach dem Ende des Zweiten Weltkriegs wurde Salomon, wie er selbst behauptete, »irrtümlich« bis September 1946 von den Amerikanern interniert. 1951 veröffentlichte er den Roman *Der Fragebogen* (Hamburg), in dem er in Form einer Autobiografie seine Antworten auf die 131 Fragen der Entnazifizierungsbehörden dokumentierte und damit auch die Absurdität dieser alliierten Maßnahme offenlegte. Der Roman löste heftige Diskussionen aus, weil Salomon wenig Distanz zu seiner eigenen Vergangenheit erkennen ließ und sich damit zum Sprecher derjenigen machte, die weiterhin deutschnational dachten. »Das ungeratene Dritte Reich«, so Alfred Polgar 1951, »wird zurechtgewiesen wie ein ungeratener Sohn vom Vater, dem hierbei der Stolz über den Teufelsjungen im Auge blinkt.« *Der Fragebogen* wurde zum ersten Bestseller der Bundesrepublik. Danach verfaßte Salomon wieder eine Reihe von Drehbüchern, u.a. für *08/15* (1954/55) und für *Liane, das Mädchen aus dem Urwald* (1956). 1960 veröffentlichte er unter dem Titel *Das Schicksal des A. D.* (Reinbek bei Hamburg) die Lebensgeschichte eines Reichswehrleutnants, der von der Weimarer Republik bis 1950 unschuldig im Gefängnis gesessen hatte. Neben dieser dokumentarischen Prosa, der jegliche kritische Selbstreflexion fehlt, schrieb Salomon unterhaltende Bücher, von der die Kritik aber kaum Notiz nahm.

Weitere Bücher:
Nahe Geschichte. Stuttgart 1936.

Literatur:
Alfred Polgar: Eine gespenstische Erscheinung. In: Ders.: Kleine Schriften. Band 4. Reinbek 1984, S. 167–174. – Hubert Orlowski: Die vorgetäuschte Diskontinuität. Ernst von Salomons Schaffen vor 1945. In: Günter Hartung/Hubert Orlowski (Hrsg.): Traditionen und Traditionssuche des deutschen Faschismus. 4. Protokollband. Poznan 1992, S. 169–178. – Markus Josef Klein: Ernst von Salomon. Eine politische Biographie. Limburg 1994. – Martin Sabrow: Der Rathenaumord. München 1994. – Martin Lindner: Leben in der Krise: Zeitromane der neuen Sachlichkeit und die intellektuelle Mentalität der klassischen Moderne. Mit einer exemplarischen Analyse des Romanwerks von Arnolt Bronnen, Ernst Glaeser, Ernst von Salomon und Ernst Erich Noth. Stuttgart/Weimar 1994. – Richard Herzinger: Ein extremistischer Zuschauer. Ernst von Salomon, konservativ-revolutionäre Literatur zwischen Tatrhetorik und Resignation. In: Zeitschrift für Germanistik. N. F. 8 (1998), S. 83–96.

SCHAEFER, Oda

**21. 12. 1900 Berlin, † 5. 9. 1988 München*

Die Tochter des aus dem Baltikum stammenden Journalisten und Literaten Eberhard Kraus lernte in Berlin Malerei, Grafik sowie Kunstgewerbe und gehörte in den frühen zwanziger Jahren zur Berliner Boheme um George Grosz und Kurt Tucholsky. Nach einer gescheiterten Ehe mit dem Maler Albert Schaefer-Ast zog sie 1926 mit Mutter und Sohn ins niederschlesische Liegnitz, wo sie den Schriftsteller → Horst Lange kennenlernte, den sie 1933 heiratete. Die Natureindrücke der Liegnitzer Zeit verarbeitete Schaefer in ihrem ersten Gedichtband, *Die Windharfe* (Berlin 1939).

1931 nach Berlin zurückgekehrt, gehörte sie mit Lange, → Günter Eich, → Peter Huchel, → Elisabeth Langgässer u. a. zum Kreis um die Literaturzeitschrift *Die Kolonne*. Sie schrieb einerseits Modeartikel für die Frauenbeilage des *Liegnitzer Tageblatts*, dessen Chefredakteur ihr Bruder war, und später auch Kosmetikaufsätze für die Zeitschrift *Die Dame*, andererseits arbeitete sie an ihren Gedichten, las Texte für die literarische Abteilung der ›Berliner Funkstunde‹ und publizierte in der Zeitschrift *Das Innere Reich* sowie in der *Frankfurter Zeitung*.

Schaefer war Mitglied der Reichsschrifttumskammer und veröffentlichte 1939 in V. O. Stomps Rabenpresse *Die Windharfe*, eine Sammlung von Gedichten und Balladen, die in traditioneller Form und elegischem Ton eine Natur evozieren, die ein magischer Kreislauf aus fortlaufenden Metamorphosen kennzeichnet. Diese Texte stehen der Naturlyrik anderer *Kolonne*-Dichter, wie z.B. Huchel oder Eich, nahe, weisen aber auch Affinitäten zu den Gedichten → Wilhelm Lehmanns auf, mit dem Schaefer in brieflichem Kontakt stand. Durch den Bezug auf den überhistorischen und eigengesetzlichen Bereich der Natur eröffnete diese Lyrik Freiräume für eine melancholische Selbst- und Zivilisationskritik, die jedoch abstrakt blieb, da sie sich konkreter Gegenwartsbezüge weitgehend entledigt hatte.

Wenngleich, wie Schaefer in ihren Erinnerungen berichtet, sie und ihr Mann entschiedene Gegner des NS-Regimes waren, jüdische Flüchtlinge versteckten und von der Staatsmacht überwacht wurden, blieb sie im ›Dritten Reich‹ publizistisch präsent und unterstützte damit nolens volens den Eindruck literarischer Normalität im NS-Staat – ein Umstand, dessen Schaefer sich durchaus bewußt war: »Als Lyriker waren wir darauf aus, gedruckt zu werden – ein verständlicher Wunsch. Und da man nicht emigriert war, mußte man manches hinnehmen« (Schaefer 1970, S. 278).

Nach 1945 veröffentlichte Schaefer neben Hörspielen, Erzählungen und Modefeuilletons weitere Gedichtbände, die sich z. T. auf Erlebnisse aus dem Zweiten Weltkrieg bezogen (*Irdisches Geleit*. München 1947, *Grasmelodie*. München 1959) und die unmittelbaren Erfahrungen von Zerstörung und Tod – Schaefers einziger Sohn war im Krieg gefallen – abermals in Bildern einer mystisch unvergänglichen Natur verarbeiteten.

Weitere Bücher:
Auch wenn Du träumst, gehen die Uhren – Lebenserinnerungen. München 1970.

Literatur:
Ralf Schnell: Dichtung in finsteren Zeiten. Deutsche Literatur und Faschismus. Reinbek bei Hamburg 1998.

SCHÄFER, Wilhelm
**20.1.1868 Ottrau,*
†19.1.1952 Überlingen/Bodensee
Der Sohn eines Kleinbauern und Schuhmachers arbeitete zunächst als Volksschullehrer in Vohwinkel und Elberfeld. Ein Stipendium des Cotta-Verlags ermöglichte Schäfer 1897 Studienaufenthalte in der Schweiz und Frankreich. 1898 ließ er sich als freier Schriftsteller in Berlin nieder. Von 1900 bis 1923 gab er in Düsseldorf die Zeitschrift *Die Rheinlande* heraus, die sich vor allem der zeitgenössischen Kunst widmete. 1918 zog er nach Überlingen, wo er seitdem lebte.

Im Werk von Schäfer gibt es drei Hauptstränge:

– Novellen und Kurzgeschichten, die er »Anekdoten« nannte und die selbst von politisch Andersdenkenden wie Kafka und Tucholsky geschätzt wurden (z.B. *Anekdoten.* Düsseldorf 1908, *Die Halsbandgeschichte.* München 1910, *Die unterbrochene Rheinfahrt.* München 1913, *Der begrabene Hund und andere Anekdoten.* München 1918, *Hölderlins Einkehr.* München 1925, *Winckelmanns Ende.* München 1925, *Neue Anekdoten.* München 1926);

– historisch-biografische Romane, in denen er die Leistungen einzelner als Vorbild für die Gegenwart herausstellte (z.B. *Karl Stauffers Lebensgang. Eine Chronik der Leidenschaft.* München 1912, *Lebenstag eines Menschenfreundes.* München 1915, *Huldreich Zwingli. Deutsches Volksbuch.* München 1926, *Theoderich, König des Abendlandes.* München 1939); dazu gehört auch *Der Hauptmann von Köpenick* (München 1930), den Schäfer als tatkräftigen, gegen die sozialen Verhältnisse rebellierenden Menschen schilderte;

– (tages-) politische Schriften und Reden. Vor allem in seiner, sich an die formale Gliederung des Alten Testaments anlehnenden Geschichtsbetrachtung *Die dreizehn Bücher der deutschen Seele* (München 1922) versuchte Schäfer eine völkisch-konservative Sinnstiftung, indem er den Bogen von der mythisch-verbrämten germanischen Vorzeit bis zum Versailler Vertrag spannte. Die Niederlage im Ersten Weltkrieg war für Schäfer nur ein weiterer Beleg für den kontinuierlichen Abstieg Deutschlands. Dagegen wollte er mit dem pathetisch überhöhten Verweis auf deutsche Größe in Frühzeit und Mittelalter und auf die gemeinsame deutsche Sprache einen neuen Aufbruch initiieren, dem allerdings noch eine apokalyptische Vision vorausgeht:

»Das Land der Mitte zu heißen, ist Deutschlands Geschick: zwischen Versailles und Moskau liegen die Gräber seiner gefallenen Söhne, zwischen Versailles und Moskau liegt seine kommende Not ... Alle Kämpfe der Menschheit werden der deutschen Seele auferlegt sein, bis sie, Besiegter und Sieger in Einem, der kommenden Eintracht Christopherus wird; bis einmal Wiederkunft ist, bis endlich den Kindern Gottes auf Erden die grüne Wiese, das blanke Meer und der blaue Himmel gehören.«

Das entsprach zwar nicht ganz den nationalsozialistischen Vorstellungen, ließ sich aber leicht umdeuten zu einem »Wegweiser«, der »geholfen hat, die deutschen Herzen aus der Verzweiflung aufzurichten und zur Erneuerung bereit zu machen« (Langer 1940). Schäfer selbst sah im NS-Deutschland zunächst nicht unbedingt das, was er sich unter der »kommenden Eintracht« vorgestellt hatte. Jedenfalls legt das ein Brief an Thomas Mann vom 30. Oktober 1933 nahe, in dem er die »Verbrechen an der Würde des Menschen« anprangerte. Diese (selbstverständlich nicht öffentliche) Äußerung kann aber nicht darüber hinwegtäuschen, daß sich Schäfer gern von der NS-Kulturbürokratie hofieren ließ. Den »Wunsch nach Ruhm und öffentlichem Einfluß« nennt Carsten Würmann in seiner Analyse als wesentlichen Grund für den politischen Opportunismus von Schäfer. Und dieser Wunsch wurde dem sich bis dahin unterschätzt fühlenden Autor auch erfüllt, verbunden mit hohen Auflagezahlen seiner Bücher. 1933 ließ er sich in die ›gleichgeschaltete‹ Preußische Dichterakademie berufen, die er 1931 zusammen mit → Kolbenheyer und → Strauß unter Protest verlassen hatte. 1937 erhielt er den Rheinischen Literaturpreis, 1941 den Goethe-Preis der Stadt Frankfurt und 1942 den Kulturpreis der Stadt Düsseldorf. Die Wertschätzung, die er genoß, zeigen auch die Artikellängen in den offiziellen Literaturgeschichten und die darin enthaltenen Urteile über sein Gesamtwerk. So schrieb Hellmuth Langenbucher mit ähnlichem Pathos wie Schäfer: »Schäfers Gesamtwerk steht vor uns als die Leistung eines Dichters, der die Aufgabe, seinem Volke Sinnbilder seines Wesens und seines Schicksals zu schaffen, über alles andere, über persönliche Wünsche und künstlerische Lockungen stellte, im Dienst für das ›heilige Reich der Deutschen‹, das der Glaube seines Lebens ist.«

Während Schäfer nach 1933 nur noch wenige literarische Werke veröffentlichte, ergriff er in seinen Reden immer wieder massiv Partei für das NS-Regime und verteidigte dessen Entscheidungen. So knüpfte er zum Beispiel 1942 beim Großdeutschen Dichtertreffen in Weimar bewußt an den Schluß seiner *Dreizehn Bücher* an, als er über *Krieg und Dichtung* (Buchausgabe Weimar 1944) sprach: »Wir wollten einen sozialistischen Staat im ausgewogenen Recht der Stände und nicht als Klassenherrschaft mit neuem Unrecht und Unheil belastet; nun wir ihn im grausamsten aller Kriege gegen die rote und goldene Internationale verteidigen müssen, fiel uns der Auftrag zu, die Grundlage Europas zu schaffen, die einmal – dies ist unser Glaube – die Ordnung der Welt sein wird.«

Daß ihm daran nach Stalingrad Zweifel gekommen sein müssen, allerdings nicht an Hitler, macht ein an → Vesper gerichteter Brief (vom 31.1.1943) deutlich, in dem er davon sprach, »daß wir kein Block, keine Volksgemeinschaft, nur die Täuschung davon sind ... Und hier liegt die Schuld der Partei, daß sie zuviel minderwertige unten am Ruder gelassen hat, sodaß ein fanatischer Haß gegen die Braunen unser Volk durchfrißt. Ein Haß, der sich im Fehlfall gegen Hitler wenden wird, unsern Untergang besiegelnd.«

In den ersten Jahren nach dem Zweiten Weltkrieg wurde das Werk Schäfers in der Öffentlichkeit weitgehend auf seine »Anekdoten« und Novellen reduziert. Mit seinen neuen Büchern hatte Schäfer keinen Erfolg mehr. 1948 ernannte ihn die Düsseldorfer Kunstakademie zu ihrem Ehrenbürger. Im Januar 1952 wurde ein ›Freundeskreis um Wilhelm Schäfer‹ gegründet, den der damaligen Bundesinnenminister Robert Lehr als Vorsitzender leitete. Der Verein entfaltete aber keine nennenswerten Aktivitäten. Schäfer ist heute weitgehend vergessen.

Weitere Bücher:
Der Fabrikant Anton Beilharz und das Theresle. München 1933. – Deutsche Reden. München 1933. – Mein Leben. Rechenschaft. Berlin 1934. – Anckemanns Tristan. München 1937. – Meine Eltern. München 1937. – Wendekreis neuer Anekdoten. München 1937. – Hundert Histörchen. München 1940. – Die Anekdoten. Stuttgart 1943. – Novellen. München 1943.

Literatur:
Todd C. Hanlin: Literature and Political Prejudice: The Victimization of Wilhelm Schäfer. In: Wolfgang Elfe u.a. (Hrsg.): Deutsche Exilliteratur. Literatur der Nachkriegszeit. Bern u.a. 1981, S.54–59. – Gemeinde Ottrau (Hrsg.): Broschüre zur Ausstellung zum 40. Todesjahr Wilhelm Schäfers in Ottrau. Ottrau 1992. – Werner Mittenzwei: Der Untergang einer Akademie oder Die Mentalität des ewigen Deutschen. Berlin/Weimar 1992. – Manfred Bosch: Wilhelm Schäfer. In: Bernd Kortländer (Hrsg.): Literatur von nebenan 1900–

1945. Bielefeld 1995, S. 298–304. – Carsten Würmann: Vom Volksschullehrer zum ›vaterländischen Erzieher‹. Wilhelm Schäfer: Ein völkischer Schriftsteller zwischen sozialer Frage und deutscher Seele. In: Christiane Caemmerer/Walter Delabar (Hrsg.): Dichtung im Dritten Reich? Opladen 1996, S. 151–168.

SCHAUWECKER, Franz

**26. 3. 1890 Hamburg, †31. 5. 1964 Günzburg*

Der Sohn eines Oberzollinspektors studierte in München, Berlin und Götttingen Kunstgeschichte und Germanistik, bevor er sich 1914 als Kriegsfreiwilliger meldete. 1918 wurde Schauwecker im Rang eines Leutnants entlassen. Die Verklärung des Ersten Weltkriegs als männliche Bewährungsprobe bestimmt die meisten seiner Bücher, in denen er mit aggressivem Nationalismus die deutschen Soldaten als Vorkämpfer des kommenden neuen Reichs glorifiziert. Der Durchbruch gelang ihm mit dem »Frontbuch« *Im Todesrachen* (Halle 1919, Neuauflage Halle 1927 unter dem Titel *Das Frontbuch. Die deutsche Seele im Weltkrieg*). Schauwecker zählte wie → Arnolt Bronnen und → Ernst von Salomon zu den nationalrevolutionär gesinnten Autoren um → Ernst Jünger. Für *Der feurige Weg* (Leipzig 1926) schrieb Jünger auch das Vorwort. Bekannt wurde Schauwecker aber vor allem mit seinem Roman *Aufbruch der Nation* (Berlin 1930), aus dem der vielzitierte Satz stammt: »Wir mußten den Krieg verlieren, um die Nation zu gewinnen.« Als Gegner der Weimarer Republik forderte er 1931 in dem Roman *Deutsche allein* (Berlin) einen starken politischen Führer, der auf demokratische Institutionen keine Rücksicht nehmen sollte: »Verantwortung bedeutet Anerkennung der Autorität, bedeutet Anerkennung des Führers, bedeutet Anerkennung eines letzten Wertes über dem Geschäft und über den Menschen ... Sinn des Gesetzes ist: Durchsetzung des Wesens der Nation. Strafe beseitigt diejenigen, welche sich am Wesen der Nation vergehen. Strafe ist weder Abschreckung noch Rache noch Besserung, noch irgendeine moralische Wertung. Strafe ist Beseitigung eines Hindernisses.« Auch nach 1933, als der von ihm ersehnte autoritäre Führer die Macht übernommen hatte, blieb Schauwecker seinem bestimmenden Thema treu. Mit Sachbüchern, dem Schauspiel *Die Entscheidung* (Berlin 1933) und Romanen, wie *Kasematte R* (Leipzig 1937) und *Der Panzerkreuzer* (Berlin 1938), verbrämte Schauwecker das (freiwillige) Sterben im Krieg als notwendiges Opfer für Deutschland. Speziell für jüngere Leser schrieb er im Rahmen der ›Kriegsbücherei der deutschen Jugend‹ *Vor dem Sturmangriff* (Berlin 1939) und *Einer von vielen* (Berlin 1940). Daneben verfaßte er tendenziöse historische Romane und Novellen über die Eroberungszüge der Wikinger, *Die große Sage* (Berlin 1934), über den Kampf der amerikanischen Indianer gegen die angelsächsischen Siedler, *Thecumseh. Erhebung der Prärie* (Berlin 1938), sowie über Napoleon und Friedrich den Großen, *Der große Verzicht* (Berlin 1938). Nach 1945 veröffentlichte Schauwecker nichts mehr.

Weitere Bücher:
Krieg der Deutschen. Leipzig 1933. – Endkampf 1918. Frankfurt am Main 1934. – (Mhrsg.): So war die alte Armee. Berlin 1935. – (Hrsg.): So erlebten wir den Krieg. Berlin 1936. – Wendekreis der Liebe. Leipzig 1937. – Der große Verzicht. Leipzig 1938. – Füsilier Lehmann. Berlin 1940. – Mann zwischen heute und morgen. Leipzig 1940. – Der weiße Reiter. Berlin 1944.

Literatur:
Oswald Claaßen: Franz Schauwecker. Ein Leben für die Nation. Berlin 1933 – Karl Prümm: Das Erbe der Front. In: Horst Denkler/Karl Prümm (Hrsg.): Die deutsche Literatur im Dritten Reich. Stuttgart 1976, S. 138–164. – Michael Gollbach: Die Wiederkehr des Weltkrieges in der Literatur. Kronberg 1978 (bes. S. 139–166). – Erhard Schütz: Romane der Weimarer Republik. München 1986 (bes. S. 203–208).

SCHIRACH, Baldur von

**9.5.1907 Berlin, †8.8.1974 Kröv/Mosel*

Der Sohn des Weimarer Theaterintendanten trat bereits 1925 in die NSDAP ein, als er in München sein Studium der Deutschen Volkskunde und der Geschichte aufnahm. Aufgrund seiner organisatorischen und propagandistischen Talente wurde Schirach 1929 zum Führer des Nationalsozialistischen Deutschen Studentenbundes ernannt. 1931 avancierte er zum Reichsjugendführer der NSDAP. Durch seine Heirat mit Henriette Hoffmann, der Tochter von Hitlers Leibfotografen, stieß Schirach 1932 in den engsten Kreis um den NSDAP-Führer vor. Nach der Machtübernahme der Nazis erhielt er den Titel eines Jugendführers des Deutschen Reichs.

In seinen Reden, die unter dem Titel *Revolution der Erziehung* (München 1938) gesammelt erschienen, seinen Büchern, v. a. *Die Hitler-Jugend. Idee und Gestalt* (Berlin 1934), und als Herausgeber der NS-Jugendführerzeitschrift *Wille und Macht* forderte Schirach von den ihm unterstellten jungen Deutschen unbedingten Gehorsam gegenüber Adolf Hitler und der nationalsozialistischen ›Bewegung‹. Jugendarbeit war für ihn Vorbereitung auf den Dienst für Partei und Staat. In diesem Konzept nahm seine eigene Lyrik einen besonderen Stellenwert ein. Die kurzen, fast formelhaften Gedichte, die in den Anthologien *Die Feier der neuen Front* (München 1929) und *Die Fahne der Verfolgten* (Berlin 1933) versammelt sind, klingen wie Parolen einer verschworenen Gemeinschaft. Sie sollten in einer einfachen, eingängigen Sprache Traditionslinien begründen und damit Stolz auf die kurze Geschichte der NSDAP und ihren Führer wecken. Das Vorbild der sog. ›Kampfzeit‹ diente Schirach immer wieder dazu, zu Tapferkeit, Opferbereitschaft und Gefolgstreue aufzurufen. Mit seinen zum Teil sehr populären Gedichten und Liedern (wie *Unsere Fahne flattert uns voran*) konnte er schon früh seinen Ruf als ›Sänger der Bewegung‹ begründen, der ihm bei seinem steilen politischen Aufstieg hilfreich war.

1940 wurde Schirach als Reichsjugendführer abgelöst und zum Gauleiter und Reichsstatthalter in Wien ernannt. Formell blieb er aber ›Reichsleiter für die Jugenderziehung der NSDAP‹. Bei dem Nürnberger Prozeß gegen die Hauptkriegsverbrecher wurde Schirach 1946 zu 20 Jahren Haft verurteilt, die er in Berlin-Spandau verbüßte. Kaum entlassen, veröffentlichte er seine Memoiren mit dem Titel *Ich glaubte an Hitler* (Hamburg 1967).

Weitere Bücher:

(Hrsg.): Das Lied der Getreuen. Verse ungenannter österreichischer Hitler-Jugend aus den Jahren der Verfolgung 1933–1937. Leipzig 1938.

Literatur:

Michael Wortmann: Baldur von Schirach. Hitlers Jugendführer. Köln 1982. – Jochen von Lang: Der Hitler-Junge. Baldur von Schirach, der Mann, der Deutschlands Jugend erzog. Hamburg 1988. – Thomas Mathieu: Kunstauffassungen und Kulturpolitik im Nationalsozialismus. Studien zu Adolf Hitler, Joseph Goebbels, Alfred Rosenberg, Baldur von Schirach, Heinrich Himmler, Albert Speer, Wilhelm Frick. Saarbrücken 1997.

SCHNEIDER, Reinhold

**13.5.1903 Baden-Baden, †6.4.1958 Freiburg i. Br.*

Der Sohn eines Baden-Badener Hoteliers arbeitete von 1928 an als freier Journalist und veröffentlichte vor allem Reiseberichte und Geschichtsdarstellungen, u. a. über den portugiesischen Nationaldichter Camões (*Das Leiden des Camões oder Untergang und Vollendung der portugiesischen Macht.* Hellerau 1930) und Philipp II. von Spanien (*Philipp der Zweite oder Religion und Macht.* Leipzig 1932).

Von der Katastrophenerfahrung des Ersten Weltkriegs geprägt und von Oswald Spenglers Kulturpessimismus beeinflußt, ist Schneiders Geschichtsverständnis wesentlich ein tragisches: Er begreift den einzelnen als ohnmächtiges Opfer eines überindividuellen Prozesses und akzeptiert als Legitimation für menschliche Herrschaft lediglich heilsgeschichtliche Gründe. Damit ist aber eine Ambivalenz bezeichnet, die den konservativen Monarchisten Schneider einerseits zum Gegner der von den Nationalsozialisten propagierten völkischen Ersatzreligion werden ließ, ihn andererseits zum Fürsprecher einer mystisch-religiösen Herrschaftsbegründung machte, der mit seinen Forderungen nach einem ›echten Führer‹ durchaus die Tonlage der nationalsozialistischen Ideologie traf. Entsprechend kommentierte Schneider die Ernennung Hitlers zum Reichskanzler am 21. März 1933 verhalten erwartungsvoll: »[Hitlers] Rede, ein Bekenntnis zur deutschen Geschichte und zu ihrem lebenden Repräsentanten, war ganz ausgezeichnet ... ich habe auch den Eindruck, daß Hitler, nachdem er aus dem Straßenkampf herausgetreten ist, mit seiner großen Aufgabe wächst« (*Tagebuch 1930–1935*. Frankfurt am Main 1983, Eintrag vom 22. März 1933). Schneider erhoffte sich Mitte 1933 von den Nationalsozialisten eine »Verschmelzung des Germanischen und Christlichen« (ibid., 7.8.1933), und noch im Dezember 1933 feierten Schneiders Artikel für die Berliner Zeitung *Der Tag* Deutschlands »Wiedereintritt in die Geschichte«.

Gleichzeitig aber kritisierte er in seiner Darstellung des preußischen Königshauses, *Die Hohenzollern. Tragik und Königtum* (Leipzig 1933), die Vergöttlichung weltlicher Herrschaft, und die konkrete Erfahrung der NS-Diktatur – Schneider erfuhr am 30. Januar 1934 vom Konzentrationslager Dachau – führte spätestens 1934 zu einer Klärung seines Herrschaftsverständnisses. In den 1934 entstandenen Erzählungen *Das Attentat* sowie *Der fromme Herzog* entwickelte Schneider ideale Herrscherfiguren, für die Gottes Gebot absoluten Vorrang vor machtpolitischen Überlegungen hat. Der gerechte Herrscher wird zum Sachwalter Gottes auf Erden, zum Repräsentanten eines ideellen Prinzips, das Macht und Ethos verbindet (vgl. Getzney, S. 53). Aus der ihm immer deutlicher werdenden Unvereinbarkeit solcher Idealvorstellungen mit den faktischen Verhältnissen im NS-Deutschland zog Schneider die Konsequenz, sich nur noch indirekt mit deutscher Geschichte und Gegenwart auseinanderzusetzen: Bereits im September 1933 begann er mit der Arbeit an einem Buch über die Geschichte Englands, weil »über deutsche Dinge zu sprechen von meinem Standpunkt aus kaum mehr möglich ist; ich würde in sinnlose Streitereien geraten, die den Staub, der die falsche Lehre umgibt, nur vergrößern und die Wichtigkeit der Dinge, die keine Wichtigkeit haben, nur vermehren würde« (Brief vom 18.9.1933, zitiert nach: Reddemann, S. 80). *Das Inselreich. Gesetz und Größe der britischen Macht* (Leipzig 1936) betonte noch einmal emphatisch den Primat des Rechts gegenüber der Macht. Die Kritik an einer machiavellistischen Instrumentalisierung von Recht und Glauben durch die Politik (eines Heinrich VIII.) ließ sich durchaus auch auf die nationalsozialistische Herrschaft beziehen. Entsprechend wurde eine Neuauflage von *Das Inselreich* 1941 offiziell verboten.

Aber auch wenn Schneider zwischen 1933 und 1944 insgesamt elfmal als »unerwünschter Autor« eingestuft wurde (Strothmann, S. 446), konnte er bis 1941 seine immer entschiedener werdende Kritik am NS-Regime publizistisch äußern. 1938 erschien *Las Casas vor Karl V. Szenen aus der Konquistadorenzeit* (Leipzig), in dem Schneider die Figur des Dominikanerpriesters Las Casas explizit gegen Rassismus und Völkermord eintreten ließ. Seine Essaysammlung *Macht und Gnade* (Leipzig 1940), eine Kritik der Macht im Namen der Gnade, erfuhr 1941 eine zweite Auflage und wurde auch in Widerstandskreisen (z. B. von der Gruppe ›Die Weiße Rose‹ und den Mitgliedern des ›Kreisauer Kreises‹, zu denen Schneider persönlichen Kontakt hatte) rezipiert.

Als Schneider 1940 zu den Zentenarfeiern der portugiesischen Regierung nach Lissabon eingeladen wurde und um eine Reisegenehmigung samt Devisen ersuchte, entsprach das Propagandaministerium diesem Antrag umgehend: »Die Schriften Schneiders sind in sachlicher Hinsicht überdurchschnittlich gut bekannt; sie beruhen jedoch auf einer bewußt katholischen Einstellung. Wenn auch dieser Umstand kaum dazu führen würde, Schneider auf deutsche Initiative als Repräsentant ins Ausland zu senden, so muß hier berücksichtigt werden, daß eine offizielle Einladung der portugiesischen Regierung vorliegt. Bei der augenblicklichen Situation besteht ein propagandistisches Interesse daran, daß Schneider der Einladung der portugiesischen Regierung nachkommt« (Brief des Propagandaministeriums an die Reichsschrifttumskammer vom 28. Mai 1940).

Von 1941 an jedoch konnte Schneider offiziell nicht mehr publizieren; seine Traktate, Meditationen, Erzählungen und Gedichte wurden allerdings z.T. in hektographierter Form und über einen Colmarer Kleinstverlag sowie von Wehrmachtspfarrern weiter verbreitet. Schneider verstand diese Texte in erster Linie als spirituelle Trostgaben in schwerer Zeit. Die Veröffentlichung der Broschüre *Das Gottesreich in der Zeit. Sonette und Aufsätze* (Reichshof 1944) veranlaßte den Leiter der Reichskanzlei, Martin Bormann, noch kurz vor Kriegsende einen Hochverratsprozeß gegen Schneider anzustrengen, der jedoch nicht mehr durchgeführt wurde.

Schneider gewann aus dem katholisch-christlichen Ethos, zu dem er sich im Laufe der dreißiger Jahre immer deutlicher bekannt hatte, letztlich eine entschiedene Position des Widerstands gegenüber der NS-Herrschaft. 1954 begriff er selbst diese Haltung in heilsgeschichtlicher Perspektive als Form der Sühne für jenes konservativ-antirepublikanische Gedankengut, das ihm rückblikkend als geistige Wegbereitung des ›Dritten Reichs‹ erschien: »Ich gehöre nicht zu denen, die das Recht haben, diesen Zusammenhang mit den Schuld und Verderben beschwörenden Ideen zu leugnen. Daß [Hitlers] Stimme ihr Echo war, ihre Verwirklichung heraufführte und damit ihre Verkehrtheit erwies, wollte ich freilich nicht. Aber gerade dies empfand und empfinde ich als Gericht, das noch keineswegs entsühnt, denn Sühne kann nur ein Leben sein, ein ganzes Leben« (*Verhüllter Tag*. Köln 1954, S. 93).

Weitere Bücher:

Fichte. Der Weg zur Nation. München 1932. – Auf Wegen deutscher Geschichte. Leipzig 1934. – Kaiser Lothars Krone. Leben und Herrschaft Lothars von Supplinburg. Leipzig 1937. – Corneilles Ethos in der Ära Ludwigs XIV. Leipzig 1939. – Sonette. Leipzig 1939. – Elisabeth Tarakanow. Leipzig 1939. – Theresia von Spanien. München 1939. – Das Vaterunser. Colmar 1941. – Der Abschied der Frau von Chantal. Colmar 1941. – Der Überwinder. Colmar 1941. – Nach dem großen Kriege. Colmar 1941. – Jetzt ist des Heiligen Zeit. Colmar 1943. – Der Dichter vor der Geschichte. Heidelberg 1943. – Die dunkle Nacht. Colmar 1943.

Literatur:

Karl-Wilhelm Reddemann: Der Christ vor einer zertrümmerten Welt: Reinhold Schneider – ein Dichter antwortet der Zeit. Freiburg im Breisgau/Basel/Wien 1978. – Hans Getzeny: Reinhold Schneider – seine geistige und künstlerische Entwicklung am Beispiel der erzählenden Prosa. Frankfurt am Main/Bern/New York 1987. – Ekkehard Blattmann, Klaus Mönig (Hrsg.): Über den »Fall Reinhold Schneider«. München/Zürich 1990. – Cordula Koepcke: Reinhold Schneider – eine Biographie. Würzburg 1993. – Georg Müller: Reinhold Schneider und die Politik – zwischen Macht und Gewissen. Ulm/Kisslegg 1994.

SCHOLZ, Wilhelm von
**15.7.1874 Berlin,*
†29.5.1969 Gut Seeheim bei Konstanz
Der Sohn des letzten Finanzministers unter Bismarck, Adolf von Scholz, studierte in Berlin, Lausanne und Kiel Literaturgeschichte sowie Philosophie und promovierte 1897 in München mit einer Arbeit über Annette von Droste-Hülshoff. Scholz lebte zunächst als freier Schriftsteller, diente im Ersten Weltkrieg als Offizier und arbeitete von 1916 bis 1922 als Erster Dramaturg sowie Spielleiter in Stuttgart. 1926 übernahm er den Vorsitz der Sektion für Dichtung in der Preußischen Akademie der Künste. Nach seinem Rücktritt lebte er auf Gut Seeheim bei Konstanz bis zu seinem Tod.

Scholz debütierte mit Rilke und Liliencron verpflichteten Gedichten (*Frühlingsfahrt*, München 1896), neigte aber bald schon zur Darstellung von mystisch-okkulten und quasi-religiösen Grenzerfahrungen. Die erste Sammlung dieser immer wieder das ›Dunkel‹ und die ›Schatten‹ beschwörenden Gedichte erschien 1902 unter dem Titel *Der Spiegel* (Berlin). Unter dem Einfluß von Paul Ernst und nach der eingehenden Analyse von Friedrich Hebbels Bühnenwerken (*Hebbel*, Berlin 1905) wandte sich Scholz dem Neuklassizismus zu, der die Stiltraditionen der deutschen Klassik wiederbeleben wollte. In seinen formstrengen und zum Teil historisierenden Dramen orientierte er sich an den Wertvorstellungen der wilhelminisch-autoritären Gesellschaft. Sprachliche und formale Experimente waren ihm fremd. Der Durchbruch als Dramatiker gelang Scholz mit der tragischen Lebensgeschichte eines zum Christentum konvertierten Juden zur Zeit der mittelalterlichen Pogrome (*Der Jude von Konstanz*, UA Dresden 1905). Ein Welterfolg wurde die Tragödie *Der Wettlauf mit dem Schatten* (UA Frankfurt am Main und Stuttgart 1920), die die Begegnung eines Schriftstellers mit der von ihm erfundenen Hauptfigur seines neuesten Werks schildert. In seinem wichtigsten Roman, *Perpetua* (Leipzig 1926), der hohe Auflagen erzielte, wird die mit magischen Kräften ausgestattete Protagonistin durch das Selbstopfer ihrer Schwester vor dem Scheiterhaufen gerettet.

Während der NS-Zeit veröffentlichte Scholz vor allem Anthologien, Bearbeitungen, autobiografische Schriften und Gedichte, in denen er auch den Nationalsozialismus und Adolf Hitler feierte. Einer möglichen Kritik an seinen philosemitischen Werken, zu denen auch der Roman *Der Weg nach Ilok* (Berlin/Leipzig 1930) gehört, trat er 1939 in seinen Lebenserinnerungen *An Ilm und Isar* (Leipzig 1939) mit einem eindeutig antisemitischen Bekenntnis entgegen. Darin sprach er u.a. von der »wucherischen Ausbeutung des deutschen Volkes durch die Hebräer« und entschuldigte sich für seine früheren Äußerungen: »Ich war noch jugendlich unreif, noch keineswegs fähig, die Gefahr der wachsenden jüdischen Vorherrschaft in Wissenschaft, Kunst, öffentlichem Leben zu erkennen und richtig einzuschätzen ... Und gewiß ahnte noch niemand, daß der Mann schon geboren war, der Deutschland von der Über- und Durchfremdung befreien und dem deutschen Volke sein Land, seine Macht, seinen Besitz und seine Berufung zurückgeben würde! ... Auch ich vermochte mir lange keine irgendwie wahrscheinliche reinliche Lösung der Judenfrage vorzustellen.« Die Aussage seines Dramas *Der Jude von Konstanz* verkehrte er ins genaue Gegenteil: Hier schon sei »die völlige Unvereinbarkeit des Juden mit unserem Volke« empfunden und dargestellt worden.

Scholz, der bereits 1932 mit der Goethemedaille ausgezeichnet worden war, erhielt 1944 die Ehrendoktorwürde der Universität Heidelberg und im selben Jahr außerdem eine finanzielle ›Ehrengabe‹ des Propagandaministeriums.

1949 wurde er Präsident des Verbands deutscher Bühnenschriftsteller und Komponisten (1951 Ehrenpräsident), geriet aber – trotz weiterer Auszeichungen und Ehrungen – regelmäßig ins Kreuzfeuer der Kritik. Ein nach ihm benannter Preis der Stadt Konstanz für das beste Deutsch-Abitur wurde 1989 nach starken Protesten wieder abgeschafft.

Weitere Bücher:
Gesammelte Werke. 5 Bde., Stuttgart/Berlin 1924. – Ausgewählte Schauspiele. Bodman 1964.

Literatur:
Rudolf Gramich: Formprobleme der Erzählkunst: Wilhelm von Scholz. München (Diss.) 1958. – Bernd Peschken: Klassizistische und ästhetizistische Tendenzen in der Literatur der faschistischen Periode. In: Horst Denkler/Karl Prümm (Hrsg.): Die deutsche Literatur im Dritten Reich. Stuttgart 1976, S. 207–223. – Andreas Wöhrmann: Das Programm der Neuklassik. Die Konzeption einer modernen Tragödie bei Paul Ernst, Wilhelm von Scholz und Samuel Lublinski. Frankfurt am Main/Bern/Cirencester 1979. – Klaus Oettin-

ger: »Getrennt auf ewig, für alle Zeit Feinde!« Wilhelm von Scholz und die Juden. In: Allmende 24/25 (1989), S. 153–165. – Viktor Zmegac: Der historische und der typologische Jude. Studien zu jüdischen Gestalten in der Literatur der Jahrhundertwende. Tübingen 1996.

SCHRÖDER, Rudolf Alexander
**26. 1. 1878 Bremen,*
†22. 8. 1962 Bad Wiessee

Der Sohn eines Bremer Kaufmanns studierte in München Architektur, Musik und Kunstgeschichte, war mit → Rudolf Borchardt, Hugo von Hofmannsthal und Harry Graf Kessler befreundet und gründete 1899 zusammen mit Alfred Walter Heymel und Otto Julius Bierbaum die Zeitschrift *Die Insel*, aus der der gleichnamige Verlag hervorging. Zur selben Zeit veröffentlichte Schröder seine ersten Gedichte (*Unmut*. Leipzig 1899, *Empedokles*. München 1900). In der Folge machte Schröder sich vor allem als Übersetzer klassischer Texte (Horaz, Homer, aber auch Pope und Shakespeare) einen Namen. Politisch wie ästhetisch begriff er sich als Konservativer, der in seinen *Deutschen Oden* (Leipzig 1913) im Vorfeld des Ersten Weltkriegs »Mannessinn«, »Treue« sowie den »heiligen Mut« der Deutschen beschwor und mit *Heilig Vaterland* (Leipzig 1914) ein kriegsverherrlichendes Gedicht schrieb, das unter dem Titel *Deutscher Schwur* bei Feierstunden der Nationalsozialisten häufig rezitiert wurde:

Heilig Vaterland
In Gefahren,
Deine Söhne stehn,
Dich zu wahren.
Von Gefahr umringt,
Heilig Vaterland,
Schau, von Waffen blinkt
Jede Hand.
...
Bei den Sternen steht,
Was wir schwören;

Der die Sterne lenkt,
Wird uns hören:
Eh der Fremde dir
Deine Kronen raubt,
Deutschland, fallen wir
Haupt bei Haupt.

Heilig Vaterland,
Heb zur Stunde
Kühn dein Angesicht
In die Runde.
Sieh uns all entbrannt,
Sohn bei Söhnen stehn:
Du sollst bleiben, Land!
Wir vergehn.

Auf den von → Hans Grimm einberufenen Lippoldsberger Dichtertagen, an denen er von 1936 bis zu ihrer letzten Veranstaltung 1939 teilnahm, trug Schröder das Gedicht 1936 noch einmal vor – allerdings mit der Absicht, sich von der fortwährenden Vereinnahmung des Gedichts durch die Nationalsozialisten zu distanzieren.

Noch während des Ersten Weltkriegs, an dem Schröder zunächst in der 12. Matrosen-Artilleristen-Abteilung auf Wangerooge, dann als Zensor im Brüsseler Generalkommando teilnahm, vollzog er eine Wendung vom konservativ-nationalistischen zum geistlichen Dichter (vgl. *Audax omnia perpeti*. Haarlem 1919, *Das Wunder*. Leipzig 1925, *Herz im Herzen*. Leipzig 1928, *Mitte des Lebens*. Leipzig 1930). Von 1920 bis 1931 hielt Schröder sich publizistisch zurück und arbeitete verstärkt als Architekt. Zu den Nationalsozialisten und dem von ihnen beschworenen »Politmessianismus« (Scholdt, S. 39) war der christliche Schriftsteller schon frühzeitig auf Distanz gegangen. Ende 1932 schrieb er: »... so tönt jetzt aus aller Munde ›vielberufen‹ der Schrei nach dem Führer, nachdem es angesichts der tragischen Folgen tragischer Gesamtverschuldung mit der Suche nach den Sündenböcken nicht mehr getan ist. Ein Führer soll herbei – Christ oder Antichrist, das verschlägt kaum noch, wenn nur der Schein einer Autorität, der Schein einer Hoffnung an seinen Reden und seinem Tun haften würde!« (*Allen Gewalten zum Trotz!* In: *Gesammelte Werke*. Bd. 3, S. 1165). Das Projekt einer »Konservativen Revolution« (*Neue Dichtung*. In: ibid., S. 138), das er beispielsweise mit → Rudolf Borchardt teilte, wurde von Schröder nun konsequent religiös als »Rückbesinnung auf jene ewigen Kräfte« (ibid.) verstanden und führte ihn zu einer Poetik der »Enthistorisierung und Gesellschaftsferne« (Schnell, S. 183). Deren zentrale Maxime formulierte Schröder 1947 folgendermaßen: »Das innerste Wesen aller Kunst ist Trost über die Vergänglichkeit des Daseins« (*Vom Beruf des Dichters in der Zeit.* In: *Merkur* 6–1947, S. 871).

Diese betont christliche Position brachte Schröder in Konflikt mit der nationalsozialistischen Literaturkritik. Am 17. März 1933 hatte er auf eine Rundfrage der *Literarischen Welt* hin ein Plädoyer für Toleranz gehalten (»... Niemand ist mir unverständlicher als der, der einen Anderen um Fragen der Meinung willen verketzern oder diffamieren möchte ...«) und wurde daraufhin von dem NS-Literaturkritiker und Herausgeber der *Neuen Literatur* → Will Vesper hämisch angegriffen: »... Ach Freunde, um Fragen der Meinung? Um die Seele des Volkes geht es uns und um nichts anderes, und Hundsfötter wären wir, wenn wir jetzt, da jene in der Klemme sitzen, uns weich machen und unseren gerechten Kampf bagatellisieren ließen ...« (*Neue Literatur*, April 1933). Ebenso erntete Schröder 1935 eine scharfe Rüge des NS-Literaturkritikers Hellmuth Langenbucher (in der *Westfälischen Landeszeitung* vom 21. 7. 1935), nachdem er in der *Neuen Rundschau* (Juni 1935) Thomas Mann zum 60. Geburtstag gratuliert hatte.

Die *Neue Rundschau* war neben der Zeitschrift *Corona* und der evangelischen Zeitschrift *Eckart* der bevorzugte Publikationsort Schröders. In der *Neuen Rundschau* erschien auch im Juni 1937 *Die Ballade vom Wandersmann*, ein Zyklus von 18 Gedichten, der eine Wallfahrt von der irdischen Finsternis zum ewigen Licht beschreibt und vielfach als Allegorie der ›Inneren Emigration‹ aus dem nationalsozialistischen Dunkel verstanden wurde (vgl. Zeller, S. 404):

Ich such den Splitter nicht
In eurem Aug,
Weil ich nicht im Gericht
Zum Richter taug. ...

Ach, Wandrer, weile nicht
Bei solchem Graun,
Daß dir das Herz nicht bricht,
Es anzuschaun.

Kehr um und folge nicht
Der Narrenspur,
Draus aller Jammer spricht
Der Kreatur!

Doch leider darf ich's nicht. –
Ich schau, gebannt,
Im fremden Schandgesicht
Die eigne Schand.

Diese demütige Vorstellung einer christlich geleiteten ›Inneren Emigration‹ war für Schröder selbst Programm: Er veröffentlichte seine eigenen Vorträge über das deutsche Kirchenlied (*Dichtung und Dichter der Kirche.* Berlin 1936, *Die Kirche und ihr Lied.* Berlin 1937), verfaßte geistliche Lieder (*Ein Lobgesang – Neue Lieder für Kirche und Haus.* Berlin 1937) und begann 1941 selbst zu predigen.

Nach 1945 galt Schröder als einer der wenigen integren Bewahrer einer deutschen humanistischen Tradition. 1950 forderte ihn Theodor Heuss auf, eine neue Nationalhymne zu dichten. Der letztlich nicht übernommene Text begann: »Land des Glaubens, deutsches Land ... sei den Toten zum Gedächtnis, den Lebend'gen zum Vermächtnis, freudig vor der Welt bekannt, Land des Glaubens, deutsches Land« (*Gesammelte Werke.* Bd. 1, S. 501).

Weitere Bücher:
Aufsätze und Reden. Berlin 1939. – Weltliche Gedichte. Berlin 1940. – Geistliche Gedichte. Berlin 1949. – Gesammelte Werke in fünf Bänden. Berlin 1952.

Literatur:
Bernhard Zeller (Hrsg.): Borchardt – Heymel – Schröder. Marbach am Neckar 1978. – Günter Scholdt: Autoren über Hitler. Bonn 1993. – Marion Heide-Münnich: Homo Viator – Zur geistlichen Dichtung Rudolf Alexander Schröders. Frankfurt am Main 1996. – Ralf Schnell: Dichtung in finsteren Zeiten. Reinbek bei Hamburg 1998.

SCHUMANN, Gerhard

**14.2.1911 Eßlingen, †29.7.1995 Bodman*

Der Sohn eines Lehrers, der sich schon früh der Jugendbewegung angeschlossen hatte, trat 1930 mit dem Beginn seines Germanistikstudiums in Tübingen der NSDAP, der SA und dem NS-Studentenbund bei. Schon nach seinem ersten Gedichtband *Ein Weg führt ins Ganze* (München 1932), der den später als Einzelausgabe veröffentlichten (München 1935) sehr erfolgreichen Sonettzyklus *Die Lieder vom Reich* enthielt, wurde Schumann von der nationalsozialistischen Literaturkritik als herausragender Vertreter einer jungen Schriftstellergeneration bejubelt, weil er die NS-Ideologie lyrisch umsetzte, ohne in plumpe Parteiagitation zu verfallen. Teilweise mit religiöser Emphase propagierte er die Selbstaufopferung für das als höchstes Ideal empfundene ›Reich‹, dessen Geschicke ein messianisch gedeuteter Führer lenkte.

Schumann stieg rasch in der NS-Kulturbürokratie auf: 1935 wurde er in den Präsidialrat der Reichsschrifttumskammer und in den Reichskultursenat berufen. 1936 erhielt er von Goebbels den Nationalen Buchpreis für den Gedichtband *Wir aber sind das Korn* (München 1936), in dem er konventionelle Natur- und Liebeslyrik neben eine martialische ›Heldische Feier‹ stellte. Als politische Weiheveranstaltungen sind auch seine Dramen *Entscheidung* (München 1938) und *Gudruns Tod* (Wien 1943) konzipiert, in denen er Geschehnisse aus dem Spartakusaufstand von 1920 bzw. aus der Nibelungensage aufgriff. 1938 übernahm Schumann die Leitung der Gruppe Schriftsteller in der Reichskulturkammer. Nach zweijährigem Kriegsdienst wurde er 1942 Chefdramaturg des Württembergischen Staatstheaters in Stuttgart und ein Jahr später Präsident der Hölderlin-Gesellschaft.

Nach dreijähriger Kriegsgefangenschaft leitete Schumann seit 1949 den von ihm mitgegründeten ›Europäischen Buchklub‹ (→ Einleitung). 1962 rief er den Hohenstaufen Verlag ins Leben, um u.a. ehemaligen NS-Autoren Publikationsmöglichkeiten zu schaffen. Seine eigenen Veröffentlichungen, vor allem Gelegenheitsgedichte, fanden kaum noch Beachtung.

Weitere Bücher:

Fahne und Stern. München 1934. – Bewährung. München 1940. – Lieder vom Krieg. München 1941. – Besinnung. Von Kunst und Leben. Bodmann 1974.

Literatur:

Albrecht Schöne: Über Politische Lyrik im 20. Jahrhundert. Göttingen 1965. – Klaus Vondung: Das Bild der »Faschistischen Persönlichkeit« in der nationalsozialistischen Literatur nach 1933. Am Beispiel chorischer Dichtungen Gerhard Schumanns. In: Stein Ugelvik Larsen/Beatrice Sandberg (Hrsg.): Fascism and European Literature. Bern u.a. 1991, S. 58–64. – Erwin Rotermund: Gerhard Schumanns Sonettzyklus ›Die Reinheit des Reiches‹ und sein Zeitgedicht ›Das Gericht‹. Eine Skizze zur innerfaschistischen Opposition in der Lyrik des »Dritten Reiches«. In: Wolfgang Duesing u.a. (Hrsg.): Traditionen der Lyrik. Festschrift für Hans-Henrik Krummacher. Tübingen 1997, S. 169–182.

SEIDEL, Ina

**15. 9. 1885 Halle/Saale,*
†2. 10. 1974 Ebenhausen bei München

Ina Seidel wuchs in Braunschweig auf, wo ihr Vater, der Bruder des Schriftstellers Heinrich Seidel, 1886 eine eigene chirurgische Praxis eröffnet hatte und seit 1894 das Herzogliche Krankenhaus leitete. Nach dem durch böswillige Verleumdungen ausgelösten Suizid des Vaters zog die Familie 1896 nach Marburg und ein Jahr später nach München. 1907 heiratete Ina Seidel ihren Vetter, den Pfarrer und Schriftsteller Heinrich Wolfgang Seidel, dem sie nach Berlin und Eberswalde folgte. Seit 1934 lebte sie in Starnberg.

Seidel debütierte 1914 mit einer formal und inhaltlich schlicht gehaltenen Lyriksammlung (*Gedichte.* Berlin), die die Euphorie zu Beginn des Ersten Weltkriegs widerspiegelt. Aber schon in ihrem zweiten Gedichtband *Neben der Trommel her* (Berlin/Stuttgart 1915) ist Ernüchterung zu spüren. Die Klagen der »Todesbräute«, »die kein Sieg auf Erden jemals trösten kann«, rücken in den Vordergrund. Zum ersten Mal klingt in diesen Gedichten Seidels Utopie einer friedlichen »matriarchalen Welt« (Gabriele Thöns) an, die sie in den Romanen *Brömseshof* (Stuttgart 1928) und *Das Wunschkind* (Stuttgart 1930) weiterentwickelte. Auf dem Brömseshof, der von den Frauen in eigener Regie bewirtschaftet wird, findet der aus der Kriegsgefangenschaft heimkehrende Sohn keinen Platz mehr. Auch in der Lebensgeschichte des Wunschkindes Christoph, die zwischen den Revolutionskriegen und den deutschen Freiheitskämpfen angesiedelt ist, sind es die psychologisch differenziert gezeichneten Frauengestalten, die die Handlung bestimmen und sich keineswegs als Dienerinnen der Männer verstehen. Immer wieder beziehen sie deutlich Stellung gegen den Krieg. So heißt es am Ende des Romans fast resümierend: »Der Tag wird kommen – und er *muß* kommen –, da die Tränen der Frauen stark genug sein werden, um gleich einer Flut das Feuer des Krieges für ewig zu löschen.«

Daß Seidels Romane trotzdem während der NS-Zeit hohe Auflagen erreichten und heute nicht zu den Vorläufern der feministischen Literatur zählen, hängt vornehmlich mit der in mythischen ›Urgründen‹ wurzelnden Heroisierung des Mütterlichen zusammen, die im nationalsozialistischen Mutterkult ihre Entsprechung fand. Mit einer unverblümten Zurschaustellung tümelnder Irrationalismen – wie Blut und Boden als konstituierende Elemente des Lebens – wurde vor allem *Das Wunschkind* zum »getreuen Spiegelbild der deutschen Bürgerseele« (Klaus Harpprecht) am Ende der Weimarer Republik. Seidel, die 1945 zugab, »für einige Zeit der Suggestion der nationalsozialistischen Parolen erlegen zu sein« (Brief an Paul Wiegler, zitiert nach Christian Ferber, S. 308), hatte sich mehrfach in den Dienst der NS-Propagandisten gestellt: als Mitglied der Dichterakademie ebenso wie als Mitherausgeberin der Kriegsbriefe von Nachrichtenhelferinnen (*Dienende Herzen*, Berlin 1942) und als Verfasserin von zwei Elogen zum 50. Geburtstag Hitlers 1939. So deutete sie in ihrem Gedicht *Lichtdom* die Reichsparteitage der NSDAP zum christlichen Weihespiel um und ließ den ›Führer‹ als von Gott berufen erscheinen, wenn sie schrieb:

Der Lichtdom baut sich bläulich zu den Sternen
und seine Pfeiler steh'n rings um das Reich.
In ihren Grenzen gibt es keine Fernen,
die Kuppel überwölbt uns alle gleich.
Ihr sagt, es seien Vögel, die dort oben
taumelnd durchkreisen das erhab'ne Rund?
Mich aber dünkt's, als täten sich von oben
Geheimnisvolle Zeugen schwebend kund.
...
In hoher Kuppelrundung wallt die Wolke
bewegt von rätselhaftem Flügelschlag.
Wer ist's, der vom vorausgegang'nen Volke
sich zugesellt dem großen deutschen Tag?

Ach, zahllos sind sie mit uns angetreten,
auf zu den Sternen staffelt sich der Chor,
zu grüßen: Heil ihm – Und: Hilf ihm! zu beten –
Die Unsichtbaren tragen es empor.

Im Gegensatz hierzu hatte sich Seidel in dem Roman *Lennacker. Das Buch einer Heimkehr* (Stuttgart 1938) zum christlich-humanistischen Weltbild bekannt und war dabei nicht nur auf Zustimmung gestoßen. Der frömmelnde Episodenroman, der nur mühsam von einer Rahmenhandlung zusammengehalten wird, schildert in zwölf Kapiteln die Geschichte der Pastorenfamilie Lennakker seit der Reformation. 1941 erhielt sie den Grillparzer-Preis der Stadt Wien.

In den Anfangsjahren der Bundesrepublik gehörte Seidel zu den bekanntesten und meistgelesenen Autorinnen; sie wurde mit zahlreichen Preisen, Orden und Ehrenmitgliedschaften ausgezeichnet. Ihre realistischen, traditionelle Erzählformen favorisierenden Prosatexte und ihre der Neuromantik verpflichteten Gedichte bestimmten den literarischen Kanon wesentlich mit. Auch inhaltlich entsprachen ihre Bücher, die nunmehr höhere Auflagen als vor 1945 erzielten, den restaurativen Tendenzen in der Politik und dem Trend zur Innerlichkeit. 1959 versuchte Seidel sich in ihrem Roman *Michaela. Aufzeichnungen des Jürgen Brook* (Stuttgart) mit der Haltung des Bildungsbürgertums (und damit auch ihrer eigenen) in der NS-Zeit auseinanderzusetzen. Aber statt schonungslos Rechenschaft abzulegen, verlor sie sich in Klischees und entwarf das Bild einer Gegengesellschaft, die ihr als richtig erkanntes Wertesystem über die Nazibarbarei hinaus halten sollte.

Weitere Bücher:
Dichter, Volkstum und Sprache. Ausgewählte Vorträge und Aufsätze. Stuttgart 1934. – Meine Kindheit und Jugend. Ursprung, Erbteil und Weg. Stuttgart 1935. – Unser Freund Peregrin. Stuttgart 1940. – Gedichte 1905–1955. Stuttgart 1955. – Lebensbericht 1885–1923. Stuttgart 1970 .

Literatur:
Karl August Horst: Ina Seidel. Wesen und Werk. Stuttgart 1959. – Christian Ferber: Die Seidels. Geschichte einer bürgerlichen Familie 1811–1977. Stuttgart 1979. – Klaus Harpprecht: Auf chronische Weise deutsch. In: FAZ vom 14.11.1980. – Gabriele Thöns: Aufklärungskritik und Weiblichkeitsmythos – die Krise der Rationalität im Werk Ina Seidels. Düsseldorf (Diss.) 1984. – Kirsten Schrick/Siegfried Wagner: Aus der Geschichte des Münchener Literaturpreises. Ränkespiel gegen Ina Seidel. Warum Erwin Guido Kolbenheyer 1939 in der »Hauptstadt der Bewegung« dem Berliner Propagandaministerium unterlag. In: Literatur in Bayern. Heft 21 (1990), S. 15–18. – Annette Kliewer: Die

Mutter als »Wurzel der Gemeinschaft«. Ina Seidels ›Wunschkind‹ als Wende zum NS-Mutterroman. In: Diskussion Deutsch 23 (1992), S. 426–437.

STEGUWEIT, Heinz

(auch: Lambert Wendland)
**19. 3. 1897 Köln,*
†25. 5. 1964 Halver/Westfalen

Der Kaufmannssohn besuchte nach dem Gymnasium für kurze Zeit die Handelshochschule, ehe er als Leibgrenadier eingezogen wurde. Nach dem Ersten Weltkrieg arbeitete er zunächst als Bankangestellter und seit 1925 als freier Autor. Nachdem Steguweit mit zum Teil nationalistischen Gedichten debütiert hatte, wandte er sich der heiteren Erzählung und dem Schwank zu, wofür er vor allem das Rheinland als Schauplatz wählte. Daneben entstanden Romane und Novellen, in denen er den soldatischen Kampf zur männlichen Bewährungsprobe stilisierte. In *Der Jüngling im Feuerofen* (Hamburg 1932) ist es gerade diese positiv gedeutete Kriegserfahrung, die einem Heimkehrer hilft, sein Leben in der von ihm abgelehnten Weimarer Republik glücklich zu gestalten. Noch einen Schritt weiter ging Steguweit in seinem Roman *Heilige Unrast* (Hamburg 1935), in dem er die Frontgeneration fast schicksalhaft zur nationalsozialistischen ›Bewegung‹ finden ließ. Auch in seinen von der NS-Literaturkritik gefeierten Gedichten (*Und alles ist Melodie.* Hamburg 1937) und Bühnenstücken (v. a. in *Der Herr Baron fährt ein.* Leipzig 1934, und in seinen zahlreichen Laienspielen) trat Steguweit mehr oder weniger offen für den nationalsozialistischen Staat und dessen ideologischen Vorgaben ein. Bereits kurz nach der Machtübernahme Hitlers war er zum Kulturredakteur des *Westdeutschen Beobachters* und zum Landesleiter der Reichsschrifttumskammer avanciert. 1938 erhielt er den Rheinischen Literaturpreis und ein Jahr später den Erzählerpreis des Verlages Velhagen & Klasing.

Nach dem Zweiten Weltkrieg wandte sich Steguweit wieder humorvollen Texten und Kinderbüchern zu. Mit seinen Erzählungen, für die er von der Bundeszentrale für Heimatdienst und vom Westdeutschen Autorenverband 1960 ausgezeichnet wurde, vor allem aber mit seinen bühnenwirksamen Laienspielen konnte er bis zu seinem Tod ein großes, allerdings literarisch anspruchsloses Publikum erreichen.

Weitere Bücher:
Der Nachbar zur Linken. Leipzig 1935. – Die törichte Jungfrau. Hamburg 1937.

Literatur:
Andrea Brandhoff: Heinz Steguweit. In: Wulf Segebrecht (Hrsg.): Der Bamberger Dichterkreis 1936–1943. Bamberg 1985, S. 219–224.

STEHR, Hermann

**16. 2. 1864 Habelschwerdt/Schlesien, †11. 9. 1940 Oberschreiberhau/Schlesien*

Der Sohn eines Sattlermeisters arbeitete nach dem Besuch der Landecker Präparandenanstalt ab 1887 als Volksschullehrer in mehreren schlesischen Dörfern. 1911 gab er die wenig geliebte Tätigkeit wegen eines Ohrenleidens auf und lebte als freier Schriftsteller zunächst in Bad Warmbrunn und seit 1927 in Oberschreiberhau.

Stehr hatte 1898 mit zwei Erzählungen bei S. Fischer debütiert (*Auf Leben und Tod.* Berlin), die wie sein Roman *Drei Nächte* (Berlin 1909) in der psychologischen Durchdringung und in der Schilderung sozialer Nöte deutliche Einflüsse des Naturalismus erkennen lassen. Stehrs Hang zum Mystischen, zum Gottsuchertum, kommt besonders in seinem bekanntesten Roman *Der Heiligenhof* (2 Bde., Berlin 1918) zum Tragen, in dem ein blindes Mädchen, das »Heiligen-Lenlein«, wie ein von Gott gesandter Engel die Menschen zum Guten bekehren will, aber, durch die Liebe zu dem Sohn vom feindlichen Nachbarhof sehend geworden, aus der Welt scheiden muß. Peter Demetz nahm den Roman 1980 als Anlaß für seine Aufforderung, »das lange Schweigen über den Epiker Stehr kritisch zu brechen«. Denn der Roman sei ein »expressionistisch glühendes Buch«, das dazu zwinge, »genauer über jene abgründig deutschen Mischungen von Mystik und Nonkonformismus, Subjektivität und Revolte, Tiefe und Provinzialität nachzudenken« (*FAZ* vom 10. 9. 1980).

Stehr, der schon im Kaiserreich durch antimonarchistische Äußerungen aufgefallen war, leitete 1918 für kurze Zeit den Volksrat von Warmbrunn und trat als Wahlredner für die Deutsche Demokratische Partei seines Freundes und Gönners Walter Rathenau auf. Er verstand sich als »überzeugter Anhänger der sozialen Republik« (Brief an Otto Lummer vom 15.11.1918) und blieb lange Zeit ein engagierter Verteidiger der Weimarer Demokratie. Aber die Erfahrungen, die er als Volksrat gemacht hatte, und der Friedensvertrag von Versailles, den er heftig ablehnte, verstärkten seine konservativ-nationalen Ressentiments, seinen Haß auf Frankreich, seine Angst vor dem Kommunismus, seine Zivilisationskritik und seinen latenten Antisemitismus (trotz seiner jüdischen Freunde und Förderer). Stehrs naiv-chauvinistische Weltsicht spiegelt sich in *Das Märchen vom deutschen Herzen* (Leipzig 1926). Darin ließ er Gott dem deutschen, dem »arischen« Mann die Weltherrschaft übertragen. Im selben Jahr wurde Stehr zu einem der fünf Gründungsmitglieder der Sektion für Dichtkunst in der Preußischen Akademie der Künste ernannt. Als die hinzugewählten, ebenfalls völkisch orientierten Autoren → Kolbenheyer, → Schäfer und → Strauß 1931 unter Protest austraten, blieb Stehr in der Akademie, obwohl er unterdessen deren antidemokratischen Positionen weitgehend teilte. Äußeres Zeichen dafür war sein Wechsel zum rechtsgerichteten Georg Müller Verlag. Auch in seinen Romanen näherte er sich einer mythisch verbrämten Blut-und-Boden-Literatur an. Besonders in seiner dreibändigen Familiensaga *Das Geschlecht der Maechler* (*Nathanael Maechler*. Berlin 1929, *Die Nachkommen*. Leipzig 1933, *Damian*. Leipzig 1944) propagierte Stehr sein Weltbild, nach dem, so Bodo Heimann, »das soziale Verhalten, auch Fehlverhalten der Menschen aus geheimnisvollen Tiefen bestimmt wird und an das biologische Sein der Menschen gebunden ist, sei es durch unterschiedliche Ausprägung des männlichen und weiblichen Geschlechts, sei es durch die Weitergabe des Erbgutes durch die Generationen hindurch«. Soweit Stehr dem nationalsozialistischen Denken auch entgegenkam, so sehr beharrte er auf der Selbstverantwortung des einzelnen, der aus den ererbten Charaktereigenschaften das Beste machen müsse: »Wie ihr seid, so wird der Staat sein im Guten und im Bösen«, läßt er einen der Protagonisten in *Nathanael Maechler* sagen. »Seid treu in der Pflicht eurer Tage, so schafft ihr dem Vaterland gute Jahre. Soll es licht in der Zeit sein, so muß es erst licht in unserem Innern sein, licht von der Wahrhaftigkeit, gegenseitiger Duldung und Wertschätzung her, licht von der Hilfe für den schwachen Nebenmenschen her, aber auch und vor allem licht von dem ernsten

Willen zur Reinheit in uns selber.« Damit konnte nicht die kollektives Denken und Handeln fordernde ›Volksgemeinschaft‹ gemeint sein. Trotzdem warb die NS-Kulturbürokratie intensiv und mit Erfolg um Stehr. Denn er war einer der ganz wenigen renommierten Autoren, die Deutschland nach Hitlers Machtübernahme nicht verlassen hatten. (Noch Anfang 1933 hatte ihn ein Kreis von namhaften Persönlichkeiten für den Literatur-Nobelpreis vorgeschlagen.)

Stehr avancierte zum, wie Günter Scholdt in seinem Buch *Autoren über Hitler* schreibt, »ersten Dichter der Nation«, der seinerseits in dem Machtwechsel »die große Chance seines Lebens« sah. Stehr wurde Senator der 1933 ›gleichgeschalteten‹ Preußischen Dichterakademie, er erhielt den Frankfurter Goethe-Preis (1933), den Adlerschild des Deutschen Reiches (1934) und die Ehrendoktorwürde der Universität Breslau (1934). Sein 70. Geburtstag, 1934, wurde zum feierlichen Staatsakt. In der Berliner Akademie hielt → Griese die Festansprache und erklärte Stehr zum Wegbereiter des Nationalsozialismus: »Das Geschehen unserer Tage ist nicht ohne sein Dichtertum zu denken, also wird auch das weitere Geschehen sich nicht abseits von ihm zutragen können« (abgedruckt in: *Zeitschrift für Bücherkunde* 38–1934, Beilage 2). Die Feierlichkeiten endeten mit einem Mißklang, als der Breslauer SA-Führer Heines Stehr wegen seiner republikanischen Vergangenheit und seiner jüdischen Freunde angriff. Wie Ulrich Erdmann in seiner Untersuchung nachweisen konnte, reagierte Stehr mit Verleugnung seiner jüdischen Freunde. Er ließ beispielsweise zu, daß ihre Namen aus den Neuauflagen seiner Bücher getilgt wurden.

Stehr verfaßte für die Monatsschrift des Nationalsozialistischen Lehrerbunds Gauverband Sachsen Artikel und warb in seinen Reden für den NS-Staat. So richtete er im September 1934 eine Rundfunkansprache *An die Jugend*, in der er Hitler als »geniale(n) Führer« und »Wegbereiter des neues Reiches« pries: »Reiht Euch ein, marschiert mit. Jeder trete ein in die Bataillone der Hitlerjugend unter der Leitung Baldur von Schirachs, daß endlich der Wille dieses hingebenden Walters der deutschen Jugend erfüllt werde, 10 Millionen deutscher Jungen und Mädchen unter der Hakenkreuzfahne zu vereinen« (abgedruckt in: *Das Stundenglas. Reden, Schriften, Tagebücher*. Leipzig 1936, zitiert nach Erdmann). Auch dem Antisemitismus redete er das Wort. Einen Rest seiner früheren Identität hatte er sich allerdings gewahrt: Den von ihm geforderten Ahnennachweis verweigerte er.

Nach dem Ende der NS-Zeit sind seine Bücher nur noch vereinzelt aufgelegt worden.

Weitere Bücher:
Gesammelte Werke. 12 Bde., Leipzig 1927–36. – Gudnatz. Leipzig 1934. – Mein Leben. Berlin 1934. – Der Mittelgarten. Leipzig 1936. – Der Himmelsschlüssel. Leipzig 1939. – Zwiesprache über den Zeiten. Geschichte einer Freundschaft in Briefen und Dokumenten. Hrsg. von Ursula Meridies-Stehr. Leipzig/München 1946 (über die Freundschaft mit Walther Rathenau).

Literatur:
Wilhelm Meridies: Hermann Stehr. Würzburg 1964. – Arno Lubos: Hermann Stehr. Darmstadt o. J. (Lizenzdruck aus: Ders.: Geschichte der Literatur Schlesiens. Bd. 3, München 1974). – Bodo Heimann: Die Konvergenz der Einzelgänger. Literatur als Integration des problematischen Individuums in die Volksgemeinschaft: Hermann Stehr – Emil Strauß – Erwin Guido Kolbenheyer. In: Horst Denkler/Karl Prümm (Hrsg.): Die deutsche Literatur im Dritten Reich. Stuttgart 1976, S. 118–137. – Gerhard Pachnicke: Dichterbriefe aus dem Jahre 1934. Hermann Stehr im Briefwechsel mit Gerhart Hauptmann. In: Schlesien 36 (1991). S. 44–51. – Ulrich Erdmann: Vom Naturalismus zum Nationalsozialismus? Frankfurt am Main u. a. 1997.

STRAUSS, Emil

**31. 1. 1866 Pforzheim,*
†10. 8. 1960 Freiburg i. Br.

Der Sohn eines Schmuckfabrikanten studierte Philosophie, Germanistik und Volkswirtschaft in Freiburg, Lausanne und Berlin (ohne Abschluß). Er war mit Max Halbe und Richard Dehmel befreundet, mit Moritz Heimann und → Gerhart Hauptmann verschwägert. Als Anhänger der Lebensreformbewegung unternahm Strauß selbst zwei landwirtschaftliche Experimente: von 1890 bis 1892 mit dem Schriftsteller Emil Gött in Süddeutschland und 1892/93 allein in Brasilien, wo er danach ein Knabeninternat leitete. 1894 kehrte er nach Deutschland zurück, lebte zeitweise in der Dresdner Künstlerkolonie Hellerau (1911–15), arbeitete wieder als Landwirt und ließ sich 1925 als freier Schriftsteller in Freiburg nieder.

Schon in seinem literarischen Debüt, dem Erzählungsband *Menschenwege* (Berlin 1899), in dem Strauß seine Brasilienerfahrungen verarbeitete, ist die für sein frühes Werk charakteristische Form des europäisch-kolonialen Rassismus zu erkennen, der die

Abwertung von Menschen nichtweißer Hautfarbe mit der irrationalen Angst vor dem Fremden verbindet (»... und der Gedanke an die Lust mit der Negerin schüttelte mich stets mit demselben Ekel wie die Lust nach einer Äffin«). Bei der Neuauflage der Erzählung *Prinz Wieduwitt* aus diesem Band (München 1939) legte Strauß gegenüber seinem Verlag Wert darauf, daß auf dem Titel das Entstehungsjahr genannt werde, damit das Buch nicht als ein »nagelneues Produkt der Rassenkonjunktur« (Brief an den Langen-Müller Verlag vom 31.8.1939) erscheine. »Ich war wohl der erste, der das Rasseproblem aufgriff u. zw. unmittelbar aus dem Leben her, in den MENSCHENWEGEN«, hatte er schon vier Jahre zuvor seinem Lektor Gustav Pezold angegeben (Brief vom 2.11.1935). In der Erzählung *Vorspiel* aus dem Band *Hans und Grete* (Berlin 1909) wird sogar erst durch den Mord an einer schwarzen Brasilianerin das Lebensglück der weißen Protagonisten möglich.

Berühmt wurde Strauß aber mit anderen Erzählungen, wie zum Beispiel mit der in den psychischen Nuancierungen fein gearbeiteten Novelle *Der Schleier* (Berlin 1920), vor allem aber mit dem Roman *Freund Hein* (Berlin 1902). Strauß schilderte darin die Lebensgeschichte eines musikalisch begabten Schülers, der an seinen Lehrern und der verständnislosen Umwelt tragisch scheitert. Diese Texte waren es, die → Hermann Hesse oder → Oskar Loerke teils euphorisch lobten, sogar Arnold Zweig stimmte ihnen mit Abstrichen zu. So schrieb Hesse in der Zeitschrift *Der Bücherwurm* (1930, S.1952) über »eine Kostbarkeit besonderen Ranges«, nämlich die Novelle *Der Schleier*: »Würden wir Deutschen zu den Völkern gehören, welche Freude an ihrer eigenen Sprache haben, so wäre Emil Strauß bei Lebzeiten von seinem Volk zum Klassiker ernannt worden. Statt dessen ist er, früher wenigstens, an Achtungserfolgen gewöhnt, seit langem nur noch der älteren Generation bekannt. Eine schönere, gesundere deutsche Prosa als Emil Strauß schreibt heute niemand.« Tatsächlich hat Strauß in der Weimarer Republik an seine Erfolge aus der Kaiserzeit nicht mehr anknüpfen können, obwohl er 1926 in die Sektion für Dichtkunst in der Preußischen Akademie der Künste gewählt wurde (aus der er 1931 zusammen mit → Kolbenheyer und → Schäfer wieder austrat).

Seine Verbitterung über ausbleibende Erfolge war sicher auch ein Grund dafür, daß er sich Rosenbergs ›Kampfbund für deutsche Kultur‹ anschloß und 1930 Mitglied der NSDAP wurde. In Hitler sah Strauß den von ihm ersehnten starken Mann, der

Deutschland zu neuer Größe führen sollte, und die Volksgemeinschaft war das, was ihm als politische Lebensform vorschwebte. »Im Jahre 91 suchten wir unzufriedenen jungen Leute mit unserer Bauernkolonie im kleinen das, was heute der Nationalsozialismus im Grossen zu gestalten versucht«, schrieb Strauß in dem schon erwähnten Brief an Pezold. Daß er dem völkischen Denken, das das Bauerntum heroisierte und das Stadtleben als dekadent ablehnte, schon von Anfang an verhaftet war, zeigte bereits sein früher Roman *Kreuzungen* (Berlin 1904), dessen Aussage Johanna Bohley in zwei Sätzen zusammenfaßt: »Die Tätigkeit auf dem Land und die Heimatverbundenheit erweisen sich in der Welt des Romans als persönlichkeitsstiftende und tragende Prinzipien. Der Roman verweist auf eine Heimatmöglichkeit ex negativo: Heimat ist dort, wo die Großstadt nicht ist.«

Nach der nationalsozialistischen Machtübernahme verstärkten sich diese Tendenzen im Werk von Strauß noch – verbunden mit einem tiefverwurzelten Antisemitismus, der nur notdürftig als zeittypisch für das Kaiserreich verbrämt wurde. So heißt es in einem Dialog aus *Das Riesenspielzeug* (München 1935, aber bereits 1934 erschienen): »Du hast mich scharf gemacht, du hast mir vorgerechnet, daß in deinem geliebten Kaiserstuhl fast kein Bauer mehr sitzt, der nicht dem Juden zinst. Wer aber ist schuld, daß der Bauer dem Juden zinst? – wir! Wir haben das Wissen und sollten ihm den Star stechen und ihm helfen!«

Der Roman, in dem Strauß seine lebensreformerischen Versuche literarisch auswertete, stieß nicht nur bei der NS-Literaturkritik auf Anerkennung. Wieder war es Hesse, der sich für Strauß einsetzte, indem er den »nicht gerade unwürdigen, aber billigen« Antisemitismus zum »Nebenthema« machte und für Strauß sogar neue (verdiente) Chancen im NS-Staat erkannte: »Vielleicht aber ist jetzt doch seine Stunde gekommen, und er erlebt noch einmal, was ihm seit Jahrzehnten vorenthalten wurde« (*Neue Zürcher Zeitung* vom 22.10.1934). Was Hesse wohl am meisten beeindruckte, war, daß sich Strauß einen subversiven Individualismus bewahrt hatte, der nicht nur nach Erfüllung in der Landarbeit, sondern auch nach persönlicher Freiheit im Denken suchte. Strauß selbst hatte sich zu dieser Zeit bereits weitgehend seiner Partei, der NSDAP, und deren Doktrin angepaßt. Schon am 20. April 1933, am ›Führergeburtstag‹, war im *Völkischen Beobachter* ein Artikel erschienen, in dem er seinen Weg zu Hitler beschrieb und die ›Volksgemeinschaft‹ als seine Lebensform pries (*Der Hitler. Auch eine Erinnerung*). Einen Monat später wurde er in die ›gleichgeschaltete‹ (unterdessen) Deutsche Akademie für Dichtung berufen, allerdings verweigerte er die Unterschrift unter die von → Gottfried Benn ausgearbeitete Loyalitätserklärung für den NS-Staat. »Wollen wir erklären und versprechen, was für uns selbstverständlich sein muß?« fragte Strauß den Vorstand der Akademie und äußerte die Sorge: »Die vorliegende Erklärung – zumal sie nichts bisher Ungesagtes sagt – würde uns in die Reihe der vielen ›gleichgeschalteten‹ Organisationen drücken.« Die Akademie war Strauß zu schade, zu kostbar für die Tagespolitik. Ansonsten hielt er sich mit kritischen Äußerungen zurück. In NS-Literaturgeschichten wurde Strauß in langen Artikeln gewürdigt, meist unter den Aspekten, die Hellmuth Langenbucher formuliert hatte: »Der Einzelne als Glied der Gemeinschaft« und »Lebensgesetz der Rasse«. 1936 erhielt Strauß die Goethe-Medaille und den Erwin-Steinbach-Preis. Er wurde Ehrenbürger von Freiburg und Reichskultursenator. Die Reichsschrifttumskammer schlug ihn 1938 sogar, allerdings erfolglos, für den Nationalpreis vor, der als Ersatz für den Nobelpreis gedacht war (den Deutsche nicht mehr annehmen durften). Es folgten der Johann-Peter-Hebel-Preis (1941) und der Grillparzer-Preis (1942).

In seinem letzten Buch, das während der NS-Zeit erschien, dem Roman *Lebenstanz* (München 1940), ist Strauß ganz auf die Linie nationalsozialistischer Blut-und-Boden-Literatur eingeschwenkt, mit allen antisemitischen und antidemokratischen Plattitüden. Das Heil, so die simple Botschaft der im Jahr nach dem Ersten Weltkrieg angesiedelten Geschichte, liege in der Rückkehr zur Scholle und zu einem starken Führer: »Wir sind ja keineswegs vernichtet, unsere Kraft ist noch da, es fehlt nur die einende Marschmusik, der beherrschende Taktstock, und so fordern wir wieder wie vor siebzig Jahren: ›Einer unter Millionen, den antiken, ganzen Mann‹.« Daß Strauß seinen Protagonisten visionär in das Jahr 1940 schauen und dort diesen Führer entdecken ließ, belegt ebenfalls den propagandistischen Charakter seines mit Abstand schlechtesten Buchs.

Wegen seiner NS-Vergangenheit wurde Strauß nach dem Zweiten Weltkrieg die Ehrenbürgerschaft von Freiburg aberkannt. Dafür erhielt er zu seinem 90. Geburtstag, 1956, den Professorentitel und wurde Ehrenbürger seiner Geburtsstadt Pforzheim. 1987 veranstaltete die Stadt Pforzheim eine Ausstellung und ein Symposion über Strauß, die einen wesentlichen Beitrag zur kritischen Aufarbeitung von Leben und Werk des fast vergessenen Autors leisteten.

Weitere Bücher:
Johann Peter Hebel. Leben und Briefe. München 1939. – Ludens. Erinnerungen und Versuche. München 1955.

Literatur:
Adolf Abele: Emil Strauß. Wesen und Werk. München (Diss.) 1955. – Bodo Heimann: Die Konvergenz der Einzelgänger. Literatur als Integration des problematischen Individuums in die Volksgemeinschaft: Hermann Stehr – Emil Strauß – Erwin Guido Kolbenheyer. In: Horst Denkler/Karl Prümm (Hrsg.): Die deutsche Literatur im Dritten Reich. Stuttgart 1976, S. 118–137. – »Wahr sein kann man«. Zu Leben und Werk von Emil Strauß. Ausstellungskatalog und Dokumentation: Pforzheim 1987, Symposion: Pforzheim 1990. – Johanna Bohley: Erziehung zur Heimat? Die Heimat- und Identitätsmodelle bei Emil Strauß. In: Christiane Caemmerer/Walter Delabar (Hrsg.): Dichtung im Dritten Reich? Opladen 1996, S. 231–244.

STRAUSS UND TORNEY, Lulu, Luise, von

**20. 9. 1873 Bückeburg, † 19. 6. 1956 Jena*

Nach dem Besuch der höheren Schule lebte die Tochter eines Generalmajors und Kammerherrn als freie Schriftstellerin in Bückeburg. 1903 lernte sie in München Theodor Heuss kennen, mit dem sie 13 Jahre lang eine enge Brieffreundschaft verband. 1916 heiratete sie den Verleger Eugen Diederichs und ging mit ihm nach Jena, wo sie bis zu ihrem Tod wohnte.

Von Strauss und Torney gehörte schon früh zum Kreis um → Münchhausens *Göttinger Musenalmanach.* 1898 veröffentlichte sie ihren ersten Gedichtband (*Gedichte.* Göttingen), dem 1902 (*Balladen und Lieder.* Leipzig), 1907 (*Neue Balladen und Lieder.* Berlin) und 1919 (*Reif steht die Saat. Neue Balladen.* Jena) weitere Sammlungen folgten. In ihren populären Balladen, die bevorzugt Themen aus Geschichte und Sage aufgriffen, stellte sie ihre neuromantische Sehnsucht nach einem harmonischen Leben mit der Natur einer entseelten industriellen Welt gegenüber. In diesem organisch geprägten Weltbild bestimmen die elementaren Gewalten ›Blut‹ und ›Erde‹ das Schicksal des einzelnen. In ihren naturalistischen Bauernromanen und -erzählungen, die ebenfalls fast ausschließlich historische Stoffe behandeln und im niederdeutschen Raum spielen, schildert sie zwar auch gesellschaftliche Konflikte und die Schattenseiten des Landlebens, vor allem aber wird die spätere ›Blut-und-Boden‹-Ideologie der Nationalsozialisten antizipiert. Dafür erhielt Strauss und Torney nach 1933 entsprechende Anerkennung. Ihr Roman *Judas* (Berlin 1911; unter dem Titel *Der Judashof.* Jena 1937), in dem ein Bauernhof durch Trunksucht und Fehden unterzugehen droht, galt als Musterbeispiel für die literarische Umsetzung des Erbhofgedankens. Auch ihr Wiedertäuferroman *Der jüngste Tag* (Jena 1922) war für die NS-Literaturkritik »gestaltetes Volksschicksal«.

Strauss und Torney, die nach dem Tod ihres Mannes (1930) nur noch wenig Neues publizierte und statt dessen an Übersetzungen arbeitete, zeigte sich gegenüber den Nationalsozialisten politisch konzessionsbereit. Sie unterzeichnete 1933 das Treuegelöbnis für Hitler und schrieb, wie Rothtraud Hesse herausfand, ihre Erzählung *Das Meerminneke* (zusammen mit *Der Hof am Brink.* Berlin 1906) in Rücksicht auf die NS-Rassengesetze um (Jena 1944). So verwandelte sie unter anderem die Titelfigur, eine spanische Jüdin, sinnentstellend in eine muslimische Maurin. Nach Kriegsende lebte Strauss und Torney zurückgezogen in Jena und veröffentlichte kein Buch mehr.

Weitere Bücher:
(Hrsg.): Eugen Diederichs. Leben und Werk. Ausgewählte Briefe und Aufzeichnungen. Jena 1936. – Schuld. Leipzig 1940. – Das verborgene Angesicht. Jena 1943. – Theodor Heuss – Lulu von Strauss und Torney. Ein Briefwechsel. Düsseldorf/Köln 1965.

Literatur:
Liselotte Zander: Balladen der Lulu von Strauss und Torney. Eine Würdigung nach Gehalt und Gestalt. (Diss.) Greifswald 1951. – Winfried Freund: Lulu von Strauss und Torney. Eine Meisterin der deutschen Ballade. In: Niedersachsen 81 (1981), S. 1–11. – Rothtraud Hesse: »Das Meerminneke«. Eine quellenkundliche Untersuchung zu Lulu von Strauss und Torneys Roman. In: Neophilologus 73 (1989), S. 90–107.

STROBL, Karl Hans

**18.1.1877 Iglau/Mähren,*
†10.3.1946 Perchtoldsdorf bei Wien

Der Kaufmannssohn studierte in Prag Jura bis zur Promotion (1900). Er arbeitete zunächst am Iglauer Kreisgericht, anschließend in Brünn als Finanzkommissär. 1913 schied Strobl aus dem Staatsdienst aus und übernahm die Leitung der Leipziger Halbmonatsschrift *Der Turmhahn*. Von 1915 bis 1918 war er als Frontberichterstatter im Ersten Weltkrieg und lebte danach als freier Schriftsteller in Perchtoldsdorf bei Wien.

Strobl hatte 1901 mit phantastischen Novellen debütiert (*Aus Gründen und Abgründen. Skizzen aus dem Alltag und von drüben.* Leipzig/Berlin), dem sich eine fast unübersehbare Zahl von Romanen, Novellen und Erzählungen anschloß, die zu ihrem überwiegenden Teil der Unterhaltungsliteratur zuzurechnen sind. Eine anhaltende Wirkung erzielte Strobl nur mit seinen deutsch-nationalen Historiengemälden, wie der *Bismarck*-Trilogie (Leipzig 1915–19), und mit seinen ›Grenzlandromanen‹, in denen er die deutsche Überlegenheit gegenüber den Tschechen propagierte und für den ›Anschluß‹ des Sudetenlands an das Deutsche Reich agitierte (z.B. *Die Vaclavbude.* Leipzig/Berlin 1902, *Das Wirtshaus Zum König Przemysl.* Leipzig 1913 oder *Der Attentäter.* Leipzig 1920). In *Die Fackel des Hus* (Leipzig 1929) interpretierte Strobl den Glaubenskampf zu einem Volkstumskampf um, in dem er den Ursprung des »Hass[es] der Böhmen gegen das deutsche Wesen« sah. Aggressiver Rassismus prägt auch seinen Roman *Der dunkle Strom* (Leipzig 1922, Neubearbeitung Leipzig 1940) über das Thorner Blutbad von 1742. Daneben lieferte Strobl mit *Kamerad Viktoria* (Leipzig 1933) ein Musterbeispiel für das nationalsozialistische Frauenbild ab: die treue und mutige Gefährtin an der Seite des Mannes, für den sie sich aufopfert. Wie die Summe seiner ›volksdeutschen‹ Romanthemen wirkt *Das Dorf im Kaukasus* (Leipzig 1936), das selbst ein ihm politisch verbundener Interpret seiner Werke wie Hellmuth Langenbucher mit Skepsis betrachtete: »Sicher hat der Dichter in diesem Buche etwas zuviel auf einmal gewollt. Der Abstimmungskampf Kärnten spielt herein, daneben steht das Schicksal der Deutschen in Sowjetrußland, das

Schicksal des Sudentendeutschtums und schließlich auch noch die jüngste Entwicklung in Deutschland selbst.«

Strobl, der sich rühmte, in Österreich seit 1933 illegal für die NSDAP und den ›Anschluß‹ seines Landes an Deutschland gearbeitet zu haben, wurde 1937 mit der Goethe-Medaille ausgezeichnet und 1938 zum Landesleiter der Reichsschrifttumskammer Wien ernannt.

Nach dem Zweiten Weltkrieg ist von Strobl so gut wie nichts mehr aufgelegt worden. Lediglich der zur Münchner Langen-Müller-Gruppe gehörende Herbig Verlag brachte eine Auswahl seiner *Unheimlichen Geschichten* neu heraus.

Weitere Bücher:

Kaiser Rotbart. Leipzig 1935. – Die Runen und das Marterholz. Dresden 1936. – Feuer im Nachbarhaus. Roman von übermorgen. Berlin 1938. – Totenhorn-Südwand. Roman aus Österreichs Bergen. Berlin 1939. – Das beschwipste Karussell. Ein heiteres Buch. Berlin 1940. – Heimkehr. Berlin 1941. – Glas und Glück. Berlin 1942. – Erinnerungen. 3 Bde., Budweis/Leipzig 1942–44.

Literatur:

Wendelin Schmidt-Dengler: Die Erste Republik in der Literatur. ›Wiener Roman‹ und Feuilleton. In: Friedbert Aspetsberger (Hrsg.): Staat und Gesellschaft in der modernen österreichischen Literatur. Wien 1977, S. 65–78. – Ferdinand Schmatz: Karl Hans Strobls Bismarcktrilogie. Zur völkisch-nationalen und nationalsozialistischen Literatur in Österreich. Wien (Diss.) 1982. – Günter Wackwitz: Karl Hans Strobl (1877–1946). Sein Leben und sein phantastisch orientiertes Frühwerk. 2 Bde., Halle (Diss.) 1981.

THIESS, Frank

**13. 3. 1890 Eluisenstein bei Uexküll/Livland, †22. 12. 1977 Darmstadt*

Der Sohn eines Baumeisters studierte Germanistik, Philosophie und Geschichte in Berlin und Tübingen. 1913 promovierte Thiess mit einer Dissertation über *Die Stellung der Schwaben zu Goethe.* Im Ersten Weltkrieg war er Soldat. Theodor Wolff, dem er erste Arbeiten geschickt hatte, holte ihn an das *Berliner Tageblatt.* 1920/21 war er Regisseur und Dramaturg an der Stuttgarter Volksbühne, dann ging er als Theaterkritiker zum *Hannoverschen Anzeiger.* 1923 zog er wieder nach Berlin und lebte als freier Autor.

Als Schriftsteller debütierte Thiess 1921 mit dem Roman *Der Tod von Falern*, der die blutige Belagerung einer Stadt schilderte, aber als Satire auf die gescheiterte Revolution von 1918/19 gedacht war. Großes Aufsehen erregte er erstmals mit dem Roman *Die Verdammten* (Stuttgart 1923), einer subtil inszenierten Inzestgeschichte, die er mit dem Niedergang der deutschen Oberschicht im Baltikum verknüpfte. Ein Ehebruch, der die gesellschaftlichen Konventionen radikal in Frage stellt, ist das Thema seines Romans *Frauenraub* (Potsdam 1927), den Thiess unter dem Titel *Katharina Winter* (Köln) 1949 neu erscheinen ließ. In seinem vierteiligen Zyklus *Jugend* (Stuttgart 1924–31) mit den Romanen *Abschied vom Paradies, Das Tor zur Welt, Der Leibhaftige* und *Der Zentaur* beschäftigte sich Thiess mit den Problemen des Erwachsenwerdens vor dem Hintergrund sich auflösender traditioneller und gesellschaftlicher Strukturen.

Nach Hitlers Machtübernahme versuchte Thiess die Aussage seiner *Jugend*-Romane umzudeuten und dem verordneten politischen Aufbruch anzupassen. Aus dem Porträt einer Generation, die weitgehend ohne Hoffnung lebt, machte er im Vorwort zur Neuauflage von *Der Leibhaftige* (Berlin/Wien/Leipzig 1933) eine »schonungslose Kritik an Deutschland wie es war«. »Die Verwandlung und Erziehung des Menschen, jener wichtigere, ja wichtigste Teil einer Revolution, von dem Hitler in richtiger Erkenntnis der wirklichen und verborgenen Gefahren, die dem Dritten Reich drohen, gesprochen hat, kann nun erst einsetzen.« Und um seinen Romanzyklus vor einem drohenden Verbot zu retten, war Thiess auch bereit, einzelne Passagen bewußt antisemitisch darzustellen: »Was die Empörung anging, in der man in bestimmten Kreisen und in einer bestimmten Presse diesen allem Anschein nach obendrein antisemitischen Roman aufnahm, so hatte man Recht: der gute, deutsche Junge Caspar Müller tanzt wie alle andern nur an den Drähten, die von den verborgen bleibenden Mächten internationalen Kapitals ... und einer politischen Halbwelt ... gezogen werden.«

Thiess hatte mit dieser Form der Anbiederung wenig Erfolg. Von seinen Büchern standen die Romane *Frauenraub* und *Die Verdammten* in den offiziellen Verbotslisten. Auch mit seinem Roman *Johanna und Esther* (Wien 1933), der »von den unzerstörbaren Mächten der Erde und der ewigen Fruchtbarkeit alles Lebens« handelte und den Blut-und-Boden-Kult bediente, stieß Thiess auf heftige Ablehnung, wohl wegen allzu freizügiger erotischer Schilderungen. Im September 1935 wurde mit Zustimmung von Goebbels beschlossen, daß künftig alle von Thiess beabsichtigten Veröffentlichungen vor der Freigabe erst geprüft werden sollten. Thiess galt als Autor der Systemzeit, der geduldet, aber nicht gefördert wurde. Solange er Liebesgeschichten wie *Der Weg zu Isabelle* (Wien 1934) oder *Stürmischer Frühling* (Wien 1937) und historische Romane über die russisch-japanische Seeschlacht von 1905, *Tsushima* (Wien 1936), oder über Enrico Caruso, *Neapolitanische Legende* (Wien 1942), schrieb, blieb er unbehelligt. Selbst sein die tausend Jahre zwischen 500 vor und 500 nach Christus umfassender Roman *Das Reich der Dämonen* (Wien 1941) konnte zunächst ungehindert erscheinen. Um ihn ist nach 1945, als Thiess für sich die ›Innere Emigration‹ reklamierte, heftig gestritten worden. In seiner Autobiografie *Jahre des Unheils. Fragmente erlebter Geschichte* (Wien 1972) hat Thiess sein Buch als »geschichtlich frisierten Versuch« bezeichnet, »die Gestalt Diocletians so nahe an die Gegenwart heranzurücken, daß jeder, sofern er nicht völlig vernagelt war, begreifen mußte, was ich damit hatte sagen wollen. Lege ich noch den Titel dazu, so ergab sich daraus beinahe mit Sicherheit ein Verbot durch die Zensur. Es erfolgte prompt nach dem Erscheinen des Werkes.« Da irrte Thiess. Erst die dritte Auflage konnte nicht mehr erscheinen. Daß die blutrünstigen Schilderungen von griechischen und römischen Tyrannen als Kritik an der NS-Herrschaft gedeutet werden konnten, scheint außer Frage zu stehen. Aber der Roman läßt auch andere Interpretationen zu. Er konnte mit der »Feststellung, daß die Menschheitsgeschichte eine riesige Folterkammer ist«, daß aber jede Gewaltherrschaft einmal zu Ende gehe, Trost spenden. Er konnte sogar als Verteidigung des frühen Nationalsozialismus gelesen werden, wenn es über die spartanischen Tyrannen heißt: »Und es geschieht, was nach den Gesetzen der menschlichen Natur geschehen muß: der großen Bewegung schließen sich keineswegs nur die an, welche von ihrem Idealismus ergriffen sind, sondern ebenso die Konjunkturwitterer, die gelenkigen Umlerner, die Hundertfünfzigprozentigen, die, welche von gestern auf heute entdecken, daß sie im Grunde stets genau dasselbe gewollt haben. Diese nun sind es, welche vermöge ihrer Skrupellosigkeit sich sehr bald an d i e Stellen drängen, wo ihr Wirken den meisten Erfolg verspricht.«

Thiess hat für sich nach 1945 den »Status eines kleinen Helden« (Gerhard Renner) beansprucht und als selbsternannter Sprecher der ›Inneren Emigration‹ Thomas Mann scharf angegriffen (→ Einleitung). Im Literaturbetrieb der frühen Bundesrepublik spielte er eine wichtige Rolle und wurde vielfach ausgezeichnet. Anhaltenden Erfolg hatte aber nur sein Roman *Tsushima*.

Weitere Bücher:
Der ewige Taugenichts. Romantisches Spiel (nach Eichendorff). Wien 1935. – Die Herzogin von Langeais. Wien 1938. – Der Tenor von Trapani. Leipzig 1942. – Gesammelte Werke in Einzelausgaben. 7 Bde., Wien 1956–63.

Literatur:
Rolf Italiaander (Hrsg.): Frank Thiess. Werk und Dichter. Hamburg 1950. – Reinhold Grimm/Jost Hermand (Hrsg.): Exil und innere Emigration. Frankfurt am Main 1972. – Gerhard Renner: Frank Thiess. Ein ›freier‹ Schriftsteller im Nationalsozialismus. In: Buchhandelsgeschichte 2–1990, S. 41–50. – Ulrike Knes: Frank Thiess. Ein Autor zwischen Realität und Selbststilisierung. In: Johann Holzner/Karl Müller (Hrsg.): Literatur der ›Inneren Emigration‹ aus Österreich. Wien 1998, S. 47–72. – Erhard Schütz: Lebensführer zum Gott-Tier. Frank Thiess – Skizze eines nationalrevolutionären Erfolgsautors. In: Zeitschrift für Germanistik. N. F. 8 (1998), S. 65–82.

TUMLER, Franz

**16. 1. 1912 Gries bei Bozen,*
†20. 10. 1998 Berlin

Der Sohn eines Gymnasiallehrers wurde am Bischöflichen Lehrerseminar in Linz zum Volksschullehrer ausgebildet. Seinen Beruf übte er aber nur kurz aus. 1935 ließ Tumler sich beurlauben, um drei Jahre später ganz aus dem Schuldienst auszuscheiden. Seither lebte er, mit Unterbrechung durch seinen Einsatz im Zweiten Weltkrieg, als freier Schriftsteller.

Tumler debütierte 1935 mit der Erzählung *Das Tal von Lausa und Duron* (München), in der er die Zerstörung eines ladinischen Dorfs während des Ersten Weltkriegs schilderte, das Zerriebenwerden im militärischen Konflikt, aber auch im wachsenden Gegensatz von agrarischer und industrialisierter Welt. In seinem Roman *Der Ausführende* (München 1937) opfert ein fanatischer Ingenieur kurz vor dem Beginn des Ersten Weltkriegs alles, um eine Festung zwischen dem österreichischen Südtirol und Italien zu bauen und damit die Grenze zu schließen – eine symbolische Tat, die auf den kommenden Krieg und auf den damit für Österreich verbundenen Verlust von Tumlers Heimat verweist.

Den ›Anschluß‹ Österreichs an das Deutsche Reich und den Einmarsch in das Sudetenland begleitete Tumler gleich mit drei Propagandaschriften. In der Erzählung *Der Soldateneid* (München 1939) ließ er die Frage der Rechtmäßigkeit des ›Anschlusses‹ von einem Trupp österreichischer Soldaten diskutieren, die sich schließlich gegen den Eid auf die Regierung und für die ›Verpflichtung des Volkstums‹ entscheiden. In den teils autobiografischen Texten des Bandes *Im Jahre 38* (München 1939) rechtfertigte er die Annexion des Sudetenlandes ebenfalls mit dem Willen der Bevölkerung und ihrem ›reinen Deutschtum‹: »Ich bin in euer Land gefahren vom Reich her als in etwas Verschiedenes. Nun bin ich bei euch und muß sehen, daß ich aus dem Reich gar nicht herausgekommen bin. Ja, das Reich ist hier, wo du sprichst, und wenn ihr Deutsche heraußen alle so sprecht, dann haben im Geiste die Grenzen, die euch abtrennen, aufgehört zu gelten, sie sind nicht mehr wahr, ob auch die Steine und Pfähle stehen.« Die Tschechen dagegen würden mit Waffengewalt versuchen diese Entwicklung aufzuhalten, so daß Tumler zusammen mit → Bruno Brehm sogar eine Art Freikorps bildete. Daß die Deutschen diese Expansionspolitik Adolf Hitler und seiner Partei verdankten, machte Tumler immer wieder deutlich, am deutlichsten in der Broschüre *Österreich ist ein Land des Deutschen Reiches* (Berlin 1940), die in der Schriftenreihe der NSDAP erschien. Tumler selbst war Mitglied der NS-Tarnorganisation ›Bund der deutschen Schriftsteller Österreichs‹, der NSDAP und der SA. Er erhielt den Berliner Literaturpreis (1940) und den Preis für junge Autoren (1942). Bei NS-Literaturwissenschaftlern war er hoch angesehen, obwohl er als »stark vergeistigt« galt. So schrieb Norbert Langer 1940 in seiner Literaturgeschichte: »In der Tiefe des Dichterischen, das die Verbindung mit dem Weltwillen jenseits des Einzelwillens herstellt, in der reinen und durchaus geistbetonten Haltung sind Tumlers Bücher Zeugnisse edlen Mannestums.«

1941 meldete sich Tumler freiwillig zum Kriegsdienst, obwohl er als anerkannter Autor davon befreit war. Ein Rückzug in die ›Innere Emigration‹ war das aber nicht. Klaus Amann hat 1987 in dem Geburtstagsband für Tumler darauf hingewiesen, daß die während Tumlers Soldatenzeit entstandenen Bücher keine signifikanten Änderungen erkennen lassen.

Franz Tumler hat sich nach dem Ende des Zweiten Weltkriegs, als er zu den wichtigsten österreichischen Gegenwartsautoren zählte, in der Selbstanalyse *Jahrgang 1912* (Hamburg 1967) von seiner NS-Vergangenheit distanziert und sich »Blindheit« und »Versagen« vorgeworfen.

Weitere Bücher:
Die Wanderung zum Strom. München 1937. – Der erste Tag. München 1940. – Anruf. München 1941. – Auf der Flucht. Wien/Berlin 1943. – Ländliche Erzählungen. Graz 1944.

Literatur:
Peter Demetz/Hans Dieter Zimmermann (Hrsg.): Arsenal. Beiträge zu Franz Tumler. München 1977. – Hans Dieter Zimmermann (Hrsg.): Welche Sprache ich lernte. Texte von und über Franz Tumler. München 1986. – Bundesländerhaus Tirol (Hrsg.): Franz Tumler. Beiträge zum 75. Geburtstag. Wien 1987. – Wilhelm Burger: Heimatsuche. Südtirol im Werk Franz Tumlers. Frankfurt am Main u.a. 1989. – Eberhard Sauermann: Franz Tumlers unbekannte Erstveröffentlichung. In: Brenner-Archiv 11 (1992), S. 82–88. – Johannes Sachslehner: Nachprüfung. Zu den Autobiographien von Robert Hohlbaum, Paula Grogger, Gertrud Fussenegger und Franz Tumler. In: Klaus Amann/Friedbert Aspetsberger (Hrsg.): Autobiographien in der österreichischen Literatur. Innsbruck/Wien 1996, S. 125–140.

VALENTIN, Karl

(eigentl.: Valentin Ludwig Fey)
**4. 6. 1882 München, † 9. 2. 1948 Planegg bei München*

Der »Münchner Volkssänger«, wie er sich selbst nannte, war der Sohn eines kleinen Fuhrunternehmers und hatte zunächst als Sargschreiner gearbeitet, ehe er sein komisches Talent entdeckte. Zusammen mit seiner Partnerin Liesl Karlstadt (eigentlich: Elisabeth Wellano) zählte Valentin vor dem Ersten Weltkrieg und in der Weimarer Republik zu den erfolgreichsten Komikern in Deutschland. Sein absurder Witz, den er auf der Bühne, auf Schallplatten und in Filmen verbreitete, war verschroben und destruktiv, aber ohne Schadenfreude. In seinen Monologen und Dialogen stieg er in die Abgründe des Alltags und demonstrierte das Phrasenhafte zwischenmenschlicher Kommunikation. Daß diese Form anarchistischen Humors nicht dem entsprach, was die NS-Kulturbürokratie besonders fördern wollte, mußte Valentin nach 1933 erfahren, obwohl ihn Goebbels persönlich als »tollen Groteskkomiker« (Tagebucheintrag vom 6. 4. 1931) und »wirklichen Künstler« (Tagebucheintrag vom 21. 12. 1935) schätzte. Sein 1934 in München eröffnetes ›Juxmuseum für denkende Menschen‹ ging schon nach kurzer Zeit ein. Auch mit dem Münchner ›Panoptikum‹ hatte er 1934/35 nur begrenzten Erfolg. Sein Film *Die Erbschaft* (1936) wurde wegen ›Elendstendenzen‹ verboten. »Weil man arme Leute im

Film nicht zeigen soll«, schrieb Karl Valentin am 10. November 1936 an einen Redakteur der *Grünen Post*. »Meine neuen Filmpläne sind schon vorher ins Wasser gefallen, denn in jedem Film bin ich ein Typ aus dem Volk, ein armes Menschenkind, das das Schicksal hin und her treibt.« Zuvor schon hatten die Behörden seine dumpf-traurige Filmgroteske *Der Firmling* für Minderjährige gesperrt. Immerhin konnte Valentin zwischen 1933 und 1936 etwa zwanzig Filme produzieren, danach aber so gut wie keine mehr. Die Aufführungen der Posse *Ritter Unkenstein* in seiner eigenen Münchner ›Ritterspelunke‹ mußte er 1940 beenden, weil das blutige Spektakel, von Valentin ungewollt, als satirischer Kommentar zum Kriegsgeschehen verstanden werden konnte.

Ein erklärter Gegner des Nationalsozialismus war Valentin nicht. Dafür war er zu unpolitisch. Er suchte seine Arbeitsmöglichkeiten dort, wo sie ihm geboten wurden, ging auf Gastspielreisen, trat im Rundfunk auf und besprach Schallplatten. Seine in Stil und Inhalt weiterhin unveränderten Texte sammelte er in zwei Bänden: *Brilliantfeuerwerk* (München 1938) und *Valentiniaden* (München 1941). Seit 1942 schrieb er gelegentlich Unsinnsprosa für die *Münchner Feldpost. Heimatblätter für die Frontsoldaten des Gaues München-Oberbayern*.

Wie wenig er damit zufrieden war, wie stark er sich verkannt fühlte, machen seine Briefe aus dieser Zeit deutlich, die 1991, herausgegeben von Gerhard Görner, als Band 6 der Werkausgabe erschienen sind. Valentin biederte sich den Mächtigen an, verfaßte Bittschriften, führte immer wieder Hitler als Kronzeugen für seine Wünsche an und beschuldigte Kollegen, seine Sketche zu kopieren. »Leider«, schrieb Willi Winkler dazu in der *ZEIT* (vom 6. November 1992), »zeigen diese Briefe noch etwas, eine Kleinigkeit, die man lieber nicht so genau gewußt hätte: daß der Konkurrenzneid sogar einen wie den Valentin im Ton der Zeit reden ließ.« So denunzierte er am 25. Juli 1937 den vermeintlichen Konkurrenten Heinz Rühmann bei einem Produktionsleiter der Tobis-Filmkunst, daß dessen Frau »nicht arischer Abstammung« sei: »Soll ich mich auch noch scheiden lassen und eine andersrassige Dame heiraten?« Aber auch diese opportunistischen Versuche, wieder stärkere Beachtung zu finden, blieben erfolglos.

Nach dem Ende des Zweiten Weltkriegs konnte Valentin nicht an seine früheren Erfolge anknüpfen. Verarmt und vergessen starb er an Lungenentzündung und Unterernährung.

Weitere Bücher:
Sämtliche Werke in acht Bänden. Herausgegeben von Helmut Bachmaier und Manfred Faust. München u. a. 1991ff.

Literatur:
Michael Schulte: Karl Valentin. Reinbek bei Hamburg 1968. – Wolfgang Till (Hrsg.): Karl Valentin. Volks-Sänger? DADAist? München (Ausstellungskatalog) 1982. – Michael Glasmeier: Karl Valentin. Der Komiker und die Künste. München 1987. – Friedrich Tuber: Karl Valentin und die Konstituenten seiner Komik. Stuttgart 1987. – Matthias Biskupek: Karl Valentin. Eine Bildbiographie. Leipzig 1993. – Dieter Wöhrle: Lachen im III. Reich. Karl Valentins »Brennesseleien« als Beispiel subversiver Komik. In: Literatur für Leser. 4–1995, S. 190–199. – Roland Keller: Karl Valentin und seine Filme. München 1996. – Barbara Bronnen: Karl Valentin und Liesl Karlstadt. Blödsinnskönig – Blödsinnskönigin. Berlin 1998.

VESPER, Will

**11. 10. 1882 Barmen,*
†14. 3. 1962 Gut Triangel bei Gifhorn

Der Bauernsohn besuchte nach dem Abitur in München Vorlesungen über Geschichte und Germanistik. Seit 1906 war er als Herausgeber und Übersetzer für die Verlage C. H. Beck und Langewiesche tätig. Vesper widmete sich vor allem der deutschen Literatur seit dem Mittelalter, die er in zahlreichen Anthologien und Einzelausgaben neu herausbrachte. Einen nachhaltigen Erfolg erzielte er mit der Gedichtsammlung *Die Ernte. Aus acht Jahrhunderten deutscher Lyrik* (Ebenhausen 1906). Im Ersten Weltkrieg war Vesper zunächst Infanterist und später wissenschaftlicher Hilfsarbeiter im Generalstab. Danach leitete er zwei Jahre den Kulturteil der *Deutschen Allgemeinen Zeitung*. Von 1923 bis 1943 gab er die Zeitschrift *Die Schöne Literatur* heraus, die seit 1931 *Die Neue Literatur* hieß. In den meisten seiner Gedichte, Erzählungen und Romane glorifizierte er Gestalten aus der germanischen und deutschen Geschichte, wie Luther und Hutten, oder verherrlichte Krieg und Mutterschaft. Als Vorbild für die Jugend seiner Zeit schilderte er in *Das harte Geschlecht* (München 1931) die blutigen Kämpfe mythischer isländischer Helden, für die einzig die Gesetze der Sippe galten.

Schon 1931 trat Vesper der NSDAP bei, für die er eifrig propagandistisch tätig war. Nach der nationalsozialistischen Machtübernahme wurde er in die Deutsche Akademie der Dichtung berufen, er gehörte dem Vorstand des Reichsverbands Deutscher Schriftsteller an, trat bei der Bücherverbrennung in Dresden als Festredner auf und schrieb mehrere Huldigungs-Hymnen auf Hitler. Großen kulturpolitischen Einfluß übte Vespers Zeitschrift *Die Neue Literatur* aus, mit der er eine Art Nachzensur durchführte. Denunziatorisch im Ton, antisemitisch und aggressiv wertend ließ Vesper den Kulturbetrieb mustern und das herausstellen, was seiner Meinung nach die NS-Kulturrichter übersehen hatten. Die Artikel richteten sich gegen emigrierte Schriftsteller, gegen Verlage, die Bücher von jüdischen Autoren veröffentlichten, oder gegen politische Opportunisten wie → Hanns Heinz Ewers, den Vesper mit zu Fall brachte. Klageandrohungen und das Eingeständnis von eigenen Fehlern störten Vesper wenig. Selbst vor staatlichen Stellen machte seine Kritik nicht halt. Über Vespers Wirkung schrieb Gisela Berglund in ihrer Untersuchung: »Er hat mit seinem Kampf für die Geltung ›der wahren deutschen Dichtung‹ im Reich (abgesehen von seinen eigenen Kreisen) keinen allzu großen, im Ausland (abgesehen von gewissen auslandsdeutschen Kreisen) so gut wie keinen Erfolg gehabt. Um so erfolgreicher war seine Diffamierungskampagne im Reich.«

Daß sich Vesper mehr Feinde als Freunde mit seiner Zeitschrift machte, erkannte er Mitte der dreißiger Jahre und zog sich auf sein Gut Triangel zurück. Herausgeber blieb er allerdings, bis *Die Neue Literatur* 1943 eingestellt wurde.

Nach dem Ende des Zweiten Weltkriegs konnte Vesper als Herausgeber für den Bertelsmann Verlag arbeiten. In der rechtsradikalen Kulturszene spielte er eine wichtige Rolle. Er las in Lippoldsberg bei den Dichtertagen von → Hans Grimm und veranstaltete auf seinem Gut selbst Schriftstellertreffen. Seine Bücher wurden zum Teil neu aufgelegt. Ein sehr eindrucksvolles persönliches Porträt von Vesper hat sein Sohn Bernward in dem Romanessay *Die Reise* (Jossa 1977) gezeichnet. Danach war Vesper seiner nationalsozialistischen Einstellung treu geblieben und versuchte auch, seine Kinder dafür zu gewinnen. Auf Gut Triangel traf sich bis zu seinem Tod ein verschworener Zirkel Rechtsradikaler, die die NS-Ideologie für die Zukunft retten wollten.

Weitere Bücher:
(Hrsg.): Deutsche Jugend. Dreißig Jahre Geschichte einer Bewegung. Berlin 1934. – Kranz des Lebens. Gesamtausgabe meiner Gedichte. München 1934. –

Geschichten von Liebe, Traum und Tod. Gesamtausgabe meiner Novellen. München 1937. – Rufe in die Zeit. Gedichte und Sprüche. München 1937. – Kämpfer Gottes. Gesamtausgabe der historischen Erzählungen. Gütersloh 1938. – (Hrsg.): Die Ernte der Gegenwart. Deutsche Lyrik von heute. Ebenhausen 1940. – Bild des Führers. Gedichte. München 1942. Im Flug durch Spanien. Gütersloh 1943. – (Hrsg.): Dennoch! Deutsche Gedichte. Gütersloh 1944.

Literatur:

Gisela Berglund: Der Kampf um den Leser im Dritten Reich. Die Literaturpolitik der ›Neuen Literatur‹ (Will Vesper) und der ›Nationalsozialistischen Monatshefte‹. Worms 1980.

WEINHEBER, Josef

**9.3.1892 Wien-Ottakring,*
†8.4.1945 Kirchstetten/Niederösterreich

Der Sohn einer Weißnäherin und eines Metzgers, der mit sechs Jahren in ein Knabenerziehungshaus und, nach dem Tod des Vaters, 1901 in ein Waisenhaus gekommen war, konnte das Gymnasium nicht beenden und arbeitete in verschiedenen Berufen. 1911 ging er in den Postdienst, den er 1932 verließ, um sich seiner schriftstellerischen Arbeit zu widmen. Durch den Besuch einer Maturaschule und durch weitere Studien versuchte er das von ihm so empfundene Bildungsdefizit auszugleichen, u.a. lernte er Griechisch und Latein und widmete sich intensiv der klassischen Poesie, was sein literarisches Werk entscheidend prägte.

Ab 1912 schrieb Weinheber Gedichte. 1920 veröffentlichte er seinen ersten Lyrikband *Der einsame Mensch* (Wien), 1924 den autobiografischen Roman *Das Waisenhaus* (Wien).

Beachtung seiner von Trakl, Rilke, Dehmel und Whitman beeinflußten Gedichte fand Weinheber erst 1934 mit dem Band *Adel und Untergang* (Wien). Enttäuscht von dem mangelnden Erfolg seiner Bücher und überzeugt von der eigenen ›dichterischen Größe‹ war Weinheber schon am 18. Dezember 1931 der NSDAP beigetreten. Er avancierte zum Fachschaftsleiter für Schrifttum im österreichischen ›Kampfbund für deutsche Kultur‹ und arbeitete nach dem Verbot der NSDAP in Österreich im Juni 1933 illegal weiter für die Partei. Als Kulturreferent der Wiener Gauleitung wurde er bei einem konspirativen Treffen im März 1934 verhaftet. Obwohl er im selben Jahr die Zahlung von Mitgliedsbeiträgen an die NSDAP einstellte, blieb er der Partei verbunden und wurde von der NS-Kulturbürokratie in Deutschland hofiert.

Die Ständestaat-Diktatur in Österreich, die Nationalsozialisten wie ihn verfolgte, lehnte er zunächst ab. So heißt es in seinem Gedicht *Österreich 1934*:

Der Traum, den wir geträumt, ist aus.
Dämonenmacht zerschlug das Haus ...
Weh uns, vergeblich ward das Leid,
weh uns, im Blut ertrinkt die Zeit,
weh uns, denn Abel mordet Kain – ...
Deutschland, o Traum, wann wirst du sein?!

(Zitiert nach Das Innere Reich, November 1938)

Andererseits legte Weinheber mit dem Gedichtband *Wien wörtlich* (Wien 1935) eine Liebeserklärung an die österreichische Hauptstadt vor und blieb für Ehrungen, auch durch den Ständestaat, empfänglich. So wurde ihm im November 1936 der Titel Professor h. c. verliehen – eine besondere Genugtuung für ihn, weil er keinen Schulabschluß besaß.

Sein Verhalten in dieser Zeit, vor allem nach dem März 1938, war, wie Albert Berger (1998) bemerkte, »höchst widersprüchlich«: »Weinheber begrüßte den ›Anschluß‹, dachte im Sommer 1938 an Emigration, war mit Schirach befreundet, äußerte sich forsch gegenüber Goebbels, lobte Hitlers *Mein Kampf*, war da und dort betrunken, schimpfte auf die Zunftkollegen, stellte die Deutschlandreisen ein etc.«

Weinhebers Einstellung zu Deutschland und zum Nationalsozialismus blieb auf eine schwer erklärbare Weise ambivalent. Wirklich geborgen fühlte er sich nur in der deutschen Sprache, die er religiös verehrte wie in seinem *Hymnus auf die deutsche Sprache* aus *Adel und Untergang*:

... Vaterland uns Einsamen, die es nicht kennt,
unzerstörbar Scholle dem Schollenlosen,
unsrer Nacktheit ein weiches Kleid,
unserem Blut eine letzte Lust,
unserer Angst eine tiefe Ruhe:

Sprache unser!
Die wir sprechen in Gnaden, dunkle Geliebte!
Die wir dich schweigen in Ehrfurcht, heilige Mutter!

Es waren der äußerste Wille zur klassischen Form, die souveräne Beherrschung lyrischer Techniken und sein Begriff des ›Heroischen‹, die Bewährung des Menschen »im Bewußtsein seiner existentiellen Ausgesetztheit« (Jeanette Lee Atkinson), die auch seine weiteren Lyrikbände prägen: *Späte Krone* (München 1936), *Zwischen Göttern und Dämonen* (München 1938) und *Kammermusik* (München 1939).

»Keine Frage«, so noch einmal Albert Berger, »daß im kulturideologischen Chaos der NS-Zeit Weinhebers Dichtung ›verträglich‹ war, nicht aber primär wegen ihres politischen Gehalts, sondern deshalb, weil das Kulturverständnis im Dritten Reich selber an den europäischen Tendenzen einer idealistisch-klassizistischen Ästhetik Anteil hatte, die sich seit dem Ende der zwanziger Jahre, und nicht nur bei den Rechten, auf dem Hintergrund der wirtschaftlichen Krisen als Antiliberalismus und Antimodernismus zunehmend verstärkte.«

Was Weinheber bei den nationalsozialistischen Literaturfunktionären so beliebt machte und ihm zahlreiche Preise eintrug (u. a. den Grillparzer-Preis, 1941, und das Ehrendoktorat der Universität Wien, 1942) war seine Bereitschaft, zu allen Gelegenheiten das passende Gedicht zu liefern – ganz gleichgültig ob für Veranstaltungen, Jubiläen, Festwochen oder ähnliches. So anspruchsvoll er in seinem lyrischen Werk war, so gedankenlos handelte er als Auftragsautor. Das Führergedicht zum 50. Geburtstag Hitlers stand neben dem *Hochgesang auf den deutschen Rüstungsarbeiter* und der *Ode auf die Straßen Adolf Hitlers.*

Daß Weinheber die lyrischen Propagandatexte nicht aus innerer Überzeugung heraus verfaßte, sondern hauptsächlich, weil er jede Form der Anerkennung suchte – wobei ihm letztlich Zweifel an seiner Arbeit und an seinem politischen Engagement kamen – das dokumentieren die Gedichte in seinem Band *Hier ist das Wort,* der allerdings erst 1947 in Salzburg erscheinen konnte.

In einem Brief (an Martin Sturm) schrieb er am 9. Oktober 1943 resigniert: »Es quälen mich nicht nur die unverschämten Behelligungen der Dillettanten, die Bagatellisierungsversuche der Offiziösen, die gleichwohl ihre abendländische Propaganda mit einem humanen Werk wie dem meinen aufzuputschen versuchen, nein:

Es quält mich vor allem der entsetzliche Sprachverfall. Wozu sind Künstler meiner Art noch da und gut und wichtig, wenn solches an der Sprache geschehen kann wie es jetzt geschieht? Wir können den Krieg gewinnen wie wir wollen: wir haben ihn verloren, weil wir unser höchstes Gut, die Sprache verraten haben.«

Kurz vor Ende des Zweiten Weltkriegs nahm sich Weinheber das Leben. Vor allem in Österreich wurden seine Gedichte (unter Ausblendung der nationalsozialistischen Propaganda) weiterhin geschätzt. Sein Werk erschien dort gesammelt in zwei Ausgaben. Um sein Andenken kümmert sich die Josef-Weinheber-Gesellschaft mit Ausstellungen und Publikationen.

Weitere Bücher:

Vereinsamtes Herz. Leipzig 1935. – Deutscher Gruß aus Österreich. Wien 1935. – O Mensch, gib acht. Erbauliches Kalenderbuch für Stadt- und Landleut. München 1937. – Selbstbildnis. Gedichte aus zwanzig Jahren, von ihm selbst ausgewählt. München 1937. – Blut und Stahl. Drei Oden. Potsdam 1941. – Dokumente des Herzens. Aus dem Gesamtwerk ausgewählte Gedichte. München 1944. – Sämtliche Werke. Hrsg. von Josef Nadler. 5 Bde., Salzburg 1953–56. – Sämtliche Werke. Hrsg. von Friedrich Jenaczek. Salzburg 1970ff.. – Das große Josef-Weinheber-Hausbuch. Hrsg. von Christian Weinheber-Janota. Wien 1995.

Literatur:

Harry Bergholz: Josef Weinheber Bibliographie. Bad Bocklet u. a. 1953. – Gerhard Renner: Österreichische Schriftsteller und der Nationalsozialismus. ›Der Bund der deutschen Schriftsteller Österreichs‹ und die Anfänge der Reichsschrifttumskammer in Österreich. Wien (Diss.) 1981. – Walter Zettl: Josef Weinheber auf dem falschen Parnass. In: Literatur und Kritik (März) 1981, S. 65–76. – Albert Berger: Götter, Dämonen und Irdisches. Josef Weinhebers dichterische Metaphysik. In: Klaus Amann/Albert Berger (Hrsg.): Österreichische Literatur der 30er Jahre. Wien 1985, S. 277–290. – Jeanette Lee Atkinson: Josef Weinheber: Sänger des Austrofaschismus. In: Jörg Thunecke (Hrsg.): Leid der Worte. Panorama des literarischen Nationalsozialismus. Bonn 1987, S. 403–419. – Josef Weinheber. 1892–1945. Ausstellung der Österreichischen Nationalbibliothek. Kirchstetten 1995. – Albert Berger: Josef Weinheber und der Nationalsozialismus. Zur politischen Biographie des Dichters. In: Uwe Baur u. a. (Hrsg.): Macht Literatur Krieg. Österreichische Literatur im Nationalsozialismus. Wien 1998, S. 185–201. – Albert Berger: Josef Weinheber (1892–1945). Leben und Werk – Leben im Werk. Salzburg 1999.

WEISENBORN, Günther

(Pseudonyme: W. Bohr, Christian Munk)

**10. 7. 1902 Velbert, †26. 3. 1969 West-Berlin*

Der Sohn eines Kaufmanns studierte Medizin, Theaterwissenschaften, Germanistik sowie Philosophie in Köln und Bonn und schloß das Studium 1927 mit einer Dissertation bei Oskar Walzel ab. Während der Weimarer Republik machte Weisenborn sich einen Namen als sozialistisch engagierter Dramatiker (*U-Boot S 4*, UA: Berlin 1928; *S.O.S.*, UA: Berlin 1931) und Schriftsteller (*Barbaren. Roman einer studentischen Tafelrunde*. Berlin 1931). 1932 dramatisierte er zusammen mit Bertolt Brecht und Hanns Eisler Maxim Gorkis *Die Mutter*.

Den Nationalsozialisten galt Weisenborn als Vertreter der verhaßten ›Neuen Sachlichkeit‹, seine Werke wurden verboten, und die mit Richard Huelsenbeck verfaßte Komödie *Warum lacht Frau Balsam?* unmittelbar nach der Premiere aus dem Programm genommen. Dennoch wurde Weisenborn im Juli 1933 in den Reichsbund Deutscher Schriftsteller sowie in dessen Folgeorganisation, die Reichsschrifttumskammer, aufgenommen, und das, obwohl er im Dezember 1933 bei der Schriftstellerorganisation »als einer der übelsten kommunistischen Hetzer« denunziert worden war (vgl. Barbian: *Literaturpolitik im ›Dritten Reich‹*, S. 380f.). Aus der Reichsschrifttumskammer ausgeschlossen wurde Weisenborn erst am 28. März 1944, nachdem er wegen Kontakten zur Widerstandsgruppe ›Die rote Kapelle‹ zu drei Jahren Gefängnis verurteilt worden war.

Selbst wenn Weisenborn unmittelbar nach 1933 weiter literarisch tätig sein konnte, so schrieb er doch unter Beobachtung. Die Publikationen dieser Zeit zeugen sogar von thematischen und motivischen Konzessionen an die NS-Ideologie, und letztlich war Weisenborn, der auch Film- und Rundfunkmanuskripte verfaßte, bis 1942 ein aktiver Teil der Unterhaltungsindustrie des ›Dritten Reichs‹, die selbst seine verdeckte Regimekritik zu instrumentalisieren wußte. Das 1934 zusammen mit Eberhard Keindorff unter dem Pseudonym Christian Munk veröffentlichte Theaterstück *Die Neuberin* stellte die Theaterprinzipalin als Begründerin eines Deutschen Theaters in den Mittelpunkt und wurde vom *Völkischen Beobachter* begeistert gefeiert: »Das Schauspiel ist aus einem gigantischen Glauben an das Deutsche Theater heraus geschrieben« (22.5.1935). Eine Passage des Stücks, die die Zensoren an Saalschlachten der SA hätte erinnern können, hatte Weisenborn vorsorglich eliminiert. Das Stück wurde darüber hinaus erfolgreich verfilmt und als Hörspiel ausgestrahlt.

Auch *Das Mädchen von Fanö* (Berlin 1935), eine Geschichte um Liebe und Eifersucht in der rauhen Umgebung der Nordseefischer, bediente – bei aller Distanz zur politischen Gegenwart –

nationalsozialistische Stereotypen der ›nordischen Rasse‹ und ›erdverbundenen Ursprünglichkeit.‹ Weisenborn selbst wollte den Roman als Travestie der nationalsozialistischen Rassenideologie verstanden wissen: »Eine schwarzhaarige fremde Frau zerstört die geheiligte Ehe zweier sogenannter Arier und zieht mit dem Mann davon. Der Roman widersetzt sich damit allen Spielregeln, die der Goebbels ständig verlangte. 1. die fremde schwarze Rasse triumphiert und 2. der Roman endet negativ und nicht mit der positiv-öden Himbeer-Harmonie der Nazi-Literatur« (*Lebenslauf*, zitiert nach: Schwarz, S. 271). Der nationalsozialistische Kultur- und Propagandabetrieb ließ sich von solcher Kritik nicht beeindrucken: 1941 wurde der Schluß des Romans in ein standesgemäßes Happy-End umgeschrieben und der Text mit Joachim Gottschalk, Paul Wegener, Brigitte Horney und Gustav Knuth in den Hauptrollen erfolgreich verfilmt. Weisenborns nächster Roman, *Die Furie* (Berlin 1937), wurde von der nationalsozialistischen Presse gleichfalls positiv aufgenommen, auch wenn der Autor mit dieser Abenteuergeschichte inmitten des südamerikanischen Chaco-Krieges »die Kolonisationssucht der Nazis« (*Lebenslauf*, zitiert nach: Schwarz, S. 281) indirekt attackieren wollte. Die Literaturkritik des ›Dritten Reichs‹ erkannte in dem Roman jedoch vorrangig den »Gegensatz weißer Zivilisation zu der triebhaften südamerikanischen Welt« (Werner Schickert in *Die Literatur* 41–1938/39, S. 117). Der Stuttgarter *NS-Kurier* druckte den Text sogar als Fortsetzungsroman ab (vgl. Schwarz, S. 286).

Im Frühjahr 1937 reiste Weisenborn im Auftrag der Tobis-Film in die USA und entschloß sich kurzzeitig zur Emigration. Nach sechs Wochen Arbeit als Lokalreporter für die *Deutsche Staatszeitung* in New York kehrte er allerdings zurück, um, wie er später sagte, »etwas gegen das Hitlerregime« zu tun (zitiert nach: Hahn, S. 257). Seinen Publikationen ist diese Entschlossenheit allerdings nicht anzumerken: Die Erzählungsbände *Die einsame Herde* (Dresden 1937) – 1937 vom Propagandaministerium als eines der 100 besten Bücher des Jahres prämiert – sowie *Traum und Tarantel* (Dresden 1938) waren mit den nationalsozialistischen Menschen- und v. a. Männlichkeitsidealen ebenso vereinbar wie der (Trivial-)Roman *Die Silbermine von Santa Sabina* (Berlin 1940), in dem blonde, blauäugige Helden einer indianisch-dunkelhäutigen Bedrohung widerstehen. Die Tatsache dieser Publikationen widerlegt zudem Weisenborns Behauptung von 1947, er habe »von 1937 bis 1945« geschwiegen (*Selbstporträt: Günther Weisenborn*, in: *Heute*

16–1947, S. 4). Weisenborn hatte außerdem 1938 mit dem Rowohlt Verlag einen Vertrag über einen Manhattan-Roman unter dem Titel *Scham (Babel)* geschlossen, den er allerdings nie fertigstellte. Auch andere Schreibprojekte kamen nicht zur Veröffentlichung.

Vom 27. September 1940 an war Weisenborn Schriftleiter beim Reichsrundfunk und gab nach eigenem Bekunden Informationen an die Widerstandsgruppe der ›Roten Kapelle‹ weiter, zu der er 1937 Kontakt aufgenommen hatte. Nach der Aufdeckung der Gruppe 1942 wurde auch Weisenborn enttarnt und bis Kriegsende inhaftiert. Während der Haft schrieb er Teile des Dramas *Babel* (Berlin 1946) sowie seine Gefängniserinnerungen *Memorial* (Berlin 1948). Weisenborns Thematisierungen des Widerstands gegen das ›Dritte Reich‹ fanden im Nachkriegsdeutschland starke Resonanz. *Die Illegalen* (Berlin 1946), das Drama um einen Untergrundkämpfer, der sich für seine Widerstandsgruppe opfert, wurde allein im Erscheinungsjahr von 350 Theatern aufgeführt. Weisenborn produzierte nach 1945 eine Reihe von politisch engagierten Dramen, Hörspielen und Romanen. Dabei kam der sich immer als links verstehende Autor wiederholt auf Fragen des antifaschistischen Widerstands zurück – z. B. in dem Dokumentarbericht *Der lautlose Aufstand* (Hamburg 1953), dem Filmdrehbuch *Der 20. Juli* (1956) und dem Roman *Der Verfolger* (Wien/München/Basel 1962).

Weitere Bücher:
Günther und Joy Weisenborn: Einmal laß mich traurig sein. Briefe, Lieder, Kassiber 1942–1943. Zürich 1984.

Literatur:
Manfred Hahn. Ein Linker im Widerstand – Günther Weisenborn: »Die Furie«. In: Sigrid Bock/Manfred Hahn (Hrsg.): Erfahrung Nazideutschland. Berlin 1987, S. 231–297. – Roswita Schwarz: Vom expressionistischen Aufbruch zur inneren Emigration: Günther Weisenborns weltanschauliche und künstlerische Entwicklung in der Weimarer Republik und im Dritten Reich. Frankfurt am Main/Berlin/Bern u. a. 1995.

WEYRAUCH, Wolfgang

(auch: Joseph Scherer)

**15. 10. 1904 Königsberg, † 7. 11. 1980 Darmstadt*

Der Sohn eines Landmessers war nach dem Besuch der Frankfurter Schauspielschule an den Theatern in Münster, Bochum und Thale/Harz engagiert. Danach studierte Weyrauch an den Universitäten in Frankfurt am Main und Berlin Germanistik, Romanistik und Geschichte. Seit 1929 arbeitete er als freier Schriftsteller und ab 1933 als Redakteur beim *Berliner Tageblatt* sowie als Lektor im Deutschen Verlag in Berlin. Von 1940 bis 1945 war er Soldat.

Weyrauch fing mit Erzählungen und Hörspielen an. Als Buchautor debütierte er 1934 mit der »Legende« *Der Main* (Berlin), in der er, wie in seinen bis 1943 folgenden Prosawerken, allgemeine existentielle Fragen aufgriff: die Suche nach Liebe, nach Heimat und nach dem Sinn des Lebens. So finden in dem Roman *Strudel und Quell* (Berlin 1938) zwei Menschen durch die Geburt ihres Kindes in das Leben zurück. *Eine Inselgeschichte* (Berlin 1939) thematisiert die psychischen Spannungen eines Ehebruchs. In *Das Liebespaar* (Leipzig 1943) erleben zwei sehr unterschiedliche Menschen ein kurzes heftiges Glück. Die Erzählung wurde von der NS-Literaturkritik abgelehnt, weil die Protagonistin deutlich negroide Züge trug (also in der NS-Diktion ein ›Rassenmischling‹ war) und weil Weyrauch mit seiner trostlosen Großstadtschilderung an die Literaturtradition der Weimarer Republik anknüpfte, die als ›entartet‹ galt. Bereits 1940 hatte er mit seiner Anthologie *1940. Junge deutsche Prosa* (Berlin) (Nachwuchs-) Autoren wie → Luise Rinser ein Forum geschaffen. Sowohl als Lektor als auch als Herausgeber und Rezensent suchte er junge Talente zu entdecken und zu fördern. Seine Artikel erschienen seit 1940 in der Zeitschrift *Das Reich*. In seinen Kritiken literarischer Bücher kommt ein differenziertes und sorgfältig begründetes Urteil zur Geltung. Aber wenn Weyrauch Texte über den Krieg oder das Soldatenleben besprach, ist wenig oder gar keine Distanz zur nationalsozialistischen Aggressionspolitik zu erkennen. Im Gegenteil: Noch wenige Wochen vor der Kapitulation schrieb er im *Reich* (vom 1.4.1945) unter dem Titel *Verse für Dich* einen Artikel, in dem er zwei Hölderlin-Gedichte, *Tod fürs Vaterland* und *Gesang der Deutschen*, bemühte, um den Kampfgeist und den Durchhaltewillen seiner Leser anzustacheln: »Hier stehen Zeilen, für uns, für 1945 gedichtet, prophetische Zeilen.« Damit meinte er vor allem Hölderlins »Denn die Gerechten schlagen, wie Zauberer, und ihre Vaterlandsgesänge lähmen die Knie der Ehrelosen.«

Weyrauch hat seinen Irrtum nach dem Ende des Zweiten Weltkriegs eingesehen. Er wurde zum kämpferischen Pazifisten, der auch für die Literatur eine radikale Erneuerung forderte. So ist auch sein berühmt gewordener »Kahlschlag« im Nachwort zu der von ihm herausgegebenen Anthologie *Tausend Gramm* (Hamburg 1949) zu verstehen (→ Einleitung).

Weitere Bücher:
Ein Band für die Nacht. Leipzig 1939. – (Hrsg.): Das Berlin-Buch. Leipzig 1941
Literatur:
Gustav Zürcher: Trümmerlyrik. Politische Lyrik 1945–50. K ronberg 1977.

WIECHERT, Ernst
(auch: Ernst Baramy Bjell)
**18.5.1887 Forsthaus Kleinort bei Allenstein/Ostpreußen, †24.8.1950 Uerikon/Zürichsee*

Der Förstersohn studierte in Königsberg Natur- und Geisteswissenschaften und arbeitete ab 1911 als Oberrealschullehrer. Wiechert nahm am Ersten Weltkrieg als Freiwilliger im Rang eines Leutnants teil. 1930 ging er nach Berlin. Aus gesundheitlichen Gründen schied er 1933 aus dem Schuldienst aus und lebte von da an als freier Schriftsteller.

Wiechert zählte zu den national-konservativen Autoren, die der Weimarer Demokratie mit Skepsis begegneten. Seine ersten beiden unter eigenem Namen erschienenen Romane (sein Debüt *Die Flucht* , (Berlin 1916), war unter einem Pseudonym erschienen), *Der Wald* (Berlin 1922) und *Der Totenwolf* (Regensburg 1924), sind aggressiv völkische Kriegsheimkehrerdramen, von denen sich Wiechert später distanzierte. In *Der Wald* tötet ein ehemaliger Offizier die Tiere in ›seinem‹ Wald und brennt die Bäume nieder, um sie vor dem Zugriff der von der Natur entfremdeten Menschen zu ›retten‹. Ähnlich motiviert ist auch *Der Totenwolf*, der – noch ganz geprägt vom Fronterlebnis – zu einem wahren Vernichtungsfeldzug aufbricht und sich am Ende selbst opfert. Gegen den ›Christengott‹ setzte Wiechert, ähnlich wie → Gustav Frenssen, einen germanisch-heidnischen Gottglauben. Auch wenn er in seinen folgenden Romanen die starken, gegen Gott und die Menschen kämpfenden Helden mehr und mehr durch grüblerische, den inneren und äußeren Rückzug antretende Weltflüchtige ersetzte, blieben die starken antizivilisatorischen Ressentiments erhalten. Die Natur verklärte Wiechert zur mythischen Urheimat, die allein dem Menschen Ruhe und Erfüllung verschaffen kann. Opfer und

Selbstopfer spielen dabei eine zentrale Rolle. *Die Majorin* (München 1934) zum Beispiel opfert ihre Liebe, um einen Entwurzelten ins Leben zurückzuführen. Der Repräsentantin einer untergegangenen adligen Welt, die mit der Natur ihrer Umgebung symbiotisch verbunden ist, steht der in der Stadt lebende, seinem Ursprung vollkommen entfremdete Sohn gegenüber.

Diese stark kontrastierende Schilderung mit dem Verweis auf die ›Erdverbundenheit‹ der positiv gezeichneten Protagonisten rückte Wiecherts Romane in die Nähe der Blut-und-Boden-Literatur, von der sie sich allerdings schon durch ihre sprachliche Qualität unterscheiden.

Wiechert selbst hegte zunächst Sympathien für den Nationalsozialismus und wurde von der NS-Literaturkritik gefeiert. Das änderte sich grundlegend, als er am 16. April 1935 in der Münchner Universität seine Rede *Der Dichter und die Zeit* (Zürich 1945) hielt und das NS-Regime kritisierte – allerdings nicht prinzipiell, wie Ralf Schnell festgestellt hat: »Der Kritik Wiecherts verfallen die politischen ›Entartungen‹ seiner Gegenwart, nicht aber deren gesellschaftliches Substrat, nicht die faschistische sogenannte ›Revolution‹, sondern lediglich deren ›Verfälschungen‹.« Er bezieht sich dabei auf den Satz von Wiechert: »Es war wohl das Schicksal aller Revolutionen, daß ihre Mit- und Nachläufer den Sinn der Erneuerung verfälschen.« Der *Völkische Beobachter* reagierte zwei Tage später mit einem harschen Kommentar, in dem Wiechert vorgeworfen wurde, »die Saat einer schwindenden Zuversicht auszustreuen«. Die Rede markiert einen Wendepunkt in der Beurteilung des Werks von Wiechert durch die NS-Literaturkritik. Nun fiel auf, daß die Ablehnung von Staat und Gesellschaft durch die Protagonisten seiner Romane nichts mit rassistischem Schollenkult zu tun hatte und daß das von Wiechert verklärte Einzelgängertum der offiziell propagierten ›Volksgemeinschaft‹ zuwiderlief. Zudem entsprachen sein klassisches Humanitätsideal und die tiefe Religiosität einzelner Texte nicht dem, was als förderungswürdig galt. Als Wiechert brieflich gegen die Verschleppung Martin Niemöllers protestierte, wurde er am 6. Mai 1938 verhaftet und im Juli/August im Konzentrationslager Buchenwald interniert. (Darüber hat er 1946 in *Der Totenwald*, Zürich, berichtet.) Goebbels notierte dazu in seinem Tagebuch am 4. August 1938: »Vernehmungsprotokoll von dem sogen. Dichter Wiechert gelesen. So ein Stück Dreck will sich gegen den Staat erheben. 3 Monate Konzentrationslager. Dann werde ich ihn mir persönlich kaufen.« Und einen Tag später heißt es im Zusammenhang mit den von ihm abgelehnten Dichtertreffen bei → Hans Grimm: »Ich dulde unter den Dichtern keine Bekenntnisfront.« Am 29. August fand das von Goebbels angekündigte Gespräch statt: »Ich lasse mir den Schriftsteller Wiechert aus dem K. Z. vorführen und halte ihm eine Phillipika, die sich gewaschen hat.« Anschließend mußte Wiechert am Großdeutschen Dichtertreffen in Weimar teilnehmen. Durch die Haft war er ein gebrochener Mann, er äußerte sich politisch nicht mehr.

Trotz seiner Inhaftierung und negativer Besprechungen seiner Bücher war Wiechert in seinen Publikationsmöglichkeiten nicht eingeschränkt. Keiner seiner Romane wurde verboten, allerdings konnte seine machtkritische Erzählung *Der weiße Büffel oder Von der großen Gerechtigkeit* erst 1946 in Zürich erscheinen. Wiechert blieb einer der meistgelesenen Autoren der NS-Zeit. Vor allem mit seinem Roman *Das einfache Leben* (München 1939) erreichte er ein großes Publikum. Die Hauptfigur, der Korvettenkapitän a. D. Thomas von Orla, zieht sich aus der verhaßten Großstadt in die Einsamkeit der ostpreußischen Landschaft zurück, um dort endlich die erhoffte Ruhe zu finden und nicht so weiterzuleben, wie es in einem von ihm zitierten Psalm heißt: »Wir bringen unsere Jahre zu wie ein Geschwätz.« Horst Krüger hat Wiecherts Position als die eines »extrem Unpolitischen« beschrieben: »Er gab sich der ebenso schönen wie gefährlichen Illusion hin, es gäbe jenseits von Mitläufertum und Widerstand noch einen dritten Weg: den ganz nach Innen. Die reine Innerlichkeit als Fluchtburg der deutschen Seele war sein Topos. So dachten angesichts der brutalen Nazidiktatur viele der Besten im Großbürgertum, im Adel, in der Generalität: äußerlich mitmachen, trotzdem rein bleiben, innerlich. Es war die rettende Notlüge sehr deutscher Prägung, zugegeben in einer furchtbaren Zwangslage. Wiechert hat dieser Notlüge im *Einfachen Leben* das klassische Denkmal gesetzt. Darin lag das Geheimnis seines Massenerfolgs.«

Bis zum Kriegsende veröffentlichte Wiechert keine größere Arbeit mehr. Nach dem Ende der NS-Herrschaft war Wiechert enttäuscht, daß es in Deutschland zu keiner Aufarbeitung der nationalsozialistischen Vergangenheit kam. 1948 ging er in die Schweiz. Mit seinen beiden letzten Romanen, in denen er seine Zivilisationskritik weiterführte, *Die Jeromin-Kinder* (2 Bde., München 1945 und 1947) und *Missa sine nomine* (Erlenbach 1950), konnte Wiechert wieder ein großes Publikum erreichen, für das er die literarische Opposition gegen den Nationalsozialismus verkörperte.

Seine Werke werden bis heute aufgelegt, aber kaum noch gelesen. Um sein Andenken kümmert sich die 1989 gegründete Internationale Ernst-Wiechert-Gesellschaft.

Weitere Bücher:

Das Spiel vom deutschen Bettelmann. München 1933. – Hirtennovelle. München 1935. – Der verlorene Sohn. München 1935. – Wälder und Menschen. Eine Jugend. München 1936.- Der Dichter und die Jugend. Mainz 1936. – Das heilige Jahr. Berlin 1936. – Atli der Bestmann. Tobias. Berlin 1938. – Vom Trost der Welt. »Eine Mauer um uns baue...« Mainz 1938. – Sämtliche Werke. 10 Bde. München 1957. – Die Novellen und Erzählungen. München 1962. – Gesammelte Werke. 5 Bde. München 1980.

Literatur:

Guido Reiner: Ernst Wiechert. 3 Bde. Paris 1972–76 (Bibliographie). – Hildegard Chatellier: Ernst Wiechert im Urteil der deutschen Zeitschriftenpresse 1933–1945. In: Recherches Germaniques (1973) No. 3, S. 153–195. – Ralf Schnell: Literarische Innere Emigration. Stuttgart 1976. – Jörg Hattwig: Das Dritte Reich im Werk Ernst Wiecherts. Frankfurt am Main u. a. 1984. – Hugh-Alexander Boag: Ernst Wiechert. The prose works in relation to his life and times. Stutgart 1987. – Klaus Thoenelt: Innere Emigration: Fiktion oder Wirklichkeit? Literarische Tradition und Nationalismus im Wirken Ernst Wiecherts, Hans Carossas und Hans Falladas. In: Jörg Thunecke (Hrsg.): Leid der Worte. Panorama des literarischen Nationalsozialismus. Bonn 1987, S. 300–320. – Ford B. Parkes-Perret: Ernst Wiecherts dissident novella ›Der weiße Büffel oder Von der großen Gerechtigkeit‹. In: Neophilologus 73–1989, S. 560–573. – Horst Krüger: Ein Denkmal deutscher Innerlichkeit. Über Ernst Wiechert: ›Das einfache Leben‹. In: Marcel Reich-Ranicki (Hrsg.): Romane von gestern – heute gelesen. Bd. 3. Frankfurt am Main 1990, S. 238–245. – Werner Ross: Das große Abendrot. Über Ernst Wiechert: ›Die Majorin‹. In: ebd., S. 55–60. – Bill Niven: Ernst Wiechert and his role between 1933 and 1945. In: New German Studies 16. 1990/91, S. 1–20. – Ferdinand von Ingen: Zwischen ›Totenwolf‹ und ›Totenwald‹. Ernst Wiechert und die völkische Literatur. In: Sjaak Onderlinden (Hrsg.): Interbellum und Exil. Amsterdam 1991, S. 140–161. – Guido Reiner/Klaus Weigelt (Hrsg.): Ernst Wiechert heute. Frankfurt am Main 1993. – Walter Delabar: Unheilige Einfalt. Zu den Verhaltenskonzepten in den Romanen Ernst Wiecherts. In: Christiane Caemmerer/Walter Delabar (Hrsg.): Dichtung im Dritten Reich? Opladen 1996, S. 135–150. – Hans-Martin Plesske/Klaus Weigelt (Hrsg.): Zuspruch und Tröstung. Beiträge über Ernst Wiechert und sein Werk. Frankfurt am Main 1999.- Franz H. Schrage: Weimar-Buchenwald. Spuren nationalsozialistischer Vernichtungsgewalt in Werken von Ernst Wiechert, Eugen Kogon, Jorge Semprún. Düsseldorf 1999.

WINKLER, Eugen Gottlob

**1.5.1912 Zürich, †26.10.1936 München*

Der Sohn eines württembergischen, in der Schweiz berufstätigen Maschinenbauers studierte Romanistik in München und promovierte 1933 mit einer Arbeit über *Moderne französische Klassikeraufführungen auf Pariser Bühnen* (Stuttgart 1933). Zum Wintersemester 1933 schrieb Winkler sich abermals an der Universität Tübingen ein. Im November desselben Jahres wurde er in Tübingen verhaftet, weil ein zehnjähriges Mädchen ihn beschuldigt hatte, ein Wahlplakat der NSDAP von der Wand gerissen zu haben. Nach zehn Tagen Haft wurde Winkler aus Mangel an Beweisen freigesprochen. Er selbst bestritt in Briefen die Tat und bezeichnete sich als »ein von Natur aus unpolitischer Mensch« (Brief an die Mutter vom 13.11.1933). Allerdings hatte Winkler 1931 aus Paris an seinen Freund Johannes Heitzmann geschrieben: »... Das einzige, wodurch wir in Frankreich unsere Sympathien verderben, sind die Nationalsozialisten und ihr immer stärker werdender Anhang. Ich vermute, daß sie auch bei den diesmaligen Wahlen wieder gewonnen haben, und mein Haß gegen sie wird im selben Verhältnis immer größer und wird sich allmählich auf die Deutschen und auf Deutschland insgesamt übertragen.«

In den Jahren nach seiner Verhaftung litt Winkler unter Ängsten und Depressionen. 1934 zog er nach München, wo in den Jahren 1935 und 1936 der Großteil seines Werks entstand: Er veröffentlichte Essays über Hölderlin, Platen, Lope de Vega, aber auch über Zeitgenossen, wie z.B. → Elisabeth Langgässer, → Mechtilde Lichnowsky oder → Ernst Jünger. Sie erschienen neben seinen Prosastücken in *Das Innere Reich, Deutsche Zeitschrift, Der Bücherwurm, Hochland* und in der *Frankfurter Zeitung.*

Am 23. Oktober 1936 wurde Winkler in München abermals von Kriminalbeamten kontrolliert. Er befürchtete eine erneute Verhaftung durch die Gestapo und nahm sich noch in derselben Nacht mit einer Überdosis Schlafmittel das Leben.

Bereits 1937 erschienen im Leipziger Karl Rauch Verlag seine gesammelten Essays (*Gestalten und Probleme*) sowie Gedichte, Aphorismen und Prosadichtungen (*Dichterische Arbeiten*).

Weitere Bücher:
Legenden einer Reise. München 1936. – Die Freundin des Prinzen Eugen. Berlin 1937. – Der späte Hölderlin. Dessau 1943.

Literatur:
Walter Jens (Hrsg.): Eugen Gottlob Winkler. Frankfurt am Main 1960. – Helmut Salzinger: Eugen Gottlob Winklers künstlerische Entwicklung. Hamburg 1967. – Ulrich Keicher: Eugen Gottlob Winkler in Stuttgart-Wangen. Marbach am Neckar 1990.

ZERKAULEN, Heinrich

**2.3.1892 Bonn, †13.2.1954 Hofgeismar*

Der Sohn eines Schuhmachermeisters studierte in München sowie Marburg Pharmazie und meldete sich 1914 als Kriegsfreiwilliger an die Ostfront. Nach seiner schweren Verwundung arbeitete Zerkaulen seit 1916 als Feuilletonredakteur in Düsseldorf und Essen. 1923 ging er als Leiter der literarischen Abteilung der Städtischen Ausstellungen nach Dresden. Ab 1931 lebte er als freier Schriftsteller.

Zerkaulen debütierte mit naiven, volksliedhaften Gedichten und pathetischer Kriegslyrik (gesammelt in: *Gesegneter Tag.* München 1935), ehe er sich der romantisierenden Verklärung seiner rheinischen Heimat in Erzählungen und Romanen zuwandte (v. a. *Die Spitzweggasse.* Kempten 1918, und *Die Welt im Winkel.* Breslau 1928, revidiert unter dem Titel *Der Strom der Väter.* Leipzig 1937). Undifferenzierte Historiengemälde, die den Genius des deutschen Menschen emporheben sollten, sind seine Romane über August den Starken (*Rautenkranz und Schwerter.* Bremen 1927), Beethoven (*Musik auf dem Rhein.* Freiburg 1930) und Lukas Cranach (*Herr Lukas aus Kronach.* Leipzig 1938). Seinen ersten großen Erfolg erlangte Zerkaulen 1931 mit dem Roman *Osternothafen* (Berlin, Neuausgabe unter dem Titel *Anna und Sigrid.* Berlin 1934), in dem er aus einer komplizierten psychologischen Konstellation – ein Mann zwischen zwei Frauen – einen simplen Konflikt von ›Pflicht‹ und ›Liebe‹ machte. Zerkaulens fast ins Religiöse gesteigerter Nationalismus konnte sich ab 1933 voll entfalten, zunächst in dem Drama *Jugend von Langemarck* (Leipzig 1933), das die in blindem Gehorsam gefallenen Freiwilligen des Ersten Weltkriegs heroisierte und damit eines der meistgespielten Stücke der NS-Zeit wurde, später in dem Frontsoldatenroman *Hörnerklang der Frühe* (Berlin 1934) und in den Reiseberichten über Fahrten auf Kriegsmarine- und

›Kraft durch Freude‹-Schiffen. Kulturpolitisch aktiv wurde er auch mit seiner Unterhaltungszeitschrift *Der goldene Born* (Leipzig 1936–41) und als einer der führenden Repräsentanten des von 1936 bis 1943 aktiven Bamberger Dichterkreises.

Von seiner Internierung durch die Amerikaner nach der Kapitulation Deutschlands handelt sein letztes Buch *Zwischen Tag und Nacht. Erlebnisse aus dem Camp 94* (München 1951).

Weitere Bücher:
Die heimliche Fürstin. Freiburg 1933. – Der Sprung aus dem Alltag. Leipzig 1935. – Der Reiter. Leipzig 1936. – Brommy. Leipzig 1939. – Erlebnis und Ergebnis. München 1939.

Literatur:
Günther Rühle: Heinrich Zerkaulen *Jugend von Langemarck*. In: Ders.: Zeit und Theater 1933–45. Bd. 3, Frankfurt am Main/Berlin/Wien 1974, S. 742–754. – Jutta Romeis: Heinrich Zerkaulen. In: Wulf Segebrecht (Hrsg.): Der Bamberger Dichterkreis 1936–1943. Bamberg 1985, S. 230–237. – Siegfried Friedrich Schmidt: »... eine Burg mir bauen in die Sterne«. Der Bonner Schriftsteller Heinrich Zerkaulen, ein »gestrichener« Name. In: Bonner Geschichtsblätter 43/44 (1993/94), S. 405–446.

ZIESEL, Kurt

**25. 2. 1911 Innsbruck*

Schon als Werkstudent an der Wiener Hochschule für Bodenkultur fand Ziesel zum NS-Studentenbund. Ein Jahr später, 1931, trat er der NSDAP bei und arbeitete für die *Deutsch-österreichische Tageszeitung*. Nach dem Verbot des Blattes ging er nach Deutschland, zunächst als Volontär zum *Völkischen Beobachter*, dann als Redakteur zur *Preußischen Zeitung*, zur *Westfälischen Landeszeitung* und schließlich als Chefredakteur zum *Hanseatendienst* der Hanseatischen Verlagsanstalt. 1938 kehrte er nach Österreich zurück und schrieb u. a. für das *Neue Wiener Tagblatt*. Zu Beginn des Zweiten Weltkriegs wurde Ziesel zu einem Panzerregiment einberufen. 1941 kam er zu einer Kriegsberichtereinheit.

1938 hatte er mit *Stimmen der Ostmark* (Hamburg) sein erstes Buch veröffentlicht. Ziesel war ein überzeugter Anhänger des Nationalsozialismus, obwohl er 1934 für wenige Monate aus der NSDAP ausgeschlossen worden war. Er selbst nannte sehr viel später als Grund seine »Beziehung zu einer jüdischen Familie« (*Frankfurter Rundschau* vom 9. 2. 1984). In seinen mit antisemitischen Floskeln durchsetzten Zeitungsartikeln hetzte Ziesel gegen Schriftsteller wie → Manfred Hausmann oder gegen liberale Blätter wie die *Frankfurter Zeitung*, deren Mitarbeiter er als »jüdisch verseuchte Schreiberseelen« (*Westfälische Landeszeitung* vom 24.11.1935, zitiert nach Stefan Busch) bezeichnete. Als Schriftsteller sang er, zumindest in einigen seiner Bücher, das Hohelied des nationalsozialistischen Deutschlands und seiner ›Führers‹ Adolf Hitler. In der Erzählung *Die Stimme* (in: *Stunden der Wandlung*. Wien/Leipzig 1940) schildert er beispielsweise die ergriffenen Reaktionen von Deutschen in Siebenbürgen auf eine Rundfunkansprache Hitlers: »Lauschend bleiben alle stehen, und als Gast sehe ich verwundert in ergriffene Gesichter. Diese Stimme! Ja, diese Stimme! Ja, diese Stimme! Voll und tönend, mahnend, keinem Deutschen fremd, diese Stimme, die so voll des Glaubens ist ... Durch die Schar der Jungen und der Alten geht heißbewegt ein Atem. Es erfaßt mich wie ein Sturm, seltsam und geheimnisvoll. Eine Macht rührt an die Seele, die uns wehrlos macht.« Besonders erfolgreich war seine Anthologie *Krieg und Dichtung. Soldaten werden Dichter – Dichter werden Soldaten* (Wien/Leipzig 1940), in der alle namhaften Autoren der NS-Zeit vertreten sind.

Nach dem Ende des Zweiten Weltkriegs lenkte der streit- und klagelustige Ziesel von seiner eigenen nationalsozialistischen Vergangenheit ab, indem er die vermeintlichen oder tatsächlichen Verfehlungen seiner früheren Schriftsteller- und Journalistenkollegen in *Das verlorene Gewissen. Hinter den Kulissen der Presse, Literatur und ihrer Machtträger von heute* (München 1957) und zahlreichen weiteren Veröffentlichungen anprangerte. Der denunziatorische Charakter seiner Texte löste abwehrende Reaktionen aus, so daß eine breite Diskussion über Literatur und Publizistik in der NS-Zeit nicht einsetzte. 1952 hatte Ziesel mit seinem Roman *Daniel in der Löwengrube* (Freiburg/Frankfurt am Main) für Aufsehen gesorgt. Ein nichtjüdischer Deutscher gerät in Polen versehentlich in ein jüdisches Ghetto und identifiziert sich mit den Opfern des NS-Terrors. Am Ende wird er wie die übrigen Ghetto-Bewohner erschossen. Die zeitgenössische Kritik, überrascht, beeindruckt und offensichtlich überfordert, reagierte mehrheitlich positiv und übersah das, was Stefan Busch erst 1997 herausarbeitete: »Die Klischees, die im Roman reproduziert werden, stellen ihn in die Tradition der antisemitischen NS-Propaganda, die für alle Altersstufen die Bilder von habgierigen, schmutzigen, hakennasigen etc. Juden lieferte ... Die Juden waren ihm kaum mehr als Kulisse für die ihn ausschließlich interessierende Figur, das deutsche Opfer.« Als sich Ex-Bundeskanzler Helmut Kohl 1984 dafür rechtfertigte, daß er Ziesel auf eine Israel-Reise mitgenommen hatte, verwies er auf diesen Roman und die darin demonstrierte ›deutsch-jüdische Aussöhnung‹. Ziesel war Generalsekretär der 1966 gegründeten und am rechten Rand des politischen Spektrums stehenden Deutschland-Stiftung, die das *Deutschland-Magazin* herausgibt und den umstrittenen Konrad-Adenauer-Preis verleiht. Anläßlich der Preisverleihung 1996 lobte Kohl Ziesel für sein »Eintreten für die freiheitlich-demokratische Grundordnung unserer Bundesrepublik Deutschland« (zitiert nach Stefan Busch).

Weitere Bücher:

Verwandlung der Herzen. Leipzig 1938. – Der kleine Gott. Wien 1939. – Was mangelt dem deutschen Romanschaffen der Gegenwart? Leipzig 1940. – Unsere Kinder. Erlebtes am Rande des Krieges. Wien 1941. – Der Vergessene. Eine Erzählung aus dem Jahr 1940. Wien 1941. – Der Gezeichnete. Wien 1942. – Die Geister scheiden sich. Dokumente zum Echo auf das Buch »Das verlorene Gewissen«. Eine Auswahl aus über 3000 in- und ausländischen Pressestimmen und aus Tausenden von Briefen an den Verfasser. Die Reaktion der Betroffenen. München 1959.

Literatur:

Frank-Friedrich Wagner: Der literarische Ausdruck faschistischer Tendenzen in Westdeutschland – untersucht an Kriegsromanen. (Ost-)Berlin (Diss.) 1957. – Hans-Dieter Bamberg: Die Deutschland-Stiftung e. V. Studien über Kräfte der »demokratischen Mitte« und des Konservatismus in der Bundesrepublik Deutschland. Meisenheim am Glan 1978. – Stefan Busch: »Und gestern, da hörte uns Deutschland«. NS-Autoren in der Bundesrepublik. Kontinuität und Diskontinuität bei Friedrich Griese, Werner Beumelburg, Eberhard Wolfgang Möller und Kurt Ziesel. Würzburg 1998. – Kai-Uwe Scholz: Hiller und Ziesel – oder »Zu allererst antikonservativ? In: Rüdiger Schütt/Wolfgang Beutin (Hrsg.): Zu allererst antikonservativ. Kurt Hiller (1885–1972). Hamburg 1998, S. 132–153.

ZILLICH, Heinrich
**23.5.1898 Kronstadt/Siebenbürgen, †22.5.1988 Starnberg*
Der Sohn eines siebenbürgischen Zukkerfabrikanten nahm nach dem Abitur als Tiroler Kaiserjäger am Ersten Weltkrieg teil. 1919 mußte er mit rumänischen Truppen gegen das kommunistische Ungarn ziehen. Ein Jahr später ging er nach Berlin, wo er Wirtschaftswissenschaften studierte. Zillich legte das Examen als Diplomkaufmann ab und promovierte 1923. Danach arbeitete er für verschiedene deutsche und siebenbürgische Zeitungen. Daneben gab er in Kronstadt von 1924 bis 1939 mit *Klingsor* die wichtigste deutschsprachige Kulturzeitschrift in Südosteuropa heraus. Seit 1936 lebte er als freier Schriftsteller am Starnberger See. Im Zweiten Weltkrieg war er Offizier.

Vordergründig versuchte Zillich in seinen Büchern, die Sitten und Gebräuche, die kleinen und großen Besonderheiten seiner siebenbürgischen Heimat zu konservieren. In Wirklichkeit aber waren seine Arbeiten Teil der auslandsdeutschen Propaganda, mit der die nationalsozialistische Aggressionspolitik vorbereitet wurde. Vor allem in Zillichs Hauptwerk, dem Entwicklungsroman *Zwischen Grenzen und Zeiten* (München 1936), sah die NS-Literaturkritik die ›deutsche Passion im Osten‹ auf herausragende Weise geschildert. Den in jeder Hinsicht überlegenen Siebenbürgern stehen die durchweg negativ gezeichneten Rumänen gegenüber, deren Herrschaft nur temporär sein kann: »Seines Volkes Not erschien ihm, dem jungen auslandsdeutschen Kriegsmenschen, nicht anders als ein Wille der Vorväter, der nichts ohne Sinn läßt, und das Läuterungsfähige, das Große nicht ohne Auferstehung … Er sah das graue gebogene Tor, atmete heftig und schritt hindurch in das Schicksal der neuen Pflicht und der Zukunft.« Hellmuth Langenbucher zählte das Buch »zu den großen deutschen Lebensdichtungen« und stellte es auf eine Stufe mit → Kolbenheyers *Paracelsus*, → Grimms *Volk ohne Raum* und → Strauß' *Riesenspielzeug*. Für den Roman, der auch ein kommerzieller Erfolg war, erhielt Zillich 1937 den Literaturpreis der Reichshauptstadt und den Volksdeutschen Schrifttumspreis. Im selben Jahr wurde ihm auch die Ehrendoktorwürde der Universität Göttingen verliehen.

Bereits 1931 hatte Zillich die Novelle *Der Zigeuner* (Schäßburg; wieder abgedruckt im Erzählungsband *Sturz aus der Kindheit.* Leipzig 1933) veröffentlicht, die die nationalsozialistische Rassenpolitik gegen Zigeuner scheinbar rechtfertigte. Denn, so die Kernaussage, Zigeuner seien hinterhältig, ungewaschen und arbeitsscheu. Sie würden betteln, stehlen, lügen und hilflose Mägde vergewaltigen ohne Spur eines schlechten Gewissens. Deshalb verdienten sie es auch, (zumindest) verprügelt zu werden: »Dann packte ihn der eine am Kragen, zerrte ihn empor und sagte voll Ekel: ›Ein Zigeuner‹.« Langenbucher stellte die Novelle besonders heraus, denn sie lasse »den Leser die Bekanntschaft machen mit jenem merkwürdigen, meist von der Kraft und Arbeit des anderen schmarotzenden Volksschlags, ohne den der Südosten nicht zu denken ist«. Im Nachwort zur Neuausgabe bei Langen-Müller (unter dem Titel *Popa* mit kleinen stilistischen Korrekturen in *Wälder und Laternenschein.* München 1978) sah Hans Bergel etwas ähnliches, nämlich »das wesensfremde und dennoch seit Urzeiten im Daseinsspektrum Siebenbürgens eingefügte Capriccio zigeunerischer Triebhaftigkeit und Bedenkenlosigkeit«.

Noch 1950 propagierte Zillich seine großdeutschen Allmachtsphantasien, als er aus Anlaß der 800-Jahr-Feier der Siebenbürger Sachsen in München kundtat: »Zu weltgeschichtlichem Rang erhoben sich die Deutschen nur dann, wenn sie ihre schwerste Aufgabe wahrnahmen: des Abendlandes Hüter, Mitgestalter und Opfer zu sein. Jener geheiligte Inbegriff, der unserer Geschichte ihren Sinn verlieh: das Reich, bezeichnet recht und von der reinen Idee her verstanden, kein vergängliches Staatsgebilde, sondern die Stellvertreterschaft des Abendlandes, das Schutzsiegel der überstaatlichen europäischen Gemeinschaft« (*Münchner Merkur* vom 31.10.1950). In der Bundesrepublik war Zillich einer der führenden Vertriebenenfunktionäre. 1952 übernahm er den Vorsitz der Landsmannschaft der Siebenbürger Sachsen (seit 1963 Ehrenvorsitzender), seit 1959 gab er die *Südostdeutschen Vierteljahresblätter* heraus. Zillich wurde mit dem Südostdeutschen Literaturpreis (1953), dem Kulturpreis der Siebenbürger Sachsen (1968) und dem Mozartpreis der Basler Goethe-Stiftung (1970) ausgezeichnet.

Weitere Bücher:
Die gefangene Eiche und andere siebenbürgische Erzählungen. Köln 1935. – Komme, was will. München 1935. – Die Reinerbachmühle. Leipzig 1935. – Der baltische Graf. München 1937. – Der Weizenstrauß. München 1938. –

Flausen und Flunkereien. Lustige Geschichten aus Siebenbürgen. München 1940.

Literatur:

Landsmannschaft der Siebenbürger Sachsen in Deutschland (Hrsg.): Heinrich Zillich zum achtzigsten Geburtstag. Starnberg 1978. – Oskar Schuster (Hrsg.): Epoche der Entscheidungen. Die Siebenbürger Sachsen im 20. Jahrhundert. Heinrich Zillich zum 85. Geburtstag. Köln/Wien 1983.

ZÖBERLEIN, Hans (eigentlich: Johann)

**1.9.1895 Nürnberg, †13.2.1964 München*

Der Sohn eines Schuhmachers erlernte das Maurerhandwerk und bildete sich anschließend durch den Besuch einer Baufachschule zum Architekten weiter. Am Ersten Weltkrieg nahm Zöberlein als Infanterist teil und erhielt hohe Auszeichnungen. Nach Kriegsende gehörte er zum Freikorps Epp und trat bereits 1921 der NSDAP sowie der SA bei. Am 9. November 1923 beteiligte er sich am Umsturzversuch Hitlers in München.

1931 erschien sein Weltkriegsroman *Der Glaube an Deutschland* (München), den Hitler in seinem Geleitwort als »das Erbe der Front« bezeichnete. Zöberlein heroisierte darin die deutschen Soldaten und reklamierte für sie die politische Macht – mit einem charismatischen und schlachtenbewährten Führer an der Spitze. Ganz ähnlich fällt sein zweiter Roman *Der Befehl des Gewissens* (München 1937) aus, der die Hinwendung der ehemaligen Frontsoldaten zur nationalsozialistischen Bewegung propagiert. Die Themen Weltkrieg und Freikorpskampf bestimmen auch Zöberleins zum Teil stark rassistische und antisemitische Spielfilme *Stoßtrupp 1917* (1934) und *Um das Menschenrecht* (1934). Zöberlein war Träger des ›Blutordens‹ und des Goldenen Ehrenzeichens der NSDAP. 1933 erhielt er den Dichterpreis der Stadt München, 1938 den Kulturpreis der SA. Außerdem wurde er zum Präsidenten des Ordens der Bayerischen Tapferkeitsmedaille und als Münchner Stadtrat zum Leiter der Kulturabteilung ernannt. Zuletzt stand er im Rang eines SA-Brigadeführers.

1948 wurde Zöberlein wegen Beteiligung an der Ermordung von acht Penzberger Bürgern, die zuvor ihren NS-Bürgermeister abgesetzt hatten (›Penzberger Mordnacht‹ vom 28./29.4.1945), zum Tod verurteilt. Das Oberlandesgericht München wandelte die Strafe 1949 in lebenslängliche Haft um, aus der Zöberlein 1958 aus gesundheitlichen Gründen entlassen wurde.

Seine Bücher wurden nicht mehr aufgelegt.

Weitere Bücher:
Der Druckposten. München 1940. – Der Schrapnellbaum. München 1940

Literatur:
Karl Prümm: Das Erbe der Front. Der antidemokratische Kriegsroman der Weimarer Republik und seine nationalsozialistische Fortsetzung. In: Horst Denkler/Karl Prümm (Hrsg.): Die deutsche Literatur im Dritten Reich. Stuttgart 1976, S. 138–164. – Michael Gollbach: Die Wiederkehr des Weltkriegs in der Literatur. Kronberg 1978.

ZWEIG, Stefan

**28. 11. 1881 Wien, † 23. 2. 1942 Petropolis/Brasilien*

Der Sohn eines wohlhabenden österreichischen Textilfabrikanten war nach dem Ersten Weltkrieg vor allem durch seine Novellen und Biografien zu einem der erfolgreichsten Gegenwartsautoren deutscher Sprache und zum auflagenstärksten Autor des Leipziger Insel Verlags geworden. Als Jude und Pazifist geriet Zweig früh ins Visier der Nationalsozialisten. Einige seiner Werke gehörten zu den in der Studentenaktion ›Wider den undeutschen Geist‹ am 10. Mai 1933 verbrannten Büchern; sein Name fand sich auf der ›ersten amtlichen Schwarzen Liste für Preußen‹ vom 16. Mai 1933, nach der die deutschen Volksbüchereien ›gesäubert‹ werden sollten. Aus Rücksichtnahme auf seinen deutschen Verleger – Anton Kippenberg hatte noch im Mai 1933 Zweigs Novellen vorsichtshalber aus seinem Verlagsverzeichnis genommen – und in der Hoffnung, weiterhin in Deutschland publizieren zu können, reagierte der in Wien lebende Zweig äußerst zurückhaltend auf diese Angriffe: »abwarten, abwarten, schweigen und noch einmal schweigen« (Brief an Franz Servaes, Mitte Mai 1933, zitiert nach: Prater, S. 294). Auf keinen Fall wollte er die Nationalsozialisten durch öffentliche Kritik zu einem noch schärferen Vorgehen gegen sich und seine Bücher provozieren.

Als sein Freund Hermann Kesten 1933 eine Anthologie jüdischer Schriftsteller unter dem Titel *Der Scheiterhaufen* mit einem NS-kritischen Vorwort publizieren wollte, protestierte Zweig, der eine Novelle zu dem Sammelband beigesteuert hatte, und erreichte, daß die Anthologie unter dem Titel *Novellen deutscher Dichter der Gegenwart* (Amsterdam 1933) und ohne das provokante Vorwort erschien. Ebenso zog Zweig einen zugesagten Beitrag für Klaus Manns Exilzeitschrift *Die Sammlung* mit der Begründung zurück, die Zeitschrift sei ihm zu politisch und zu aggressiv. An konzertierten Aktionen der oppositionellen und verfemten Autoren – von denen Zweig mehrere, wie z.B. Ernst Weiß und Joseph Roth, finanziell unterstützte – wollte er nicht teilnehmen und kündigte in einem Schreiben an Kippenberg, der ihn zur Distanzierung von Manns Zeitschrift gedrängt hatte, an, mit seinem nächsten Buch seine »Einstellung zum Problem der Politik und Humanität persönlich und für mich allein verantwortlich darzutun« (Brief vom 5.11.1933, zitiert nach: Buchinger, S.225). Gemeint war *Triumph und Tragik des Erasmus von Rotterdam* (Wien 1934). Kippenberg und Zweig kamen überein, die Biografie des großen Humanisten aus Rücksicht auf das NS-Regime nicht im Insel Verlag zu veröffentlichen. Auch die Widmung, die Zweig Kippenberg zugedacht hatte, redete dieser ihm aus. Das Buch erschien im Wiener Reichner Verlag, der 1934 noch den deutschen Buchhandel beliefern konnte, so daß auf dem Umweg über Österreich Zweigs Porträt eines Vorkämpfers für Toleranz und Verständigung auf den reichsdeutschen Buchmarkt gelangen konnte. Außerdem erschienen noch bis 1935 Neuauflagen der *Sternstunden* sowie der Biografien von *Marie Antoinette* und *Joseph Fouché* im Insel Verlag.

Mit der Inkraftsetzung der ›Liste 1 des schädlichen und unerwünschten Schrifttums‹ im März 1936 wurde Zweigs Werk in Deutschland vollständig verboten, seine Bücher wurden in einer großangelegten Gestapo-Aktion am 12. März 1936 konfisziert. Bis zum ›Anschluß‹ Österreichs 1938 publizierte Zweig bei Reichner in Wien. Mit *Castellio gegen Calvin oder Ein Gewissen gegen die Gewalt* (Wien 1936) erschien das Porträt eines weiteren Humanisten, des Gelehrten Sebastian Castellio (1515–63), der gegen einen ideologischen Eiferer und Diktator das Recht der Menschlichkeit einzuklagen wagte. Am 12. März 1938 mußte aber auch Zweigs Wiener Verleger vor den einmarschierenden deutschen Truppen fliehen. Sein Verlag wurde beschlagnahmt.

Zweig, der schon 1934 nach London übergesiedelt und 1940 britischer Staatsbürger geworden war, wich 1941 aus Angst vor einer deutschen Invasion zunächst nach New York, wo er das *Emergency Rescue Committee* unterstützte, und dann nach Brasilien aus. Hier vollendete er sein Erinnerungsbuch *Die Welt von Gestern* (Stockholm 1944) und schrieb die *Schachnovelle* (Buenos Aires 1942), sein einziges Buch, das sich direkt und nicht im Gewand eines historischen Modellfalls mit dem Nationalsozialismus auseinandersetzt. Am 22. Februar 1942 nahmen Zweig und seine Frau Lotte sich das Leben.

Weitere Bücher:
Sinn und Schönheit der Autographen. Wien 1935. – Maria Stuart. Wien 1935. – Arturo Toscanini. Ein Bildnis. Wien 1936. – Der begrabene Leuchter. Wien 1937. – Begegnungen mit Menschen, Büchern, Städten. Wien 1937. – Magellan. Der Mann und seine Tat. Wien 1938. – Ungeduld des Herzens. Amsterdam/Stockholm 1939 – Worte am Grabe Sigmund Freuds. London 1939. – Brasilien. Ein Land der Zukunft. Stockholm 1941. – Zeit und Welt. Stockholm 1943. – Amerigo. Die Geschichte eines historischen Irrtums. Stockholm 1944. – Balzac. Der Roman seines Lebens. Stockholm 1946.

Literatur:
Donald A. Prater: Stefan Zweig. Das Leben eines Ungeduldigen. München/Wien 1981. – Hartmut Müller: Stefan Zweig. Reinbek bei Hamburg 1988. – Susanne Buchinger: Stefan Zweig – Schriftsteller und literarischer Agent. Die Beziehungen zu seinen deutschsprachigen Verlegern (1901–1942). Frankfurt am Main 1998.

Literatur

Literaturgeschichten der NS-Zeit (Eine Auswahl)

Bartels, Adolf: Geschichte der deutschen Literatur. Braunschweig/Berlin/Hamburg [17]1941.
Fechter, Paul: Geschichte der deutschen Literatur. Von den Anfängen bis zur Gegenwart. Berlin 1941.
Koch, Franz: Geschichte deutscher Dichtung. Hamburg [3]1940.
Langer, Norbert: Die deutsche Dichtung seit dem Weltkrieg. Von Paul Ernst bis Hans Baumann. Karlsbad/Leipzig [2] o. J. (1941).
Langenbucher, Hellmuth: Volkhafte Dichtung der Zeit. Berlin [3]1937.
Lennartz, Franz: Die Dichter unserer Zeit. Stuttgart [4]1942.
Linden, Walter: Geschichte der deutschen Literatur von den Anfängen bis zur Gegenwart. Leipzig [3]1941.
Mulot, Arno: Die deutsche Dichtung der Zeit. Stuttgart 1944.
Nadler, Josef: Literaturgeschichte des Deutschen Volkes. Dichtung und Schrifttum der deutschen Stämme und Landschaften. Vierter Band: Reich (1914–1940). Berlin [4]1941.
Oehlke, Waldemar: Deutsche Literatur der Gegenwart. Berlin 1942.

Auswahlbibliografie

Aigner, Dietrich: Die Indizierung »schädlichen und unerwünschten Schrifttums« im Dritten Reich. Frankfurt am Main 1971.
Albert, Claudia (Hrsg.): Deutsche Klassiker im Nationalsozialismus. Schiller, Kleist, Hölderlin. Stuttgart/Weimar 1994.
Aley, Peter: Jugendliteratur im Dritten Reich. Dokumente und Kommentare. Gütersloh 1967.
Allemann, Beda (Hrsg.): Literatur und Germanistik nach der »Machtübernahme«. Colloquium zur 50. Wiederkehr des 30. Januar 1933. Bonn 1983.
Amann, Klaus: P.E.N. – Politik, Emigration, Nationalsozialismus. Ein österreichischer Schriftstellerclub. Wien/Köln/Graz 1984.

Amann, Klaus/Berger, Albert (Hrsg.): Österreichische Literatur der dreißiger Jahre. Ideologische Verhältnisse – Institutionelle Voraussetzungen – Fallstudien. Wien/Köln/Graz 1985.
Amann, Klaus: Der Anschluß österreichischer Schriftsteller an das Dritte Reich. Institutionelle und bewußtseinsgeschichtliche Aspekte. Frankfurt am Main 1988. Bodenheim ²1996.
Amann, Klaus: Die Dichter und die Politik. Essays zur österreichischen Literatur nach 1918. Himberg bei Wien 1992.
Aspetsberger, Friedbert: Literarisches Leben im Austrofaschismus. Der Staatspreis. Königstein im Taunus 1980.
Assheuer, Thomas/Sarkowicz, Hans: Rechtsradikale in Deutschland. Die alte und die neue Rechte. München ²1994.
Barbian, Jan-Pieter: Literaturpolitik im »Dritten Reich«. Institutionen, Kompetenzen, Betätigungsfelder. Frankfurt am Main 1993. München 1995 (Tb-Ausgabe).
Berglund, Gisela: Der Kampf um den Leser im Dritten Reich. Die Literaturpolitik der »Neuen Literatur« (Will Vesper) und der »Nationalsozialistischen Monatshefte«. Worms 1980.
Berlin – Provinz. Literarische Kontroversen um 1930. Bearbeitet von Jochen Meyer. Marbach 1985.
Bluhm, Lothar: Das Tagebuch zum Dritten Reich. Zeugnisse der Inneren Emigration von Jochen Klepper bis Ernst Jünger. Bonn 1991.
Bock, Sigrid/Hahn, Manfred (Hrsg.): Erfahrung Nazideutschland. Romane in Deutschland 1933–1945. Analysen. Berlin/Weimar 1987.
Boese, Engelbrecht: Das Öffentliche Bibliothekswesen im Dritten Reich. Bad Honnef 1987.
Der Börsenverein des Deutschen Buchhandels 1825–2000. Ein geschichtlicher Aufriss. Herausgegeben im Auftrage der Historischen Kommission von Stephan Füssel, Georg Jäger und Hermann Staub in Verbindung mit Monika Estermann. Frankfurt am Main 2000.
Brekle, Wolfgang: Schriftsteller im antifaschistischen Widerstand 1933–1945 in Deutschland. Berlin/Weimar 1985.
Brenner, Hildegard: Die Kunstpolitik des Nationalsozialismus. Reinbek 1963.
Brenner, Hildegard: Ende einer bürgerlichen Kunst-Institution. Die politische Formierung der Preußischen Akademie der Künste ab 1933. Stuttgart 1972.
Breßlein, Erwin: Völkisch-faschistoides und nationalsozialistisches Drama. Kontinuitäten und Differenzen. Frankfurt am Main 1980.
Brüdigam, Heinz: Der Schoß ist fruchtbar noch … Neonazistische, militaristische, nationalistische Literatur und Publizistik in der Bundesrepublik. Frankfurt am Main O. J. (1964).
Buck, Theo/Steinbach, Dietrich (Hrsg.): Tendenzen der deutschen Literatur zwischen 1918 und 1945. Weimarer Republik – Drittes Reich – Exil. Stuttgart 1985.

Bumm, Peter H.: Drama und Theater der konservativen Revolution. München 1971.
Caemmerer, Christiane/Delabar, Walter (Hrsg.): Dichtung im Dritten Reich? Zur Literatur in Deutschland 1933–1945. Opladen 1996.
Claussen, Horst/Oellers, Norbert (Hrsg.): Beschädigtes Erbe. Beiträge zur Klassikerrezeption in finsteren Zeiten. Bonn 1984.
Corino, Karl (Hrsg.): Intellektuelle im Bann des Nationalsozialismus. Hamburg 1980.
Dahm, Volker: Das jüdische Buch im Dritten Reich. München [2]1993.
Dahm, Volker: Nationale Einheit und partikulare Vielfalt. Zur Frage der kulturpolitischen Gleichschaltung im Dritten Reich. In: Vierteljahreshefte für Zeitgeschichte 43 (1995), S. 221–265.
»Das war ein Vorspiel nur ...« Bücherverbrennung Deutschland 1933: Voraussetzungen und Folgen. Berlin 1983.
von der Decken, Godele: Emanzipation auf Abwegen. Frauenkultur und Frauenliteratur im Umkreis des Nationalsozialismus. Frankfurt am Main 1988.
Delabar, Walter/Denkler, Horst/Schütz, Erhard (Hrsg.): Banalität mit Stil. Zur Widersprüchlichkeit der Literaturproduktion im Nationalsozialismus. (Zeitschrift für Germanistik. Neue Folge. Beiheft 1–1999) Bern u. a. 1999.
Denk, Friedrich: Die Zensur der Nachgeborenen. Zur regimekritischen Literatur im Dritten Reich. Weilheim i. Obb. 1995.
Denkler, Horst/Prümm, Karl (Hrsg.): Literatur im Dritten Reich. Themen, Traditionen, Wirkungen. Stuttgart 1976.
Denkler, Horst/Lämmert, Eberhard (Hrsg.): »Das war das Vorspiel nur ...« Berliner Colloquium zur Literaturpolitik im »Dritten Reich«. Berlin 1985.
Döhl, Reinhard: Das Hörspiel zur NS-Zeit. Darmstadt 1992.
Dohnke, Kay/Hopster, Norbert/Wirrer, Jan (Hrsg.): Niederdeutsch im Nationalsozialismus. Studien zur Rolle regionaler Kultur im Faschismus. Hildesheim/Zürich/New York 1994.
Drewniak, Boguslaw: Das Theater im NS-Staat. Szenarium deutscher Zeitgeschichte 1933–1945. Düsseldorf 1983.
Drews, Richard/Kantorowicz, Alfred: Verboten und verbrannt. Deutsche Literatur 12 Jahre unterdrückt. Berlin/München 1947.
Eggerstorfer, Wolfgang: Schönheit und Adel der Arbeit. Arbeitsliteratur im Dritten Reich. Frankfurt am Main/Bern/New York/Paris 1988.
Eichberg, Henning/Dultz, Michael/Gadberry, Glen/Rühle, Günther: Massenspiele. NS-Thingspiele, Arbeiterweihespiele und olympisches Zeremoniell. Stuttgart-Bad Cannstatt 1977.
Elfe, Wolfgang/Hardin, James/Holst, Günther (Hrsg.): Deutsche Exilliteratur – Literatur im Dritten Reich. Akten des II. Exilliteratur-Symposions der University of South Carolina. Bern/Frankfurt am Main/Las Vegas 1979.

Emmerich, Wolfgang: Germanistische Volkstumsideologie. Genese und Kritik der Volksforschung im Dritten Reich. Tübingen 1968.

Faustmann, Uwe Julius: Die Reichskulturkammer. Aufbau, Funktion und rechtliche Grundlagen einer Körperschaft des öffentlichen Rechts im nationalsozialistischen Regime. Aachen 1995.

Fischli, Bruno: Die Deutschen-Dämmerung. Zur Genealogie des völkisch-faschistischen Dramas und Theaters (1897–1933). Bonn 1976.

Geißler: Rolf: Dekadenz und Heroismus. Zeitroman und völkisch-nationalsozialistische Literaturkritik. Stuttgart 1964.

Die Geschichte des Suhrkamp Verlages 1950–2000. Frankfurt am Main 2000.

Gilman, Sander Lawrence (Hrsg.): NS-Literaturtheorie. Eine Dokumentation. Frankfurt am Main 1971.

Glaser, Horst Albert (Hrsg.): Weimarer Republik – Drittes Reich: Avantgardismus, Parteilichkeit, Exil. 1918–1945. Reinbek bei Hamburg ²1989.

Gollbach, Michael: Die Wiederkehr des Weltkrieges in der Literatur. Zu den Frontromanen der späten zwanziger Jahre. Kronberg 1978.

Graf, Johannes: »Die notwendige Reise«. Reisen und Reiseliteratur junger Autoren während des Nationalsozialismus. Stuttgart 1995.

Grimm, Reinhold/Hermand, Jost (Hrsg.): Exil und innere Emigration. Third Wisconsin Workshop. Frankfurt am Main 1972.

Grimm, Reinhold/Hermand, Jost (Hrsg.): Faschismus und Avantgarde. Königstein im Taunus 1980.

von der Grün, Rita: Das Hörspiel im »Dritten Reich«. Eine statistische Erhebung und Auswertung entsprechender Daten aus Programm-Zeitschriften ausgewählter Jahrgänge. Frankfurt am Main 1984.

Hagemann, Jürgen: Die Presselenkung im Dritten Reich. Bonn 1970.

Hanimann, Willy A.: Studien zum historischen Roman (1930–1945). Bern/Frankfurt am Main/Las Vegas 1981.

Harand, Monika: Die Aussteiger als Einsteiger. Zivilisationsflüchtige Romanhelden in der völkischen Literatur (1931–1944). Stuttgart 1988.

Hartung, Günter: Literatur und Ästhetik des deutschen Faschismus. Drei Studien. Berlin 1983.

Hartung, Günter/Orlowski, Hubert (Hrsg.): Traditionen und Traditionssuche des deutschen Faschismus. Halle an der Saale 1983; 2. Protokollband. Poznan 1988; 3. Protokollband. Halle an der Saale 1987; 4. Protokollband. Poznan 1992.

Haß, Ulrike: Militante Pastorale. Zur Literatur der antimodernen Bewegungen im frühen 20. Jahrhundert. München 1993.

Hasubeck, Peter: Das Deutsche Lesebuch in der Zeit des Nationalsozialismus. Ein Beitrag zur Literaturpädagogik zwischen 1933 und 1945. Hannover/Berlin/Darmstadt/Dortmund 1972.

Hermand, Jost: Der alte Traum vom neuen Reich. Völkische Utopien und Nationalsozialismus. Frankfurt am Main 1988.

Hillesheim, Jürgen/Michael, Elisabeth: Lexikon nationalsozialistischer Dichter. Biographien – Analysen – Bibliographien. Würzburg 1993.

Hoffmann, Charles W.: Opposition Poetry in Nazi Germany. Berkeley/Los Angeles 1962.

Hohendahl, Peter Uwe/Schwarz, Egon (Hrsg.): Exil und innere Emigration. Internationale Tagung in St. Louis. Frankfurt am Main 1973.

Holzner, Johann/Müller, Karl (Hrsg.): Literatur der ›Inneren Emigration‹ aus Österreich. Wien 1998.

Hopster, Norbert/Nassen, Ulrich: Literatur und Erziehung im Nationalsozialismus. Deutschunterricht als Körperkultur. Paderborn/München/Wien/Zürich 1983.

Hopster, Norbert/Josting, Petra: Literaturlenkung im »Dritten Reich«. Eine Bibliographie. 2 Bde., Hildesheim/Zürich/New York 1993/94.

Hübinger, Gangolf (Hrsg.): Versammlungsort moderner Geister. Der Eugen Diederichs Verlag – Aufbruch ins Jahrhundert der Extreme. München 1996.

In den Katakomben. Jüdische Verlage in Deutschland 1933–1938. Bearbeitet von Ingrid Belke. Marbach 1983.

In jenen Tagen ... Schriftsteller zwischen Reichstagsbrand und Bücherverbrennung. Eine Dokumentation. Leipzig/Weimar 1983.

Das Innere Reich. 1933–1944. Eine »Zeitschrift für Dichtung, Kunst und deutsches Leben«. Bearbeitet von Werner Volke. 2 Bde., Marbach 1983.

Jens, Inge: Dichter zwischen rechts und links. Die Geschichte der Sektion für Dichtkunst an der Preußischen Akademie der Künste dargestellt nach den Dokumenten. München 1971 (unter Mitarbeit von Norbert Kampe erweiterte und verbesserte Auflage, Frankfurt am Main/Wien ²1994.

Jesi, Furio: Kultur von rechts. Basel/Frankfurt am Main 1984.

Jungrichter, Cornelia: Ideologie und Tradition. Studien zur nationalsozialistischen Sonettdichtung. Bonn 1979.

Kamenetsky, Christa: Children's Literature in Hitler's Germany. The Cultural Policy of National Socialism. Ohio 1984.

Keller, Ernst: Nationalismus und Literatur. Langemarck – Weimar – Stalingrad. Bern/München 1970.

Ketelsen, Uwe-Karsten: Heroisches Theater. Untersuchungen zur Dramentheorie des Dritten Reiches. Bonn 1968.

Ketelsen, Uwe-Karsten: Von heroischem Sein und völkischem Tod. Zur Dramatik des Dritten Reiches. Bonn 1970.

Ketelsen, Uwe-Karsten: Völkisch-nationale und nationalsozialistische Literatur in Deutschland 1890–1945. Stuttgart 1976.

Ketelsen, Uwe-Karsten: Literatur und Drittes Reich. Schernfeld ²1994.

Krohn, Claus-Dieter/Rotermund, Erwin/Winckler, Lutz/Koepke, Wulf (Hrsg.): Aspekte der künstlerischen Inneren Emigration 1933–1945. München 1994.

Kulturamt der Stadt Düsseldorf (Hrsg.): Musik, Theater, Literatur und Film zur Zeit des Dritten Reichs. Düsseldorf 1987.

Lämmert, Eberhard/Killy, Walter/Conrady, Karl Otto/ von Polenz, Peter: Germanistik, eine deutsche Wissenschaft. Frankfurt am Main 1967.
Lange, Wigand/Hermand, Jost (Hrsg.): »Wollt ihr Thomas Mann wiederhaben?« Deutschland und die Emigranten. Hamburg 1999.
Larsen, Stein Ugelvik/Sandberg, Beatrice (Hrsg.): Faschismus und europäische Literatur. Bern/Berlin/Frankfurt am Main/New York/Paris/Wien 1991.
Loewy, Ernst: Literatur unterm Hakenkreuz. Das Dritte Reich und seine Dichtung. Frankfurt am Main 1966 (Frankfurt am Main 1990).
Lokatis, Siegfried: Die Hanseatische Verlagsanstalt. Politisches Buchmarketing im »Dritten Reich«. Frankfurt am Main 1992.
MacPherson Ritchie, James: German Literature under National Socialism. Totowa 1983.
Mallmann, Marion: »Das Innere Reich«. Analyse einer konservativen Kulturzeitschrift im Dritten Reich. Bonn 1978.
Martens, Erika: Zum Beispiel ›Das Reich‹. Zur Phänomenologie der Leser im totalitären Regime. Köln 1972.
Meier, Hans-Georg: Romane der Konservativen Revolution in der Nachfolge von Nietzsche und Spengler (1918–1941). Frankfurt am Main/Bern/New York 1983.
Mennemeier, Franz Norbert: Modernes deutsches Drama. 2. Kritiken und Charakteristiken. 1933 bis zur Gegenwart. München 1975.
Meurer, Renate/Meurer, Reinhard: Texte des Nationalsozialismus. Beispiele – Analysen – Arbeitsanregungen. München 1982.
Meyer, Andreas: Die Verlagsfusion Langen-Müller. Zur Buchmarkt- und Kulturpolitik des Deutschnationalen Handlungsgehilfen-Verbandes (DHV) in der Endphase der Weimarer Republik. Frankfurt am Main 1989.
Mittenzwei, Werner: Der Untergang einer Akademie oder Die Mentalität des ewigen Deutschen. Der Einfluß der nationalkonservativen Dichter an der Preußischen Akademie der Künste 1918 bis 1947. Berlin/Weimar 1992.
Mizinski, Jan: Kriegserlebnis und Kriegspropaganda. Zu einigen Aspekten der deutschen Kriegsprosa nach 1918. Lublin 1992.
Mohler, Armin: Die Konservative Revolution in Deutschland 1918–1932. Darmstadt ^{4}1994.
Müller, Hans-Harald: Der Krieg und die Schriftsteller. Der Kriegsroman der Weimarer Republik. Stuttgart 1986.
Müller, Karl: Zäsuren ohne Folgen. Das lange Leben der literarischen Antimoderne Österreichs seit den 30er Jahren. Salzburg 1990.
Muschg, Walter: Die Zerstörung der deutschen Literatur. Bern ^{3}1958.
Nassen, Ulrich: Jugend, Buch und Konjunktur 1933–1945. Studien zum Ideologiepotential des genuin nationalsozialistischen und des konjunkturellen »Jugendschrifttums«. München 1987.
Paetel, Karl O. (Hrsg.): Deutsche Innere Emigration. Anti-Nationalsozialistische Zeugnisse aus Deutschland. New York 1946.

Paucker, Henri Roger (Hrsg.): Neue Sachlichkeit – Literatur im »Dritten Reich« und im Exil. Stuttgart ^{8}1995.
Prümm, Karl: Die Literatur des Soldatischen Nationalismus der 20er Jahre (1918–1933). Gruppenideologie und Epochenproblematik. 2 Bde., Kronberg im Taunus 1974.
Reichl, Johannes M.: Das Thingspiel. Über den Versuch eines nationalsozialistischen Lehrstück-Theaters (Euringer – Heynicke – Möller). Frankfurt am Main 1988.
Renner, Gerhard: Österreichische Schriftsteller und der Nationalsozialismus (1933–1940). Der »Bund der deutschen Schriftsteller Österreichs« und der Aufbau der Reichsschrifttumskammer in der »Ostmark«. Frankfurt am Main 1986.
Richard, Lionel: Deutscher Faschismus und Kultur. Aus der Sicht eines Franzosen. Berlin 1982.
Richards, Donald Ray: The German Bestseller in the 20th Century. A complete Bibliographie and Analysis 1915–1940. Bern 1968.
Roth, Alfred: Das nationalsozialistische Massenlied. Untersuchungen zur Genese, Ideologie und Funktion. Würzburg 1993.
Rüther, Günther (Hrsg.): Literatur in der Diktatur. Schreiben im Nationalsozialismus und DDR-Sozialismus. Paderborn u. a. 1997.
S. Fischer Verlag. Von der Gründung bis zur Rückkehr aus dem Exil. Bearbeitet von Friedrich Pfäfflin und Ingrid Kussmaul. Marbach 1985.
Sarkowicz, Hans: Rechte Geschäfte. Der unaufhaltsame Aufstieg des deutschen Verlegers Herbert Fleissner. Frankfurt am Main 1994.
Sarkowski, Heinz/Jeske, Wolfgang: Der Insel Verlag 1899–1999. Frankfurt am Main/Leipzig 1999.
Sauder, Gerhard (Hrsg.): Die Bücherverbrennung. Zum 10. Mai 1933. München/Wien 1983.
Schäfer, Hans Dieter: Das gespaltene Bewußtsein. Deutsche Kultur und Lebenswirklichkeit 1933–1945. München/Wien 1981.
Schäfer, Hans Dieter (Hrsg.): Am Rande der Nacht. Moderne Klassik im Dritten Reich. Ein Lesebuch. Frankfurt am Main/Berlin/Wien 1984.
Schnell, Ralf: Literarische Innere Emigration. 1933–1945. Stuttgart 1976.
Schnell, Ralf (Hrsg.): Kunst und Kultur im deutschen Faschismus. Stuttgart 1978.
Schnell, Ralf: Dichtung in finsteren Zeiten. Deutsche Literatur und Faschismus. Reinbek bei Hamburg 1998.
Schoeps, Karl-Heinz Joachim: Deutsche Literatur zwischen den Weltkriegen. Bd. 3: Literatur im Dritten Reich. Bern/Frankfurt am Main/New York/Paris/Wien 1992.
Scholdt, Günter: Autoren über Hitler. Deutschsprachige Schriftsteller 1919–1945 und ihr Bild vom »Führer«. Bonn 1993.
Schonauer, Franz: Deutsche Literatur im Dritten Reich. Versuch einer Darstellung in polemisch-didaktischer Absicht. Olten/Freiburg im Breisgau 1961.

Schöne, Albrecht: Über politische Lyrik im 20. Jahrhundert. Göttingen ²1972.

Schütz, Erhard u. a.: Einführung in die deutsche Literatur des 20. Jahrhunderts. Bd. 2: Weimarer Republik, Faschismus und Exil. Opladen ²1978.

Schwedhelm, Karl (Hrsg.): Propheten des Nationalismus. München 1969.

Schweizer, Gerhard: Bauernroman und Faschismus. Zur Ideologiekritik einer literarischen Gattung. Tübingen 1976.

von See, Klaus: Barbar, Germane, Arier. Die Suche nach der Identität der Deutschen. Heidelberg 1994.

Segebrecht, Wulf (Hrsg.): Der Bamberger Dichterkreis 1936–1943. Ausstellungskatalog. Bamberg 1985.

Stollmann, Rainer: Ästhetisierung der Politik. Literaturstudien zum subjektiven Faschismus. Stuttgart 1978.

Strothmann, Dietrich: Nationalsozialistische Literaturpolitik. Ein Beitrag zur Publizistik im Dritten Reich. Bonn ⁴1985.

Tavernaro, Thomas: Der Zentralverlag der NSDAP. Franz Eher Nachf. Ges. mbH im Vergleich. Münchener Verlage und der Nationalsozialismus. Wien (Diss.) 1997.

Thöne, Albrecht W.: Das Licht der Arier. Licht-, Feuer- und Dunkelsymbolik des Nationalsozialismus. München 1979.

Thunecke, Jörg (Hrsg.): Leid der Worte. Panorama des literarischen Nationalsozialismus. Bonn 1987.

Ueding, Gert: Hoffmann und Campe. Ein deutscher Verlag. Hamburg 1981.

Ulbricht, Justus H./Werner, Meike G. (Hrsg.): Romantik, Revolution und Reform. Der Eugen Diederichs Verlag im Epochenkontext 1900–1949. Göttingen 1999.

Vallery, Helmut: Führer, Volk und Charisma. Der nationalsozialistische historische Roman. Köln 1980.

Vodosek, Peter/Komorowski, Manfred (Hrsg.): Bibliotheken während des Nationalsozialismus. Teil 1. Wiesbaden 1989; Teil 2. Wiesbaden 1992.

Vondung, Klaus: Magie und Manipulation. Ideologischer Kult und politische Religion des Nationalsozialismus. Göttingen 1971.

Vondung, Klaus: Völkisch-nationale und nationalsozialistische Literaturtheorie. München 1973.

Walberer, Ulrich (Hrsg.): 10. Mai 1933. Bücherverbrennung in Deutschland und die Folgen. Frankfurt am Main 1983.

Waldmann, Günter: Kommunikationsästhetik. 1. Die Ideologie der Erzählform. Mit einer Modellanalyse von NS-Literatur. München 1976.

Wardetzky, Jutta: Theaterpolitik im faschistischen Deutschland. Berlin (Ost) 1983.

Wessels, Wolfram: Hörspiele im Dritten Reich. Zur Institutionen-, Theorie- und Literaturgeschichte. Bonn 1985.

Westenfelder, Frank: Genese, Problematik und Wirkung nationalsozialistischer Literatur am Beispiel des historischen Romans zwischen 1890 und 1945. Frankfurt am Main/Bern/New York/Paris 1989.

Wittmann: Geschichte des deutschen Buchhandels. München 1991.
Wulf, Joseph: Die bildenden Künste im Dritten Reich. Eine Dokumentation. Gütersloh 1963 (Berlin 1989).
Wulf, Joseph: Literatur und Dichtung im Dritten Reich. Eine Dokumentation. Gütersloh 1963 (Berlin 1989).
Wulf, Joseph: Musik im Dritten Reich. Eine Dokumentation. Gütersloh 1963 (Berlin 1989).
Wulf, Joseph: Presse und Funk im Dritten Reich. Eine Dokumentation. Gütersloh 1964 (Berlin 1989).
Wulf, Joseph: Theater und Film im Dritten Reich. Eine Dokumentation. Gütersloh 1964 (Berlin 1989).
Zeller, Bernhard (Hrsg.): Klassiker in finsteren Zeiten. 1933–1945. 2 Bde., Marbach 1983.
Zimmermann, Peter: Der Bauernroman. Antifeudalismus – Konservatismus – Faschismus. Stuttgart 1975.

Personenregister

Foto- und Abbildungsnachweis:
Sämtliche Fotos und Abbildungen entstammen zeitgenössischen Publikationen und sind dem Verlag aus dem Privatarchiv der Autoren zur Verfügung gestellt worden.
Die Autorenfotos zu den einzelnen Lexikonbeiträgen stammen überwiegend aus:
Die kleine Bücherei: Das kleine Buch der Dichterbilder. München o.J.
Hellmuth Langenbucher. Volkhafte Dichtung der Zeit. Berlin 1937
Josef Nadler: Literaturgeschichte des Deutschen Volkes. Bd. 4, Berlin 1941